吕世伦法学论丛
· 第二十五卷

马列法学原著选读教程

Selected Readings in Original Law Works of Marxism-Leninism

· 吕世伦　主编

黑龙江美术出版社
Heilongjiang Fine Arts Publishing House
http://www.hljmscbs.com

图书在版编目（CIP）数据

马列法学原著选读教程 / 吕世伦主编 . —— 哈尔滨 : 黑龙江美术出版社， 2018.4

（吕世伦法学论丛；第二十五卷）

ISBN 978-7-5593-2772-7

Ⅰ . ①马… Ⅱ . ①吕… Ⅲ . ①马克思主义—法学—思想史—研究生—教材 Ⅳ . ① D909.1

中国版本图书馆 CIP 数据核字 (2018) 第 083301 号

马列法学原著选读教程

Selected Readings in Original Law Works of Marxism-Leninism

主　　编 / 吕世伦

出 品 人 / 金海滨

责任编辑 / 赵立明　王宏超

编辑电话 / （0451）84270530

出版发行 / 黑龙江美术出版社

地　　址 / 哈尔滨市道里区安定街 225 号

邮政编码 / 150016

发行电话 / （0451）84270514

网　　址 / www.hljmscbs.com

经　　销 / 全国新华书店

制　　版 / 黑龙江美术出版社

印　　刷 / 杭州杭新印务有限公司

开　　本 / 710mm×1000mm　1/16

印　　张 / 17.25

版　　次 / 2018 年 4 月第 1 版

印　　次 / 2018 年 5 月第 1 次印刷

书　　号 / ISBN 978-7-5593-2772-7

定　　价 / 112.00 元

探索理论法学之路

（总序）

  《吕世伦法学论丛》出版了，此亦垂暮之年的一件快事。值此之际，几十年求法问道的点点滴滴，学术历程中的风风雨雨，不免时常浮现脑海，思之有欣慰也有嘘唏。当年如何与法学结缘而迈入法学的门槛，在浩瀚的法学领域中如何倾情于理论法学，理论法学的教学与研究中所经历的诸般坎坷与艰辛，对自己平生言说作文的敝帚自珍之情，如此等等，都时常萦绕心间。借这套书出版的契机，整理一下思绪，回首自己的学术人生，清贫守道，笔砚消磨，个中冷暖甘苦，或可絮叨一二，喟然叹曰："著书撰文求法意，一蓑烟雨任平生。"

一、"我是中国人"的觉醒

  我的法学之梦是在一种极为特殊情况下形成的。本人出生于甲午战争后被日本军国主义侵占的大连地区。少年时期读过不到两年的私塾，先是接受童蒙类的教育，继而背诵《论语》《唐诗三百首》等。稍长些便开始翻看一些信手拈来的古典小说如包公、彭公、施公"三案"书，当代文学小说，"四大才子书"等。尽管很多地方似懂非懂，但读书兴趣愈发深厚，颇有贪婪的劲头。彼时追求的是知识，与政治无关。进小学不久，太平洋战争爆发，学校里不准孩子讲中国话，只许讲日语（叫"国语常用"），否则便会遭受处罚；每周除了上几堂日语会话之外，其余时间便是军训，种地，四处捡废铁、骨头和采野菜，支援"大东亚圣战"。社会上传播的声音，一方面是因不堪忍受横征暴敛、苦工奴役、饥寒交迫、恐怖虐杀而引起的怒吼，另一方面是关内尤其是隔海相望的山东不断流进八路军率领群众抗日壮举之类所引起的欢呼。大连地区迅速变成一座即将爆发的反日火山。我们中间，也与日俱增地盛传鬼子兵必败的消息，背地里玩着诅咒日本的各种游戏。对我来说，这是头脑中第一次萌发反抗外敌压迫的观念。

  1945年8月15日，我的心灵受到从未有过的巨大震撼，因而这一天成为我永生难忘的日子。那天，我亲眼看到的历史性场景是：上午，日本宪兵、警察及汉奸们还在耀武扬威，横行霸道，民众敢怒不敢言地躲避着他们；而正午12点，收音机特别是街心的高音喇叭突然播出"裕仁天皇"宣布日本无条件投降的颤抖声音。顷刻间，人们蜂拥而出，塞满街巷，议论着、欢呼着，脸上挂着喜悦、激动的泪花。大连42年被殖民地化和民众被"亡国奴"化的耻辱,一洗而净。大约半个小时之后,鼎沸的人群中响起一片"报仇的时候到了""抓狗腿子去"的喊叫声,瞬间大家三五成群地分散奔跑而去。我们几个小朋友也兴冲冲地尾随大人们四处颠簸,眼瞅着一些又一些"狗腿子""巡捕"从各个角落被揪出来示众和推打;一些更胆大的人则手持棍棒,冲进此前唯恐躲避不及的"大衙门"(警察署)和"小衙门"(派出所)拍桌子、缴枪,而这些往日肆无忌惮的豺狼们,则个个瑟瑟发抖,交出武器,蹲在屋角,乞求给一条活命。

"八一五"这天上、下午之间的巨大反差和陡然引爆的空前的中华民族大觉醒,对我有着决定性的影响,就是使我确切知道了自己是一个中国人。追想起来,几世代大连人的命运,是那样难以表达的不幸。从我懂事的时候起,总听到老人们念叨:"这世道,大清国不回来就没个好!"这是由于他们所经历的是大连被沙皇俄国和日本占领,不知道有个"中华民国",也不知道有个大人物孙中山,而一直没有忘记自己生下来就是"大清国"的子民。

行文至此,我不禁忆起1944年冬天遇上的一件事:一天下午,金州城东街一个墙角处,有位衣衫褴褛、踏着露出大脚趾的鞋子的醉汉坐在地上晒太阳。不一会儿,迎面走来个腰挂短刀的日本警察,用大皮靴狠狠地踢他,问"你是什么人?"汉子被惊醒,连忙回答:"我是中国人。"那警察更凶恶地继续踢他,说:"我要踢的就是中国人!"汉子赶快改口说:"我是满洲国人(指伪满人)。"警察也说不对。汉子显得不知如何应答,便冒出一句:"我是日本人。"警察轻蔑地反问:"你够格吗?!"还告诫:"记住,你是洲人。"(当时日本把大连地区叫做其所属的"关东洲"。)"洲人",这个怪诞的称呼,包含多少令人心酸苦楚的蕴意。其时,我脑际里随即浮现一种强烈的感受:做一个中国人,做一个有尊严的中国人是多么艰难,又多么值得珍惜啊!

二、马克思主义的启迪

日本投降之后,大连地区一天之间变成无人管理的"无政府"状态。此时,出现了大多数人以前未曾说过、处于秘密状态的共产党与国民党两股力量的争夺战。街墙上贴满红红绿绿的条幅,红色的歌颂共产党、毛主席、八路军,绿色的歌颂国民党、"蒋总裁"、"中央军"。有识者解释,这叫"标语"。1945年8月22日,在居民的欢迎下,苏联红军进驻大连,社会秩序有了个支撑点。但苏军却并不怎么管事,其欠佳的纪律又造成新的秩序问题。当时,更醒目的现象是,猛烈的意识形态争夺战展开了。一方面,莫斯科国家外文出版局中文版的马列书籍大量输入,而且大都是漂亮的道林纸的精装本,堆满街道,几乎不用花钱购买。其中,我印象最深的有《马克思恩格斯选集》《列宁文选》(上、下集)、斯大林的《列宁主义问题》、《联共(布)党史简明教程》及《1936年苏联宪法》(又称"斯大林宪法")等,还有不少马克思主义经典著作的单行本。继而是刚刚闭幕的中共"七大"文献,如毛泽东的《论联合政府》、刘少奇的《论党》、朱德的《论解放区战场》。另一方面，国民党则以"正统"自居，兜售蒋介石的《中国之命运》和一个日本人写的《伟大的蒋介石》等几本书。当时，我面对这些令人眼花缭乱的各类书籍，感到非常好奇，尽力收集，而且勤奋阅读，细心琢磨。不用说，许多东西看不懂，但慢慢也大概知道什么叫马克思主义、列宁主义、社会主义与共产主义；而毛泽东的著作通俗易懂，讲的又是中国的事，读之更觉亲切。当然，作为一种先进的博大精深的意识形态体系，不会那么容易就能把握，遑论尚处在幼稚时期的人。但我确信它是真理，内心里希望追随它。由于这个缘故，便自觉地按照中共党组织的号召行事。当时主要围绕三个主题进行宣传活动：第一，拥护党组织领导的"人民政府"；第二，中苏友谊，向苏联"老大哥"学习；第三，解放战争的胜利。我还曾参加过金洲皮革厂"职工会"的成立工作，在城墙上刷大标语，在北城郊"山神庙"的外墙壁上办黑板报。1947 年进入中学之后，担任校学生会学习部部长与校通讯组组长，组织各年级喜欢写作与思想进步的同学，以消息报导、文艺小品或散文等形式，宣传党的政策。自己先后在《旅大人民日报》《民主青年》杂志及苏军司令部机关刊物《实话报》（即《真理报》的另一种中文译名）和《友谊》杂志等发表数十篇文章。

这一时期，由于读马列书籍引发了对理论的兴趣，我逐渐尝试写点小型评论，如对"生产力要素"的讨论、评维辛斯基联大演讲"原子弹已不再是美国专有的"，等等。使我无法忘记的是，从那时起，我已开始申请加入仍没公开的中共党组织，但因为出身家庭非工人、贫下中农而未遂愿，只能于 1948 年春加入"东北青年联合会"。就读高中期间，作为校党支部培养的"积极分子"，我担任"党的宣传员"，每周六下午到低年级各班讲解政治时事。我继续利用课余时间为报刊撰稿，获得过优秀作品奖。临近毕业，按照组织分配，经过简单的培训，我成为大连中学的一个教师。我讲授的是政治课，主要内容包括介绍毛主席和列宁、斯大林著作里的一些政治观点以及中国人民政治协商会议《共同纲领》。在《共同纲领》的备课与授课中，我认真比照那本一直保留着的《1936 年苏联宪法》，这是平生第一次关注到法律问题，并对它产生了兴趣。后来还翻阅过新中国成立初期为数很少的几个立法文件。从此，我对政治理论方面的爱好逐渐同法学理论融汇起来，自此终身行走向这条专业道路。

三、正式迈入法学之门

1953—1957 年，我在中国人民大学法律系读本科。因为学法律是当初报考的第一志愿，所以学起来很有动力。客观上，这四年恰逢国家处于完成国民经济恢复，转向全面进入社会主义经济建设的新阶段，因而猛烈的政治运动较少，大学生们能安稳地学习专业。通过一批青年老师的热心教学，学生系统掌握到苏联专家传授的苏维埃法学理论；有的老师还尽量做到联系当时中国法律的实际。除了课堂教学以外，还有较长时间到法院、检察院、律师所实习，来应用所学的东西。此间，令学生们获益匪浅的马列主义基础(《联共(布)党史》)、中共党史、哲学、政治经济学这"四大理论"课,对确立与强化未来一代法学家和法律实务家的马克思主义世界观与方法论起到重要作用。确实,离开这种世界观与方法论,很难称之为社会主义国家的法学。我热衷于理论法学的学习与研究,与此有重要联系。

本科毕业后留校任教,我选择了法理专业。十分遗憾的是,恰好从1957年起,政治运动浪潮一个又一个地滚滚而来。反右派,高举"三面红旗"(总路线、大跃进、人民公社),反右倾机会主义,"四清",社教,直至十年之久的"无产阶级文化大革命"。显而易见,这么一来,留给教师们教学与科研和学生们课业学习的时间几乎化为乌有了。即令断断续续上一些课,皆是重复政策性的内容而且每门课彼此相差不多,即"党的领导"与"群众路线";对立面便是批判"右派"观点。这种情况同1958年中央北戴河会议有很大关系。当时,中央一位领导人说:"什么是法?党的政策就是法,党的会议就是法,《人民日报》社论就是法。法律不能解决实际问题,不能治党、治军,但党的政策就能解决问题。"另一位领导人补充说:"我们就是要人治,不是什么法治。"接着,各层级的领导干部便迅速传达和贯彻首长讲话的精神。我们教师正是以这种"人治"思想为指导,国家的宪法和为数不多的几部立法也被淡化了。

1958年开展了"大跃进"运动,法学研究也跟着"大跃进"。法理方面,撰写《论人民民主专政和人民民主法制是社会主义国家的锐利武器》(出版前,作为兼职党总支学术秘书,我建议改为《论人民民主专政和人民民主法制》);刑法方面,撰写《中华人民共和国刑法是无产阶级专政的重要工具》;刑事诉讼法方面,撰写《中华人民共和国司法是人民民主专政的锐利武器》。其中都突出"专政",而社会主义法制如何保障和发扬社会主义民主则没有得到应有的研究与阐发。至于民法和民事诉讼法,因对私有制与私有权利的恐惧,没有出版教科书,也很长时间不开课。司法中的"重刑轻民",在学校中亦有明显的反映。事实证明,用政策替代法律、以"无法无天"的群众政治运动当作治国基本方略、讲专政不讲或少讲民主、重权力轻权利、重刑事法轻民事法,把法律程序说成是"刁难群众"等,皆同人治思想密不可分。

此外,当年还曾出现过的一种情况是,反右派之后,为配合批判资产阶级观点,还搞了一段时间的"教学大检查"。即发动每个学生仔细翻看课堂笔记,查找"错误"观点,然后写大字报贴在学生宿舍楼侧的墙壁上公示。例如,一些大字报认为"人情""爱情"这类字眼是"不健康"的,把自由、平等、人权、人性等词说成是资产阶级或右倾的,甚至个别大字报上说"人民"的提法也"缺乏阶级性"。在这种出口即错、动辄受咎的情况下,教师便难于登讲台;要讲,只能念中央文件和首长讲话。至于撰写文章,更令人不安:多一事莫若少一事,与其挨批判不如落个清闲自在。在国际间法学信息交流方面,新中国成立之后,来自国外的图书资料已基本上见不到,但毕竟尚有苏联的东西可谈。比如,我们能订阅到《苏维埃司法》等杂志。1959年中苏交恶,读俄文资料的机会也失去了。之后,除需要批判右派言论、右倾机会主义、资产阶级法律思想之外,当然还需要批判苏联修正主义,法学的政治螺丝拧得更紧了。简言之,随着政治运动不断升级,尤其是十年"文革"的暴风骤雨,"知识无用"论、"资产阶级知识分子统治学校"论,以及"四人帮"倡导学生反对教师、"交白卷"等,不一而足。

我之所以回忆这些,不光是表明此二十余年间自己成长的客观环境与条件,更重要的是要总结在这样的环境与条件下自己的法学思维受到哪些影响。从积极方面说,它确实不断地强化我对党的领导、社会主义道路的信念。从消极方面说,主要是"极左"思想的影响。这些在我的讲课和撰写的文章中,都不乏明显的表现。

毛主席一直强调学习马列,在"运动"中尤其如此。学马列很投合我的喜好。在长期坚持翻读马克思主义经典著作的基础上,又加上系统的"四大理论"和国家与法权理论等课程的培养,我在法律系讲坛所授第一课便是"马列法学著作选读",对象包括本科生和研究生班。这些法学著作有:毛泽东《新民主主义论》《论人民民主专政》,马克思、恩格斯《共产党宣言》《法兰西内战》,列宁《国家与革命》等。可以说,我备课认真,讲课严谨。如,为了讲《国家与革命》,除广泛查阅国内资料之外,还看过苏联和日本出版的相关书刊,一般都做笔记或摘要。日本共青团(左派)机关报《青年战士》登载的长篇论文《〈国家与革命〉研究》,我甚至全部译出。凑巧的是,"文革"中人民大学解散,我被分配到北京医学院宣传组,仍然负责学院和各附属医院领导干部(也包括"工宣队""军宣队"负责人)学习马列著作的讲授工作。虽然这个讲授说不清有几多效果,但我本人是负责任的,积累下一大堆资料和手稿。

在法律科学研究方面,我深知一个理论法学教师欠缺扎实的学术功底是难以胜任的。这就需要以多读书、勤思考为依托,并训练撰写论文。1958 年,我作为法律系科研秘书,不仅要定期向最高人民法院和司法部报告系内学术动态,还在《法学研究》杂志上发表相关的通讯报道。在 1959—1961 年三年经济困难期间,党组织要求师生尽量多休息,"保证身体热量",因而"运动"也暂时中止。

新中国成立后,党中央一直强调批判资产阶级法律观。因此,平时我经常考虑,要批判就必须弄清其对象究竟是个什么情形,否则就会陷于尴尬的境地。鉴于此种想法,我便集中力量阅读或复读西方法学名著以及法律思想史类的图书,觉得心得不少,制作了许多卡片,对西方法律思想史滋生了浓厚的兴趣。1963 年 4 月,我在《人民日报》理论版发表《为帝国主义服务的自然法学》,继而在该报内部刊物发表《美国实在主义法学批判》。可以想见,在当时对发表文章存在恐惧心理的法学界,载于中央机关报上的这篇文章不免产生一些震动。自不待言,在那种"极左"大潮下,作者亦备受影响,从两篇文章的题目上就可看得出来。翌年,我又在《人民日报》国际版上发表了一篇关于美国儿童状况的政治短评。"文革"前夕给《光明日报》撰写《读列宁〈国家与革命〉》的论文,打过两次清样,报社方面也收到人民大学党委宣传部"同意发表"的回复。但是,"文革"凶潮突然袭来,报社编辑部也被"造反",那篇论文亦不知所踪。此前,我还曾与孙国华教授合作,在《前线》杂志上发表《国家与革命》讲座文章。1958 年,《苏维埃司法》杂志刊载的《美国人谈美国司法制度》论文,我读完后便顺手翻译出来,并在1959年春《政法译丛》上发表。同年,从苏联归来的朋友送给我一本《苏维埃刑法中的判刑(函授教程)》小册子,以为颇有新意,便翻译出来交人民大学出版社打印。在日文资料方面,除前面提到的研究列宁《国家与革命》的论文外,还翻译过《现代法学批判》一书;该书重点是对西方和日本新兴起的"计量法学"的社会法学思潮的系统评论,国内尚没有介绍过。

四、后半生的理论法学探索

终于熬过漫长的十年"文革",国人无不欢欣。1978年,十一届三中全会提出"改革开放"新政策,使社会主义中国社会、经济、文化和科学焕发勃勃生机,亦为法治建设和法学繁荣创造空前有利的条件。邓小平深刻总结新中国成立以来成功的经验与失误的教训,提出始终以经济建设为中心,实行民主的制度化、法律化,大力建设社会主义法制,提出"有法可依,有法必依,执法必严,违法必究"十六字方针;提出近期需要培养一大批法官、检察官、律师。这就为中国社会主义法学的发展开拓了坦途。我的法学生涯由此而发生巨大的转折与提升。党中央倡导解放思想与实事求是的精神,使我倍加注重独立思考,走学术创新之路,理论思维与方法亦有颇大改变。与此相应,教学与科研的热情与进取心更加高昂。

我开出的课程,先后有:本科的西方法律思想史和全校法学概论,硕士生的法理学、现代西方法哲学、黑格尔法哲学、马列法学原著选读,连续多年为法学院和全校博士生进行法学专题讲座。此外,应邀为中国政法大学前五届研究生和西北政法大学(当时称"西北政法学院")开讲"现代西方法理学"课程;为浙江大学分出来的杭州大学和安徽大学本科讲授西方法律思想史;为国内数十所高校及日本一桥大学、关东学院大学、山梨学院大学、立命馆大学等做过法学专题演讲。在吉隆坡,同马来西亚下议院副议长和前财长进行中国法学问题的交流。

近四十年来,在报刊发表法学论文300余篇。与授课情况相一致,科学研究的主题集中于三个方向,即:理论法学①、西方法律思想史与现代西方法哲学、马克思主义法律思想史。

(一)发表的主要论文

(1)理论法学的论文。第一,法的一般理论,其中除纯粹法理学②之外,还有法哲学、法社会学、法经济学、法政治学、法伦理学、法文化学、法人类学、法美学等边缘性诸

---

① 理论法学包括法的一般理论和法史学两大部分。但是,法史学内容广泛,涉及古今中外,故应把它从理论法学中分别开来,独成体系。

② 纯粹法理学指专门研究法律概念与规范的学科,也有西方学者称之为"法教义学"。

学科。在法学的这些学科领域中，发表的论文多寡不一，有的学科极少涉及。第二，在研写论文的过程中，每每重视紧密联系中国特色社会主义理论与国家建设，尤其法治建设的论文。其内容包括普法评论，党的政策与法，社会主义民主与法治，人治与法治（大辩论），法治与德治，人权问题，当代中国社会性质（社会主义社会还是契约社会），社会主义市场经济的法律精神，依法治国基本方略，根本法·市民法·公民法·社会法，以人为本的法体系，从法视角研究市民社会的思维进路，和谐社会与法，法治思维与法治方式，社会主义政治的制度化、规范化、程序化，法学的基本范畴（权利与权力、权利与义务、职权与职责），社会主义司法制度，廉政建设，国家主义与自由主义法律观评析，公平与正义，中国先贤治国理政的智慧等。

（2）有关西方法律思想史与西方法学家的论文。第一，对西方法学思潮研究的论文，涉及自然法学、人文主义法学、分析实证主义法学、社会学法学、历史法学、存在主义法学、行为主义法学、经济分析法学、功利法学、德国古典法哲学、新康德主义法学、新黑格尔主义法学、符号学法学、美国现实主义法学、斯堪的纳维亚现实主义法学、后现代法学、女权主义法学、种族批判法学等。第二，对西方著名法学家的研究论文，包括托马斯·阿奎那、孟德斯鸠、卢梭、斯密、休谟、康德、黑格尔、费希特、彼得拉任斯基、杜尔克姆、赫克、马里旦、德沃金、拉德布鲁赫、布莱克等。第三，对西方政治法律制度的评论，包括政党政治、三权分立、选举制度、司法制度及现代西方主要政治思潮。

（3）马克思主义法律思想史和马克思主义经典著作的研究论文。第一，马克思、恩格斯法律思想研究，其中包括：马克思、恩格斯法律思想史教学大纲；马克思、恩格斯法律思想的历史轨迹；马克思主义与卢梭；马克思主义法哲学论纲；《黑格尔法哲学批判》中的法律思想；《德意志意识形态》中的法律思想；《共产党宣言》中的法律思想；《资本论》及其创作中的法律思想；《路易·波拿巴的雾月十八日》中的法律思想；《反杜林论》中的法律思想；《家庭、私有制与国家的起源》中的法律思想；恩格斯晚年历史唯物主义通信中的法律思想。第二，列宁法律思想研究，其中包括：列宁法律思想史的历史分期；列宁社会主义法制建设理论与实践；《国家与革命》中的法律思想；列宁民主法治思想。第三，毛泽东、邓小平法律思想研究，其中包括：毛泽东民主、法制思想研究；毛泽东湖南农民运动时期的法律思想；邓小平中国特色社会主义法律理论解读；邓小平民主法制思想解读；邓小平民主法治思想的形成与发展。

（二）出版的法学著作

自人大复校以来，出版法学专著40余部，其中不含主编的"西方法学流派与思潮研究"丛书（23册）、"西方著名法哲学家"丛书（已出20册）。

（1）理论法学著作。包括：《法理的积淀与变迁》、《法理念探索》、《理论法学经纬》、《社会、国家与法的当代中国语境》、《当代法的精神》、《法学读本》《以人为本与社会主义法治》（司法部法学理论重点项目）、《法的真善美——法美学初探》（国家社科基金项目）、《法哲学论》（教育部人文基金项目）等。

（2）马克思主义法律思想史著作。包括：《马克思恩格斯法律思想史》（初版与二版，国家第一批博士点项目）、《列宁法律思想史》（国家社科基金项目）、《毛泽东邓小平法律思想史》、《马列法学原著选读教程》等。

（3）西方法律思想史著作。包括：《西方政治法律思想史》（教程）、《西方政治法律思想史增订版》（上、下）、《西方法律思潮源流论》（初版与二版）、《西方法律思想史论》、《黑格尔法律思想研究》、《现代西方法学流派》（上、下）、《当代西方理论法学研究》等。

（三）论著的意义与创新

尽管我在学术上不懈地努力，并出版了若干本著作和发表了一批论文，但表达的多属平庸之言。然而近几年来，经常有人尤其学生，非让我谈"学术成就"。每逢这种情况，我总是闻而生畏，设法回避，但有时又不允许我闭口不说。在这里，就把我考虑过的和别人概括的看法略示如下，就算是对自身的一点安慰吧。

（1）马克思主义法律思想史"三部曲"，是国内率先出版的著作①。该书的策划、研写和出版的过程，长达30余年之久。作者们埋头于马克思主义经典作家们浩瀚的书海中，竭尽全力进行探索才得以成书；每出一本著作皆需耗时数年。其中《马克思恩格斯法律思想史》（一版）在市场上销售告罄之后，又忙于出修订版（二版），也很快售完。直至近几年，仍陆续有人向出版社或主编索取该书。可以看出，它是备受欢迎的。当然，"三部曲"的主要意义并非在于其出版早的时间性，而在于能够帮助读者特别是从事法学研究的读者系统地了解马克思主义经典作家们有关法学的基本观点与其发展的历史脉络，并以之作为思考法律现象和问题的指导思想。平素间，亦可作为阅读或查阅马克思主义法学经典著作的得力的工具书。

（2）我在研究西方法律思想史的历程中，一个新的起点便是与谷春德教授一起编写的《西方政治法律思想史（上、下）》的教程。这是高等学校恢复招生之后面世的国内第一部西方政治法律思想史教程，因而产生了广泛的影响力。此后，我主持编写了关于西方法律思想源流、现代西方法学流派、现代西方理论法学和两套"丛书"，以及与此相应的一批论文。这些著作与论文，有些属于论述性的，有些属于评介性的。对于读者来说，或者用于教材，或者作为理论观点的参考，或者当成资料，都有一定的意义。

在这些著作中，需要专门说一下《黑格尔法律思想研究》，它开创了国内研究黑格尔法哲学之先河。我国黑格尔研究泰斗贺麟先生在《光明日报》上发表的书评里写道，该书"熔哲学与法学于一炉，可以说填补了黑格尔研究的一个空白"。

（3）《法的真善美——法美学初探》，是我用三年时间同博士生邓少岭探讨国内外均涉足颇少的问题，遑论法美学学科。此间，我们发表多篇相关的学术论文，并在这个

---

① 喜见2014年11月公丕祥、龚廷泰二位教授主编的《马克思主义法律思想通史》四卷本已出版，该书比我们的"三部曲"更为详尽与深刻。

基础上凝结成一部专著。它获得学界的赞许,还获得司法部的奖励。

(4)《法哲学论》。参与写作者有文正邦教授及张钢成、李瑞强、吕景胜、曹茂君等博士,亦系国内头一部系统阐发法哲学的作品。全书分为本体论、法价值论和法学方法论三部分,有青年学者对此研究分类持不同意见,这是令我高兴的好事。从总体上说,该书自成一体,有独立见解,而且引用率较高。

(5)论著中的主要创新观点。

第一,关于民主、法治问题。在法治与人治的大辩论中,我与合作者发表《论"人治"与"法治"》一文,力主法治,并有说服力地解释了"人治论"和"人治法治综合论"的偏颇。《人民日报》以"不给人治留有地盘"为题,转载了论文中的基本观点。在民主问题的讨论中,我率先提出政体意义上的民主和国体意义上的民主的区别,指出前者属于形式民主或程序民主,后者属于实质民主或实体民主,该观点得到普遍的认同。

第二,从法的视角阐发社会主义社会与市民社会的关系。我在《市场经济条件下的社会是怎样的社会》《"从身份到契约"的法学思考》《市民法·公民法·社会法》《"以人为本"的法体系》①等论文中指出:在现今的我国社会,社会主义属性是本体性的,而市民社会是从属性的;社会主义社会是"有契约的社会",而非等同于西方19世纪的"市民社会"或"契约社会"。

第三,批判国家主义与自由主义的法律观。我认为,马克思主义法律观是通过批判这两种法律观,或者说通过这两条战线的斗争而形成的。沿着这样的思考,对西方的政党政治、三权分立、选举制度进行批判性研究的同时,也对国家主义进行系统的探索,揭示了国家主义法律观的几个基本特征,即"重国家、轻社会,重权力、轻权利,重人治、轻法治,重集权、轻分权,重集体、轻个体,重实体、轻程序"。无疑,这种理论探索对我国民主与法治建设是有重要意义的。

第四,人权观点。从20世纪90年代初我国正式宣布"人权保障"伊始,便流行"主权是人权的前提和基础"的命题,而且把它当作不容争辩的真理。我在仔细考察马克思、恩格斯和列宁的人权思想之后,辩证地分析该命题。在《人权研究的新进展》论文中,我指出:从国家主权对国内人权的管辖、反对西方国家人权话语霸权和保护国家主权的独立性而言,这个命题是可取的。不过,从权力(主权)与权利(人权)二者基本关系方面来说,这个命题则是不正确的、不可取的。因为,在民主国家尤其社会主义国家奉行"人民主权"论,权力(主权)来自权利主体的人民并且是以服务人民权利为目的的,即通常所说的"人民当家作主"。所以,权利应当是权力的前提和基础。文中所讲的结论和基本论据均出自马克思主义经典作家的指教,是经过历史实践验证过的真理。这种论述尽管引起一阵"风波",但最终还是被广泛地默认,以至于很少有人再提

---

① 后三篇论文系与任岳鹏博士合写。

起那个命题了。后来,我又发表《权利与权力关系研究》①一文,进一步强化前述观点,具有很强的说服力与启发性。

于今,我已是 80 岁的老迈之人。回顾过往时日,自知碌碌无功,但却没有枉费宝贵的光阴。时至今日,倍感欣慰者有二:一是,目睹一茬又一茬学士、硕士、博士学成离开,并各有所长、各有作为,在各个岗位上为中华民族伟大复兴的梦想而奉献力量。二是,眼下幸运地逢到一个机会,将自己一生在理论法学方面的重要论著(其中许多得益于合作者的启发与帮助)予以系统整理和付梓。这是对个人学术经历的一个回顾,也希望可以得到更多的批评和指教。

在此选集的策划出版过程中,史彤彪、吕景胜、冯玉军、李瑞强、任岳鹏等多位教授与博士以及北京仁人德赛律师事务所负责人李法宝律师,对拙作的出版事宜先后予以大力的支持和帮助。拙作的出版资助款来自一直关心我的学生和学友以及南京师范大学法学院、南京审计学院法学院。我的 2000 级学生王佩芬为拙作出版的各项繁杂工作,陆续付出一年有余的心力和辛苦。这里,对于前列的相关人士与单位,一并表示深深的感谢,并铭记于怀。

吕世伦
2018 年 5 月

---

① 与宋光明博士合写。

第二十五卷出版说明

　　本书是作为研究生教材而编写的,是中国人民大学和北京大学几位长期从事马克思主义法律思想研究的教授等通力合作的产物。书中有针对性地精选马恩著作8部,列宁著作4部(篇),毛泽东著作4部(篇),邓小平著作9篇,并密切结合我国现实情况予以阐发。主要目的是帮助学生在掌握马克思主义关于法的基本原理基础上,树立科学的法律观与科学的方法论,特别是深化对中国特色社会主义法学理论的建构和贯彻。

　　本书原由中国人民大学出版社出版于1996年11月。本次编集,在原版的基础上稍作调整,其他一仍其旧。

编　者

2018年5月

前　言

当前,我国人民正在建设有中国特色的社会主义理论和"一个中心,两个基本点"的基本路线的指引下,意气风发地深入进行改革开放,培育和发展社会主义市场经济。这种新形势迫切要求我们学习马克思主义的法学著作。在这方面,至少存在着两大理由。其一,从一定的意义上说,社会主义市场经济是一种法制(治)经济。它要求严格地运用法律手段来确定各种经济关系主体的地位,引导主体的行为,通过宏观调控形成相对稳定的市场秩序,保证必要的社会公平,以及提供维护市场经济的外部条件。对于这些问题,马克思、恩格斯、列宁、毛泽东都有过启发性的相关论述。我们必须认真研究和掌握。其二,这场改革开放是人民共和国历史发展的一大转折,是一场深刻的社会革命。它正在引起社会利益格局的重大变化,所以不免会产生和涌现出各种互相撞击的法律意识。不同的人们对于社会主义市场的法律制度持有不同的认识和态度,采取不同的行动,从而也就必然造成不同的后果。对于这些不同的倾向,只有用马列主义、毛泽东思想的法律观才能使之得到澄清。在所有这些方面,邓小平都作出了卓越的贡献,为我们树立了光辉的榜样。他的著作强有力地充实和发展了马列主义、毛泽东思想的法律观,是解决新时期各种重大法律问题的宝典。由此可知,重新认真地学习马克思主义的法学原著和邓小平的法学著作,具有时代的、历史性的意义。改革开放愈是深入发展,这个学习的任务就愈加迫切、艰巨。

除此而外,对于法律专业的研究生和本科生说来,学习马列和邓小平的法学著作还有特殊的重要性。它能够帮助学生奠定攻研具有中国特色的社会主义法学的坚实理论基础。我国的法律制度是社会主义法律制度,我国的法学是马克思主义法学即以马克思主义立场、观点、方法为指导的法学。不仅理论法学如此,应用法学包括部门法学也莫不如此。因此,没有比较扎实的马克思主义法律观和方法论的功底,个人业务水平的提高必将受到巨大妨碍。

新中国建立后,"马列法学原著选读"作为大学法律系正式的法学基础性理论课,1950年在中国人民大学法律系就开设了。它是在原苏联法学专家们的帮助下创建起来的。此后,全国各地相继成立的大学法律系和政法学院也开设相应课程。多年的实践证明,这门课程对于学生的法律观的改造和专业的学习,都有良好的效果。"文化大革命"以后,除原有的一批法律院系恢复正常教学以外,还有一大批高等学校也纷纷建立法律系。不过,由于各种原因,尤其由于缺乏师资和教材,有不少学校一时尚来不及设置"马列法学原著选读"课。自 1991 年以来,根据国家教委和司法部的部署,不少政法院系增开这门课程,其余有关院系也在积极着手筹备。为适应形势的需要,1991 年初,中国人民大学法律系法学理论教研室的几位教师草拟一份较为详细的《马列法学原著选读教学大纲》,暂作为本系研究生的学习用书。同时,向一些兄弟院系发送,征求意见。从我们自身的教学体验和收到的反映情况来看,这个《大纲》基本是适宜的。为了进一步地集思广益、共同切磋,尽可能地使《大纲》完善起来,特别是为了在《大纲》的基础上编写出教科书,1991 年末我们和中国法学会联合举办过一期"马列法学原著教学讲习班",有近 20 个法律院系的教学领导人员和教师参加。在讲习班上,依照该《大纲》规定的原著,聘请中国人民大学和北京大学几位知名的法学教授、专家作了系统的报告;与会的老师们也就本课程的对象、教学内容及教学方法等问题,开展深入的研究与交流,并大体上取得了共识。从 1992 年起,除中国人民大学的几位同志外,又邀请北京大学法律系长期从事这方面教学与研究的张云秀教授和巩献田教授、法学博士一道,正式着手进行《马列法学原著选读教程》的编写。幸运的是,适值此项任务刚要告成的时候,《邓小平文选》第 3 卷问世。我们不仅按照《邓小平文选》第 3 卷的精神重新审查已写过的部分,更增补了邓小平最近的一些法学著作(尤其是 1992 年《在武昌、深圳、珠海、上海等地的谈话要点》)的内容。

《马列法学原著选读教程》一书的撰稿人员和写作分工的情况是(以撰稿章节先后为序):孙国华(中国人民大学法学院教授、博士研究生导师)——绪论;吕世伦(中国人民大学法学院教授、博士研究生导师)——第一、二、三、四、五、六、七、八章;张云秀(北京大学法律系教授)——第九章;巩献田(北京大学法律系教授、法学博士)——第十章;史彤彪(中国人民大学法学院副教授、法学硕士)——第十一、十二章;王振东(中国人民大学法学院副教授、法学硕士)——第十三、十八章;杨晓青(中国人民大学法学院副教授)——第十四、十五、十六、十七章。

本书是作为高等院校法律专业研究生的教材而撰写的。但它对于广大法律工作者掌握马克思主义法学的理论基础,亦不无裨益。

马列法学原著是人类法律思想的丰富宝藏,需要一代又一代法学家的艰苦发掘和不懈钻研,并结合实际加以运用和发展。本书作者深知,自己在这方面的能力十分有限,错误与疏漏之处在所难免。为此,衷心地企盼学者们和同学们能够予以批评和指正。

在本书的成书过程中,承蒙全国各法律院系同行们的帮助和指教,西安交通大学出版社的有关工作人员为本书的出版付出了辛勤的劳动。在此,一并表示谢意。

吕世伦

1996 年 9 月

目录 CONTENTS

绪论：重要的是立场、观点、方法

一

学习马克思主义经典作家和革命导师有关法学的著作，不仅在于要从这些著作中学到马克思主义关于法、法制的一系列重要原理，而且更重要的在于要从这些著作中，从这些重要的原理中，学到他们分析问题和观察问题的立场、观点、方法。

法学是一切专门以法律现实（各种法律现象之总称）为研究对象的学科之总称。法律现象是一种复杂的社会现象。法律问题不单纯是法律问题，而是社会的经济、政治、社会生活等问题的法律表现。看起来是个法律问题，实际上是更深层次的社会问题。研究法学不研究法律现象（包括法学原理）是不对的，但只研究法律现象而不了解与这些现象有着密切联系的、作为其内容的、更深刻的社会现象，如经济问题、政治问题、一般社会问题，也是不行的。就法律认识法律，不能真正认识法律。分析法学派及其继承者的败笔不在于其对法律和规范的仔细分析，而恰恰在于其脱离了法律与其他社会现象的内在联系来进行分析。自然法学派看到了不能就法律理解法律，但却提出了"自然法"这样一个唯心主义的概念，把自然法归结为人类的健全理性，即这个学派是从人类精神的一般发展来理解法律的，当然也不能对法律现象作出科学的解释。能够对社会历史现象（包括法律现象）作出彻底的唯物主义的即如实的解释的，只有历史唯物主义。而历史唯物主义也就是马克思主义的立场、观点、方法在社会历史现象方面的运用。

我们要学习和研究的法学，当然是马克思主义法学。它不仅仅是阐述马克思主义经典作家的法学原理的学问，而且是一切用马克思主义的立场、观点、方法为指导来研究法律现实的学科的总称。经典作家关于法的原理，实际上也是马克思主义立场、观点、方法在观察法律问题时的具体运用。

所以，研究法学，研究马克思主义法学，必须坚持马克思主义的指导。这是决定法学的性质和方向，决定其研究成败、荣衰的首要条件，是繁荣我国法学，充分发挥其在建设有中国特色的社会主义中的积极作用的首要条件。对这个问题，我们还可以从以下三方面作一些分析。

首先，研究法学，研究任何法律现象，都应透过现象认识其本质和规律性。法律现象本身有自己的规律性。如"有法不依等于无法"，就是这类规律性之一。但法律现象本身的规律性又服从于社会发展的客观规律。历代统治者，尤其像奴隶制、封建制时期的统治者往往对"有法不依等于无法"这样的规律性"估计不足"，其原因不在于这种规律性不能认识,而在于受其阶级立场的制约,受阶级斗争规律性的制约。奴隶主阶级、封建主阶级必然要"忽视"这种规律性,而主要依靠赤裸裸的暴力,实行超经济的强制。正因为这样,马克思恩格斯曾深刻指出:"法也和宗教一样是没有自己的历史的。"①这就需要仔细研究和正确理解马克思在《〈政治经济学批判〉序言》中讲的那段名言。在那里,马克思总结了他的研究成果,这就是他关于生产力和生产关系、经济基础和上层建筑之间的矛盾运动的原理。他说,"我的研究得出这样一个结果:法的关系正像国家的形式一样,既不能从它们本身来理解,也不能从所谓人类精神的一般发展来理解,相反,它们根源于物质的生活关系"②。马克思这里讲的就是历史唯物主义的原理,就是他所说的"一经得到就用于指导我的研究工作的总的结果"③。要认识法律现象的规律性,就得认识社会的规律;不认识社会的规律,就认识不了、至少是不能彻底认识法律自身的规律性。马克思在其早期著作中,讲到许多法学原理。相比之下,在成熟的马克思著作中直接讲法学原理的成分反倒不那么多了。然而,对我们从事法学研究来说,早期著作中的许多法学原理固然有很多发人深思的灼见,但有重大指导意义的恰恰还是成熟的马克思主义著作。因为,正是在这些成熟的马克思主义著作中,阐发和运用历史唯物主义的原理,揭示了社会发展的一般规律性,给我们提供了认识一切社会现象,包括法律现象的科学的立场、观点、方法。

其次,研究法学,不仅要认识法律现象,而且还必须评价法律现象,包括法学原理。而要正确评价法律现象、法学原理,也必须坚持马克思主义的指导。这是因为马克思主义代表着世界上最先进的阶级即工人阶级的价值观。

规律性的问题回答的是事物"实际上是什么"的问题,价值问题回答的是事物"应该是什么"的问题。这两个问题在资产阶级法学中往往是截然对立、不能统一的;而在马克思主义法学中则是辩证统一的。马克思主义的法学原理应建立在对法律现象规律性深刻认识的基础上,但任何法学原理都不仅仅阐述法是什么,而包含对法应该是什么的主张和意见。马克思主义的法学原理也不仅仅是对法的规律性的认识,其中还包含有从工人阶级和广大人民的利益出发提出的权利要求、法律理想,即从工人阶级和广大人民的愿望出发提出的法应该是什么样的主张。

任何法学原理以及体现这种原理、原则的法律制度,都一定程度包含对法的规律性的认识,但又不仅仅是这种认识,并且这种认识本身也一定要受到认识主体的阶级地位、价值观的制约。所以,法学原理、法律原则同自然科学的原理、原则有很大的不同,它更多地受到认识主体的阶级立场和价值观的制约。甚至什么叫做"法"或"权利"这些问题,本身也反映着人们的价值观。中文"法"一词以及相当于中文"法"或"权利"的西文,都有"公""正""直"的含义。人们事实上是把从他们的立场、观点出发,认

① 《马克思恩格斯全集》第3卷,71页,北京,人民出版社,1960。
② 《马克思恩格斯选集》,2版,第2卷,32页,北京,人民出版社,1995。
③ 同上书,32页。

为是"公""正""直"的行为、行为规范或社会关系借助"权利"或"法"一词来形容和表达的①。所以,在阶级社会,不同的阶级有不同的法学原理,法学原理有强烈的阶级性。在当代,评价、认识、提出任何法学原理、法律制度,不站在工人阶级的立场上,就不可能得出真正符合实际、符合历史发展规律的结论。而要得出这样的结论,就必须以马克思主义为指导。因为马克思主义是人类最进步的阶级——工人阶级——的世界观、价值观的集中体现。

再次,研究法学还需研究法律规范本身,研究和掌握一定的法律技术、法律工具。完成这一任务也必须坚持马克思主义的指导。把法律规范脱离开其社会关系的内容、阶级意志(价值观)的内容来看,它们实际上都是人们调节一定社会关系的工具、手段、技术。它们凝结了人们调节一定社会关系、解决社会纠纷的经验和智慧。所以,如果不联系其社会政治内容,而单纯就规范以及体现规范的条文本身来看,它们是可以继承的。即后来的法即使与先前的法有着阶级本质的不同,后来者也可以利用和借鉴先前存在过的法律规范,利用前人或别人使用过的法律工具、手段、技术,来为本阶级的社会制度服务。但这种利用总是有选择的。这好比是从历史上积累的法律文化武器库中,选择适合自己的顺手武器,并在应用中,结合新的情况、新的需要,推陈出新,又创造出新的武器,进一步充实法律文化这个武器库。一定的法律工具,总是受一定规律性和法学原理的支配,并服务于这种规律性和原理的。因此,认识、理解、选择,并利用一定的法律工具、法律武器,也不能脱离法的规律性和法学原理的指导。因而,要想正确地认识法律规范本身,从历史上和国外大量的法律文化武器库中,选择、利用、掌握适合于新阶级、新社会的法律工具、法律技术,也必须遵循马克思主义的立场、观点、方法。

二

马克思主义法学,包括马克思、恩格斯、列宁等马克思主义经典作家和无产阶级革命领袖在其著作中阐明的法学原理,都是用马克思主义的立场、观点、方法,来研究法律现实得出的结论,是历史唯物主义在观察法律现实时的运用和表现,代表了工人阶级和广大人民群众的愿望,凝结了工人阶级和广大人民群众革命斗争的经验。所以,马克思主义法学与一切非马克思主义的、剥削阶级的法学,有根本区别。

第一,阶级基础不同。纵观历史,法学总是适应着不同时期社会生活的需要、适应着不同阶级的需要产生和发展的。不同社会制度和阶级的需要,产生了不同阶级的法学。所以,法学按其阶级本质来看,有奴隶主阶级的法学、封建地主阶级的法学、资产阶级法学以及无产阶级或工人阶级的法学。马克思主义法学就是工人阶级的法学。

---

① 相当于中文"法"和"权利"的欧洲文字都有公、正、直的含义;而英文"权利"一词为"Right"(正确、对、直)。这说明把什么叫做"权利"或"法",体现了人们的价值观。

它是适应人类必然发展到社会主义、共产主义和工人阶级解放事业的需要而产生和发展着的法学,因而我们也可以称它为工人阶级或无产阶级法学、社会主义法学。

第二,指导思想不同。建立在不同阶级基础上的法学,集中表现为其指导思想的不同。马克思主义法学既然以无产阶级的解放事业为基础,就必然要以马克思主义为指导。因为唯有马克思主义才是无产阶级解放的理论和无产阶级革命经验的总结。法学的指导思想直接决定着法学的性质和方向。

第三,党性和科学性的关系不同。马克思主义法学公开承认自己的党性,公开声称自己是从工人阶级的立场出发来认识问题的。对于马克思主义法学来说,愈是站在工人阶级的立场上认识问题,愈要求这种认识是如实的、科学的;而愈是如实、科学的认识,就愈对工人阶级有利。这是因为工人阶级的利益同社会发展的规律、同人类社会的进步是一致的。相反,一切剥削阶级法学,由于其阶级的历史局限性,往往不敢公开承认其党性、阶级性,而标榜所谓"客观主义""价值中立",似乎这样才有科学性。这是因为剥削阶级的利益与广大人民的利益是对立的,在现代又与社会发展的规律和人类社会的进步发生了严重的矛盾。所以,剥削阶级法学的党性和科学性总是严重对立的,需要靠标榜"客观主义"来蒙蔽群众。

第四,重大的理论观点不同。马克思主义法学认为,法是社会发展到一定历史阶段与国家相伴而生的现象,是被奉为法律的掌握国家权力的阶级的意志,其内容和发展最终决定于一定的生产关系,而生产关系归根到底又受生产力发展水平的制约。剥削阶级法学则总是有意无意地掩盖法的阶级性,否认与一定生产力相联系的生产关系对法的最终决定作用,或竭力割断法与国家权力的内在联系,把它说成是超政治、超历史的永恒现象。

由于其阶级的局限性和方法论上的缺陷,剥削阶级法学,从总体上讲,都未能真正揭示法和一切法律现象的本质。但这并不是说,他们的研究中没有任何合理的、符合实际的或积极的成果。因此,我们对待剥削阶级法学的研究成果和有价值的思想,应采取批判借鉴的态度。而这又必须以坚持马克思主义指导为前提。否则就会发生或者是简单地否定、或者是抹煞马克思主义法学与剥削阶级法学的原则界限而简单照搬的现象。这两种情况,对马克思主义法学的发展,对社会主义法制的建设,对社会主义事业,都是极为有害的。这方面,我们有过深刻的经验教训。

三

新中国成立初期,我们批判旧法观点,在法学研究中基本上确立并坚持了马克思主义的指导,坚持了马克思主义的正确立场。1949 年 2 月,中共中央发布的《关于废除国民党六法全书确定解放区司法原则的指示》,有着不可磨灭的历史功绩。它以马克思主义为指导,联系中国当时革命斗争的实际,科学地阐明了法学中的一系列重大理论和实践问题,对新中国的法制建设起到了重要的指导作用。然而,不久,由于"左"的指导思想的逐渐抬头和缺乏建设社会主义新社会的经验,不仅在经济、政治等问题上出现了"左"的错误,而且在法学研究中也出现了"左"的、简单化的毛病。笔者以为这主要表现在:

第一,把法单纯理解为阶级斗争和对敌专政的工具,而对它在处理人民内部矛盾、建立和维护正常社会秩序中的重大作用,有所忽视。

第二,强调法是国家权力的体现,忽视法的客观根据,似乎国家权力的行使和法律的制定可以不受限制,可以随意行事。这样,虽然为人民争得了并在法律上确认了人民的基本权利和自由,但却没有能够很自觉地运用国家权力、利用法律手段去保护和发展这种权利和自由,以致社会主义制度的优越性未能充分显现。

第三,过分强调政治、政策和人的作用,而忽视制度(包括法律制度)的作用,否定法的相对独立性,似乎政治、政策、领导人的意见可以代替法律。

第四,把法的阶级性与法的继承性截然对立起来,否定法和法学的继承性,从而对人类法律文化(包括资产阶级法律文化)中的合理的、符合实际的、进步的思想、原则、制度,认识不足,肯定不够,往往是简单地否定。

第五,法律虚无主义和轻视法的思想日益泛滥,直到"文化大革命"中的"无法无天",从而使我国社会主义事业损失严重。

产生这些情况有其深刻的历史根源、经济文化根源和思想根源。旧中国缺乏民主和法治的传统,封建意识、家长制作风流毒很深;中国经济文化不发达,无政府主义思潮有肥沃的土壤;在革命来潮阶段,急风暴雨式的群众直接行动,也使人们产生了似乎法律可有可无的错觉;权力过分集中的管理体制和计划经济长期占主导地位;在长期的革命战争时期形成的一些迫于当时形势的做法(如党政职能不分、以党代政)影响很深等等。这一切,既是形成"左"的指导思想的根源和条件,又在"左"的指导思想的庇护下披上了"革命""进步"的外衣,所以克服起来相当困难。

"文革"以后,人们痛定思痛,人心思治,人心思法,党的十一届三中全会拨乱反正,在把党和国家的工作中心转到经济建设上来的同时,提出了发展社会主义民主,加强社会主义法制,坚决维护法律的权威等正确方针。我国法学界在党的十一届三中全会精神的鼓舞和指引下,一方面大力克服"左"的、简单化的缺点,在一系列问题上正本清源,恢复并确立了马克思主义的正确观点;另一方面研究新情况、新问题,写出了大量的论文、著作、教材。我国马克思主义法学迎来了自己的春天,获得了空前的发展、繁荣。

然而在法学繁荣、发展的进程中,又逐渐呈现出另一种斗争:坚持四项基本原则与资产阶级自由化的斗争。在纠正"左"的倾向时,一些人未能正确总结经验教训,加上改革开放过程中自然会有资本主义思想的渗透,人们对马克思主义的基本原理也不可能都有全面、准确的理解,于是出现了有些人对马克思主义的某些基本原理产生动摇、甚至否定的现象。有的公然否定马克思主义法学的存在。有极少数的人则主张"全盘西化"。这些不符合我国国情,也不利于建设有中国特色的社会主义法学理论体系。

可以说,在法学研究中确曾存在着取消和反对马克思主义的右的倾向,其表现是多方面的,主要可概括为以下几种。

第一,"过时"论,即认为马克思主义过时了。这种观点认为,马克思主义只适用于马克思、恩格斯、列宁所处的无产阶级革命时代,而现在是和平与发展的新时代,应该摒弃马克思主义法学的传统的价值观念,树立新的价值标准,即不再以是否有利于革命阶级、是否有利于巩固无产阶级专政为衡量和判断是非与合法和非法的标准,而要把人类的生存和人的全面发展,把是否有利于全社会和全人类和谐一致的发展作为最高价值标准。这种主张的性质是相当明显的。

第二,"更新"或"转轨"论。这种主张提出最早,持续时间最长。这种观点并不一般地反对马克思主义的指导,而是把马克思主义关于法的本质的基本原理,把坚持这种原理的我国法学的主流,说成是"维辛斯基法学""阶级斗争法学""阶级斗争为纲法学",打着批判维辛斯基、批判所谓"传统法学"的幌子,鼓吹所谓法学的"更新""转轨"。不管持有这种观点的人意识到没有,实际上这种观点所谓的"更新"是假,而否定马克思主义的指导,企图把法学研究从马克思主义的轨道转到资产阶级历史唯心主义的轨道,从而全盘照搬资产阶级法学是真。

第三,"马克思主义法学不存在"论。这种主张也不一般地否定马克思主义,但却否定马克思主义法学,其出现较第二种主张晚,较第一种主张早。它认为,"马克思主义法学"的提法本身就是错误的;马克思主义的三个来源三个组成部分中没有法学;被人们叫做马克思主义法学的,只不过是马克思、恩格斯关于法的片言只语,马克思、恩格斯根本没有形成系统的法学思想;新中国成立以来法学落后,没有出现过一个大法学家,就是因为长期讲马克思主义法学造成的;号召要摒弃马克思主义存在一个完整的法学体系的迷信观点。这是要否定马克思主义对法学研究的指导地位。

某些人一方面以种种借口否定马克思主义对法学研究的指导,千方百计地诋毁歪曲马克思主义和马克思主义的法学原理;另一方面又极力鼓吹法学的"多元论",要"摒弃只有马克思主义是终极真理、唯我正确、唯我独尊的狭隘观点",还预言我国的法学体系也将从一元向多元过渡,从而取代传统的马克思主义法学的"独尊"地位。

可见,否定马克思主义指导作用的右的思潮确实存在过。它严重干扰了我国法学界彻底克服多年来存在的"左"的倾向的进程。

四

法学研究必须坚持马克思主义的指导。无论"左"还是右,都是干扰马克思主义指导的表现。根据多年的经验看,有右的、赤裸裸地否定马克思主义的倾向存在,但从"左"的方面来葬送马克思主义的倾向更根深蒂固、更具煽动性和迷惑性。由于它涂上了"革命"的色彩,因而更需要重视并对其加以克服和防止。所以,邓小平同志在视察南方的重要谈话中提出的"要警惕右,但主要是防止'左'"的科学论断,也完全适合法学界的情况。在法学研究中要坚持马克思主义的指导,一方面必须警惕前面提到的那种否定马克思主义的右的倾向,另一方面更主要的是继续克服和防止仍然存在着的"左"的倾向和影响。总的说来,法学研究要贯彻党的基本路线:以经济建设为中心,坚持四项基本原则,坚持改革开放。四项基本原则是立国之本,改革开放是强国之路。不坚持四项基本原则,不坚持改革开放,经济建设这个中心就会落空,社会主义就不能成功。右的倾向否定四项基本原则,"左"的倾向不利于改革开放,都会葬送社会主义事业。而不搞改革开放,社会主义国家强盛不起来,经济建设上不去,四项基本原则也很难坚持。所以,"左"又可以为右提供条件。多年的经验表明:一个执政党,在通常的条件下,必须把主要注意力放在防止"左"的方面,"左"确实是相当难治的一种弊病。

就我国法学界、法学理论界的情况来看,前面提到的"文革"前和"文革"中的那些"左"的表现,在党的十一届三中全会以来,虽然得到了很大的克服,但并未彻底解决。受资产阶级自由化思潮的干扰,法学界在与右的倾向作斗争中,一度放松了对"左"的思潮的分析、批判,"左"的倾向在新形势下又有新的表现。其中最主要的还是:民主、法治观念薄弱,重政治、轻法律;以言代法,以权压法,有法不依;片面理解法的阶级性,不敢大胆借鉴历史上或别国已有的经验和合理的做法;片面强调国家权力的作用,忽视或轻视对社会成员权利和自由的确认和保障;简单地排斥资产阶级法学的研究成果和合理成分;轻视法律形式,对法律形式或专门法律问题的研究不深入、不具体,这样制定出的法律也往往过粗和一般化,缺乏可操作性,而在执行中又往往被领导人的意见所取代等等。这样就必然严重影响对法律武器的掌握和运用,影响我国法制建设,影响对外交往与对外交流,影响中国特色社会主义建设。所以,法学研究必须坚持马克思主义的指导,而坚持马克思主义的指导,就必须认真贯彻"警惕右,但主要是防止'左'"的科学论断。

五

法学研究必须坚持马克思主义,发展马克思主义。坚持才能发展,发展才能更好地坚持。坚持和发展都要联系实际,认真学习马克思主义有关著作。重要的是掌握马克思主义观察、分析问题的立场、观点、方法。其第一步是要认真读马列的书,读毛泽东、邓小平等我国老一辈无产阶级革命家的书,读党和国家领导人的重要讲话及党和国家的重要文件。如果一个人连马克思主义关于法的著作都没读过或者基本没读懂,就说自己发展了马克思主义法学,恐怕这话是不可信的。"不唯上,不唯书"是对的。但"不唯上"不等于"不要上"。凡是领导人讲的话都不听,党和国家的文件都不学,那还不犯错误?!"不唯书"也不等于"不要书"。不读书,不读马克思主义的书,就很难掌握人类思想文化遗产、掌握马克思主义这个人类思想文化的结晶。在新时代,作为社会主义中国的大学生、研究生,应该把读马列的书放到首位,作为研究法学的大学生、研究生,就更应不断提高学习马克思主义法学的自觉性、积极性,要把这点看作是使自己的学习、工作、研究不犯错误和少犯错误,并能从前人、他人的研究成果中,从自己的经验中真正学好,取得事半功倍效果的基本保证。这也是实事求是的精神在学习和研究中的运用和表现。要改革、要开拓、要创新,但所有这些都必须以实事求是的精神为指导,提倡朴实的学风,而要防止那种轻浮的、华而不实的态度。

首先要读马列有关的著作,要把著作的基本含义弄懂,全面、准确地掌握其主要内容,而不是不加分析地陷入一些枝节问题。当前还应当结合学习马列原著,认真学习和领会邓小平同志视察南方的重要谈话,这些指示是把马克思主义与中国当代的实践相结合的典范,是毛泽东思想的新发展,对于我们进一步解放思想,在法学研究中坚持马克思主义的指导,促进我国社会主义法制完善,为建设有中国特色的社会主义服务,有极为重大的指导意义。其次,要坚持理论联系实际。要联系实际来理解、消化原理和提出解决实际问题的方案。再次,要善于思考、勤于思考,善于通过讨论、交换意见,统一思想。在讨论中要敢于亮思想、亮看法。

无数事实证明,在课堂上、学习中消灭的糊涂观点、模糊认识越多,在工作中、实践中的糊涂观点、模糊观点就越少。而理论上的模糊,必然导致政治上的摇摆和行动上的盲目。

学习和研究马克思主义法学要坚持党性原则。马克思主义是无产阶级和劳动人民认识世界和改造世界的强大思想武器。只有站在无产阶级和广大人民的立场上,为人民的利益坚持正确的理论,为人民的利益改正错误的观点,才能真正做到坚持真理、修正错误,把马克思主义真正学到手。而坚持剥削阶级的私利,或把个人的利益凌驾于党和人民的利益之上的人,往往会被这种私利遮住眼睛,不可能真正掌握马克思主义这个锐利的武器。所以,学习马克思主义著作,更要联系思想实际,特别是要联系自己的思想实际,改造自己不切实际的思想,提高自己的思想政治水平、道德水平和分析问题、解决问题的能力。一句话,重要的是要解决立场、观点、方法等问题。

第一编

马克思、恩格斯著作

第一章 马克思、恩格斯《德意志意识形态》①

【写作的历史背景】

马克思主义法学作为马克思主义思想体系的组成部分,是同马克思主义同时产生的。这是马克思和恩格斯长期投身于阶级斗争和科学研究的实践,并且在改造客观世界的同时不断地改造主观世界的结果。列宁指出,1843 年马克思在《莱茵报》担任主编时期,从他在该报上发表的一系列文章中,就"可以看出马克思开始从唯心主义转向唯物主义,从革命民主主义转向共产主义"②。到了 1843 年秋天至 1844 年 1 月,马克思为《德法年鉴》撰写《论犹太人问题》和《〈黑格尔法哲学批判〉导言》这两篇论文,标志着马克思已最终完成了"两个转变"。在差不多相同的时期内,恩格斯也成为辩证的唯物主义和共产主义者。

1844 年 8 月,恩格斯从英国启程返回德国的途中,特地绕道巴黎与马克思会见。这次具有历史性意义的会见给他们创造性的合作、共同的理论研究和为无产阶级事业进行的革命斗争奠定了基础。后来,恩格斯在《关于共产主义者同盟的历史》一文中回忆说:"当我 1844 年夏天在巴黎拜访马克思时,我们在一切理论领域中都显出意见完全一致,从此就开始了我们共同的工作。"③马克思和恩格斯二人首次合作撰写的论著是《对批判的批判所做的批判。驳布鲁诺·鲍威尔及其伙伴》(该书出版时加上了《神圣家族》的正标题)。在当时德国的思想领域,以布鲁诺·鲍威尔为代表的青年黑格尔派背离他们从前的那种"政治激进主义",变成庸俗的主观唯心主义,宣扬个人创造历史的"英雄史观"。这就使马克思和恩格斯必须同他们彻底决裂,全面系统地批判他们的错误,肃清其恶劣的影响。恩格斯利用他在巴黎逗留的 10 天时间,写完了他所承担的该书的七个章节。《神圣家族》揭露了布鲁诺·鲍威尔等人的历史唯心主义法律观,指出:法律不是客观事物的"规定",而仅仅是"宣告";现代资产阶级"公法"的基础不是"天上的云雾"或人的意志,而是人们物质生活领域的"市民社会";同样,犯罪学说所依据的不应是抽象的人性说和教育万能说,而必须深刻认识其产生的社会根源,等等。通过对布鲁诺·鲍威尔的法律观和资产阶级刑法思想的批判,及对资产阶级法律制度

① 载于《马克思恩格斯全集》第 3 卷。
② 《列宁全集》,中文 2 版,26 卷,第 83 页,北京,人民出版社,1988。
③ 《马克思恩格斯全集》第 21 卷,第 247 页,北京,人民出版社,1965。

的剖析,进一步充实了马克思主义法学体系。

1845年2月,马克思因法国政府的驱逐令,由巴黎转移到比利时的布鲁塞尔。同年4月,恩格斯来到这里。这两位人类思想的巨匠,为了建立无产阶级政党和制定科学的共产主义理论,继续共同进行艰苦的实际组织工作和理论研究工作。他们一如既往,坚持不懈地与各种非科学的理论思想或危害工人运动的学说作斗争。尤其对于当时在德国或其他地方比较时髦的"真正社会主义",马克思和恩格斯都给予了无情的批判。在这场意识形态领域的系统论战中,马克思和恩格斯全面地阐明了自己的观点,阐明了科学共产主义学说的诸原理。对于此次的会面和合作,恩格斯回忆说,那时马克思已经从市民社会决定国家和法、经济关系及其发展决定着政治解释和它的历史的基本原理出发,"大致完成了发挥他的唯物主义历史理论的工作,于是我们就着手在各个极为不同的方面详细制定这些新观点了"①。这一时期的著作,对马克思主义法学体系的形成具有决定性意义,这就是马克思和恩格斯共同撰写的巨著——《德意志意识形态》。

《德意志意识形态》一书的写作开始于1845年9月,于1846年夏天基本结束。但个别部分的写作此后仍陆陆续续进行着。该书在脱稿之前,马克思、恩格斯给它加上了一个副标题,即《对费尔巴哈、布鲁诺·鲍威尔和施蒂纳所代表的现代德国哲学以及各式各样先知所代表的德国社会主义的批判》。当时,由于警察署方面的阻挠,加之出版商大多受敌对派别控制等原因,该著作的出版受到了很大阻碍。此后,只有个别章节在刊物上进行了发表。1859年1月,马克思在《政治经济学批判》的序言中,提及当时的情况时说:"既然我们已经达到了我们的主要目的——自己弄清问题,我们就情愿把原稿留给老鼠的牙齿去批判了。"②1895年恩格斯逝世后,《德意志意识形态》的手稿落到德国社会民主党的一些机会主义首领手中,被有意地长期束之高阁,不予公开。伟大的俄国十月革命之后,书稿几经周折,其内容才被苏联所掌握。1932年,由苏共中央马克思列宁主义研究院第一次用德文原文出版,1933年2月用俄文出版。

在法学历史上,《德意志意识形态》这部没有整个公诸于世的著作的意义,就在于它是马克思主义法学或称历史唯物主义法学理论体系的诞生地,实现了法学领域的一场空前的伟大革命。

【主要法学论点】

本章所阐述的是《德意志意识形态》一书中的一小部分思想。它比较集中地表达了马克思和恩格斯关于法的概念和本质问题的基本观点。因此,在马列法学原著中占有着重要地位,对于我们了解马克思主义法律思想发展史,特别是把握马克思主义法

---

① 《马克思恩格斯全集》第21卷,第247—248页。
② 《马克思恩格斯全集》第13卷,第10页,北京,人民出版社,1962。

律观,是极为重要的。

在这里,马克思和恩格斯是通过批判麦克斯·施蒂纳而阐发自己观点的。施蒂纳(文中讥称为"圣麦克斯")是德国哲学家,青年黑格尔分子,资产阶级个人主义和无政府主义思想家之一。虽然从外部表现形式上看,与大多数资产阶级法学家美化资产阶级的国家和法的做法不同,施蒂纳作为一个无政府主义者,原则上反对任何国家和法;但从世界观上看,其都是以历史唯心主义为理论基础的。马克思和恩格斯对施蒂纳的批判,正是针对这一点进行的。

一、客观的经济关系是国家和法的基础

什么是法? 法从哪里来? 古往今来,一切剥削阶级和小资产阶级思想家都不能够真正科学地回答这个问题。这是由于他们法律观的历史局限性和阶级局限性所注定的。施蒂纳也不例外。他在 1844 年所撰写的《唯一者及其所有物》一书中,对于法的概念和法的来源的解释,就是非科学的。在这方面,施蒂纳最有代表的说法有三段:①法是社会的精神。如果社会具有意志,那么这种意志就是法。社会只是通过法而存在。但是因为它的存在只是由于它实现了对个人的统治。因此,法就是统治者的意志。②只要还有统治意志,而这种统治意志被视为和个人意志具有同等意义,国家就会一直存在下去。统治者的意志就是法律。③凡是法,凡是在社会中被认为是对的东西,也就会在法律的字面中表述出来①。

马克思和恩格斯在《德意志意识形态》中指出,施蒂纳的这些议论,至少隐藏着两个方面的"巨大秘密",或者说存在两大问题。

其一,施蒂纳随意地偷换法和法律这两个不同的概念。在西方 2000 多年的法律文化史上,一直流行着自然法的观念。它的含义,在古代主要指大自然,在中世纪主要指神意,在近代即 17 世纪至 18 世纪主要指人类理性。所谓法,通常就是自然法的同义语。法是先于和高于法律的,是法律的原则。法是"应然"世界里的东西,是非实证的、不能直接经验的。与法不同,法律是国家立法者制定或认可的东西,是能够直接经验的。所以,法律又叫人为法、实定法、实证法。只有依照法的原则而成立的、体现着法的精神的法律,才能称得上是真正的法律或良法。德国古典法哲学家康德和黑格尔都是自然法的信奉者,因而都将法与法律加以区分。早期的马克思和恩格斯也曾经提倡过最激进的理性法、自由法的理论,要求一种"作为法的法律",认为立法者并不创造法而仅仅表达法。但这种理论在马克思和恩格斯那里,只是过渡性的东西。当他们转向历史唯物主义的时候,便放弃了这种非科学的法律观,而赋予法概念、法与法律的关系以历史唯物主义的新涵义。

---

① 参见《马克思恩格斯全集》第 3 卷,第 376—377 页。

施蒂纳作为近代无政府主义的先驱之一,反对任何国家与法,倡导法律虚无主义。尽管如此,当他涉足国家和法的问题时,也完全无力摆脱自然法学关于法以及法与法律相互关系问题的传统见解,并且还有意识地玩弄偷换概念的把戏。马克思和恩格斯揭露施蒂纳的第一个"巨大秘密",正在于指出:"他关于法的全部论述是从对法的一般解释开始的,可是当他在讲到法的时候,法却从他那里'溜跑了',而只有当他谈到完全另一件事,即谈到法律的时候,他才重新把法抓回来。"①就是说,身为无政府主义者的施蒂纳和自诩为法学家的施蒂纳,判若两人。从无政府主义观点出发,他把法连同国家简单地看成一堆废品。而从"法学家"观点出发,他的言论又不外是 17 世纪至 18 世纪以来的老调重弹。不同的只是他把法与法律的关系弄得更加混乱。对于法、法律这两个东西,当觉得它对自己的论题不太合适,就让它"溜跑";而当它适合自己的目的,再把它"抓回来"。比如,施蒂纳所给出的法定义是"法就是统治者的意志"。后来,论及法律,他又说,"统治者的意志就是法律"。两个一前一后的命题结合在一起,其结论便是"法 = 法律"。真是露骨的混淆。

另外,马克思和恩格斯还揭露施蒂纳对黑格尔的"笨拙的"抄袭。黑格尔是一位客观唯心主义者,他认为,法是客观精神通过伦理实体(特别是国家)表现出来的对人们行为的要求。他在《法哲学原理,或自然法和国家学纲要》这部名著里说,法是"自在的存在",而法律是被人们"意识到的存在"和立法者"设定的存在"。还说:"在实定法中,符合法律的东西才是认识的渊源,据以认识什么是法,或者更确切些说,据以认识什么是合法的东西。"②施蒂纳跟在黑格尔之后,说:凡是法,凡是在社会中被认为是对的东西,也就会在法律的字面中表述出来。但是,这个黑格尔言论的"翻版",完全不符合黑格尔言论的本意。黑格尔所说的是对合法性的认识,即行为与法律的关系;施蒂纳所说的是法与法律的关系,二者是风马牛不相及的。不仅如此,施蒂纳还曲解了黑格尔的观点。因为,黑格尔并不认为凡是法都会在法律(实定法)中获得表述,比如说恶法就不可能表述法。

讲到这里,便不难看出,追随施蒂纳这样一位蹩脚的法学家,是不可能找到法的真理的。

其二,施蒂纳在法的意志基础论和法的权力基础论两种资产阶级历史唯心主义法律观中间摇来摆去。从 17 世纪至 18 世纪的资产阶级古典自然法学家到 19 世纪初的德国古典法哲学家,都是从人的所谓理性意志出发来观察和了解法现象的。因此,有理由把他们都称为历史唯心主义的"法的意志论"者。可是,再进一步划分,其中又有两大派别。一派是以洛克、孟德斯鸠等人为代表,奉行强调个人权利的自由主义法律思想,认为法以集合起来的个人意志为基础。这就是马克思和恩格斯所指的,"那些认

---

① 《马克思恩格斯全集》第 3 卷,第 376 页。
② [德]黑格尔:《法哲学原理》,第 222 页,北京,商务印书馆,1979。

为意志是法的基础的理论家"。另一派是以霍布斯、格劳秀斯等人为代表,奉行强调国家权力的国家主义法律思想,认为法以权力(主权者的意志)为基础。这就是马克思和恩格斯所指的,"那些认为权力是法的基础的理论家"。在德国的古典法哲学家们之中,康德是自由主义法律思想家,黑格尔是国家主义法律思想家。施蒂纳清楚地知道这两派的"直接对立"。他把"那些认为意志是法的基础的理论家"称为"唯心主义",说这是比较有文化造诣的人(青年、近代人、蒙古人)容易倾向的观点;把"那些认为权力是法的基础的理论家"称为"唯实主义"或"唯物主义",说这是较少文化造诣的人(儿童、古代人、黑人)容易倾向的观点。至于说到施蒂纳本人,他情愿冲破两者的界限而左右逢源。正如施蒂纳在对待法与法律的相互关系问题上所采取的态度那样,现在他在法的意志基础论和法的权力基础论的相互关系问题上也坚持自己的"对偶式",即折中主义、二元论。他需要哪个就谈哪个;需要怎样谈就怎样谈。在这方面依然是,没有原则便是他的原则。最先,施蒂纳把法说成是"社会的精神"或社会的意志,进而又说它是"统治者的意志"。但是,后来他发现仅凭抽象的"意志"是无法实现统治的。于是他又竭力要把"意志"的属性从他关于法的"论述"中排除出去,以便把"权力"引入法概念中来。如同马克思和恩格斯所指出的,现在对于施蒂纳而言,"只有**法**被确定为**人**的**权力**,他才能把法作为**自己的权力**收回到自身中来。因此,为了讨好自己的对偶式,他就得抓住'权力'的唯物主义定义,而让'**意志**'的唯心主义定义'溜跑'"①。不过,关键问题在于,不管法的意志基础论也好,还是法的权力基础论也好,都是错误的观点。

在《德意志意识形态》一书中,马克思和恩格斯揭露了施蒂纳关于法与法律、法的意志基础与法的权力基础问题的理论观点和采用的手法之后,首先系统地阐述了法学的最根本的问题,即回答法从何而来这个法的本体论。马克思和恩格斯指出:那些决不依赖个人"意志"的、受到社会生产方式和交往方式(生产关系)及经济分工与私有制的发展阶段所制约的个人物质生活条件,是国家的现实基础。这些现实的物质关系不是国家创造的;恰恰相反,它们本身就是创造国家的力量。当然,这种创造不是自然地实现出来的,而是通过在这种物质关系(经济关系)中占据统治地位的那些个人所构成的阶级建立的。因为,他们要保卫本阶级的优越地位,必须有效地组织自己的力量,其根本的形式就是国家。除了国家以外,统治阶级还必须把由物质关系所决定的意志提升为"国家意志",也就是借助法律这种一般的表现形式来使全社会一体遵行。按照马克思和恩格斯的观点,在迄今为止的文明社会中,社会经济关系总是表现为阶级关系,而阶级关系又直接决定着法律的内容。不论私法或者公法都清楚地证明了这一点。如果说私法是确认私有制和实现私有权的法律的话,那么,作为公法的刑法则是捍卫私法、从而捍卫私有制的法律。

---

① 《马克思恩格斯全集》第3卷,第377页。

二、法体现的是统治阶级的共同意志

在《德意志意识形态》一书中，马克思和恩格斯在揭示了法律的统治阶级性质以后，又进一步地论述了体现于法律里的统治阶级整体意志同统治阶级的每个个人之间的关系。他们说："这些个人通过法律形式来实现自己的意志，同时使其不受他们之中任何一个单个人的任性所左右，这一点不取决于他们的意志，如同他们的体重不取决于他们的唯心主义的意志或任性一样。"①就是说，对于这些个人而言，法律所体现的国家意志，既包含着其个人意志，又排斥或遏制他的同统治阶级整体意志不相符合的个人意志，即任性的意志、唯心主义的意志。这就意味着，统治阶级中单个人的统治是整个阶级统治的从属部分，因此他的统治不能同阶级统治不一致。所以，马克思和恩格斯说，统治阶级单个人的统治"必须同时是一个一般的统治"。

那么，是什么因素决定了国家政权中的阶级统治与个人统治、法律中的阶级整体意志与单个人意志相互间的这种一致和不一致、从属和独立的辩证关系？关于这个问题，所有的资产阶级法学家（如同在施蒂纳那里所见到的）——法的意志决定论者也好，还是法的权力决定论者也好，都不能从根本上作出正确的回答。因为，他们总是脱离社会经济条件来认识国家和法的现象。与此相反，马克思和恩格斯从历史唯物主义法律观出发，指出，统治阶级的成员，"他们个人的权力的基础就是他们的生活条件，这些条件是作为许多个人共同的条件而发展起来的。为了维护这些条件，他们作为统治者，与其他的个人相对立，而同时却主张这些条件对所有的人都有效。由他们的共同利益所决定的这种意志的表现，就是法律"②。统治阶级的国家和法的基础，是一定的经济条件。它是客观的社会历史运行的产物，同人的主观性之间没有必然的关系。这种经济条件是全体统治阶级成员的共同生活条件和共同利益之所在。它的发展就为统治阶级每个成员的发展提供了可能；对于它的威胁就是对统治阶级每个成员生存的威胁。因此，统治者就不能不一致地维护这种共同的经济条件。尽管他们之间存在着利益的对立甚至对抗，也必须这样做。国家和法律正是维护统治阶级共同经济条件的基本手段，它们代表着全体统治阶级成员为了维护根本生存利益（共同经济条件）而相互制约所形成的合力，对于每个成员都有效。至于统治阶级成员个人的意志和权力（统治权），要以法律（国家意志或阶级的共同意志）和国家（政权或阶级的整体权力）为依归。由此可知，说到底，统治阶级的经济条件与统治阶级成员个人的具体生活条件的关系，决定了国家与个人统治、法律与个人意志的关系。

马克思和恩格斯在澄清统治阶级同其成员间的政治、法律关系的原因以后，进一

---

① 《马克思恩格斯全集》第 3 卷，第 378 页。
② 同上书，第 378 页。

步提出统治阶级成员个人必须进行"自我舍弃"的学说。剥削阶级的国家和法以生产资料私有制为基础,这个阶级成员的相互关系必然是利己的,彼此互不依赖、互相倾轧,即所谓"人人为自己,上帝为大家"。在这种情况下,他们每个人进行自我肯定和自我确立意志,而不能由国家统一地肯定和确立。国家所能做的,是迫使他们在自我肯定与确立意志的过程中,必须对自己的利益和意志加以适当的限制甚至牺牲,以满足阶级整体的或国家的需要。这就是马克思和恩格斯所说的"使自我舍弃在法律、法中"的涵义。但是,从总体上看,他们利益和意志的自我肯定是一般的场合,而自我舍弃仅仅是个别的场合。即使纯粹以个人主义为尺度,这种舍弃也不一定就意味着是牺牲;相反,通常"自我伸张才算作是自我舍弃",也就是"伸张"大于"舍弃",吃"小亏"占"大便宜"。马克思和恩格斯关于"自我舍弃"论点的主要意义在于,它指明了:国家的法律不仅有调整统治阶级与被统治阶级关系的机制,同时也有调整统治阶级内部关系的机制,二者是密切相关的。法律对于统治阶级内部而言,也可以说具有国家纪律的性质。

三、国家和法律同被统治阶级意志的关系

统治阶级和被统治阶级的根本对立,来源于他们在经济领域中的,对立即经济利益的对立。由此导致彼此在意识形态领域中的对立、意志的对立。从前面马克思和恩格斯的分析中可以知道,虽然国家与法律表达统治阶级的意志,但它们作为一定经济条件的产物又是客观的必然,就这个意义上说,特定历史类型的国家和法律的产生和存在,也不取决于统治阶级的意志,更不要说统治阶级个别人的意志。至于说到被统治阶级,其经济地位决定了他们同统治阶级和法律是势不两立的。因此,他们必然希望消灭这种国家和法律。为了实现这个希望,他们当中的无数仁人志士不惜流血牺牲,前仆后继,开展越来越激烈的革命斗争。但是要赢得胜利,还是很不容易的。这说明,剥削阶级的国家和法律的产生和存在不以被统治阶级的意志为转移,即使它们的消灭也不以被统治阶级的意志为转移。被统治阶级的革命意志只有在符合业已成熟了的取代旧社会经济关系的条件下,才能如愿以偿。马克思和恩格斯指出:"对被统治的阶级说来也是如此,法律和国家是否存在,这也不是他们的意志所能决定的。"①讲的就是这个道理。两位革命导师举现行的资本主义社会为例。只要生产力还没发展到使资本之间的自由竞争完全成为多余的、过时的东西,因而还在通过各种形式不断地产生自由竞争,在这种情况下,以无产阶级为首的被统治阶级尽管存在着消灭自由竞争、消灭资产阶级国家和法律的"意志",然而这种"意志"毕竟是不可能实现的。在这里必须加以说明的是,马克思和恩格斯所阐述的道理,丝毫不含有抹煞或贬低无产阶级革命意志,尤其革命理论的重要性的意思。恰恰相反,他们历来强调这种重要性,并

---

① 《马克思恩格斯全集》第 3 卷,第 378 页。

且坚持不懈地为培育、引导和强化无产阶级的革命意志而呕心沥血。但是,马克思和恩格斯认为,这种革命意志必须建立在对客观历史规律正确认识的基础上,善于依据社会矛盾发展变化的状况来制定无产阶级革命的战略和策略。当资本主义制度还能够为生产力的发展提供可能性的时候,就想要立即消灭它,便是冒进。然而,当世界的个别地区,其社会的内在矛盾已达最尖锐的程度,从而使革命的条件已经成熟的时候,仍不想或不去实行革命,便是保守。这"左"和右的两种情况,都不免给无产阶级事业造成重大损害。

讲到"意志"问题,马克思和恩格斯根据历史的和现实的经验,指出了资产阶级、小资产阶级以及其他一些思想家们中间经常出现的一种情况。在社会的矛盾和社会关系还没有发展到能够实现他们所确立的某种意志以前,这些思想家们便凭自己的想象,在头脑里构思它。从文艺复兴时期的思想家到资产阶级启蒙思想家大多如此,甚至这样那样的空想社会主义者也是如此。不言而喻,这是不符合现实的历史唯心主义。在相反的情况下,即在社会矛盾和社会关系发展到足以实现他们所确立的某种意志的时候,这些思想家们就会"忘记"他们意志所赖以形成的客观社会根据,尤其是生产力和生产关系方面的决定因素。他们会认为,这种意志是像自己这样的"天才人物"随心所欲的创造物;甚至认为这种意志是万能的救世药方,在一切时代和一切情况下都可以产生、可以实现。这同样是错误的、历史唯心主义的观点。马克思和恩格斯的一生,从未间断过同这样一些思想家,特别是他们的国家思想和法律思想进行斗争。

四、犯罪和现行统治都产生于相同的条件

历史唯心主义法律观和历史唯物主义法律观的根本分歧,必然带来两种相应的犯罪观的对立。

马克思和恩格斯在《德意志意识形态》一书中指出,历史唯心主义者总是把犯罪看成对某种神圣观念的侵犯,这种神圣观念的载体可能是国家、法、法律及其他东西。他们说:"过去有些思想家可能想象:法、法律、国家等产生于普遍概念,归根到底产生于人的概念,并且也是为了这个概念而被创造的;这些思想家也自然可以想象:犯罪只是由于对一个概念的狂妄放肆才构成的,犯罪一般说来就成为对概念的嘲弄,惩罚犯罪也只是为了向受辱的概念赔罪。"①施蒂纳正是这种思想家之一。他把国家说成"圣物",而法律(刑法典)是"圣物"颁布的,也是"圣物"。他认为,"在犯罪中,向来就是利己主义者肯定自身,而圣物是受到嘲弄的"。进而又认为,"刑罚只是作为对冒犯圣物的一种赎罪才有意义"。

马克思和恩格斯对于施蒂纳的刑法观的批判,集中于以下几个方面。首先,他们

---

① 《马克思恩格斯全集》第 3 卷,第 394 页。

指出，犯罪不是单纯地反对某种观念(神圣化了的观念)，也不是单纯地反对法和法律的斗争，而是反对现行的社会经济关系和阶级关系的斗争。施蒂纳把传统的名称当作第一位的问题来思考，只是把阶级关系乃至更深层的阶级关系在法律上的表现看成是过去野蛮关系观念化了的名称，例如封建社会遗留下来的决斗、赔罪、报仇与报复刑等等。对于更重要的问题，即法的这些不同的形式所赖以产生的现实经济关系和阶级关系本身，他则丝毫没有接触到，也根本不知道。这样一来，他也就只能看到犯罪触及的现象(反对法的外部形式)，而放过引发犯罪的真正社会根源。实际上，统治阶级之所以维护旧的传统观念、旧的法形式和名称，是因为它们符合自己的现实利益，对于维护本阶级的经济基础有好处。同样，犯罪者之所以进行犯罪，根本上是出于对自己所处的经济地位和阶级地位的不满。由此可知，现行统治产生于现实的经济关系和阶级关系，而犯罪也是如此。差别仅在于前者要肯定这种现实关系，而后者要否定它。既然如此，我们就可以这样理解：这两种现象虽然经常借助各种偶然的形式表现出来并且互相对立，但它们背后都潜藏着客观必然性，同时都有一致的社会原因。这就是马克思和恩格斯所强调的，"犯罪和法一样，也不是随心所欲地产生的。相反地，犯罪和现行的统治都产生于相同的条件"①。

其次，马克思和恩格斯还指出，由于施蒂纳不懂得犯罪的社会根源，因而也就不懂得对犯罪的性质应当进行具体的分析。在这个问题上，马克思和恩格斯非常明确地说，"犯罪——孤立的个人反对统治关系的斗争"②。这个论断的涵义在于：①犯罪被界定为来自被统治阶级中的对统治阶级的斗争，因而和统治阶级内部斗争的那种犯罪有严格区别。②犯罪是被统治阶级中孤立的个人反抗，而不是作为被统治阶级的自觉的、有组织的斗争，更不是革命。这两种情况也有质的不同。孤立的个人反抗，不可能从根本上动摇统治阶级的统治，只有革命才能达到这个目的。③对于孤立的个人反抗本身也要进行分析。有的是积极的，有的是消极的，有的(如流氓无产者的行为)对整个被统治阶级群众甚至起着腐蚀作用，对革命起着破坏作用。

最后，与犯罪密切相关的刑罚，它与个人间的赎罪、赔罪、报复等完全不同，而是表现为个人与国家间的一般关系，即表现为代表整个统治阶级意志的法和法律对犯罪者的惩罚和对被统治阶级群众的威慑。马克思和恩格斯精辟地指出："法的历史表明，在最早的和原始的时代，这些个人的、实际的关系是以最粗鲁的形态直接地表现出来的。随着市民社会的发展，即随着个人利益之发展到阶级利益，法律关系改变了，它们的表现方式也变文明了。它们不再被看作是个人的关系，而被看作是**一般的**关系了。与此同时，对彼此冲突着的个人利益的维护也由于分工而转入少数人手中，从而法的野蛮的行使方式也就消失了。"③就是说，虽然刑罚具有阶级性，但在奴隶制社会和封建制社

---

① 《马克思恩格斯全集》第 3 卷，第 379 页。
② 同上书，第 379 页。
③ 同上书，第 395 页。

会却常常由统治阶级中的个人来行使,这是社会文明水平低的表现。社会文明越发展,执行刑罚的职能越集中到国家手中,由专门组成司法机关的少数法官来行使,因而越呈现为"一般的关系"。

五、法和法律有时也可能"继承"

法和法律是以国家意志的形式表现出来的统治意志即统治阶级意志。但是,不能把这一点误解为国家是由统治意志产生的。实际情况是,在总体上,二者都从社会物质生活条件中产生出来。国家和统治意志的关系,并非谁先谁后、谁决定谁的关系。在国家产生的同时必然具有统治意志的形式,否则便不成其为国家。不过,作为统治意志形式一部分的法和法律则是由国家制定和认可的,由国家决定的。在社会历史运行过程中,如果物质生活条件发生改变,就会引起个人意志的变化,最终导致统治意志失去自己的统治地位这样一个质变。反过来说,如果统治意志失去了自己的统治地位,那就表明了社会物质生活条件的变化。

马克思和恩格斯正是根据这种观点来论述法的继承问题。他们指出:"法和法律有时也可能'继承',但是在这种情况下,它们也不再是统治的了,而是只剩下一个名义,关于这种情况的明显例子,我们在古罗马和英国的法制史中可以看到许多。"①在这段极为重要的论述中,强调了这样几点:①法和法律的继承问题,只有当它们所体现的意志已不再是统治意志,即原来的统治阶级已被推翻的时候,才存在。"有时"就是这个时候,而且只有这时候继承才是"可能"的。如果是在别的时候,那就不存在马克思和恩格斯所说的"继承"。②对于继承者而言,作为其继承对象的法和法律仅仅是"一个名义",即其中包含的意志的主体(载体)已经改变。这种改变可以有三种情况:一是剥削者历史类型的性质没有变,只是统治集团改变了;二是剥削者历史类型的性质没有变,阶级性改变了(新剥削阶级代替旧剥削阶级);三是剥削者历史类型的性质的改变,即社会主义法代替剥削类型的法。这几种不同的情况是必须加以具体区分的。特别是取得社会主义革命胜利的无产阶级和人民群众必须废除旧法体系,排除其剥削阶级的内容,在此基础上再考虑继承那些对自己有用的成分及一般文化性遗产。③关于法和法律继承在古罗马和英国的法制史中的实例。在古罗马国家,早期共和国著名的《十二铜表法》,就是由罗马人立法委员会的 10 名成员去当年希腊人统治的西西里考察之后,并参照那里的经验制定的。罗马私法中的抵押权(质权)制度,把债分为"自由之债"(相当于契约之债)和"非自由之债"(相当于侵权行为之债),以及把诉讼分为"公诉"和"私诉"的制度,均来源于希腊国家。再以古罗马国家的法律自身而言,它的万民法和市民法,很主要地是由分别处理国家外部事务和内部事务的最高裁判官法形

---

① 《马克思恩格斯全集》第 3 卷,第 379 页。

成和发展过来的。在英国,那里通行的一整套与罗马法系相对应的普通法系,就是不断地继承习惯、判例、衡平等法律传统而逐渐成长起来的。其中包括遵从先例、程序优于权利等原则。在不动产法方面,把地产分为公布特有地产和世袭占有地产两部分;合同签订分为要约、承诺和对价三个步骤;受罗马法中信托遗嘱制影响,导源于不动产不准转移和购买用益权的信托制,如此等等,都是世代沿袭下来的。即使从制定法的角度上说,1215 年《大宪章》在英国"光荣革命"以后一直是有效的,英国许多著名的资产阶级学者甚至说它是英国人一切权利和自由的本源。但是,它又不断地被资产阶级所修改,到现在,《大宪章》的大部分条款均已废止,差不多成了彻底的"名义"之物。

马克思和恩格斯关于法和法律"继承"的学说,对于我们正确地对待和处理人类的法律文化遗产问题,是极有启发作用的。

六、资产阶级法律观的根本错误

在《德意志意识形态》一书中,马克思和恩格斯对于资产阶级法律观的哲学基础,进行了集中的分析和概括。资产阶级哲学的共同点之一,就是使思想脱离自己的基础,即脱离现实的个人和他们之间的经验关系,主要是脱离经济关系。于是便形成了独立的纯粹思想发展及其历史的观念。"同样,在这里也可以使法脱离它的实在基础,从而得出某种'统治者的意志',这种意志在不同的时代有不同的表现形式,并且在自己的创造物即法律中具有自己独立的历史。结果是政治史和市民史就纯观念地变成了一个挨一个的法律的统治史。"①我们前面已经知道的德国历史法学派,以及各种"法的意志基础论"或"法的权力基础论"的倡导者们所宣扬的正是这种观点。由于他们抹煞法的经济基础而抽象地谈论法的意志性,所以就不能看到在不同的时代法怎样随着经济基础的变化而产生质的变化,而认为法仅有量的变化。例如,17 世纪至 18 世纪讲自然法,19 世纪讲实证法,德国历史法学派讲习惯法并在一定程度上兼容罗马法和制定法,等等。这样,法就被抬到了不适当的高度,"法律的统治史"(法治史)替代全部国家和社会的发展史。马克思和恩格斯一再指出,这是典型的历史唯心主义的"独特幻想"。

施蒂纳承袭这种资产阶级的法律"幻想",经常把法和法律当作统治者一时灵感的创造物,而他自己臆想的法律却又没有一个能超出资产阶级政府命令的范围。马克思和恩格斯说,施蒂纳简直和普鲁士国王弗里德里希·威廉四世一样,认为对于客观经济规律这种"世界硬绷绷的东西",人可以对它任意地下命令。但是,他们很快就会发现,他们的意志和愿望及其法律在它的上面碰得头破血流。资产阶级法律观的根本弊端,正在于这种历史唯心主义。

---

① 《马克思恩格斯全集》第 3 卷,第 379 页。

第二章　马克思、恩格斯《共产党宣言》①

【写作的历史背景】

《共产党宣言》是马克思和恩格斯为第一个国际无产阶级政党——"共产主义者同盟"撰写的纲领性文件。列宁指出："这部著作以天才透彻而鲜明的语言描述了新的世界观,即把社会生活领域也包括在内的彻底的唯物主义,作为最全面最深刻的发展学说的辩证法,以及关于阶级斗争和共产主义新社会创造者无产阶级肩负的世界历史性的革命使命的理论。"②从理论上说,虽然《德意志意识形态》是马克思主义体系和马克思主义法学体系的诞生地,但它毕竟没有公开发表出来;而《共产党宣言》则是马克思主义体系和马克思主义法学体系的正式的、公开的宣告。

《共产党宣言》首先适应了国际共产主义运动的迫切需要。从 19 世纪 30 年代至该书的发表,这期间自由资本主义经济在欧洲和北美已有高度的发展,在英、法及美国已居于统治地位。在这种情况下,资本主义社会的矛盾已经暴露,生产过剩的经济危机也周期发生,无产阶级和资产阶级的斗争日趋尖锐,工人运动此起彼伏地发生而且规模越来越大。特别有代表性的是三大运动,即 1831 年—1834 年法国里昂的两次工人起义、1837 年兴起的英国"宪章运动"和德国西里西亚纺织工人起义。这些工人运动,由于缺乏马克思主义革命政党的领导,深受空想社会主义、小资产阶级社会主义及组织上的密谋性宗派主义的影响,接二连三地遭到失败。不过,在斗争的过程中,无产阶级开始提出独立的阶级要求,包括在国家和法方面的要求,说明这个阶级正在摆脱自发的"自在阶级"的状态。1847 年欧洲的经济危机,进一步促进了无产阶级的成熟,使革命浪潮更加高涨。但是,迄今为止的实践经验告诉无产阶级,一切非马克思主义理论都不能给自己的革命指明正确的道路。为此,国际性的工人组织"正义者同盟",英国"宪章派"中的激进部分,以及巴黎、布鲁塞尔、科伦等地的革命组织和广大工人群众,纷纷转向马克思主义即科学的共产主义理论。新形势要求马克思和恩格斯,结合当前工人运动的经验,全面系统地、通俗扼要地向全世界无产阶级和劳动人民阐明科学共产主义基本原理。

---

① 载于《马克思恩格斯全集》第 4 卷,北京,人民出版社,1958。
② 《列宁全集》第 26 卷,第 50 页。

　　《共产党宣言》也是马克思和恩格斯艰苦卓绝的科学研究伟大成果。科学的共产主义和马克思主义法学都不可能从工人运动中自发地产生,而只能通过以新世界观指导的科学研究来创造。马克思和恩格斯在总结工人运动经验的基础上,从事大量的科学研究活动,批判地继承了人类优秀的文化遗产(包括法律文化遗产),并同各种封建阶级、资产阶级、小资产阶级的理论倾向进行不妥协的斗争。如同毛泽东同志所说:"马克思不但参加了革命的实际运动,而且进行了革命的理论创造。"[①]"他研究了自然,研究了历史,研究了无产阶级革命,创造了辩证唯物论、历史唯物论和无产阶级革命的理论。"[②]马克思主义有三个来源和三个组成部分:①马克思主义哲学。马克思和恩格斯批判地汲取德国古典哲学家黑格尔的辩证法的合理内核、费尔巴哈唯物主义的基本内核,抛弃前者的唯心主义体系和后者的形而上学与历史唯心主义,创立了辩证唯物主义和历史唯物主义。②马克思主义政治经济学。马克思和恩格斯批判地汲取英国古典政治经济学家亚当·斯密和大卫·李嘉图的劳动价值学说,抛弃他们的资产阶级偏见和错误,提出剩余价值学说,揭示了资本主义制度的运行规律及资本主义必然被社会主义代替的历史必然性。③马克思主义的社会主义和共产主义学说,即科学的社会主义和共产主义学说。马克思和恩格斯批判地汲取法国空想社会主义者圣西门和傅立叶及英国空想社会主义者欧文的学说中的积极主张,特别是实行生产资料公有制,消灭阶级和剥削,不劳动者不得食和各尽所能、按劳分配,计划经济等主张,抛弃他们否认阶级斗争和无产阶级专政等空想成分。此外,马克思和恩格斯同其他思想派别和思想家的论战,也在不断地充实马克思主义及其法学体系。这些都为《共产党宣言》的诞生作了充分的理论准备。

　　最后,《共产党宣言》是马克思和恩格斯建立无产阶级政党的实践的重要组成部分或重要环节。1834 年,德国政治流亡者在巴黎成立"流亡者联盟"。1836 年,从"流亡者联盟"中分离出来的多是无产阶级出身的急进分子们建立"正义者同盟"。它属于宣传性和密谋性的组织,受巴贝夫和魏特林的空想共产主义、布朗基主义、蒲鲁东主义和"真正的"社会主义的影响。马克思和恩格斯同该组织一些成员有密切联系,经常同他们交流思想,帮助他们克服各种错误理论观点的影响。这样,他们便越来越深信马克思主义的正确性。为便于开展建党的宣传和组织工作,马克思和恩格斯于 1846 年春在布鲁塞尔成立"共产主义通讯委员会",大力开展宣传马克思主义并使之与工人运动相结合的活动。1847 年春,马克思和恩格斯在得到"正义者同盟"的主要领导人愿意改组该"同盟",并以马克思主义作为其纲领的理论基础的保证之后,便应邀加入"同盟"。这年 6 月,恩格斯参与"正义者同盟"在伦敦召开的第一次代表大会的筹备工作并出席会议。大会接受马克思和恩格斯的建议,将"正义者同盟"改名为"共产主义者同盟",

---

① 《毛泽东选集》,2 版,第 3 卷,第 816—817 页,北京,人民出版社,1991。
② 同上书,第 817 页。

并草拟《共产主义者同盟章程》,规定该组织的目的是:"推翻资产阶级政权,建立无产阶级统治,消灭旧的以阶级对立为基础的资产阶级社会和建立没有阶级、没有私有制的新社会。"①在该章程的标题之下,开宗明义地宣布:"全世界无产者,联合起来!"这个口号代替了"同盟"的旧口号"人人皆兄弟也"。整个章程贯穿着民主集中制的原则。但是,要建立一个真正的马克思主义政党,斗争总是不可避免的。在章程公布后,在更进一步制定党的纲领问题上,"同盟"内部发生了斗争。1847 年秋,"同盟"设在伦敦的中央委员会的负责人沙佩尔等提出一个叫做《共产主义问答》的纲领草案,其中具有明显的空想社会主义成分。继而,"真正的"社会主义者莫·赫斯又在巴黎起草了一个"修正"草案。对于这两个草案,特别是赫斯的"修正"案,马克思和恩格斯均表示不赞成。同年 10 月,恩格斯在"共产主义者同盟"巴黎区委员会会议上,对赫斯的草案进行了严厉批评。会议根据恩格斯的意见,否决了这个草案,并委托恩格斯重新草拟。恩格斯以问答形式撰写了《共产主义原理》一文。但不久,他又写信给马克思,主张改变问答形式,并把它改称为"共产主义宣言"。1847 年 11 月,"共产主义者同盟"第二次代表大会于伦敦召开,会上,马克思和恩格斯阐述和捍卫科学共产主义学说。经过反复的辩论,全体代表一致接受马克思和恩格斯的观点,同时委托他们拟定一个比较系统的、理论性与实践性相统一的党纲。马克思和恩格斯于 1847 年 12 月至 1848 年 1 月间进行撰写,1848 年 2 月于伦敦出版了这本书,书名为《共产党宣言》。

《共产党宣言》是欧洲 1848 年革命以前马克思主义法学最高成就的标志。在那里,马克思和恩格斯极其鲜明地阐发了历史唯物主义法学的世界观,揭示法的运动规律,分析和暴露资产阶级法的本质及其特征,提出了无产阶级建立社会主义法制的伟大历史使命。

【主要法学论点】

一、人类社会的历史运动和法

在《共产党宣言》一书中,马克思和恩格斯精辟地分析人类文明社会的演变史,揭示了社会发展的客观规律。这样就明确提出了以历史唯物主义观点把握法的运动规律的基本原理。

首先,人类社会是在生产力与生产关系、经济基础与上层建筑的矛盾运动中曲折发展的。在社会历史中,最强大、最活跃、最革命的因素是生产力。生产力的形式,是与之相应的生产关系。一种新兴的生产关系总是为生产力的发展开拓广阔的道路;而

---

① 《马克思恩格斯全集》第 4 卷,第 572 页。

这种生产关系所决定的上层建筑,也通过生产关系对生产力起着积极的推动作用。不过,在一定的社会历史条件下,生产力发展到一定的阶段,原有的生产关系及上层建筑便会日益成为生产力进一步发展的桎梏。生产力与生产关系这种矛盾,每一次都不免导致一场社会革命。由于这个原因,奴隶制取代原始公社制,封建制取代奴隶制。资本主义制度的成长也经历过同样的过程。资产阶级赖以形成的生产资料和生产手段是在封建社会里造成的。在它们的一定发展阶段上,封建社会的生产和交换在其中进行的关系,封建的农业和工业组织,一句话,封建的生产关系就不再适应已经发展的生产力了。它已经是阻碍生产力而不是促进生产力,变成了生产力发展的桎梏。它必须而且必然被打破。随之而来的,是封建阶级的国家、法及意识形态领域的更新。马克思和恩格斯指出:"资产阶级在历史上曾经起过非常革命的作用。"①这种作用,集中表现在"资产阶级争得自己的阶级统治地位还不到一百年,它所造成的生产力比过去世世代代总共造成的生产力还要大,还要多"②。随着生产力的不断发展,资产阶级也在变革社会关系,力图把资本主义生产方式推广到全世界,迫使乡村屈服于城市的统治,迫使落后的民族和国家从属于资产阶级的民族和国家。资产阶级用公开的、无耻的、直接的、露骨的资本主义剥削代替由宗教幻想和政治幻想掩盖着的封建剥削,把人与人关系中的一切(包括婚姻、家庭、交际、职业、道德等等)变成赤裸裸的金钱关系,以资产阶级意识形态代替封建的意识形态。以资本主义私有制和资本间的自由竞争为条件的生产关系,与生产力之间的矛盾日趋尖锐化,其最明显的就是周期性经济危机对生产力造成的巨大破坏。现在,如同马克思和恩格斯所说:"生产力已经增长到这种关系所不能容纳的地步,资产阶级的关系已经阻碍生产力的发展;而当生产力一开始突破这种障碍的时候,就使整个资产阶级社会陷入混乱状态,就使资产阶级的所有制的存在受到威胁。资产阶级的关系已经太狭窄了,再容纳不了它们本身所造成的财富了。"③在这种情况下,同样作为现代化大生产所产生出来的、与资产阶级相对立的无产阶级,作为"最强大的一种生产力",将以革命手段打破资本主义生产关系,建立社会主义生产关系。就是说,当年"资产阶级用来推翻了封建制度的那个武器,现在却对准资产阶级自己了"④。"资产阶级的灭亡和无产阶级的胜利同样是不可避免的。"⑤社会主义的国家和法律制度的历史必然性,正是以此为根据的。

其次,阶级斗争是文明社会发展的直接动力。在《共产党宣言》中,马克思和恩格斯指出,自文明社会起"至今所有一切社会的历史都是阶级斗争的历史"⑥。就是说,文

---

① 《马克思恩格斯全集》第4卷,第468页。
② 同上书,第471页。
③ 同上书,第472页。
④ 同上书,第472页。
⑤ 同上书,第479页。
⑥ 同上书,第465页。

明社会中的生产力和生产关系的矛盾,总是通过阶级矛盾获得表现的。在古代奴隶社会,有贵族、骑士、平民、奴隶;在中世纪封建社会,有封建领主、陪臣、行会师傅、帮工、农奴。从封建社会的废墟上产生出来的现代资产阶级社会,并没有消灭阶级与阶级对立。资产阶级时代的一大特点在于:它使阶级对立简单化了。整个社会日益分裂为两大敌对的阵营,分裂为两大相互直接对立的阶级即资产阶级和无产阶级。在资产阶级自身的发展过程中,每一阶段都有相应的政治上的成就伴随着。在封建领主统治下,资产阶级是被统治阶级。但情况又有区别:在城市公社里,它组成武装的和自治的团体;在某些地方组成独立的城市共和国(如意大利和德国);在另一些地方组成君主国中纳税的第三等级(如法国);后来,在工场手工业时期,它是等级君主国或专制君主国中同贵族相抗衡的势力,甚至是大君主国的主要基础。但是,在近代,从大工业和世界市场建立的时候起,它以代议制的国家形式,夺得独占的政治统治地位。"现代的国家政权只不过是管理整个资产者阶级共同事务的委员会罢了。"①

与资产阶级并存的是无产阶级。马克思和恩格斯在《共产党宣言》中指出:"资产阶级不仅锻造了置自身于死地的武器;同时,它还造就了将运用这武器来反对它自己的人——现代的工人,即**无产者**。"②无产阶级与资产阶级(资本)在同一程度上发展着,但却处于社会的底层。他们把自己劳动力当作商品零星地出售给资本,成了机器的简单附属品。他们不仅是资产阶级及其国家的奴隶,而且每日每时受到厂主、监工的奴役;除了厂主的剥削以外,还有房东、店主、当铺老板的剥削,生活是悲惨的。这就决定了无产阶级与资产阶级的矛盾是对抗性的,斗争是必不可免的。任何阶级斗争都是政治斗争,即都同国家政权有直接的联系。但被统治阶级却不是一开始就能认识到这一点。无产阶级最先是作为"自在阶级",由个别工人,然后是某工厂、某地方的某一劳动部门的工人,同直接剥削他们的个别资本家进行自发的斗争,捣毁机器,烧毁工厂。这时,工人们分散在全国各地,并被竞争所分裂。随着资本主义的发展,无产阶级人数增加了,力量壮大了,逐步认识到相互间利益的根本一致,于是便建立了同盟,联合起来进行经济斗争。在斗争中,工人们越加团结,汇合成为全国性的、整体的阶级。无产阶级从"自在阶级"转为"自为阶级"的基本标志是组成自己的政党,并在它的领导下独立地、自觉地开展同资产阶级的政治斗争。马克思和恩格斯进一步阐明了无产阶级的社会地位及历史使命。他们指出:"在当前同资产阶级对立的一切阶级中,只有无产阶级才是真正革命的阶级。其余的一切阶级都随着大工业的发展而日趋衰落和灭亡,无产阶级却是大工业本身的产物。"③由于无产阶级处于社会的最下层,一无所有,没有什么东西需要保护,如果它不能"摧毁压在自己头上的、由那些组成官方社会的阶

---

① 《马克思恩格斯全集》第 4 卷,第 468 页。

② 同上书,第 472 页。

③ 同上书,第 476 页。

层所构成的全部上层建筑,就不能抬起头来,挺起腰来"①。正由于无产阶级是这样一个最富于革命彻底性的阶级,它才能团结和领导广大劳动人民进行革命,推翻本国的资产阶级。同时,由于无产阶级受资本的剥削和压迫是国际性的,所以他们只有加强国际团结才能解放全人类,以便最终完成解放自己的历史使命。实现这一伟大使命的基本道路,就是暴力革命。马克思和恩格斯说:"在叙述无产阶级发展的最一般的阶段的时候,我们探讨了现存社会内部多少隐蔽的国内战争,以及这个战争转变为公开的革命,无产阶级用暴力推翻资产阶级、建立自己的统治的过程。"②无产阶级是资产阶级的"掘墓人"。它在埋葬资产阶级的过程中,首先是要消灭作为资产阶级手中基本统治工具的国家和法。

二、资产阶级法是被"奉为法律"的资产阶级意志

马克思和恩格斯所创立的历史唯物主义法学,在法学历史上是最杰出的新贡献和伟大革命,这集中表现在其对法的本质的揭示。这个问题是观察和理解全部法现象的核心所在。

马克思和恩格斯的《共产党宣言》一书在驳斥资产阶级思想家关于维护资本主义上层建筑的各种观点时,非常明确地指出:"你们的观念本身是资产阶级的生产关系和资产阶级的所有制关系的产物,正像你们的法不过是奉为法律的你们阶级的意志,而这种意志的内容是由你们这个阶级的物质生活条件来决定的。"③这段论述是马克思主义法学关于资产阶级法的本质的经典性的结论。它深刻地指出,法的本质是统治阶级意志性及其社会物质条件制约性二者的紧密统一。具体地说,资产阶级法的本质主要表现在以下两个方面。

首先,资产阶级法是被"奉为法律"的资产阶级意志。资产阶级意志提升为法律的过程,是和资产阶级本身的社会地位的逐渐增强相一致的。在中世纪城市公社里,作为资产阶级前身的市民阶级,在封建主的直接管辖下,依靠对封建主的臣服和进贡的契约,获得某种自治和自卫的权力;他们所制定的规章还不是法律,仅仅是履行同封建主所订契约而进行自我约制的一些规则。但是,在城市共和国里,由于这种政治共同体已具有相当的独立性,因而市民阶级制定的规章更多地体现了他们自己的意志,具有对社会全面调整的功能,构成同封建主法律有区别甚至相抗衡的法律。在等级君主国或专制君主国里,市民阶级是从经济上支持国王反对封建贵族势力的同盟者(当然不同时期和不同国家,其联合程度不同)。因此,市民阶级虽然仍是被统治阶级,但它却能够迫使国王作出一定的让步,在国家法律中照顾其利益。随着近代工业的兴起,

---

① 《马克思恩格斯全集》第 4 卷,第 477 页。
② 同上书,第 478 页。
③ 同上书,第 485 页。

从市民阶级中便逐渐分化出一个强有力的、经济上居于优势地位的资本阶层即资产阶级。它通过社会革命建立起自己的政治统治,掌握国家权力,进而产生出一套体现本阶级意志的法律体系。资产阶级革命是一个剥削阶级推翻另一个剥削阶级的革命。因此,它可以把封建阶级的旧国家略加改造就用来为自己服务。同样道理,它也可以直接继承现成的封建阶级的法。不过,由于各国历史条件不同,资产阶级在继承旧法时的情况也必然有差别。在这方面,英国和法国算作鲜明对比的两种典型。英国1688年"光荣革命"以后,因资产阶级同封建贵族的妥协,仍然承认封建旧法的效力,保持大量的旧法形式。相反,法国1789年大革命是资产阶级对封建阶级的彻底胜利。因此,资产阶级便宣布不承认封建旧法的效力,而重新制定一套完整的新法律。不论哪一种典型,其本质是一致的,即都不妨碍这些法律是资产阶级意志的体现。马克思和恩格斯认为,资产阶级法有两大特点:①它改变封建制法的散乱性,而实行全国的统一。资产阶级"使人口密集起来,使生产资料集中起来,使财产聚集在少数人的手里。由此必然产生的后果就是政治的集中。原先各自独立的、几乎只是由联盟关系联系起来的、各有其不同利益、不同法律、不同政府、不同税则的各个地区,现在已经结合成为**一个**拥有**统一的**政府、**统一的**法制、**统一的**民族阶级利益、**统一的**关税的民族了"①。②它以资产阶级的法律平等和自由为原则。资产阶级最有代表性的政治制度是代议制,而"代议制是以资产阶级在法律面前平等和法律承认自由竞争为基础的"②。这种平等和自由是资本主义经济的客观要求,由于它们符合资产阶级的利益,因而必然地要作为资产阶级的意志、借助法律形式表现出来。

其次,被提升为法律的资产阶级意志的内容,是由资产阶级的物质生活条件所决定的。以剥削雇佣劳动为基础的资本主义及其私有制,是资产阶级法本质的决定性因素。根据资本主义生产关系的要求,资产阶级的法废除封建的长子继承制和领地禁止出卖的禁令,取消封建贵族的一切特权。资产阶级的法消灭了城市的封建性行会制度,用资本之间的完全自由竞争取而代之。至于做法,资产阶级法是以自由和平等自我标榜的。不过,如同马克思和恩格斯所说,"在现今资产阶级生产关系的范围内,所谓自由只不过意味着贸易的自由,买卖自由。可是,买卖一旦消灭,自由的买卖也就会随之消灭。我们的资产者高谈自由买卖的论调,也如同他们所有一切高谈自由的大话一样,本来仅仅对于不自由的买卖来说,对于中世纪被奴役的市民来说,才是有些意义的"③。资产阶级思想家关于自由的说教,"不过表明自由竞争在知识领域里占统治地位罢了"④。同样,平等纯粹是形式的平等,相互自由竞争者间和契约当事人间的平等,也是资本主义社会经济关系的反映。

---

① 《马克思恩格斯全集》第4卷,第470—471页。
② 同上书,第362页。
③ 同上书,第482页。
④ 同上书,第488页。

　　在《共产党宣言》中，马克思和恩格斯对于资本主义社会的家庭婚姻制度进行了深刻的剖析。他们指出，"现代的、资产阶级的家庭是建筑在什么基础上的呢？是建筑在资本上面的，建筑在私人发财的制度上面的。这种家庭的完全发展的形态，只有在资产阶级中间才存在着"①。"资产阶级撕破了笼罩在家庭关系上面的温情脉脉的纱幕，把这种关系变成了单纯的金钱关系。"②在资产阶级的家庭中，妇女地位低下，资产者把自己的妻子看作单纯的生育工具。资产阶级的婚姻实际上是"公妻制"，把娼妓制正式化，而且以乱伦为能事。在另一个极端上是无产者的家庭。这种家庭不断地由于大工业的发展被破坏，无产者的子女也因此而日益被变成单纯的买卖对象和劳动工具。另外，还有许多无产者被迫独居和公开地卖淫。由此可见，资产阶级思想家关于家庭、婚姻、教育以及父母与子女间亲密关系的空话多么令人作呕。

　　《共产党宣言》不仅揭露资产阶级法的本质，而且还揭露为这种本质作辩护或加以掩饰的资产阶级法律意识。马克思和恩格斯指出，人们的观念、观点和概念，一句话，人们的意识，随着人们的生活条件、人们的社会关系、人们的社会存在的改变而改变，这是不需要经过深思就能了解的道理。正是这条规律决定了，"任何一个时代的统治思想都不过是统治阶级的思想"③。因此，在资本主义社会中占统治地位的法律意识，只能是资产阶级的法律意识。这种资产阶级法律意识同历史上一切剥削阶级的法律意识一样，都包含着极力维护自己的生产关系和所有制关系，从而把由这些关系产生的法说成是符合"永久的自然规律和理性规律"的"偏颇观念"④。当资产阶级反对封建法制时，他们敢于驳斥这种法的"永久论"。而当它确立了自己的统治之后，却又用"永久论"为自己的法作辩护，散播他们关于法的"偏私观念"。在资本主义社会中，无产阶级的法律意识是同资产阶级法律意识根本对立的。这种法律意识促使无产阶级反对资产阶级的法律制度，批判资产阶级关于法的"偏私观念"及其虚伪性。在平时即在不具备革命形势的时候，又要善于利用资产阶级法律，把合法斗争与非法斗争结合起来，不断地提出自己的权利要求。这也就是马克思和恩格斯所指出的，无产阶级政党应引导无产阶级群众"乘资产阶级各个阶层互相争执的机会，迫使他们用立法手续承认工人们的个别利益"⑤。他们认为，英国通过的 10 小时工作日法案，就是一个实例。归根结底，"共产主义革命就是要最坚决地打破过去传下来的所有制关系。所以，毫不奇怪，它在自己的发展进程中要最坚决地打破过去传下来的各种观念"⑥。其中，包括同资产阶级的法律意识实行最彻底的决裂。

---

① 《马克思恩格斯全集》第 4 卷，第 486 页。
② 同上书，第 469 页。
③ 同上书，第 488 页。
④ 同上书，第 485 页。
⑤ 同上书，第 475 页。
⑥ 同上书，第 489 页。

三、工人阶级革命的第一步是使自己成为统治阶级，争得民主

在《共产党宣言》中，马克思和恩格斯说："共产党人可以把自己的理论用一句话表示出来：消灭私有制。"①但是，这一目标不可能靠资本主义经济的自发发展来实现，而要无产阶级借助暴力手段夺取政权来逐步地实现。于是，马克思和恩格斯进一步指出："工人革命的第一步就是无产阶级变为统治阶级，争得民主"，"无产阶级运用自己的政治统治，一步一步地夺取资产阶级所有的全部资本，把一切生产工具集中在国家手里，即集中在已组织成为统治阶级的无产阶级手里，并且尽可能更快地增加生产力的总量。"②在这里，首先应当看到的是，马克思主义在国家问题上一个最重要、最卓越的思想，即"无产阶级专政"。国家即"已组织成为统治阶级的无产阶级"，这是十分明确的无产阶级专政的最早定义。其次，在这里还清楚地表明，无产阶级专政包含着无产阶级"变为统治阶级"和"争得民主"两个相互统一的方面，也就是专政与民主两个相互统一的方面。

那么，无产阶级的政治统治与以往各剥削阶级的政治统治之间，有哪些根本不同的特征呢？①以往一切阶级在争得政治统治权之后，都没有触动私有制这一基础，总是力图把已经获得的生活条件巩固起来，使全社会都服从生产资料私有制关系。相反，由于无产阶级的经济地位，使他们必须消灭全部至今存在的生产资料的私人占有方式，打破至今保护和保障过的一切私有财产。②以往的一切运动都是少数人为少数人谋利益的运动。而无产阶级的运动是绝大多数人的、为绝大多数人谋利益的独立的运动。因此，它必须彻底粉碎旧国家、法等全部官方阶层所构成的上层建筑。③无产阶级实行政治统治的国家，已不是原来意义上的国家，而是逐步趋于消亡的国家。"在发展进程中，当阶级的差别已经消灭和全部生产集中在由各个成员组成的一个团体手里的时候，公众的权力就失去自己的政治性质。原来意义上的政治权力，是一个阶级用以镇压另一个阶级的有组织的暴力。如果说无产阶级在反对资产阶级的斗争中一定要团结成为阶级，如果说它通过革命使自己成为统治阶级，并以统治阶级的资格运用暴力消灭旧的生产关系，那么它在消灭这种生产关系的同时，就消灭阶级对立存在的条件，就根本消灭一切阶级，从而也就一并消灭它自己这个阶级的统治。"③

在《共产党宣言》中，马克思和恩格斯进一步指出，无产阶级的政治统治将要对资产阶级所有权和资本主义生产关系实行暴力干涉，以便确立新型的生产关系，保证达到发展社会生产力的最终目的。为此就必须有确认、调整这些社会关系和社会活动的法律。根据当时欧洲和北美的一些最先进的资本主义国家的实际状况，马克思和恩格

---

① 《马克思恩格斯全集》第 4 卷，第 480 页。
② 同上书，第 489 页。
③ 同上书，第 490—491 页。

斯认为无产阶级在这些国家里取得统治权力以后,宜于采取下列 10 项法律措施。(1)剥夺地产,地租用于国家支出。(2)征收高额累进税。(3)废除继承权。(4)没收一切流亡分子和叛乱分子的财产。(5)通过拥有国家资本和独享垄断权的国家银行,把信贷集中在国家手里。(6)把全部运输业集中在国家手里。(7)增加国营工厂和生产工具数量,按照总的计划来开垦荒地和改良土壤。(8)实行普遍劳动义务制,成立产业军,特别是在农业方面。(9)把农业同工业结合起来,促使城乡之间的差别逐步消灭。(10)对一切儿童实行公共的和免费的教育,取消现在这种工厂童工劳动,把教育同物质生产结合起来,等等。显而易见,这 10 项法律措施很大程度上属于社会主义性质,而不是共产主义性质的。就是说,马克思和恩格斯到目前为止虽然还没有提出完整的关于从资本主义向共产主义的过渡时期的学说,但同《德意志意识形态》时期相比,这里对于社会主义社会(过渡时期)的认识更加具体了。

在未来,代替社会主义社会的共产主义社会,是怎样一个社会呢?《德意志意识形态》中说,那是人对物的统治、个性对偶然性的统治,即人类普遍的、彻底的解放。后来,马克思的《哲学的贫困》一书的提法是:"工人阶级在发展进程中将创造一个消除阶级和阶级对立的联合体来代替旧的资产阶级社会,从此再不会有任何原来意义的政权了。因为政权正是资产阶级社会内部阶级对立的正式表现。"①这里,对社会主义社会与共产主义社会没有严格加以区分,都包括在"联合体"一词之中。《共产党宣言》把共产主义社会的"联合体"描述为"一个以各个人自由发展为一切人自由发展的条件的联合体"②。同前二书相比,《共产党宣言》的基本观点与它们是完全一致的,但问题的提法却更为深刻了。这表现在,它对共产主义社会的描述,集中到人与人的相互关系方面。而这恰是社会经济基础关系(物质关系)和上层建筑关系(思想关系)的集中表现。众所周知,自文明社会以来,在社会中每个人的自由几乎都是他人自由的障碍。那里奉行的是弱肉强食的原则,每个人都力图把自己的自由实现到最大限度,而牺牲他人的自由。一些古典自然法学思想家们所谓的"人对人是狼",社会中的"普遍的战争状态"等提法,正反映了社会关系的现实。在资本主义社会,这种现象达到了顶峰。黑格尔说,"市民社会是个人私利的战场,是一切人反对一切人的战场,同样,市民社会也是私人利益跟特殊公共事务冲突的舞台"③。这是非常形象和中肯的概括。在社会主义社会,实现了生产资料公有制,劳动者之间没有根本利害冲突。但是,社会主义社会奉行的"各尽所能,按劳分配"原则,意味着承认个人的天赋或体力、智力上的优越性,因而人们还不能很快地消除资产阶级权利的狭隘眼界。这样也就不能完全避免某些人为了扩展自己利益而妨碍他人的利益,为实现自己的"自由"而干扰他人的自由。只有在共产主义社会,建立在社会产品极大丰富、人们觉悟水平极大提高基础上的"各尽所

---

① 《马克思恩格斯全集》第 4 卷,第 197 页。
② 同上书,第 491 页。
③ [德]黑格尔:《法哲学原理》,第 309 页。

能,按需分配"原则,才能使人们彻底摆脱几千年以来人和人关系中的自私的传统,把个人自由是他人自由的障碍的现象颠倒过来,变成个人自由是他人自由的条件。这就是全人类的解放。

最后,还要提到的一个问题是,恩格斯在《共产主义原理》一文中提出了无产阶级革命不能单独在某个国家内实现,而只能在大多数先进的资本主义国家同时实现这样一个著名的原理。他的主要根据是:现代资本主义大机器工业创造了世界性市场,从而把世界各国人民,尤其各文明国家的人民互相联系起来,致使每一国家的人民都受着另一国家的事变的影响。再者,资本主义大机器工业使文明国家的发展程度不相上下,因而不论在什么地方,资产阶级和无产阶级的斗争成了这个时代的主要斗争。所以,共产主义革命只能是世界性革命。显然,恩格斯的这个论断是以当时自由资本主义时期的社会经济、政治和文化条件为依据的,对于自由资本主义时代的无产阶级革命说来是正确的。接着,在《共产党宣言》里,马克思和恩格斯又坚持这一原理,指出:"随着资产阶级的发展,随着贸易自由和世界市场的确立,随着工业生产以及与之相适应的生活条件的一致化,各国人民之间的民族孤立性和对立性日益消逝下去。"①"联合的努力,至少是各文明国家的联合的努力,是无产阶级获得解放的首要条件之一。"②后来,在新的历史条件下即在自由资本主义完成向帝国主义转变时期,列宁根据各国资本主义发展不平衡的状况,提出社会主义不可能在一切国家或大部分国家内同时胜利,相反,社会主义可能首先在少数甚至单独一个国家取得胜利的新原理,从而发展了马克思和恩格斯的学说。

---

① 《马克思恩格斯全集》第 4 卷,第 487—488 页。
② 同上书,第 488 页。

第三章　马克思《路易·波拿巴的雾月十八日》①

【写作的历史背景】

1848 年,在马克思、恩格斯《共产党宣言》的影响与推动以及各国无产阶级革命家的努力之下,欧洲大陆爆发了一场大规模的、普遍的资产阶级民主主义性质的革命运动。由于各国具体情况的不同,革命中所要解决的问题也不同。概括起来说,它所面临的任务是:推翻封建专制主义制度;结束国家的分裂状态,建立统一的民族国家;反对民族压迫,实现民族独立。

同以往的资产阶级革命相比,1848 年革命具有明显的新特点。它是在资本主义工业革命开始后发生的。当时,人民大众同封建势力的对立还没有得到完全解决,而无产阶级同资产阶级的对立又有进一步的发展。西欧无产阶级已形成独立的政治力量,并充当革命运动的主导和中坚。在这种情况下,资产阶级的革命性大大萎缩。它既需要反对封建阶级,但又害怕无产阶级力量壮大,所以到处背叛革命。

1848 年革命的最深厚的根源,是社会中基本矛盾的激化。在欧洲的大多数国家里,封建势力还具有很大的优势。甚至像经过了一场资产阶级大革命洗礼的法国,还实行带有封建色彩的君主主义政治体制。在德国,封建贵族(容克)处于绝对的统治地位,国家四分五裂,君主专制制度没有任何改变。波兰、匈牙利、罗马尼亚诸国则长期受沙皇俄国等列强的奴役,阶级压迫和民族压迫交织在一起,人民更加痛苦。为了镇压 1848 年这场资产阶级民主革命和民族解放运动,欧洲几个最反动的君主专制国家俄罗斯、普鲁士、奥地利结成新的"神圣同盟",而"同盟的灵魂是俄国"②。1848 年革命的导火线,是连年的农业歉收和 1847 年的世界经济危机给人民带来的灾难。

那时,法国是资本主义各种矛盾的集合点,所以世界工人运动的中心地已从英国转到法国。1815 年拿破仑·波拿巴失败,波旁王朝复辟。1830 年的七月革命,建立了路易·菲利普王朝的金融贵族统治。1848 年二月革命又推翻七月王朝(路易·菲利普王朝),成立了"临时政府"。对这场革命,工业资产阶级共和派,小资产阶级共和派和小资产阶级社会主义派,都视为自己的胜利。但是,二月临时政府的实权掌握在资产

---

① 载于《马克思恩格斯全集》第 8 卷,北京,人民出版社,1961。
② 《马克思恩格斯全集》第 6 卷,第 171 页,北京,人民出版社,1961。

阶级共和派手里。它所代表的是一个以普选权为基础的、高度发达的议会制的民主共和国。资产阶级共和派政府的基本政策是拉拢小资产阶级,以维护资本利益,而不断地向工人阶级进攻。1848 年 6 月,巴黎工人举行武装起义,遭到资产阶级共和派议会的血腥镇压。在这个"六月事件"中,小资产阶级是站在资产阶级一边的。

1848 年六月事件以后,资产阶级共和派进而对小资产阶级实行了一系列的损人肥己的政策,因而遭到小资产阶级的不满。这就使资产阶级共和派在 1849 年 5 月的议会选举中失败,议会大权转入由波旁王朝派和七月王朝派联合组成的"秩序党"手中。这个反动议会建立仅一个月即到 1849 年 6 月,便演出了血腥镇压小资产阶级起义的第二个"六月事件"。

1849 年 12 月 10 日进行总统选举。作为对秩序党人的报复,小资产阶级把希望寄托于拿破仑·波拿巴的侄子路易·波拿巴的身上。正是靠着小资产阶级、尤其是广大农民的选票,路易·波拿巴登上了总统宝座。可是,这个总统一上台就极力扶植保皇的秩序党,任命该党的人当总理并纵容该党继续控制议会,使他们更严厉地对付人民,并在社会中进一步散布皇权主义的毒素。与此同时,路易·波拿巴在暗地里加紧纠集他自己的王朝党即"12 月 10 日会",竭尽全力地组织自己的武装力量和拉拢现有的国家军队。随着其力量的增长,路易·波拿巴便推行挑拨离间的政策,让小资产阶级山岳党同秩序党之间,进而使秩序党内部的两个王朝派之间,互相攻讦和削弱,以转移整个社会对自己政治阴谋的注意力。1851 年 12 月 2 日,路易·波拿巴一切准备就绪,便仿效当年他的伯父拿破仑·波拿巴,搞了一个自己的"雾月十八日"①。他解散议会,取消宪法,宣布恢复帝制,自己登上第二帝国皇帝的宝座。法国 1848 年革命,至此宣告完全终结。

列宁指出,参加 1848 年欧洲革命,是马克思和恩格斯一生的一个中心点。因为,这是他们第一次通过大规模的无产阶级革命实践,来检验和发展自己刚刚用《共产党宣言》向全世界正式宣告的马克思主义理论体系。并且,在此后的革命实践和科学研究中,他们常常要回过头来,联系 1848 年革命的经验,对所遇到的新问题进行思考。马克思和恩格斯论述 1848 年革命的著作甚多,其中最重要的是 1850 年 1 月至 11 月 1 日写的《1848 年至 1850 年的法兰西阶级斗争》和 1851 年 12 月至 1852 年 3 月写的《路易·波拿巴的雾月十八日》两本书。这两本书的主题基本上是一致的,但侧重点有别。在《1848 年至 1850 年的法兰西阶级斗争》中,马克思第一次明确地使用了"不间断的革命""无产阶级的革命专政",这样极其重要的术语。而《路易·波拿巴的雾月十八日》(下称《雾月十八日》)则集中地第一次系统阐发了无产阶级革命必须打碎旧国家机器的学说,从分析法国农民的"拿破仑观念"入手,系统地论述了工农联盟的必要性、重要性和可能性。同时,这两本著作对于法国 1848 年革命过程中贯彻实施的资产阶级三权

---

① 1799 年 11 月 9 日(法历雾月 18 日),拿破仑·波拿巴发动政变,自封"第一执政",后来又称帝。

分立原则和法国新宪法,都作了有力的分析和批判。恩格斯在《卡·马克思〈路易·波拿巴的雾月十八日〉一书德文第三版序言》中高度地评价马克思的这本书,指出:"的确,这是一部天才的著作。""他对当前的活的历史的这种卓越的理解,他在事变刚刚发生时就对事变有这种透彻的洞察,的确是无与伦比的。"①

【主要法学论点】

一、以历史唯物主义观察和理解政治斗争

一切政治斗争,说到底,都是根源于社会生产方式的。恩格斯在评述《雾月十八日》一书时指出:"正是马克思最先发现了伟大的历史运动规律,根据这个规律,一切历史上的斗争,无论是在政治、宗教、哲学的领域中进行的,还是在任何其他意识形态领域中进行的,实际上只是各社会阶级的斗争或多或少明显的表现,而这些阶级的存在以及它们之间的冲突,又为它们的经济状况的发展程度、生产的性质和方式以及由生产所决定的交换的性质和方式所制约。"②这是我们把握历史事件,尤其是政治事件的基本指导思想。

不过,传统的文化和观念在政治斗争中也起着重要的、不容忽略的作用。所以,《雾月十八日》一书开宗明义地说道:"人们自己创造自己的历史,但是他们并不是随心所欲地创造,并不是在他们自己选定的条件下创造,而是在直接碰到的、既定的、从过去承继下来的条件下创造。一切已死的先辈们的传统,像梦魔一样纠缠着活人的头脑。"③黑格尔有句名言,说一切巨大的世界历史事件和人物,可以说都出现两次。对此,马克思认为,黑格尔忘记了补充一点:第一次是作为悲剧出现,严肃而壮伟;第二次是作为笑剧出现,往往是荒唐和丑陋。例如,小资产阶级社会主义者路易·勃朗代替罗伯斯比尔,1848 年—1851 年的山岳党代替 1793 年—1795 年的山岳党,路易·波拿巴代替伯父拿破仑·波拿巴。之所以产生这种情况,正是因为历史的传统和先辈的亡灵在人们头脑中作怪。特别是在革命危机的时代,人们更会感到需要这种旧的权威和力量的支持。马克思说:"他们战战兢兢地请出亡灵来给他们以帮助,借用它们的名字、战斗口号和衣服,以便穿着这种久受崇敬的服装,用这种借来的语言,演出世界历史的新场面。"④例如,15 世纪马丁·路德进行宗教改革时,穿着当年基督使徒保罗的衣服;1789 年—1814 年法国大革命中的代表人物,穿着古罗马共和国和帝国的衣服。

---

① 《马克思恩格斯全集》第 21 卷,第 290 页。
② 同上书,第 291 页。
③ 《马克思恩格斯全集》第 8 卷,第 121 页。
④ 同上书,第 121 页。

而此次 1848 年革命,则模仿 1789 年或者 1793 年—1795 年的传统。这一切,看起来仿佛社会忽然回到它的出发点以前了,实际上社会只是在创造着自己革命所必需的前提,创造着现代革命所必需的形势、条件和关系。总之,依靠传统威力来发动革命,这是资产阶级革命一再显示出来的特征。

相反地,以 1848 年法国六月起义为启端的无产阶级的社会革命则是另一种迥然有别的情况。马克思指出,19 世纪的社会革命不能从过去,而只能从未来汲取自己的诗情。如果它不能破除一切对过去事情的迷信,就不能开始实现自身的任务。从前的革命需要回忆过去的世界历史事件,为的是向自己隐瞒自己的内容。19 世纪的革命一定要让死者去埋葬他们自己的死者,为的是自己能弄清自己的内容。从前是辞藻胜于内容,现在是内容胜于辞藻①。简言之,资产阶级革命是少数人为少数人谋利益的革命,因此需要掩盖事情的真实性质;而无产阶级的社会革命则不同,因此它没有必要以过去的旧传统作虎皮。无产阶级的社会革命,也不需文过饰非,有了错误,它经常会自己批判自己,甚至常常要临时停住脚步,把做过的事情再从头做一遍,以便克服前此行为和想法的不彻底性、弱点和不适当之处。无产阶级在政治斗争中,总是光明磊落、胸怀坦荡的。

在当时,用什么观点看待政治事件和评价政治人物,集中地表现于对待路易·波拿巴政变的态度。1851 年路易·波拿巴达到了复辟帝制的目的。事情一发生,在思想界引起大哗,并很快地涌现出一批论著。其中,最值得注意的有几部书,即大作家雨果的《小拿破仑》和小资产阶级社会主义者、无政府主义鼻祖蒲鲁东的《政变》。雨果对路易·波拿巴进行辛辣的、诙谐的谩骂。他把事变当成晴天的霹雳来描绘。他认为,事变仅仅是路易·波拿巴一个人的暴力行为。实际上,雨果的言论等于承认了路易·波拿巴表现着世界上空前强大的个人主动作用。这恰好不是轻蔑他,而是大大地抬举了他。至于蒲鲁东,他极力想把政变说成是先前历史发展的结果,但在进行这种历史的说明中却不自觉地起到了为政变辩护的作用,即似乎这场政变是一种历史的必然。蒲鲁东所犯的是"客观历史家"们常犯的错误。就是说,他忽略了偶然性和个人在历史上的意义。除了雨果和蒲鲁东之外,还有更多的人攻击政变,说它是一个小丑对法兰西民族的"偷袭"。马克思则认为,仅限于这样水平的看法"那是不够的"。民族和妇女一样,即使有片刻疏忽而让随便一个冒险者强奸,也是不可饶恕的。问题在于,为什么拥有 3600 万人口的伟大的法兰西民族,竟能被个别骗子弄得措手不及而毫无抵抗地做了俘虏呢? 马克思是从具体的法国现实的阶级关系中寻找答案的。他说:"我则是说明法国阶级斗争怎样造成了一种条件和局势,使得一个平庸而可笑的人物有可能扮演了英雄的角色。"②马克思对路易·波拿巴事件的这些生动、形象的分析,为我们评价历史

---

① 参见《马克思恩格斯全集》第 8 卷,第 124 页。
② 《马克思恩格斯全集》第 6 卷,第 405 页,北京,人民出版社,1964。

的和现实的政治法律思想家,也树立了一个光辉的范例。

二、论法国农民的"拿破仑观念"

马克思认为,任何国家权力都是建立在社会的基础上的。波拿巴家族是农民的王朝,即人民群众的王朝。路易·波拿巴是小农阶级的代表。但是,农民阶级选中的不是屈服于资产阶级议会民主制的那个波拿巴,而是驱散了资产阶级议会而实行个人集权的那个波拿巴。农民阶级把波拿巴推上了皇帝的宝座。但在政变以后,波拿巴的实际行动却完全辜负了农民的愿望。

那么,法国农民究竟是怎样一种情况呢?

小农是法国最广大的民众群体。他们的生产活动是各自孤立地进行的,每个家庭都被封闭在一小块土地上。所以,这样一个广大群体就像一袋马铃薯一样,互相不结合。一方面,既然数百万个家庭的经济条件使他们的生活方式、利益和教育程度与其他阶级各不相同甚至互相敌对,所以他们就形成一个阶级。另一方面,由于各个小农彼此间只存在着地域的联系,由于他们利益的同一性并不使他们彼此间形成任何共同关系、一种全国性的联系、一种政治组织,所以他们就没有形成为一个阶级。因此,他们不能以自己的名义来保护自己的阶级利益。他们不能代表自己,一定要别人来代表他们。他们的代表一定要同时是他们的主宰,是高高站在他们上面的权威,是不受限制的政府权力。这种权力保护他们不受其他阶级侵犯,并从上面赐给他们雨水和阳光。所以,归根到底,小农的政治影响表现为行政权力支配社会。由此可知,农民的自发政治倾向不是自治和民主,而是对于权威的迷信;不是法治,而是人治。在法国大革命中,拿破仑皇帝和他的民法典赐给了农民以恩惠,从而便造成了他们根深蒂固的对波拿巴家族的迷信即"拿破仑观念"。

根据马克思的分析,法国农民的"拿破仑观念"主要包含如下几个方面的内容。①土地观念,即获得土地。法国大革命将半农奴式的农民变成自由的土地所有者之后,拿破仑又以法律确认和巩固了这种既成事实,满足了农民强烈的私有欲望。可是,这种分散的小块土地的私有制,现在恰恰成为他们贫困的根源。这是拿破仑当皇帝的物质条件。②行政集权观念,即要求建立强有力的和不受限制的政府,以期保护自己不受其他阶级的侵犯。但是,现在农民看到的则是站在大资产阶级一边的强大的行政权,农民除了要受资本家的债权压迫之外,还要为这套庞大的行政机构缴纳极其繁重的赋税。③宗教观念,即作为政府工具的教士的统治。最初,农民把从拿破仑那里获得好处同上帝庇佑联系在一起,因此加强了他们对教会的好感。但现在路易·波拿巴把赋税当成神仙,那么农民自然也就成了无神论者。而教士则被农民看作是"地上警察的一种涂了圣油的警犬"了。④军队观念,即希望军队占压倒一切的优势。马克思认为这是法国农民"拿破仑观念"中登峰造极的一个表现。法国军队,尤其是拿破仑的军队,是由农民组成的。所以,军队是小农的光荣。因为,军队把小农造成保卫自己新得到的财产而免受外来侵犯的英雄,军队造成国家的统一,军队曾掠夺过世界并使世界革命化。在农民心目中,军服就是大礼服,战争是诗篇,新获得的小块土地是祖国,而爱国主义是"私有感"的理想形态。但是,现在一切都颠倒过来了,军队变成了他们的强盗。

对于法国农民"拿破仑观念"的性质,马克思是这样概括的,"一切'拿破仑观念'都是**不发达的、青春年少的小块土地所抱的观念**"[①]。波拿巴王朝所代表的,不是革命的农民,而是保守的农民;不是力求摆脱小块土地所决定的社会生存条件的农民,而是想巩固这些条件和这种小块土地的农民;不是力求联合城市并以自己的力量推翻旧制度的农村居民,而是愚蠢地拘守这个旧制度并期待帝国的幽灵来拯救他们和他们小块土地并赐给他们以特权地位的农村居民。波拿巴王朝所代表的不是农民的开化,而是农民的迷信;不是农民的理智,而是农民的偏见;不是农民的未来,而是农民的过去。

虽然路易·波拿巴利用农民的"拿破仑观念"发动政变,当了皇帝,但这个"伯父的侄儿"的面目一旦暴露,必然大大促使农民阶级日益用对于无产阶级的信任和依赖,替代"拿破仑观念",迅速趋向革命化。历史已经证实了马克思的这一预言。

三、对 1848 年法兰西共和国宪法的批判

1848 年六月事件以后,即从 9 月 4 日至 10 月 3 日期间召开的制宪国民议会,通过了资产阶级共和派提出的宪法。马克思在《1848 年至 1850 年的法兰西阶级斗争》一书中对之已作了淋漓尽致的批判。继而,《雾月十八日》一书就这部宪法的几个主要问题,进一步作了更为深入的评述。这里仅把后一本书中的评述,加以概略的阐发。

1. 与 1830 年七月王朝宪章的比较。

马克思认为,1848 年新宪法在本质上不过是 1830 年路易·菲利普皇帝的宪章的"共和主义化的版本"。如果说两者间有什么较大的区别,那就是关于选举资格的限制问题。七月王朝从金融贵族利益出发,使用过高的选举资格的限制,以至于把资产阶级当中的一大部分人也排除于政治权力以外。显而易见,这种制度同资产阶级共和国的基本要求相距甚远。所以,1848 年二月革命立即取消这种过于苛刻的选举资格限制,而宣布了直接的普选权。资产阶级共和派虽然不可能将这一革命成果一笔勾销,但他们还是做了一些手脚,其突出表现是额外地规定选民必须在选区居住六个月以上的限制条文。这是对付工人群众的。

除此而外,在新宪法中,对旧有的行政、地方自治、司法、军事等一整套的国家机构,没做任何更动。新宪法上的规定与旧宪章的规定之差别,只涉及目录而不涉及内

---

① 《马克思恩格斯全集》第 8 卷,第 223 页。

容,只涉及名称而不涉及实际事物。

2. 自由权。

在 1848 年革命中,人身、出版、言论、结社、集会、教育、信教等多种自由权,都穿上了一套不可侵犯的宪法制服。但是,马克思说:"这些自由中的每一种都被宣布为法国公民的**绝对权利**,然而总是加上一个附带条件,说明它只有在不受'**他人的同等权利和公共安全**'或'**法律**'限制时才是无限制的,而这些法律正是要使各种个人自由彼此之间以及同公共安全协调起来。"①他举例说,像公民的结社权、集会权、言论权等,法国宪法第 II 章第 8 条说:对于这些权利的享受,除受他人的同等权利和公共安全限制外,不受其他限制。第 9 条规定:教育是自由的。教育自由应在法律规定的范围内并在国家的最高监督下享用之。如此等等,不一而足。马克思无情地揭露这种资产阶级宪法惯用的狡计,指出其实质。他说:"宪法要经常援引未来的**构成法**;这些构成法应当详细地解释这些附带条件并且调整这些无限制的自由权利的享用,使它们既不致互相抵触,也不致同公共安全相抵触。后来,这种构成法由秩序之友制定出来,所有这些自由都加以调整,结果,资产阶级可以不受其他阶级的同等权利的任何妨碍而享受这些自由。"②据此,马克思把资产阶级宪法(1848 年法国宪法为其典型之作)的基本特征之一,归结为这样一句名言:"宪法的每一节本身都包含有自己的对立面,包含有自己的上院和下院:在一般词句中标榜自由,在附带条件中废除自由。"③宪法是资产阶级法治的重要支柱。不过,正像法国发生的 1848 年六月事件和 1849 年六月事件所告诉人们的那样,一旦资产阶级感到自己的统治受到威胁的时候,宪法中的各种美妙的言词顿时便会本性毕露,他们就会"把**共和国**的自由、平等、博爱这句格言代之以毫不含糊的步兵、骑兵、炮兵"④。

3. 分权制。

1848 年宪法和 1830 年宪章一样,把分权制(三权分立)奉为神圣,并且把这种分权制引申到混乱不堪、矛盾百出的程度。马克思认为,"这是一个致命的弱点"。它表现为全部国家上层建筑物的三种权力的对立,特别是集中于议会和总统两个头脑的对立。资产阶级共和派为保证自己在议会中的地位,竭尽全力地强化议会权力。所以,在整个宪法中,只有那些确定总统对议会的关系的条文,才是绝对的、肯定的、没有矛盾的、不容丝毫曲解的。议会可以依照宪法来排除总统。那么,作为国家的另一个头脑的总统,他要排除议会怎么办呢? 只有借助违宪的办法,只有排除掉宪法本身了。所以,立法权与行政权的这种对立,是一种"宪法力量的赌博",一种要么鱼死、要么网破的孤注一掷。

① 《马克思恩格斯全集》第 8 卷,第 134 页。
② 同上书,第 135 页。
③ 同上书,第 135 页。
④ 同上书,第 160 页。

马克思具体地分析了宪法中的三种力量的情况。

（1）议会。它是由普选产生并享有连选连任权的750名人民代表构成的，是不受监督、不可分割的。它拥有无限的立法权，最终决断宣战、媾和及商约等问题，独揽大赦权。议会，由于它不间断地召集会议，而经常处于政治舞台的最前面。也正因为如此，它不免经常当众受到批评。宪法赋予议会的权力，不过是精神上的权力。而精神权力是依靠自然形成的，不是法律创造出来的。更何况，750个代表又各怀心计。这些都决定了议会的虚弱性。正是企图弥补这种虚弱性，资产阶级共和派绞尽脑汁地完成了"伟大的立法艺术创作"工程，使用狡猾的宪法手腕，规定任何修改宪法的草案都必须经过每次相隔一个月的三次讨论，每次必须至少500个议员参加表决，并至少有四分之三的多数票通过。但是，即使如此，也难以同总统抗衡并取胜。

（2）总统。他具有国王权力的一切属性，有权抛开议会而任免各部总长，掌握行政权的一切手段。由于他可以分封一切官职，操纵着150万同官吏有关的人的命运。他统率全国武装力量。他享有赦免个别罪犯、解散国民自卫军部队以及撤换公民选出的州县市议会的特权。同时，他在与外国缔结条约问题上具有主动和领导作用。与议会不同，总统从宪法中得到的是实际权力。他一个人得到的选票，等于750个议员的选票，并且是单一的被选者。宪法对他唯一不利的，是任期只有四年的"提醒"。由于上述原因，路易·波拿巴可以用他伯父的三角帽，轻而易举地把1848年新宪法给推翻了。

（3）最高法院。1848年宪法在一个特别戏剧性的条文中，把自己托付给所谓"全体法国人民和每一个法国人的警惕心和爱国心"。但在另一个条文中，又把这种"警惕心和爱国心"托付给宪法故意发明出来的最高法院所实行的"温柔的刑事监护"。实际上，这些关于宪法实施保证的措施是自欺欺人的①。

四、打碎资产阶级旧国家机器和废除旧法的学说

资产阶级旧国家机器是压迫人民、统治社会的机器。而其中最主要、最有实力的部分，则为军事官僚机构。对于革命的无产阶级说来，只有认清这一点，才能正确地决定自己对旧国家机器和旧法体系所应该采取的态度，从而把革命进行彻底。1848年法国革命有力地帮助无产阶级解决了这个极其重大的问题。

法国无产阶级首先对资产阶级的议会制民主共和国进行体验。1848年5月4日，在全国人民一致支持下，通过普选建立起了制宪议会，即建立起最纯粹、最典型的议会制。但是，事实证明，这是一个"用词句掩饰的力量"。马克思说："在议会中，国民将自己的普遍意志提升成为法律，即将统治阶级的法律提升成为国民的普遍意志。"②它所

---

① 参见《马克思恩格斯全集》第8卷，第135—138页。
② 同上书，第214页。

拥有的立法权,是统治人民的权力。尤其露骨的是,正是议会,残酷地镇压了1848年6月的无产阶级起义。从1849年5月立法国民议会选出以后,议会又变成秩序党各派的联合机构。它镇压了1849年6月的小资产阶级起义。接着,又颁布一系列的反动法律。总之,1848年革命推动着议会制度的完善。在1851年12月2日路易·波拿巴政变以前,法国实现了西方国家历史上最发达的、水平最高的议会制度。但另一方面,议会制的实践教训了无产阶级和劳动人民,使他们体验到议会制同人民的敌对性质,粉碎了他们对议会制的幻想。

1851年12月2日后,革命又在完成后一半的工作,也就是进一步地促使行政权趋于完善,使它表现为"最纯粹的形式",使它孤立,使它变成同人民对立的唯一对象,从而使人民能够集中一切力量粉碎这种机器,彻底破坏资产阶级的行政权力。

为了论证无产阶级革命必须集中力量彻底打碎资产阶级的官僚军事机器构成的行政权力的这种必要性,马克思系统地考察了法国行政权力的历史和现状。①这个表现为中央集权的庞大官僚军事国家机器,产生于封建社会的后期即君主专制时代。它由封建土地领主和城市领主的权力集结而成。封建显贵人物转化成为领取薪俸的官吏。中央行政权力的分工和集中,就像一座工厂那样严密。但是,这个寄生机体又加速了封建制度的崩溃。②在1789年大革命的过程中,由于更彻底地破坏了一切地方的、区域的、城市的和各省的特权,造成全国公民的统一,使中央集权进一步发展。这就扩大了政府权力的容量、属性和帮手的数目。最后,拿破仑完成了这个国家机器。③波旁王朝和七月王朝时期,虽然没有为这个机器增添什么新东西,但分工还是扩大了。因为,资本主义社会分工的发展,造成一批新的利益集团,从而为行政管理增加了新的对象。同时,每一种利益,只要它被当作所谓"**共同的利益**",就会立即被纳入行政权的范围,而与社会相对立。从村镇的桥梁、校舍和公共设施,直到铁路、国有企业和国立大学,都由行政机关管辖。④在议会制共和国时期,为了对付革命,除了议会自己采用高压手段之外,还不得不加强政府工具,并使它集中化。在秩序党内阁时期,行政权力已经达到非常可观的程度。从重大的社会生活到最细微的私人生活,都要受国家的管制、控制、指挥、监视和监护,行政权已无所不在了。⑤路易·波拿巴政变以后,行政权力达到顶峰。它有庞大的官僚机构和军事机构,有复杂而精巧的国家机器,有50万人的官吏队伍和50万人的军队。这套行政权力体系,是俨如密网一般地缠住法国社会全身并阻塞其一切毛孔的可怕的寄生机体。至此,行政权力和官僚军事机器已经成为压迫人民的唯一的力量,已经表现为纯粹的形式了。

马克思从法国的历史进程中,概括出一条重要的结论:"一切变革都是使这个机器更加完备,而不是把它毁坏。那些争夺统治权而相继更替的政党,都把这个庞大国家建筑物的夺得视为自己胜利的主要战利品。"①后来,在1871年巴黎公社运动期间,马

---

① 《马克思恩格斯全集》第8卷,第216页。

克思结合眼前的公社的实践,在致库格曼的信(4月12日)中把这个打碎资产阶级旧国家机器的学说作了更深入的阐述。他说:"如果你读一下我的《雾月十八日》的最后一章,你就会看到,我认为法国革命的下一次尝试再不应该像以前那样把官僚军事机器从一些人的手里转到另一些人的手里,而应当把它打碎,这正是大陆上任何一次真正的人民革命的先决条件。"①在这里,马克思把他的打碎旧国家机器的原理附加上两个新内容:其一,鉴于当时欧洲大陆以外的英国和美国(马克思后来又提到大陆的荷兰)的国内尚没有庞大的官僚军事机构的事实,设想在那里情况可能有所不同。这就是大陆以外国家打碎旧国家机器的"例外论"。但是,后来这些国家的官僚军事机器也很快地发展起来,所以马克思的这个"例外论"便过时了。其二,不仅无产阶级革命,而且所有"真正的人民革命"都需要打碎旧国家机器。真正的人民革命,指一切由被压迫的人民自下而上地发动,为了实现自身的解放所进行的革命。人民革命的学说是非常重要的。必须强调的是,在马克思的"打碎"论里,也包含着废除作为旧国家机器组成部分的旧法律制度的内容。

打碎资产阶级旧国家机器和废除旧法律体系,特别是打碎官僚军事机器,这是马克思主义国家学说和法律学说中主要的、基本的东西。同时,这个学说的提出,也是马克思主义法学发展到又一新阶段的基本标志。

---

① 《马克思恩格斯全集》第33卷,第206页,北京,人民出版社,1973。

第四章 马克思《法兰西内战》[①]

【写作的历史背景】

　　1848 年革命失败后,欧洲工人运动走向低潮。但是,进入 60 年代,它又开始升腾。1864 年 9 月,有英、法、意、波等国代表参加的国际工人代表大会在英国伦敦召开。大会宣告成立"国际工人协会"即"第一国际",并产生其领导机构"总委员会",马克思是这个委员会的重要成员和精神领袖。

　　在第一国际的指导下,法国革命形势得到迅速发展。1851 年路易·波拿巴政变后,法国工商业的规模不断扩大,大金融资产阶级实际上控制着国家,这个阶级的寄生腐朽生活和广大人民的贫困形成非常鲜明的对照。路易·波拿巴的专制主义恐怖政治,也使群众难以容忍。这一切都在促使法国工人阶级的新觉醒。他们从要求提高工资、缩短工作时间的经济斗争,很快转向反对帝制政府、争取民主权利的政治斗争。1865 年 1 月所建立的第一国际巴黎支部,到 1870 年春已增长为 25 个,因而便组成第一国际巴黎支部联合会,其会员和同情者近 25 万人。

　　法国工人运动的高涨,对路易·波拿巴的帝国构成严重的威胁。为了转移国内矛盾,处于穷途末路的路易·波拿巴便决定采取发动对外战争的冒险办法。1870 年 7 月 19 日,其向普鲁士帝国宣战。但普法战争伊始,法军便处于被动地位,节节失利。9 月 2 日色当战役,10 万法军投降,路易·波拿巴本人也做了俘虏。在战争期间,马克思为第一国际撰写了两篇宣言,指出了战争的性质、路易·波拿巴失败的必然性以及无产阶级,尤其是德法两国无产阶级所应当持有的态度。

　　法军失败的消息传到巴黎,广大工人、市民和自动组织起来的人民武装国民自卫军战士包围了政府大厦,宣布废除帝制,成立共和国,并于当日组成"临时政府"。但是,由于工人阶级的真正领导人都囚禁在路易·波拿巴的监狱里,所以政权被资产阶级共和派("国民报派")和君主派窃据。第二帝国的将军特罗绪居然成了政府首脑兼任巴黎总督。这一小撮政治投机家们将临时政府称为"国防政府",扬言要继续作战,实际上是要防止工人掌握国家权力。

　　9 月 19 日普军包围巴黎。巴黎人民立即把国民自卫军扩大为 30 万人,其中绝大多数是工人。他们选举军官,建立国民自卫军中央委员会。每个战士都配备枪支,市民们集资铸造大炮,修筑防御工事。在武装的工人阶级和人民面前,国防政府十分恐

[①] 载于《马克思恩格斯全集》第 17 卷,北京,人民出版社,1963。

惧,因而便于1871年1月28日同普鲁士签订《停战和巴黎投降协定》。2月17日改组政府,路易·菲利普王朝(七月王朝)的余孽梯也尔担任新政府首脑。他一上台就同普鲁士的"铁血宰相"俾斯麦签订《临时和约》,割让阿尔萨斯—洛林地区给普鲁士,赔款50亿法郎,以换取俾斯麦政府的支持。梯也尔感到自己有了后盾,就毫不犹豫地发动反革命的内战。3月18日政府军企图夺取蒙马特高地上国民自卫军的417门对付普军的大炮。消息传出,巴黎的工人和市民(包括妇女和儿童)倾城出动,包围了政府军。于是,法兰西内战正式开始。在人民的反击之下,梯也尔几乎陷于绝境,带着一批官吏和军队逃往凡尔赛。"三一八"起义获得胜利,巴黎的政权由国民自卫军中央委员会所掌握。在他们的主持下,3月28日举行普选,产生了巴黎公社委员会。

巴黎公社一诞生,就处在普鲁士军和凡尔赛军队的联合的重重包围之中。5月21日,梯也尔在俾斯麦放回的10万俘房军的增援之下,攻入巴黎。28日占领全市,进行血腥的大屠杀,对革命人民加以报复。至此,仅仅存在了12天的巴黎公社被摧毁。但是,巴黎公社的精神以及它所留下的公社委员鲍狄埃的《国际歌》、威严挺立在贝尔—拉雪兹公墓上的"公社社员墙",鼓舞着一代又一代的无产阶级和革命的人民。

在普法战争的第二篇宣言中,马克思已警告过巴黎无产阶级,在强大的普鲁士军队的包围下举行武装起义是不明智的举动。可是,当巴黎工人被迫毅然拿起武器的时候,马克思则立即站到他们一边,全力地关注、支持和援助他们的斗争,并虚心地向他们学习,总结他们的经验。从巴黎公社宣布成立那天起,马克思便开始细心地搜集和研究公社活动的一切消息,其中有法、英、德各国报刊资料,巴黎来人和来信中提供的情况等。1871年4月18日,在第一国际的总委员会会议上,马克思建议就法国"斗争的总趋向"发表一篇告全体会员的宣言。总委员会批准这一建议,并当即委托马克思进行草拟。经过40天的努力,至5月底,马克思先后写出初稿、二稿,最后定稿,名称叫《法兰西内战(国际工人协会总委员会宣言)》。该著作于1871年6月中旬以单行本在伦敦出版;1871年—1872年,在欧洲各国和美国出版。

《法兰西内战》是十分重要的科学社会主义著作和法学著作。它根据巴黎公社的经验,进一步发展了马克思主义关于阶级斗争、国家、革命和无产阶级专政学说的基本原理。这本书对于马克思主义法学的最重大的新贡献,是解决了用什么东西来代替被无产阶级革命打碎的资产阶级旧国家机器的问题,也就是找到了无产阶级专政的国家形式或无产阶级实现社会解放的政治形式。

【主要法学论点】

一、打碎资产阶级国家机器的尝试

马克思和恩格斯总结欧洲,特别是法国的1848年革命经验而提出的关于无产阶级革命必须打碎资产阶级旧国家机器的伟大学说,在巴黎公社的实践中得到证实。对于巴黎无产阶级在国家问题上的这种首创精神和英勇创举,马克思极为振奋。这在 1871 年 4 月 12 日马克思致库格曼的信中,已经看得很清楚。在《法兰西内战》一书中,马克思认为公社的基本经验正是无产阶级用革命暴力打碎旧国家机器。他指出:"工人阶级不能简单地掌握现成的国家机器,并运用它来达到自己的目的。"①这就是结论。

在马克思看来,无产阶级革命之所以必须打碎旧的国家机器,其根据有两个方面。①国家从来就具有阶级统治机关的性质。而资产阶级国家则是"资本奴役劳动的工具",它浑身都渗透着反对人民的精神。所以,对于肩负着消灭阶级、消灭剥削的历史使命的无产阶级来说,就决不能借着它来实现自己的目的。②旧国家机器具有寄生的性质。特别是法国,国家机器不仅是为腐朽的大食利者阶级服务的手段,而且构成这套庞大机器的官僚机构和军事机构本身的就是堵塞社会机体每一毛孔的寄生赘瘤。只有摧毁这种国家机器,实行真正的民主制度,实行社会生活的民主化,才能有效地进行社会改造和经济、文化的建设。马克思在考察了巴黎公社的革命措施之后指出:"公社制度将把靠社会供养而又阻碍社会自由发展的寄生赘瘤——'国家'迄今吞食的一切力量归还给社会机体。仅仅这一点就会把法国的复兴向前推进了。"②

马克思对摧毁旧国家机器问题的看法是辩证的。他强调的首先是官僚军事机器,这是镇压人民最凶恶的武器,是资产阶级国家实力的所在,因而是必须摧毁的;其次作为"言词的力量"和资产阶级专政橱窗的议会制,也要摧毁。但这仍然不意味着废除旧政府权力的一切职能,而是要从实际出发,保留对工人阶级有用的某些机关。如同马克思指出的:"旧政府权力的纯粹压迫机关应该铲除,而旧政府权力的合理职能应该从妄图驾于社会之上的权力那里夺取过来,交给社会的负责的公仆。"③马克思还一再解释,打碎旧国家机器更不是要废除普选制和代表(议)制,否则任何民主制包括社会主义民主制就成为不可想象的事情了。

那么,巴黎的国民自卫军中央委员会和巴黎公社,它们打碎资产阶级旧国家机器的主要实践是什么呢?马克思作了如下的概括。①"公社的第一个法令就是废除常备军而用武装的人民来代替它。"④其中也包括废除旧的警察。常备军和警察,是"两种旧政府物质权力的工具"。巴黎是旧政府权力的中心和驻在地,同时又是法国工人阶级的活动中心。巴黎人民之所以能够推翻第二帝国,能够反对梯也尔之流恢复和巩固第二帝国遗传下来的旧政府权力并一度获得成功,只是由于使之被围困而摆脱了军队,并建立了主要由工人组成的国民自卫军。巴黎公社颁布的用国民自卫军代替资产阶级旧军队的法令,其内容是:第一,废除征兵制。第二,除国民自卫军以外,任何军事力量都不得建立、不得调入巴黎。第三,国民自卫军由一切能服兵役的公民组成。

---

① 《马克思恩格斯全集》第 17 卷,第 355 页。
② 同上书,第 360 页。
③ 同上书,第 359—360 页。
④ 同上书,第 358 页。

②公社废除旧的行政权力和资产阶级议会制。它接管原国家机关,把其主要官员撤职,代之以普选产生并可随时撤换,仅领取相当于工人工资的人民代表。马克思特别指出:"公社不应当是议会式的,而应当是同时兼管行政和立法的工作机关。"①在巴黎,不仅城市的管理,而且连先前属于国家的全部创议权都已转归公社。"同时兼管行政和立法的工作机关",主要意思是消除资产阶级议会那种假借民意、玩弄言词,而将国家实权交给政府任意支配的欺骗、虚伪的反人民行径,而不是否认立法权与行政权之间的必要分工。公社的实际做法是,人民代表不仅要制定法律,而且也对这些法律的实施亲自负责。③公社还"着手摧毁精神压迫的工具,即'僧侣势力'"②。采取的方法是宣布"教会与国家分离",并剥夺一切教会占有的财产归国家所有。对于国家说来,宗教被宣布为私人的事情。与政教分离相一致,教育与宗教也要分离。一切学校对人民免费开放,不受教会的干涉。"这样,不但学校教育人人都能享受,而且科学也摆脱了阶级成见和政府权力的桎梏。"③不过,公社发布的关于宗教的法令是一项政治措施,丝毫不含有限制和取消公民的宗教信仰的因素。相反,法令中还规定有"信仰自由是一切自由之中首要的自由"这样含糊不清的过头话。④公社对旧司法机关也予以摧毁。"法官已失去其表面的独立性,这种独立性只是他们用来掩盖自己向历届政府卑鄙谄媚的假面具,而他们对于这些政府是依次宣誓尽忠,然后又依次背叛的。"④公社对于法官,也像对其他公务人员一样,今后准备由选举产生,对选民负责,并且可以撤换。1871 年 4 月 16 日,公社司法委员会颁发公告,宣布要选举产生司法机构。在 4 月 22 日的公社会议上,司法委员会关于起诉法庭的报告中,又一次确认法官选举制。

巴黎公社通过以上打碎旧国家机器的实践,大体上建立起一套新的无产阶级专政的新型国家机关体系。

二、无产阶级专政雏形

马克思指出:"人们对公社有各种不同的解释以及公社代表各种不同的利益,证明公社是一个高度灵活的政治形式,而一切旧有的政府形式在本质上都是压迫性的。公社的真正秘密就在于:它实质上是工人阶级的政府,是生产者阶级同占有者阶级斗争的结果,是终于发现的、可以使劳动在经济上获得解放的政治形式。"⑤这就是说,巴黎公社不仅解决了打碎旧国家机器的问题,而且又进一步地解决了在打碎旧国家机器后要用什么东西来代替的问题。

---

① 《马克思恩格斯全集》第 17 卷,第 358 页。
② 同上书,第 359 页。
③ 同上书,第 359 页。
④ 同上书,第 359 页。
⑤ 同上书,第 361 页。

在 1871 年以前,对于"代替"问题即以什么来充当无产阶级解放自己的政治形式的问题,马克思和恩格斯没有凭空地去臆造它,而是等待革命实践来回答。巴黎公社恰恰是无产阶级专政的第一次伟大尝试,为马克思、恩格斯解决这一问题提供了极其宝贵的经验,使他们看到:公社就是无产阶级专政的雏形,是它的政治形式之一。

真正认识公社的底蕴,就必须有高度的政治敏感和创新精神。相反,头脑保守的人,往往一看到新事物同旧事物有某些相似点,就认为它是旧事物的因袭。巴黎公社刚出现时,一些人就认为它是中世纪城市公社的复活,或者认为是当年孟德斯鸠所设想的许多小邦的联盟。有人则把公社与现代国家的对立,简单地视为是分权与集权的斗争。只有马克思、恩格斯才能自始至终对公社保持着十分清醒的认识。在《法兰西内战》中,马克思系统地说明了巴黎公社同旧国家的根本区别。

1. 无产阶级在公社政权中起着主导作用,是无可争辩的客观事实。

公社委员会的成员,"其中大多数自然都是工人,或者是公认的工人阶级的代表"①。一般地说,他们尚不能算是科学社会主义—共产主义者,而多属主张个人冒险的布朗基主义者和蒲鲁东主义者。但是,他们政治活动的实践表明,他们在许多重大问题上却突破了原来的信条,是杰出的无产阶级革命家。不能由于他们曾经深受小资产阶级的影响而否认这一点。当时公社的《人民国家报》,在谈到公社性质问题的时候,就清楚地指出:尽管公社中有资产阶级民主派分子参加,但公社实际上确是一个无产阶级的政府。

2. 公社是无产阶级解放的政治形式。

马克思指出:"这次革命不是一次反对哪一种国家政权形式——正统的、立宪的、共和的或帝制的国家政权形式的革命。它是反对**国家**本身这个社会的超自然的怪胎的革命,是人民为着自己的利益重新掌握自己的社会生活。它不是为了把国家政权由统治阶级这一集团转给另一集团而进行的革命,它是为了粉碎这个阶级统治的凶恶机器本身而进行的革命。"②公社的革命,不是一般的政治革命即不是把国家政权作为最终目标的革命,而是具有社会性的政治革命。也就是说,这种革命是作为社会主体的广大人民自下而上地发动去夺取国家政权,并且充当国家政权的主宰者的革命,是以消灭国家政权为最终目标的革命。所以,公社是社会解放的政治形式,即以无产阶级为首的劳动人民获得解放的政治形式。

公社式的政治形式,自然地带来国家机关的完全民主化。但这一点又和公职人员的状况有紧密的关系。如果公职人员队伍腐败变质,新型的民主制还会重新倒退到资产阶级民主制甚至更坏的政治制度。1891 年 3 月 18 日,恩格斯为纪念公社 20 周年而给《法兰西内战》作序,其中指出:"为了防止国家和国家机关由社会公仆变为社会主

① 《马克思恩格斯全集》第 17 卷,第 358 页。
② 同上书,第 586—587 页。

宰——这种现象在至今所有的国家中都是不可避免的——公社采取了两个正确的办法。第一,它把行政、司法和国民教育方面的一切职位交给由普选选出的人担任,而且规定选举者可以随时撤换被选举者。第二,它对所有公职人员,不论职位高低,都只付给跟其他工人同样的工资。公社所曾付过的最高薪金是6000法郎。这样,即使公社没有另外给各代议机构的代表规定限权委托书,也能可靠地防止人们去追求升官发财了。"①就公社的民主制而言,有决定意义的,是保证普选制所应当具有的新内容。马克思说:"普选制不是为了每三年或六年决定一次,究竟由统治阶级中的什么人在议会里代表和压迫人民,而是应当为组织在公社里的人民服务,正如个人选择的权利为任何一个工厂主服务,使他们能为自己的企业找到工人、监工和会计一样。大家知道,企业正像个人一样,在实际业务活动中总是能够把适当的人放到适当的位置上去,即使有时会犯错误,也总能很快就纠正过来。另一方面,用等级授职制去代替普选制是根本违背公社的精神的。"②由此可见,公社已不再是脱离社会、凌驾于社会之上的少数剥削者垄断的特殊权力。它已把整个管理权力归还给人民,使之成为社会大多数人直接行使的权力。公社与人民合为一体,并受人民的监督,从这个意义上讲,公社已经不是原来意义上的国家了,而是从国家向非国家的过渡。

但是,公社既然体现着无产阶级对资产阶级的专政,还具有镇压的职能,那就不能否认它仍然是国家。这一点同样是不容忽略的。没有清醒地认识到政权的镇压职能,不敢坚决地镇压一小撮凡尔赛反革命分子,正是公社失败的一大教训。

3. 公社式国家的结构形式。

巴黎公社作为无产阶级专政的国家,其结构形式是建立在民主集中制基础之上的、民族统一的单一制国家。理想的社会主义国家结构形式,原则上都应当是这种单一制的民主共和国。如同马克思所说的,"在公社没有来得及进一步加以发挥的全国组织纲要上说得十分清楚,公社应该成为甚至最小村落的政治形式"。"那时还会留给中央政府的为数不多然而非常重要的职能,则不应该像有人故意捏造的那样予以废除,而应该交给公社的官吏,即交给那些严格负责的官吏。民族的统一不是应该破坏,相反地应该借助于公社制度组织起来"③。例如,全国性的经济计划和管理、军事或国防、外交这样的权力,就应当由中央统一行使。

公社要破坏的仅仅是资产阶级的官僚集中制,而代之以建立在广泛民主集中制基础上的,与真正的地方自治即各地人民自己管理自己事务的制度相结合的集中统一。同样,硬说巴黎公社排斥地方自治,也是一种捏造。马克思明确地说:"只要公社制度在巴黎和各个次要的中心确立起来,旧的中央集权政府就得也在外省让位给

---

① 《马克思恩格斯全集》第22卷,第228页,北京,人民出版社,1965。
② 《马克思恩格斯全集》第17卷,第360页。
③ 同上书,第359页。

生产者的自治机关。"①"公社的存在自然而然会带来地方自治,但这种地方自治已经不是用来对现在已被废弃的国家政权的东西了。"②社会主义国家之所以尽可能地实行单一制结构形式,主要是因为:其一,它是和现代大产业的工人阶级的高度集中统一的阶级属性相一致的。其二,无论从经济发展或群众利益来看,大国家的好处是不容置疑的。

4.公社作为无产阶级专政的政治形式必须获得相应的经济内容。

生产者的政治统治不能与他们的社会奴隶地位的永久不变的状态同时并存。因此,公社必须成为根除阶级以及阶级统治所赖以维系的那些经济基础的工具。这就是说,公社若不从经济上解放劳动人民,它就没有把无产阶级专政坚持下去的可能,而且革命本身也将会流于骗局。在公社存在的短暂的72天里,它实行了一系列的有利于劳动者的经济政策和措施。这对于消灭资本主义私有制来说,虽然还仅仅是初步的,但已经萌发出共产主义的幼芽。例如,公社提出把一切合作社结成一个大联盟的计划,就具有共产主义的性质。正如马克思所说:"如果合作制生产不是作为一句空话或一种骗局,如果它要排除资本主义制度,如果联合起来的合作社按照总的计划组织全国生产,从而控制全国生产,制止资本主义生产下不可避免的经常的无政府状态和周期的痉挛现象,那么,请问诸位先生,这不就是共产主义,'可能的'共产主义吗?"③公社的这种追求,完全不是出于什么不切实际的"理想"或乌托邦,而是为了谋得工人阶级自身的解放,达到现代社会因经济发展而不可遏制地趋向着的更高经济形式,即适应经济关系运行的客观历史规律。

此外,新政权在百废待举的艰苦条件下,还果断地解决了许多群众生活中的迫切问题。如,禁止拍卖当铺里的典当物品;一切债务的支付期限推迟一个月;房主和旅馆老板不得驱逐房客;缓交房租;废除面包房的夜班制;给最困难的家庭以生活补偿;把停工的工厂工人组织起来,建立生产合作社,等等。公社所来得及做的这些社会事务,看起来很有限、很平凡,但从中可以看出它确实对劳动群众的疾苦极为关切。

就总的情况说来,公社的社会政策和措施的最多的获益者,是城市小资产阶级和农民。历来的法国统治者都牢牢地抓住小资产阶级,尤其是农民,让他们承担维持国家机器所需的巨额开支,使他们喘不过气来。因此,这些小资产阶级和农民世世代代盼望一个"廉价的政府"。马克思说:"公社实现了所有资产阶级革命都提出的廉价政府的口号,因为它取消了两项最大的开支,即常备军和官吏。"当然,对于公社而言,"无论廉价政府或'真正共和国',都不是它的终极目的,而只是伴随它出现的一些现象"④。廉政,这是"工人政府"的必然产物。正由于公社是"建立在农民的切身利益和

① 《马克思恩格斯全集》第17卷,第359页。
② 同上书,第361页。
③ 同上书,第362页。
④ 同上书,第361页。

他们的实际需要的基础上",因而一旦公社权力扩大到法国各地,农民必定会放弃他们传统的"拿破仑观念",而"很快欣然接受城市无产阶级为他们自己的领导者和老大哥"①。反过来,有了这种坚强的工农联盟的基础,无产阶级专政才能得到巩固。

正是公社的经济职能和经济目的,才足以最终地说明它的实质。诚如马克思所总结的那样:"公社的真正秘密就在于:它实质上是工人阶级的政府,是生产者阶级同占有者阶级斗争的结果,是终于发现的、可以使劳动在经济上获得解放的政治形式。"②

三、公社的司法制度和法制

在巴黎公社,除了前面已经说到的法官应当普选,接受选民监督,并可撤换以外,还用法令严格规定各种司法人员的报酬。"直到今天以前利用职务发财的公证人、法警、拍卖人、捕役以及其他司法官吏,都转变为公社的公职人员,像其他工人一样从公社领取固定的工资。"③他们免交保证金。他们在完成职权范围内的活动以外收到的款项,要按月交财政代表。这些大都是为了杜绝司法人员利用职权营私舞弊,使之能够在遵守法律方面率先垂范。

公社执委会作出关于反对任意逮捕以确保公民人身自由的决议。文件要求司法委员对逮捕原因及次数提出报告。随后又通过了关于逮捕手续的法令,要求:每逮捕一个人均要在 24 小时内向司法代表报告,否则以非法逮捕论处,执行者将会受到审判。一切监狱、拘留所的人犯,如不在他们的监禁证上注明监禁理由,有关人员也要受处罚。征用财产,要有合法当局正式发布的命令。

公社力图完善司法程序。它在起诉法庭的工作程序中规定,一切司法决定和判决都用人民的名义发表,全体警官和国民自卫军须按照法律手续执行司法任务。在起诉法庭条例中规定了陪审制、法官选举制、辩护自由三项原则。具体做法是:陪审员从国民自卫军的代表中选举产生。起诉法庭由 12 名陪审员组成,以抽签方式从中产生一名首席法官,主持法庭。司法委员会任命一名宣告人和一名秘书。公社检察长和四名副检察长执行公诉人职务。被告有权请求有利于自己的证人出庭,并可以自由地选择辩护人。不许秘密审讯,案件的审查结论要公布。只有在 12 名陪审员中取得不少于 8 人的多数票时,才能宣布被告有罪。如果认为被告无罪,要立即释放。公社对死刑的判决和执行有非常严格的规定,即未经执行委员会签署判决书或决议,任何一项死刑宣告的判决,均不得执行。

为适应当时激烈的斗争需要和健全法制,公社还有关于由军事代表组织军事法庭、由司法代表组织民事法庭的专门决定。文件中规定,应选用一批可靠而确有能力

---

① 《马克思恩格斯全集》第 17 卷,第 597 页。
② 同上书,第 361 页。
③ 同上书,第 575 页。

的新人参加审判工作；凡具有法学学士资格的人，可到法庭办理登记手续，并列席开庭，协助预审、检察和辩护等工作。可见，公社对于法律人才是何等的重视。

由于巴黎公社最大限度地发扬社会主义民主制和加强社会主义法制，所以能够造成一种亘古未有的、井然的社会法律秩序。马克思说："公社简直是奇迹般地改变了巴黎的面貌！第二帝国的那个荒淫无度的巴黎已经消失得无影无踪了。"①例如，虽然夜间街道上没有警察，但抢劫事件不发生了，偷窃现象也几乎绝迹了。平时在陈尸场内甚至一具尸体也见不到了。这同第二帝国的统治、同凡尔赛的政权形成了鲜明的对比和反差。所以，《法兰西内战》一书中的"巴黎全是真理；凡尔赛全是谎言"②的结论，是以大量无可辩驳的事实为佐证的。

---

① 《马克思恩格斯全集》第 17 卷，第 368 页。
② 同上书，第 369 页。

第五章　马克思《哥达纲领批判》[①]

【写作的历史背景】

巴黎公社运动失败以后,欧美各国的无产阶级进入了普遍建立自己政党的新时期。在此情况下,继续保持统一的无产阶级国际组织已没有必要。因此,1876年第一国际宣告解散。

在70年代,国际共产主义运动的中心地已由法国转入德国。如同恩格斯所说,德国工人运动"处于无产阶级斗争的前列"[②],"处于欧洲运动的先导地位"[③]。因此,马克思和恩格斯给予德国工人运动以特殊的关注,这是理所当然的事情。

正由于工人运动的蓬勃发展,先天软弱的资产阶级和作为统治者的半封建的容克贵族阶级便联合起来,极力地在工人运动中培植机会主义。德国最早的机会主义派别,是拉萨尔主义派。拉萨尔是一个庸俗的民主主义者。他早年参加过1848年革命和马克思主办的《新莱茵报》的活动,同马克思有较经常的联系。从60年代起,他先后出版《工人纲领》《公开的答复》等小册子。拉萨尔长期以"马克思的学生"自命,以马克思对他的帮助作为出名的资本,而实际上大力抄袭和歪曲马克思主义的基本原理。他反对暴力革命,把无产阶级及其政党的活动局限于议会和合法的范围以内;鼓吹争取普选权,以把普鲁士君主专制国家变成"自由的人民国家";主张依靠"国家帮助",建立生产合作社,以实现社会主义;扬言小资产阶级和农民是"反动的一帮",破坏工农联盟;伪造"铁的工资规律",把资本主义雇佣劳动制度永恒化;从空想主义出发,将社会主义社会描绘成自由平等的天然王国,说劳动者可以获取"不折不扣"的全部"劳动所得";还暗中与"铁血宰相"俾斯麦串通,支持他通过王朝战争来实现德国的统一,等等。1863年在莱比锡成立"德国工人联合会",拉萨尔被选为主席,拉萨尔主义便成为该组织的指导思想。第二年即1864年拉萨尔去世,他的继承人把拉萨尔主义体系全盘保存下来。

马克思和恩格斯始终把拉萨尔及其宗派同一定程度上受拉萨尔主义影响的工人群众严格区别开来。他们对于广大德国工人能够组织起来,感到由衷的高兴。为了引导"联合会"走上正确的道路,避免其滑向拉萨尔主义邪路,马克思和恩格斯极力争取

---

① 载于《马克思恩格斯全集》第19卷,北京,人民出版社,1963。
② 《马克思恩格斯全集》第18卷,第566页,北京,人民出版社,1964。
③ 《马克思恩格斯全集》第19卷,第5页。

使它加入第一国际。但这个主张遭到"联合会"的拉萨尔分子头目的拒绝。鉴于这种情况,深受马克思和恩格斯影响的以威廉·李卜克内西和奥古斯特·倍倍尔为首的"联合会"中的左派,便开展了反拉萨尔主义的斗争,并着手创建德国无产阶级政党的工作。1867年他们宣布退出"联合会"。1869年以原来的"联合会"左派为核心的德国工人运动中的先进分子,在爱森纳赫城召开代表大会,宣告"德国社会民主工党"(爱森纳赫派)成立。这个新生的德国党(爱森纳赫派)按照马克思草拟的第一国际章程的精神来制定自己的党纲,并参加第一国际。它在德国统一、普法战争和巴黎公社等一系列重大问题或事件上,都能坚持正确的路线,同拉萨尔派相对立。爱森纳赫派的马克思主义的实践,有力地启发了广大工人群众的阶级觉悟,使他们迅速地站到该派的一边。相反,拉萨尔派则日趋孤立,在政治思想上和组织上都面临土崩瓦解的窘境。为了摆脱垮台的命运,1874年拉萨尔派的头目们被迫找上门来请求同爱森纳赫派合并,而且大喊"团结""合作""统一"的口号。

马克思、恩格斯历来主张德国工人组织的统一。他们认为,特别是普法战争后全德国已得到统一的情况下,工人组织的统一就更为重要了。不过,马克思和恩格斯教导爱森纳赫派的领袖们,千万不能被拉萨尔派的"统一"叫嚣弄昏头脑,要坚持在科学社会主义理论基础上的统一。就是说,拉萨尔派不仅需要放弃他们的宗派主义,更要放弃他们的机会主义路线。如果用革命原则作交易来换取团结,其后患将是无穷的。可是,李卜克内西等人没有认真地对待这些忠告,而急不可耐地和拉萨尔派筹备召开合并大会事宜,特别是匆忙同"联合会"负责人哈赛尔曼一起草拟出一个充满拉萨尔主义精神和词句的"纲领草案",并于1875年3月7日同时刊登于两派的机关报上。马克思和恩格斯看到这个"纲领草案"非常气愤。恩格斯于3月8日写信给倍倍尔,说明了他和马克思两人的意见。接着,4月至5月初,马克思又撰写了《对德国工人党纲领的几点意见》即著名的《哥达纲领批判》。

李卜克内西不仅没有接受马克思和恩格斯对"纲领草案"的批判,而且把这些批判和意见封锁起来。1875年5月下旬,如期在哥达城举行了两派合并大会,成立了"德国社会主义工人党"。那个"纲领草案"在改动个别词句以后又由大会通过,叫做《德国社会主义工人党纲领》或《哥达纲领》。大会选出的党中央五人领导机构中,拉萨尔派竟占三人。

马克思和恩格斯本打算发表公开声明,表示他们同《哥达纲领》毫无关系。但是他们又看到,当时,不论是工人还是资产阶级,都对这个纲领作了共产主义的解释。由于这个原因,声明一事就作罢了。

必须提及的是,在此后的15年即1890年,德国党决定起草一个新的纲领,准备于第二年召开的爱尔福特党代表大会上讨论,以代替《哥达纲领》。为了肃清拉萨尔主义和各种机会主义的影响,使党能制定一个较好的纲领,恩格斯便迫使党刊《新时代》的负责人考茨基,把当年马克思的《哥达纲领批判》发表于该刊物1891年1月号上。

《哥达纲领批判》是马克思、恩格斯同拉萨尔主义斗争的锐利武器,也是共产党政治和思想理论建设的重要文献。从法学的角度上讲,它是马克思主义思想发展的又一新阶段。这表现在:它第一次正式地、系统地论述了共产主义两个发展阶段的学说,并从此出发,提出从资本主义向共产主义的过渡时期必须有无产阶级专政和社会主义法,以及过渡时期国家和法发展规律的学说。

【主要法学论点】

一、从资本主义向共产主义过渡时期国家形态的特点

马克思在《哥达纲领批判》中阐述共产主义两个发展阶段学说时,有一段极为精辟的言论:"在资本主义社会和共产主义社会之间,有一个从前者变为后者的革命转变时期。同这个时期相适应的也有一个政治上的过渡时期,这个时期的国家只能是**无产阶级的革命专政**。"①从资本主义社会向共产主义社会的转变时期或过渡时期就是社会主义社会,即共产主义的初级阶段(第一阶段);共产主义社会,指完全的共产主义,即共产主义的高级阶段。从前者变为后者的过渡时期,首先是经济形态的过渡。但与之相适应的,还有政治上的过渡,包括从有阶级到无阶级的过渡、从有国家到无国家的过渡。过渡时期的国家形态,就是无产阶级专政。它将一直生存到胜利的社会主义转变为完全的共产主义的时候,而不能半途而废。

无产阶级专政的学说是马克思主义的主要之点。《共产党宣言》中已明显地包含这一学说。不久,马克思《1848—1850年的法兰西阶级斗争》一书,开始正式使用"无产阶级革命专政"一语。特别是1852年3月5日马克思致约·魏德迈的信中,把无产阶级专政和过渡时期学说结合在一起,加以集中地说明。信中说:"我的新贡献就是证明了下列几点:(1)**阶级的存在仅仅同生产发展的一定历史阶段**相联系;(2)阶级斗争必然要导致**无产阶级专政**;(3)这个专政不全是达到**消灭一切阶级和进入无阶级社会**的过渡。"②但到那时为止,这个思想仍是原则性的、简略的,而没有展开分析。《哥达纲领批判》则把这个思想作为主题,予以全面、系统地论述。

过渡时期国家形态的特点,是由过渡时期的社会(社会主义社会)的特点所决定的。因此,解决这个问题,必须从考察社会主义社会入手。马克思说:"我们这里所说的是这样的共产主义社会,它不是在它自身基础上已经**发展**了的,恰好相反,是刚刚从资本主义社会中**产生出来的**,因此它在各方面,在经济、道德和精神方面都还带着它脱

---

① 《马克思恩格斯全集》第19卷,第31页。
② 《马克思恩格斯全集》第28卷,第509页,北京,人民出版社,1973。

胎出来的那个旧社会的痕迹。"①稍微具体些说,社会主义社会中的资本主义痕迹表现在:①在经济方面。生产资料的公有制给生产力发展开辟了广阔的前景,但要达到生产力的高度发达,还要经历一个很长的过程。这就决定了:产品还很有限,劳动还没有成为生活的第一要素,城市和乡村、工业和农业、脑力劳动和体力劳动间的重大差别还没有消除;尤其在分配领域通行的"按劳分配"原则,还默认人的"天赋"和其他优越条件,从而承认某些人从社会总产品中领取较多的份额或过比别人更富裕的生活是合理的。②在道德方面。随着对资本主义所造成的野蛮和丑恶现象的摆脱,人们在逐渐地习惯于自觉遵守起码的公共生活准则。但资产阶级的自私观念和计较点滴报酬的"狭隘眼界",将不会迅速消失。③在精神方面。虽然无产阶级意识形态在社会中占统治地位,可是人们的文化素养和精神风貌的完善也是一个长期的过程。

建立在这种社会形态之上的无产阶级专政国家,必然要反映社会中肯定的和否定的两个方面的属性。马克思和恩格斯首先强调的是无产阶级专政同以往国家间的本质区别。如同恩格斯所说,它"已经不是原来意义上的国家";列宁则说它是"半国家"。但他们一点也没有忽略无产阶级专政同以往国家,尤其是资产阶级国家的一些相类似之处。概括地表达,就是列宁所说的,无产阶级专政国家是一种**"没有资产阶级的资产阶级国家"**。其涵义是:①在无产阶级专政下,剥削阶级已成为专政的对象,并逐步被彻底消灭。相反,广大人民成为国家的主人,享有广泛的民主自由权利。所以,这是一个没有资产阶级的国家,反对资产阶级的国家。在这里,民主几乎是完全的,只是由于要镇压为数极少的剥削阶级分子的反抗而受到一定的限制。②无产阶级专政又是"资产阶级国家"。就是说,在这里,因为生产力和人们觉悟水平的限制,还存在形式上平等而事实上不平等的带引号的"资产阶级权利"。

本来意义上的、不带引号的资产阶级权利是资产阶级的意志,是维护按资本分配社会利益的工具。但它与前资本主义的权利有一个很大的不同,那就是它作为资本主义商品货币经济关系的反映,具有以自由、平等相标榜的特点。其实,这是用法律或形式的平等,掩盖人与人之间事实上的不平等,特别是掩盖着资本对劳动的榨取。所以,资产阶级权利中包含着对抗性的矛盾。与此不同,社会主义社会中的那个带引号的"资产阶级权利",仅仅表示产品分配领域里奉行的法律形式上平等而事实上(结果上)不平等的现象。就其实质而言,它是社会主义的按劳分配的权利,而不是本来意义上的那个资产阶级权利,即不是维护按资本分配的原则。但是,它毕竟还带有资产阶级权利的痕迹。

由此可知,马克思绝不是随便地把同共产主义社会不相容的"资产阶级权利"这种令人憎恶的字眼,硬塞进一个新的社会中来,而是有充分科学根据的。

---

① 《马克思恩格斯全集》第19卷,第21页。

二、批判拉萨尔主义的"自由国家"论

1. 国家与自由。

拉萨尔继承德国一些思想家,尤其是黑格尔以来的传统的"国家迷信"。他认为国家是人类理性或自由的最高实体,说德国无产阶级借助争取普选权和议会多数,便可以把普鲁士变成"自由国家"或"自由的人民国家"。"纲领草案"也重复这种论调,只字不提无产阶级专政,只管高喊德国党要"力求用一切合法手段来争取自由国家"。

针对这种"自由国家"论,恩格斯说:"实际上,国家无非是一个阶级镇压另一个阶级的机器,这一点即使在民主共和制下也丝毫不比在君主制下差。"①国家的存在不是为了什么自由,而是为了压迫被统治阶级。所以,把国家说成是自由的同义语,完全于理不通。这一点200年前的霍布斯,已经看得非常透彻。他在《利维坦》一书中说过:在政治社会中,自由只能是主权者的自由,臣民个人没有自由;主权者即使杀死臣民,也不能正式地叫做干了对不起其臣民的事情。应当说,霍布斯的观点给"自由国家"作了极为准确的注脚。恩格斯肯定霍布斯的这种看法,指出:"自由的人民国家变成了自由国家。从字面上看,自由国家就是可以自由对待本国公民的国家,即具有专制政府的国家。"②在当时,半封建的普鲁士国家和俄罗斯国家,正是这种国家。所以,马克思也说:"在德意志帝国,'国家'差不多是和在俄国一样地'自由'。"③拉萨尔主义分子恰恰是想在普鲁士国家里鼓吹"自由国家",这尤其显得荒谬。它的危险性在于模糊无产阶级的眼睛,对反动的普鲁士国家寄托幻想。因此,马克思断然地说:"使国家变成'自由的',这决不是已经摆脱了狭隘的奴才思想的工人的目的。"④

那么,无产阶级所追求的国家与自由之间的应有关系是什么? 马克思指出,"自由就在于把国家由一个站在社会之上的机关变成完全服从这个社会的机关"⑤。换言之,无产阶级所要求的是社会的自由和个人的自由,而不是什么国家的自由;要求国家从属社会、从属人民,而不再是凌驾于社会之上,压迫作为社会主体的广大人民的机器。无产阶级专政正是实现这一目的的根本手段。为了保卫人民的自由,无产阶级专政国家必须承担镇压敌人反抗的职能。

说到这里,马克思和恩格斯十分重视同德国人的传统的"国家迷信"作斗争。恩格斯说:"应当抛弃这一切关于国家的废话,特别是在巴黎公社以后,巴黎公社已经不是

---

① 《马克思恩格斯全集》第22卷,第228页。
② 《马克思恩格斯全集》第19卷,第7页。
③ 同上书,第30页。
④ 同上书,第30页。
⑤ 同上书,第30页。

原来意义上的国家了。"①公社是无产阶级对少数剥削者实行镇压的机关,并不是什么"自由国家"。所以,恩格斯继而又说:"既然国家只是在斗争中、在革命中用来对敌人实行暴力镇压的一种暂时的机关,那么,说自由的人民国家,就纯粹是无稽之谈了:当无产阶级还需要国家的时候,它之所以需要国家,并不是为了自由,而是为了镇压自己的敌人,一到有可能谈自由的时候,国家本身就不再存在了。"②很明显,恩格斯彻底地揭示了国家的产生和存在的历史动因即充当阶级镇压的工具,指出国家与自由是两个相互对抗的概念。

诚然,马克思和恩格斯并没有把事情简单化,不否认在不同的资产阶级国家里存在着自由程度的差异。对此,马克思说明:"就在今天,各种国家形式比较自由或比较不自由,也取决于这些国家形式把'国家的自由'限制到什么程度。"③例如,在德、俄等君主专制国家形式下,人民就比较不自由;而在美国、瑞士等民主共和制国家形式下,奉行资产阶级的"普选权""直接立法权""人民主权""人民军队"等制度,人民的自由就比较多一些。但这一点完全不妨碍它们都是资产阶级专政的国家。

2. 国家与社会。

马克思认为,"纲领草案"之所以醉心于在现今的资产阶级专政情况下谈论"自由国家",归根到底是由于他们不把现存的资本主义社会当作现存的资产阶级国家的基础,反而把国家看成一种具有自己的"精神的、道德的、自由的基础"的独立本质。它把所谓普选权、直接立法权、人民军队、人民主权、人民法庭作为国家的"自由的基础",把所谓普遍平等的国民教育和科学自由、信仰自由作为国家的"精神和道德的基础"。其实,国家是一定社会的上层建筑,它不能离开社会的经济基础独立地存在和发展。有什么样的社会经济基础,就有什么样的国家。"自由""道德""精神"同国家一样,都属于上层建筑的范畴,也是由经济基础决定的,根本不可能是什么国家的基础。"纲领草案"否认作为上层建筑的国家与资本主义经济基础之间的依存关系,硬说国家具有独立的精神的、道德的、自由的基础,这就抹煞了资产阶级国家对资本主义社会的依存关系,掩盖了资产阶级国家的阶级本质。

同时,"纲领草案"还把单一的累进所得税作为"国家的经济基础"。马克思一针见血地指出,这事实上"是把'国家'了解为政府机器,或者了解为构成一个由于分工而和社会分离的独特机体的国家"④。他明确地说:"赋税是政府机器的经济基础,而不是其他任何东西。"⑤亦即,赋税仅仅是政府的经济来源。国家的经济基础不是赋税,而是以生产资料所有制为基础的生产关系的总和,或社会的经济结构。把赋税当作国家的经

---

① 《马克思恩格斯全集》第19卷,第7页。
② 同上书,第7页。
③ 同上书,第30页。
④ 同上书,第32页。
⑤ 同上书,第32页。

济基础,就混淆了国家和政府的差别,从而就会把资产阶级政府机器的变动,误认为是国家性质的改变,这显然是错误的。马克思进一步说明,所得税是以资本主义社会为前提的,资产阶级也要求赋税改革,其目的是为了充实资产阶级财政收入。英国利物浦财政改革派主张对地产征收累进税,以充实资产阶级国家的预算收入,作为财政改革的重要内容之一。但是,这丝毫也没有触动资本主义社会的经济基础。可见,"纲领草案"提出的改革赋税的要求,没有超越资产阶级的主张,实质上是维护资产阶级国家制度及其经济基础的。

3. 资产阶级国家本质与国家形式。

"纲领草案"荒谬地滥用"现代国家""现代社会"等字眼,掩饰资产阶级民主制,甚至认为德意志帝国不是地主资产阶级专政的工具,居然要求它帮助劳动人民实现社会主义。对此,马克思指出,"'现代社会'就是存在于一切文明国度中的资本主义社会"①。尽管由于各个国家的历史发展特点的不同,摆脱封建主义程度的不同,社会发展的具体状况各有差别,资本主义发展的水平也相互不一,但它们都是资本主义社会。至于"现代国家"却各有不同的形式。普鲁士德意志帝国是"一个以议会形式粉饰门面、混杂着封建残余、已经受到资产阶级影响、按官僚制度组织起来、并以警察来保卫的、军事专制制度的国家"②。英国是资产阶级立宪君主制;瑞士和美国都是资产阶级联邦制的共和国。对于这些不同的国家形式不作具体的分析,笼统地讲什么"现代国家",只能是一种空谈。继而,马克思又说:"但是,不同的文明国度中的不同的国家,不管它们的形式如何纷繁,却有一个共同点:它们都建筑在资本主义多少已经发展了的现代资产阶级社会的基础上。所以,它们具有某些极重要的共同特征。"③这就是说,它们的根基都是资产阶级社会,都是以资本主义私有制为基础的,实质上都是资产阶级专政。一言以蔽之,它们是同未来的社会主义国家相对而言的国家。在这里,马克思深刻地揭示了资产阶级国家本质和国家形式之间的基本关系,即国体和政体的关系。正如毛泽东所说,国体"就是社会各阶级在国家中的地位",政体"是指的政权构成的形式问题,指的一定的社会阶级取何种形式去组织那反对敌人保护自己的政权机关"④。

三、社会主义条件下的平等仍是一种形式上的平等

在社会主义社会,对社会的劳动产品实行"各尽所能,按劳分配"的原则。这一原则是建立在生产资料公有制的基础之上的,就是说每个人除了自己的劳动以外,没有其他东西可以贡献给社会。这样一种彻底地以劳动为尺度来进行分配的制度,从根本

---

① 《马克思恩格斯全集》第 19 卷,第 30 页。
② 同上书,第 32 页。
③ 同上书,第 30—31 页。
④ 《毛泽东选集》,2 版,第 2 卷,第 676、677 页,北京,人民出版社,1991。

上否定了几千年来建立在生产资料私有制基础上的不劳而获的剥削的分配制度。一切劳动者都有按各人的能力为社会劳动的义务,同时又有按劳动获得报酬的平等权利。这是历史上分配制度的一场深刻的革命。

不过,调节按劳分配的原则和调节商品交换的原则,是同一的等价交换原则。该原则就是"一种形式的一定量的劳动可以和另一种形式的同量劳动相交换"①。所不同的是,在社会主义社会分配领域中的等价交换原则,其内容和形式都改变了:①就内容而言。资本主义社会的等价交换以资本为基础,并且把劳动力也作为一种商品,它表现为私人之间的交换关系,资本剥削劳动者的关系。而按劳分配是整体的社会同个人之间的劳动的直接交换,是公有制条件下劳动者通过社会领取消费品的关系。②就形式而言。在资本主义社会,市场上出售的劳动产品的价值,要借助价格或货币迂回地表现出来,等价物只存在于平均数中,而非存在于每一个别场合。所以,原则与实践是矛盾的。相反,根据当时马克思的设想,过渡时期的按劳分配是凭借把每个人的劳动量直接计算出来的"劳动证书",来领取相应报酬的。因而,原则与实践的矛盾也就消除了。当然,后来的社会主义的实践,对于马克思关于社会主义社会中取消商品货币交换及实行劳动证书制度的设想,均有很大的突破。但理想形态的社会主义货币,其实质也是一种"劳动证书"。

通过两种等价交换的对比分析,马克思指出,社会主义按劳分配所体现的平等的权利按照原则仍然是资产阶级的权利②。本来意义上的资产阶级权利是以形式平等掩盖事实的不平等,即掩盖剥削。按劳分配否定了这种剥削,实现了平等的分配原则,也就是每个人都同一地以劳动尺度来计量。但这仍然是形式上、法律上的平等,仍然包含着事实上的不平等。因为每个劳动者的情况不同,把同一尺度应用到不同的人身上,其后果就必然不平等。所以,也可以说,"这种**平等的**权利,对不同等的劳动来说是不平等的权利"③。马克思认为,这当然是一种弊病。而要避免这些弊病,权利就不应当是平等的,而应当是不平等的,即不应当是按劳分配,而应当是按需分配。"但是这些弊病,在共产主义社会第一阶段,在它经过长久的阵痛刚刚从资本主义社会里产生出来的形态中,是不可避免的。"④因为,"权利永远不能超出社会的经济结构以及由经济结构所制约的社会的文化发展"⑤。归根到底,按劳分配是由社会主义阶段的生产力水平和生产关系的状况,以及由此制约的人们的思想觉悟水平所决定的。列宁说得好:"马克思并不是随便把一小块'资产阶级'权利塞到共产主义中去,而是抓住了从资

---

① 《马克思恩格斯全集》第 19 卷,第 21 页。
② 参见上书,第 21 页。
③ 同上书,第 22 页。
④ 同上书,第 22 页。
⑤ 同上书,第 22 页。

本主义**脱胎**出来的社会里那种在经济上和政治上不可避免的东西。"①拉萨尔主义分子恰恰是脱离这种现实的经济文化结构而进行幻想的。

另外,在拉萨尔主义的"平等"理论中,还有一个重大的错误。即,"纲领草案"提出"消除一切社会的和政治的不平等",根本不提"消灭一切阶级差别"。恩格斯指出:"用'消除一切社会的和政治的不平等'来代替'消灭一切阶级差别',这也是很成问题的。"②按照马克思主义观点,平等只能理解为消灭阶级,只有这样才能消灭由此而来的社会的、政治的不平等。否则就是空话和骗局。至于说到社会中的一些细微差别(如山区和平原居民的差别),那只能减小到最低限度,很难完全平等。

总而言之,如同恩格斯对拉萨尔主义批判的那样:"把社会主义社会看做**平等**的王国,这是以'自由、平等、博爱'这一旧口号为根据的片面的法国看法,这种看法作为一定的**发展阶段**在当时当地曾经是正确的,但是,像以前的各个社会主义学派的一切片面性一样,它现在也应当被克服,因为它只能引起思想混乱,而且因为已经有了阐述这一问题的更精确的方法。"③这种方法就是历史唯物主义的方法。离开历史唯物主义,就会陷入资产阶级"自由""平等""博爱"及资产阶级人性论的泥淖中而不能自拔。

那么,怎样才能实现全社会的普遍自由和真正的事实的平等呢?那就需要由社会主义进入共产主义。在《哥达纲领批判》中,马克思扼要地概括了实现这种转变的条件。他指出,"在共产主义社会高级阶段上,在迫使人们奴隶般地服从分工的情形已经消失,从而脑力劳动和体力劳动的对立也随之消失之后;在劳动已经不仅仅是谋生的手段,而且本身成了生活的第一需要之后;在随着个人的全面发展生产力也增长起来,而集体财富的一切源泉都充分涌流之后",只有在那个时候,才能完全超出资产阶级权利的狭隘眼界,社会才能在自己的旗帜上写上:"各尽所能,按需分配。"④

四、社会主义法的历史必然性

从资本主义向共产主义的过渡时期,不仅需要无产阶级专政,相应地也需要社会主义法。马克思和恩格斯在批判《哥达纲领》的过程中,实际上也深刻地论述了社会主义法的历史必然性。

1. 社会主义法是社会主义社会经济关系的需要。

作为社会主义社会经济基础的生产资料公有制,同资本主义私有制根本对立;社会主义社会人们之间的互助合作关系同雇佣剥削和奴役制度根本对立;有计划、按比例地发展国民经济同以自由竞争和盲目市场调节为主导的制度根本对立;"不劳动者

---

① 《列宁全集》,中文2版,第31卷,第94页,北京,人民出版社,1985。
② 《马克思恩格斯全集》第19卷,第8页。
③ 同上书,第8页。
④ 同上书,第22—23页。

不得食"和"各尽所能,按劳分配"原则同不劳而获和按资本分配社会产品原则根本对立。这一切表明,社会主义经济制度完全不可能在旧社会的母腹中孕育成长,而只能依靠无产阶级和广大劳动人民通过革命从"空地上"创造出来。在此过程中,法是一个基本手段。没有社会主义法,国家就不可能全面地动员、组织人民的建设经济的力量,不能对社会的经济关系和生产劳动进行有计划的调节和严格的监督。恰如列宁所说"如果不愿陷入空想主义,那就不能认为,在推翻资本主义之后,人们立即就能学会**不要任何权利准则**而为社会劳动,况且资本主义的废除不能立即为这种变更**创造经济前提**。"还说:"除了'资产阶级权利'以外,没有其他准则。所以就这一点说,还需要有国家在保卫生产资料公有制的同时来保卫劳动的平等和产品分配的平等。"①因而,他的结论是,社会主义社会不仅要有"没有资产阶级的资产阶级国家",同样也要有没有资产阶级的资产阶级权利。

2. 社会主义法是社会主义政治关系的需要。

1884 年 11 月 18 日恩格斯在致奥·倍倍尔的信中指出:"所有通过革命取得政权的政党或阶级,就其本性说,都要求由革命创造的新的法制基础得到绝对承认,并被奉为神圣的东西。"②对于通过革命取得政权的无产阶级及其政党(共产党)而言,当然也不例外。马克思、恩格斯之所以要猛烈地抨击《哥达纲领》,最根本的就是由于它奉行拉萨尔主义。它既不能引导德国无产阶级革命走向胜利,也不能使将来一旦取得革命胜利的无产阶级获得新的法制基础,因为,拉萨尔主义的"自由人民国家"论和"平等"论都没有摆脱资产阶级政治和法律观点的局限。

从马克思和恩格斯在同拉萨尔主义的斗争过程中所阐发的观点来看,在社会主义社会,就政治领域而言,必须借助革命法制而"得到绝对承认"或"被奉为神圣的东西"的,主要就是如何巩固无产阶级专政和发展社会主义民主的问题。社会主义法对此发挥着极其重要的作用。这不仅表现在社会各阶级在国家中的地位需要社会主义法来确认,而且国家的各项制度以及国家机关的组成和活动都有赖于社会主义法作出明确的规定。在批判《哥达纲领》时,恩格斯特别说到,无产阶级要求国家"由人民来**管理**",而"一切公务人员在自己的一切职务活动方面都应当在普通法庭上按照一般法律向每一个公民负责"③。无产阶级和人民唯有借助社会主义法,才能使国家机器真正掌握在自己的手里,并使它按照自己的统一意志协调地运行,以便顺利地实现无产阶级专政的历史使命。

---

① 《列宁全集》第 31 卷,第 90—91 页。
② 《马克思恩格斯全集》第 36 卷,第 238 页,北京,人民出版社,1974。
③ 《马克思恩格斯全集》第 19 卷,第 7 页。

第六章　恩格斯《反杜林论》①

【写作的历史背景】

《反杜林论》这部巨著,是恩格斯同小资产阶级的反动社会主义者欧根·杜林论战的结晶,它系统地阐述了马克思主义的三个组成部分。如同列宁所说,《反杜林论》"分析了哲学、自然科学和社会科学中最重大的问题","这是一部内容十分丰富、十分有益的书"②。

杜林出身于一个普鲁士官吏家庭,做过普鲁士见习法官,继而任柏林大学讲师。此人早期信仰美国资产阶级庸俗经济学家 H. C. 凯里的学说,自 1865 年起陆续给官方刊物《国家通报》撰稿,宣扬资本主义制度。进入 70 年代,他先后出版《国民经济学和社会主义批判史》《国民经济学和社会经济学讲义》《哲学讲义》等一系列著作。在这些书中,作者打着"革新科学"的旗号,狂称自己创造了一套新的"社会主义体系"。实际上,那只是某些旧时的小资产阶级社会主义学说的拼凑。他还在哲学、政治经济学和社会主义理论领域,对马克思主义发动全面进攻。

一开始,杜林作为一个党外的人物,其影响是有限的。

1875 年德国两个工人政党爱森纳赫派与拉萨尔派合并之后,杜林主义在德国工人运动中,特别是在党内像瘟疫般地蔓延开来。党内的约·莫斯特、伯恩施坦等一些著名人物,一时间成了狂热的杜林主义分子。还在 1873 年,伯恩施坦便自认"开始以杜林批判的眼光来看待马克思……的学说原则了"。他到处推销杜林的著作,甚至 1874 年在监狱中的倍倍尔也读到了。莫斯特等利用自己掌握的党内报刊吹捧杜林和杜林主义,说杜林是科学界的"最热心、最果敢、最勤奋的首领"和"思想家、导师、大智者",杜林的著作是"划时代"的,杜林与马克思"在党内有同等地位",等等。莫斯特等人甚至组织了一个拥护杜林主义的宗派,企图改变党的指导思想。1875 年至 1876 年他们一再强迫党的领导人李卜克内西在党的中央报刊上刊载吹嘘杜林的论文。在遭到拒绝后,他们便攻击李卜克内西"专制"。尤其危险的是,像倍倍尔这样比较优秀的领袖人物也受到迷惑。他说,杜林的书可以"为了党的利益而介绍出来并加以利用";继而

---

① 载于《马克思恩格斯全集》第 20 卷,北京,人民出版社,1971。
② 《列宁全集》,中文 2 版,第 2 卷,第 9 页,北京,人民出版社,1984。

还以《一个新的共产主义》为题,在党的机关报上撰文吹捧杜林,推荐杜林著作,认为杜林的政治经济学著作是《资本论》之后的"最佳著作"。当马克思主义者起而同杜林主义进行论战时,倍倍尔又把这视为纯学术之争,极力加以"调解"。倍倍尔的这些看法和做法,在党内和德国工人运动中造成很不好的影响。正像马克思指出的,"在德国,我们党内,与其说是在群众中,倒不如说是在领导(上层阶级出身的分子和'工人')中,流行着一种腐败的风气。同拉萨尔分子的妥协已经导致同其他不彻底分子的妥协:在柏林(通过**莫斯特**)同杜林及其'崇拜者'妥协"①。直至《反杜林论》发表以后,倍倍尔才醒悟过来。这一切足以说明,杜林主义已成为当时德国党内和共产主义运动中的主要危险。

杜林主义在德国党内的泛滥,并不是偶然的事情。首先,这是适应了各国统治当局和各种反动势力从思想理论上进攻无产阶级的需要。在马克思主义指导下的国际工人运动,特别是建立无产阶级政党的活动日益高涨的情况下,资产阶级代理人深知篡改和瓦解革命的理论基础比赤裸裸地镇压更有用处。"铁血宰相"俾斯麦就一再宣称他本人也是"社会主义"的拥护者,所谓"普鲁士王国政府的社会主义",指国家实施的一些社会保险措施。除此而外,俾斯麦还极力培植和收买一些文人兜售各种假社会主义,比如,70年代由德国大学教授们参与的、以宣扬资产阶级改良主义为宗旨的"讲坛社会主义",就颇有代表性。而杜林主义则比"讲坛社会主义"的危害性更大。其次,杜林主义的泛滥也有其社会基础。这一时期德国工人运动的发展,党的队伍和影响的扩大,使一批批每况愈下的小资产者及其知识分子向党靠近,希望在党内找到出路,但大多数人却又没有放弃自己的旧世界观。正如恩格斯所说:"德国小市民对德国社会民主工党的要求,就只有一个意义:这个党应当成为像小市民自己那样的小市民的党,决不要参加革命,而只是**忍受**革命。"②再加上两派工人组织的无原则的合并,为形形色色的人物进入党内打开大门,造成严重的党在组织上、理论思想上的不纯。所有这些情况,都是繁殖杜林主义的肥沃土壤。至于杜林本人,由于他的极度狂妄,几乎攻击他所知道的一切学者,而遭到大学教授们的强烈不满,迫使柏林大学当局于1877年6月把他解职。杜林利用党内部分人对他"遭遇"的同情,进一步拉拢宗派,搞分裂党的活动。

马克思和恩格斯对杜林的观点,很早就有所警惕。1868年当杜林著文妄评《资本论》第一卷时,马克思就指出这种评论是"滑稽"的"废料",恩格斯说它充满"狼狈和恐惧"。1874年夏,马克思和恩格斯给党的领导人李卜克内西等人写信,提出要警惕杜林主义对党的威胁。1876年2月,恩格斯在《德意志帝国国会中的普鲁士烧酒》一文中,又揭露杜林公然为普鲁士容克贵族利益作辩护的真面目。1875年以后,担心党被杜林

---

① 《马克思恩格斯全集》第34卷,第281页,北京,人民出版社,1972。
② 《马克思恩格斯全集》第21卷,第239页。

分子所分裂的李卜克内西,多次给恩格斯写信反映杜林分子的活动,并请恩格斯批判杜林的著作。当时居住在伦敦的马克思和恩格斯获悉实情以后,及时商定对策,于1876年5月作出"彻底批判"的决定①。为了保证马克思不致中断《资本论》第二、三卷的研写,恩格斯承担了批判的主力,"把一切都搁下来去收拾无聊的杜林"②。在马克思的紧密配合下,恩格斯自1876年5月底至1878年7月初,前后用了两年时间进行研写批判论著《反杜林论》,连续刊载于德国党的机关报《前进报》上。第一编题目是《欧根·杜林先生在哲学中实行的变革》,第二编题目是《欧根·杜林先生在政治经济学中实行的变革》,第三编题目是《欧根·杜林先生在社会主义中实行的变革》,每编都包含一组论文。其中,第二编的最后一章即论述政治经济学史的第十章,是马克思撰写的。1878年7月全书以《欧根·杜林先生在科学中实行的变革。哲学。政治经济学。社会主义》为题,在莱比锡出版。后来改名为《反杜林论(欧根·杜林先生在科学中实行的变革)》。

在《前进报》发表《反杜林论》的过程中,不断遭到杜林分子的激烈反抗。尤其是1877年5月27日—29日在哥达召开的党代表大会上,他们全力地禁止该报继续刊载恩格斯这部著作。例如,莫斯特在会上叫嚷发表这部著作"引起了极大的愤慨,这类文章今后不应在中央机关报上发表"。另一杜林分子尤·瓦尔泰希(原拉萨尔派的全德工人联合会第一书记)说,发表《反杜林论》"对报纸和党都造成了巨大的损失",而继续鼓吹"杜林的著作对社会民主党都是有益的"。在这种情况下,李卜克内西挺身而出,发表了驳斥杜林分子的声明。他精辟地指出:"关于发表恩格斯著作的决定是在1876年哥达代表大会上通过的,并且这项决定是由于'杜林派'的挑动而作出的。某些人觉得这些论文太长。但是,本来就不能要求《前进报》编辑部给恩格斯这样在科学上只能同马克思相提并论的人规定应当写多长或写多短。这些论文的篇幅应当是大的,因为这关系到要全面击退杜林在他的长篇大论中进行的攻击,并且要从哲学、自然科学和经济学方面驳倒他的整个体系。恩格斯出色地做到了这一点。继马克思的《资本论》问世之后,这些反对杜林的论文是来自党内的意义最重大的著作。从党的利益来看,这一著作是必需的。事情关系到保卫我党的科学原理。恩格斯做到了这一点,为此我们应当感谢他。"③这个声明将《反杜林论》的重大意义说得非常深刻和正确,而且又是那样的理直气壮。此外,李卜克内西还对倍倍尔提出的调和主义方案加以修正,规定要在《前进报》的科学副刊或在《未来》杂志的科学《评论》专栏中,或者以小册子形式发表这样一些批判文章。这一修正案获得大会的通过。至此,风行一时的杜林主义,由于被彻底驳倒而迅速丧失其影响;与此同时,杜林分子结成的反党小集团也溃散了。

---

① 参见《马克思恩格斯全集》第34卷,第15页。
② 同上书,第18页。
③ 转引自《马克思恩格斯全集》第34卷,第498—499页。

在《反杜林论》一书中,恩格斯谈到了大量的同法有关的问题,尤其对法与道德、法与平等、法与自由、法与暴力等法哲学原理进行了系统而深入的论述。

【主要法学论点】

一、道德观

在文明社会中,道德和法二者都是调整人们行为的基本社会规范,而且它们有着相一致的、直接的认识上与观念上的根据。所以,恩格斯在《反杜林论》中谈到真理、平等、自由诸问题时,均将它们概括于"道德和法"这个题目之下。此外,在道德与法的相互关系中,道德又是法的观念上的重要根据,以至于不弄清道德问题就不可能对法有基本的了解。这一点杜林也是知道的,所以他在谈论法的时候大量地谈了道德问题。恩格斯说,虽然杜林的著作讲了"连篇累牍的糊涂话,至少有时在**道德和法**方面还给我们提供了一些可以捉摸的东西"①。

杜林确信,道德是宇宙间一个永恒的、普遍的要素。他说,道德世界,"有其恒久的原则和单纯的要素",道德原则凌驾于"历史和现今的民族特性的差别之上"。"在道德问题上,对一般原则的否定,是同风尚和原则在地理上和历史上的多样性牢固地连在一起的,而且一承认道德上的邪恶和罪孽的不可避免的必然性,那就要否定协调一致的道德本能的庄严意义和实际效用。"特别是杜林还表明,他的道德观和正义观适用于一切世界和一切时代。恩格斯断然地批驳杜林这些关于道德问题的说教。

首先,恩格斯剖析杜林的道德学说的认识论基础,即形而上学的真理论。鉴于杜林无休止地罗列"终极的真理""思维的至上性""认识的绝对可靠性"之类华丽的词句,恩格斯指出:"人的思维是至上的,同样又是不至上的,它的认识能力是无限的,同样又是有限的。按它的本性、使命、可能和历史的终极目的来说,是至上的和无限的;按它的个别实现和每次的现实来说,又是不至上的和有限的。"②就是说,人的思维至上性和非至上性之间存在着一种辩证关系。一方面,人的思维的性质必然包含有绝对性。客观世界是可以认识的。从人类整体和他们的无限发展而言,其思维肯定是越来越趋近绝对真理的。这表明思维本身具有无限的能力,即思维的至上性。可是另一方面,"思维的至上性是在一系列非常不至上地思维着的人们中实现的"③。因为,思维是通过各个人来进行的,而每个人的思维都有明显的主观的和客观的条件的限制,根本谈不上什么至上的问题。即令对整个人类而言,仅仅时间和空间的无限性这一点,就

① 《马克思恩格斯全集》第 20 卷,第 92 页。
② 同上书,第 95 页。
③ 同上书,第 94—95 页。

决定了他们不可能对世界的认识达到穷尽的地步。所以,思维的真理性又总是相对的,而不是什么至上的。

至于说到杜林所热衷的"永恒真理",其道理也完全一样。恩格斯指出,如果不是囿于在细小问题上使用大字眼的话,就谈不到永恒的、最后的、终极的真理。$2 \times 2 = 4$,法国首都在巴黎等等,这些命题都是正确的。但它们完全表达不了对世界的彻底的认识,从而根本不是"永恒真理"。恩格斯还列举各学术领域的情况为例,进一步驳斥杜林的"永恒真理"论。在自然科学中,人们的成就越大就越会发觉未知数的无穷无尽,需要纠正、修正和补充的东西更多。在社会科学中,"即在按历史顺序和现在的结果来研究人的生活条件、社会关系、法律形式和国家形式以及它们的哲学、宗教、艺术等等这些观念的上层建筑的历史科学中,永恒真理的情况还更糟"[①]。自亚里士多德以来,自然界的情况并没发生根本变化,而在社会的历史上发生的事件几乎没有重复可言。相形之下,在人类历史领域中的科学则比自然领域中的科学要落后得多。人们只是在事情已经过去之后,才例外地能够认识到某一时代的社会存在形式和政治存在形式的内在联系。因此,谁要想在这里猎取"永恒真理",是不会有什么收获的。

其次,恩格斯在批判了杜林道德学说的哲学根据之后,进一步批判了其道德学说本身。这主要有两个方面:①道德的历史性。恩格斯指出,如果说在真理与谬误问题上的研究没有什么前进,那么在善和恶问题上的研究就更落后了。善和恶的对立完全是在道德领域中,也就是在属于人类历史的领域中运动,在这里所播下的"永恒真理"恰恰是最少的。善恶观念,从一个民族到另一个民族、从一个时代到另一个时代变更得最为厉害,以至于它们常常是彼此直接矛盾。恩格斯预先讲到杜林之流可能提出的反驳:即无论如何善不是恶、恶也不是善;如果将善恶混淆起来,那么一切道德都将完结,而每个人都将可以为所欲为了。恩格斯指出:假如善恶的界限真是这样简单,就不会引起善与恶的争论了。比如,在当时人们所宣扬的道德就有三大类:一是过去宗教时代传下来的基督教的封建主义道德,其中又分为天主教的道德和新教的道德,等等。二是资产阶级道德。三是无产阶级的未来的道德。肯定地说,无产阶级道德拥有最多的能够长久保持的因素。但哪一种是永恒的呢?从终极的观点上说,哪一种也不是。再比如,从私有制产生以来,在一切存在着这种私有制的社会形态中,"切勿偷盗"被当成一条共同的道德戒律。但这条戒律并不因此而成为永恒性的。因为,在偷盗动机已被消除的社会里,或者说顶多只有疯人才会偷盗的社会里,如果跳出一个道德宣传家来庄严地宣告"切勿偷盗"这个永恒真理,必定遭到无情的嘲笑。显而易见,道德就其内涵而言,是一个历史的概念,离开历史便无法了解。②道德的阶级性。恩格斯指出:"我们断定,一切以往的道德论归根到底都是当时的社会经济状况的产物。而社会直到现在还是在阶级对立中运动的,所以道德始终是阶级的道德;它或者为统治阶级的

---

① 《马克思恩格斯全集》第20卷,第97页。

统治和利益辩护，或者当被压迫阶级变得足够强大时，代表被压迫者对这个统治的反抗和他们的未来利益。"①必须承认，随着社会文明的发展，道德是在进步的；但从原始公社解体以来，它"还没有越出阶级的道德"。现代社会的三个阶级即封建贵族、资产阶级、无产阶级，各有其特殊的道德。这种事实就足以说明："人们自觉或不自觉地，归根到底总是从他们的阶级地位所依据的实际关系中——从他们进行生产和交换的经济关系中，吸取自己的道德观念。"②道德和法一样属于社会上层建筑现象，它是伴随经济基础的变化而变化的。所以，"只有在不仅消灭了阶级对立，而且在实际生活中也忘却了这种对立的社会发展阶段上，超越阶级对立和超越对这种对立的回忆的、真正人的道德才成为可能"③。就是说，唯有共产主义社会才有非阶级的、普遍的人类道德。杜林在阶级的社会，特别是在无产阶级社会革命的高涨时期，宣扬一种永恒的、不以时间和现实情况为转移的道德，并且还要把这种道德强加给未来的新社会，显然是别有用心的。

二、平等观

在《反杜林论》一书中，恩格斯批判了杜林先验主义研究道德和法的方法论以及由此产生的唯心主义平等观，概括地评述了平等观的历史发展，着重揭露了资产阶级平等观的实质，指明了无产阶级平等的权利要求的基本内容应该是消灭阶级。

首先，恩格斯从分析杜林的方法论入手，揭露其平等观的唯心主义性质。杜林认为，他研究历史、道德和法（其中包括平等）的方法是数学方法。这种方法是先把对象分解成"最简单的要素"，再把所谓不言而喻的"公理"应用于这些"要素"。这样一来，便可以获得具有数学精确性的、真正不变的真理。他自诩正是以此为据，他"制定了适用于一切世界和一切时代的道德学说和法律学说"。实际上，这是抄袭黑格尔的先验主义方法，即"它不是从现实本身推论出现实，而是从观念推论出现实"④。当杜林研究平等问题时，这种方法就被具体化为"两个人的意志完全平等"的"公理"。他说社会"最简单的要素"或细胞，就是两个人。他们的意志完全平等，一方不能首先向另一方提出任何肯定要求，这是道德的基本公理，也是法律平等的基础。但是，社会结构中的两个人，不管是男女各一或者两个男人，都不可能实现杜林主张的那种绝对平等或永恒平等。所以，两个意志完全平等的人不可能是现实的人，只能是抽象的、幽灵式的人。在这里，杜林所采取的举例说明的方法和抽象地谈论人的方法，是整个18世纪西方学者们共有的方法。在卢梭的《论不平等的起源和基础》一书，直至亚当·斯密的著

---

① 《马克思恩格斯全集》第20卷，第103页。
② 同上书，第102页。
③ 同上书，第103页。
④ 同上书，第105页。

作中,都是如此。继而,恩格斯又揭露杜林平等论的虚伪性和反动性。杜林一旦把他的两个意志完全平等的"公理"运用到现实社会以后,便开始向着不平等的"公理"节节退却。其一,他允许"隶属关系"的存在。被隶属的人是两个人以外的"自我规定的不足"的人,例如儿童。其二,他承认"完全人性的人"与"野兽和人混合在一人身上"的人之间道德上的不平等。实际上,道德上完全相同的平等根本不存在。杜林使用的是中世纪基督教法庭的方式,即借口"兽性的人"来迫害无辜者。其三,他肯定"按照真理和科学行动"的人与"按照某种迷信或偏见行动"的人互相有不平等的权利,即精神上不平等的权利。按照杜林的这条新的道德标准,各文明掠夺国对落后民族所干的一切可耻行为,都可以是正当的。比如,1873 年沙俄将军下令屠杀鞑靼人的暴行,便可以声称这是上帝选民按真理行动对迷信、偏见、粗暴和恶癖的人所采取的、使鞑靼人获得平等权利的做法。这三步退却表明,杜林的平等论并没有超出一般资产阶级思想家的共同特点。也就是,从抽象的人出发,用表面平等掩盖事实的不平等,力图将资产阶级平等观永恒化,为其阶级的压迫、剥削和掠夺作辩护。

其次,恩格斯对卢梭的平等学说进行了科学的评价。他指出:"虽然我们结束了杜林先生关于平等观念的浅薄而拙劣的论述,但是我们还没有因此结束这一观念本身,这一观念特别是通过卢梭起了一种理论的作用,在大革命的时候以及在大革命之后起了一种实际的政治作用,而今天差不多在一切国家的社会主义运动中仍然起着很大的鼓动作用。这一观念的科学内容的确立,也将决定它对无产阶级鼓动的价值。"①就是说,卢梭的平等学说的历史意义是:其一,它的矛头指向封建专制和神权统治及其黑暗的等级特权制度,因而有强烈的革命批判性。其二,它表现了历史的必然性和进步性。"平等要求的资产阶级方面是由卢梭首先明确地阐述的,但还是作为全人类要求来阐述的。"②但那时资产阶级作为上升的阶级,这种平等要求也反映着广大人民反封建的愿望。其三,它在 1789 年法国资产阶级大革命中发生了实际的政治作用。卢梭作为"在法国为行将到来的革命启发过人们头脑的那些伟大人物"③中的最佼佼者,其政治法律思想(包括平等论)成为这场革命的旗帜。其四,它对后来的无产阶级和革命人民也有直接的启迪。现代社会主义"就其理论形式来说,它起初表现为十八世纪法国伟大启蒙学者所提出的各种原则的进一步的、似乎更彻底的发展"④。卢梭的平等学说经过加工改造,而变为无产阶级反对资产阶级的斗争武器。此外,恩格斯对于卢梭平等学说中的辩证法,给予高度的赞扬。在论及 18 世纪流行的形而上学思维方式时,恩格斯说:"可是,在本来意义的哲学之外,他们也能够写出辩证法的杰作;我们只要提一下

---

① 《马克思恩格斯全集》第 20 卷,第 113 页。
② 同上书,第 669 页。
③ 同上书,第 19 页。
④ 同上书,第 19 页。

狄德罗的《拉摩的侄子》和卢梭的《论人间不平等的起源》就够了。"①卢梭的辩证法表现在平等学说方面尤为突出,这与杜林平等论中的形而上学形成鲜明的对照。卢梭说,在人类的自然状态中人们之间是平等的,后来随着文化的发达开始出现不平等。这既是进步,又是退步。对于个人而言,从此有了语言和发达的思维,使人日益完善,这当然是进步。但对于整个人类而言又有退步性,即破坏了原始人那种朴实的平等关系。卢梭将人类不平等的发展分为三个阶段:一是土地私有制的出现,造成经济不平等;二是国家的出现,造成政治不平等;三是专制政治的出现,达于不平等的顶点,即大家都平等地充当暴君的奴隶。但这又是人民实行革命,推翻暴君和建立"理性国家",从而实现更高层次的平等的新起点。恩格斯说:"我们在卢梭那里不仅已经可以看到那种和马克思《资本论》中所遵循的完全相同的思想进程,而且还在他的详细叙述中可以看到马克思所使用的整整一系列辩证的说法:按本性说是对抗的、包含着矛盾的过程,每个极端向它的反面转化。最后,作为整个过程的核心的否定的否定。"②卢梭讲的是平等—不平等—平等或压迫者被压迫,马克思讲的是个人所有制—资本主义私有制—个人所有制或剥夺者被剥夺,都是否定之否定的辩证法。当然,在另外一方面,恩格斯也指出了卢梭平等学说的历史和阶级局限性。他说:"十八世纪的伟大思想家们,也和他们的一切先驱者一样,没有能够超出他们自己的时代所给予他们的限制。""现在我们知道,这个理性的王国不过是资产阶级的理想化的王国;永恒的正义在资产阶级的司法中得到实现;平等归结为法律面前的资产阶级的平等;被宣布为最主要的人权之一的是资产阶级的所有权;而理性的国家、卢梭的社会契约在实践中表现为而且也只能表现为资产阶级的民主共和国。"③卢梭所说的"同样的条件"和"同样的权利"仅是法律形式上的东西。一旦资产阶级上升为统治阶级,这类口号便暴露出其虚伪性。因为"追求幸福的欲望只是极微小的一部分可以靠理想的权利来满足,绝大部分要靠物质手段来实现"。资产阶级占有社会中的主要生产资料,平等主要是作为资本间互相竞争的一种法律前提和保证而存在的。

最后,恩格斯系统地阐述了平等观念的历史性、阶级性以及无产阶级平等要求的意义。恩格斯把无阶级的原始社会的平等观念与有阶级的现代社会的平等观念的特点相互作了对比。古老的原始的平等观念是:一切人作为人来说都有共同点,在这些共同点所及的范围内,大家是平等的。但是,现代的平等要求则是:一切人,或至少是一个国家的一切公民,或一个社会的一切成员,都应当有平等的政治地位和社会地位。这一前一后的变化,经历了几千年。在原始公社末期的父权家长制时期顶多是公社成员间的平等权利,妇女、儿童、奴隶、外地人当然地不在此列。在希腊和罗马国家那里,人们的不平等比任何平等更受重视。如果认为希腊人和野蛮人、自由民和奴隶、公民

① 《马克思恩格斯全集》第20卷,第23页。
② 同上书,第153页。
③ 同上书,第20页。

和被保护民、罗马的公民和广义的罗马臣民,都可以要求平等的政治地位,那么在古代人看来必定是发了疯。到了罗马帝国时期,阶级分化达到比较彻底的程度,剩下的几乎只有自由民和奴隶的区别。而由于商品货币经济的发展,历来的群体性的平等观念开始被私人的平等观念所取代。正是在自由民的私人平等基础上,"罗马法发展起来了,它是我们所知道的以私有制为基础的法律的最完备形式"①。不过,"只要自由民和奴隶之间的对立还存在,就谈不上从一般人的平等得出的法律结论"②。产生于公元 1世纪的基督教,其平等观念独具特色。起初它作为奴隶和被压迫者的宗教,所倡导的一切人平等是"原罪的平等"以及"上帝选民的平等",一定程度上还含有财产平等的愿望。但后来随着基督教为富人所掌握,这种朴素的平等观念也消失了。在中世纪开端的几个世纪内,日耳曼人建立起以等级特权为特征的封建制度,因而扫除了一切平等观念。但是再往后,由于经济和文化的发达,出现了一个互相影响又互相防范的、主要是民族的国家所组成的体系。"这样就准备了一个基础,后来只是在这个基础上才有可能谈人的平等和人权的问题。"③同封建制度尖锐对立的资本主义经济,产生了新的平等观念。其中主要包括:①大规模的贸易,尤其是世界贸易要求有自由的、行动上不受限制的商品所有者,相互间在商品的所有权和交换权方面是平等的。②从手工业向工场手工业的转变,需要大量自由工人。所谓自由也就是解脱行会的束缚和订立出卖自己劳动力契约的自由,这种契约自由也就是双方当事人的平等。③一切商品的价值都是由社会必要劳动量来决定的,在这种价值规律面前所有的人都是平等的,即都不得不服从。资产阶级依靠这种平等,打倒了封建阶级的等级特权制。恩格斯说:"由于人们不再生活在像罗马帝国那样的世界帝国中,而是生活在那些相互平等地交往并且处在差不多相同的资产阶级发展阶段的独立国家所组成的体系中,所以这种要求就很自然地获得了普遍的、超出个别国家范围的性质,而自由和平等也很自然地被宣布为**人权**。可以表明这种人权的特殊资产阶级性质的是美国宪法,它最先承认了人权,同时确认了存在于美国的有色人种奴隶制:阶级特权被置于法律保护之外,种族特权被神圣化了。"④资产阶级在法律上废除阶级特权,为的是给资本的自由竞争和自由地雇佣或解雇劳动力提供保证,而事实上维护的仍然是特权即资产阶级的特权。与以资产阶级形式出现的平等观念相对立的,是无产阶级形式的平等观念。这两种平等观念在历史上一直是形影相伴的。资产阶级要求消灭阶级特权(封建阶级特权),而无产阶级要求消灭阶级本身。无产阶级的这种要求,起初以早期基督教为凭借,即采取宗教的形式,最明显的是 16 世纪德国农民起义领袖托马斯·闵采尔所提出的平等要求。而以后,他们就以资产阶级的平等论本身为依据了。恩格斯指出:"无产阶级抓住了资产

---

① 《马克思恩格斯全集》第 20 卷,第 113 页。
② 同上书,第 114 页。
③ 同上书,第 114 页。
④ 同上书,第 116 页。

阶级的话柄:平等应当不仅是表面的,不仅在国家的领域中实行,它还应当是实际的,还应当在社会的、经济的领域中实行。尤其是从法国资产阶级大革命开始把公民的平等提到首位以来,法国无产阶级就针锋相对地提出社会的、经济的平等的要求,这种平等成了法国无产阶级所特有的战斗口号。"①对于无产阶级而言,平等的要求有两重意义:①当无产阶级还是"自在阶级"的时候,平等的要求是它对极端的社会不平等,对富人与穷人、主人与奴隶、骄奢淫逸者与饥寒交迫者之间对立的自发反应,是其革命本能的简单表现。②当无产阶级成为"自为阶级"的时候,它的平等要求是从对资产阶级平等要求的反应中产生的,并从中吸取或多或少正确的、可以进一步发展的因素,变成用资本家本身的主张发动工人起来反对资本家的鼓动手段。这种平等要求是和资产阶级平等本身共存亡的。恩格斯强调:"在上述两种情况下,无产阶级平等要求的实际内容都是**消灭阶级**的要求。任何超出这个范围的平等要求,都必然要流于荒谬。"②对此论断,列宁非常重视。他说:"恩格斯说得万分正确:平等的概念如果与消灭阶级无关,那就是一种极端愚蠢而荒谬的偏见。……如果不把平等理解为消灭阶级,平等就是一句空话。我们要消灭阶级,从这方面说,我们是主张平等的。"③阶级的彻底消灭意味着生产资料社会所有制、"各尽所能,按需分配"原则的全面实现,真正事实平等的实现。

三、自由观

恩格斯指出:"如果不谈谈所谓自由意志、人的责任、必然和自由的关系等问题,就不能很好地讨论道德和法的问题。"④因为,这里所提出的这些问题是构成道德和法的主观的和客观的根据。

首先,在《反杜林论》一书中,恩格斯揭露了杜林在法学方面的狂妄和无知,说明他在法学领域中的不自由。杜林一边无耻地自吹对法学有"最深刻的专门研究"和具有"经过三年审判实践而加深的科学性",一边放肆地贬低"马克思先生以往对法律所作的被公认为粗枝大叶的研究"。但事实上,他同伟大的革命的和渊博的法律思想家马克思相比,显得很卑微和浅薄。杜林对于拿破仑民法典这样的"以法国大革命的社会成果为依据并把这些成果转为法律的**唯一的**现代民法典,即法兰西现代法,是**完全无知的**"⑤。而且,"他对直到现在仍然独立于法律权威罗马法之外而向前发展的、传播于世界各大洲的唯一的日耳曼法,即英吉利法,也同样无知"⑥。比如,杜林不懂得"按照

---

① 《马克思恩格斯全集》第 20 卷,第 116—117 页。
② 同上书,第 117 页。
③ 《列宁全集》,中文 2 版,第 36 卷,第 341 页,北京,人民出版社,1985。
④ 《马克思恩格斯全集》第 20 卷,第 124 页。
⑤ 同上书,第 120 页。
⑥ 《马克思恩格斯全集》第 20 卷,第 121 页。

英国的普通法,即从远古以来至少是从十四世纪以来就通行的不成文的习惯法,陪审员的一致,不仅在刑事判罪上,而且在民事诉讼的判决上都是绝对必要的";不懂得"在通行英吉利法的地区,审判庭的每一个成员必须在公开开庭时单独提出自己的判决并陈述其理由"①。杜林作为一个普鲁士国家的臣民,他"这种对渊博的法学知识的夸耀,顶多也只是以一个最普通的旧普鲁士法学家的最平常的专门知识作为根据的"②。而同现代法国法和普通法相对照,他所了解的普鲁士邦法又是"带有道德方面的注释、法律上的不确定性和不稳固性、以鞭挞作为刑讯和处罚手段的法典,还完全是属于革命以前的时代的"③,因而是十分落后的。这一切都充分说明,这位自吹自播的法学家,在法学论坛上是到处碰壁的,没有多少自由可言的人。

其次,恩格斯还对于作为法律责任基础的"意志自由"问题作了深刻的阐发。为了分清和确定某人的行为是否违背了道德或者触犯了法律,必须要认定他对此是否负有个人责任及什么样的个人责任;而个人责任,又是以他的意志自由为根据的。什么叫意志自由?恩格斯说:"意志自由只是借助于对事物的认识来作出决定的那种能力。"④具体些说,在一个人所进行的某个判断中包含的客观必然性越大,那么就表明这个判断越是自由。相反,犹豫不决则是以不知为基础,看起来好像是主体能够在许多不同的、相互矛盾的可能决定中进行任意选择,但这恰好证明他的不自由,证明他被对象所支配。可见,解决意志自由问题,关键在于弄清自由与必然的关系。宿命论和唯意志论都是同马克思主义关于自由与必然关系的学说相对立的。它们的共同点就是将自由与必然二者截然分割开来。在宿命论者看来,只存在绝对的客观必然性,人们只能听任其摆布,而没有任何自由。根据这种观点推论,既然人没有任何选择的余地,那么他就不能对自己的行为承担任何道德或法律上的责任,一切都应归咎于必然性。进而,甚至可以说道德和法律本身也都是多余的了。反过来,按照唯意志论的观点,人的意志绝对自由,不受必然性的任何约制。如此说来,一切行为都有根据和理由;至于它们是否合乎道德和法律,由于没有客观标准(必然性),也就无从评价。在这种情况下,道德和法律自身也变成纯粹任意性的东西了。所以,宿命论与唯意志论在导致道德和法律的虚无主义这一点上,是殊途同归的。显而易见,一切歪曲自由与必然的真实关系的观点,都不能真正解决道德和法律的问题。与上述的各种错误观点不同,马克思主义的看法是:一方面,肯定客观必然性的存在及其对人们意志和行为所起的决定作用,这是道德和法的客观基础。另一方面,又肯定人的意志有相对的自由,即在必然性允许的范围内,在多种可能性存在的情况下,人可以自由选择自己的行为,这是人的行为的道德责任和法律责任的主观基础。列宁指出,辩证唯物主义的"决定论思想确认

---

① 同上书,第 121、123 页。
② 同上书,第 123 页。
③ 同上书,第 124 页。
④ 同上书,第 125 页。

人的行为的必然性,屏弃所谓意志自由的荒唐的神话,但丝毫不消灭人的理性、人的良心以及对人的行动的评价。恰巧相反,只有根据决定论的观点,才能做出严格正确的评价,而不致把什么都推到自由意志上去"①。

再次,恩格斯批判杜林自由观的错误,明确了马克思主义关于自由与必然关系的一般原理。杜林把以往的一切关于自由的学说一概斥之为"伪学说",而声称只有他的"现实哲学"才能给自由作出科学结论。杜林先后给自由下了两个不同的定义:①自由是"合理的认识"与"本能的冲动"之间的"合力",此种合力的性质与大小可以事先估计。恩格斯指出,"根据这种看法,自由是在于:合理的认识把人拉向右边,不合理的冲动把人拉向左边,而在这样的力的平行四边形中,真正的运动就按对角线的方向进行。所以自由就是认识和冲动、悟性和非悟性之间的平均值"②。从法律上说,这就是合法欲望与非法欲望的平均值。但是,认识、冲动及欲望都是人的主观意志。所以,自由便纯然是排斥客观规律和法律(对客观规律的反映)的。此外,这一自由的定义还表明,在每个人身上自由的程度,可以根据其心理和生理的特点来进行测定。比如,受教育多的人,其合理认识就多,不合理的冲动就少。显然,第一个自由的定义是彻底的唯心主义的、错误的。②自由是"按照先天的和后天的悟性对自觉动机的感受",而这种动机"总是以不可避免的自然规律起着作用",存在着"不可避免的强制"。其大体意思是,自由就是悟性对客观必然性所规定的自觉动机的完全被动的感受,即自由受着必然性的支配。因此,自由也完全受着法律的支配。这里,杜林又变成了一个机械的决定论者。所以,恩格斯说,"这第二个关于自由的定义随随便便地就给了第一个定义一记耳光"③。这个自由定义是仿效黑格尔的,但作了庸俗的曲解。"黑格尔第一个正确地叙述了自由和必然之间的关系。在他看来,自由是对必然的认识。'必然只是**在它没有被了解的时候才是盲目的**。'"④不过,黑格尔这一辩证的见解是建立在客观唯心主义即精神的自我认识的基础上,因而具有"幻想"的性质。所以,恩格斯予以唯物主义的订正,指出:"自由不在于幻想中摆脱自然规律而独立,而在于认识这些规律,从而能够有计划地使自然规律为一定的目的服务。"⑤总之,自由就是对客观世界和客观必然性(规律)的认识和对客观世界的改造。

最后,恩格斯指出,自由是一定历史发展的产物。作为自由根据的认识和实践都是在历史中进行的,因此自由也必然具有历史性。投身于变革自然和社会的实践,是获得自由的唯一途径。法律是自由的产物,即立法者对客观规律认识的产物。它包含的客观成分越多,所表达的自由就越多。反过来,人的自由越多,法律中的客观成分也

---

① 《列宁全集》,中文 2 版,第 1 卷,第 129 页,北京,人民出版社,1984。
② 《马克思恩格斯全集》第 20 卷,第 124—125 页。
③ 同上书,第 125 页。
④ 同上书,第 125 页。
⑤ 同上书,第 125 页。

越多。许多资产阶级学者(如卢梭、康德、黑格尔)都曾把自由视为人的本质,把历史说成是自由的实现过程。马克思主义继承了其中的合理性东西。马克思说:"自由确实是人所固有的东西,连自由的反对者在反对实现自由的同时也实现着自由。""没有一个人反对自由,如果有的话,最多也只是反对别人的自由。可见各种自由向来就是存在的,不过有时表现为特权,有时表现为普遍权利而已。"①剥削阶级的法律就表现为特权的法律,为了一小撮人的自由而反对广大人民的自由。相反,社会主义法律则是表现人民的普遍权利,仅仅反对极少数人倒行逆施的"自由"(实际是不自由)。终极地说,当社会变成各个人的自由是他人自由的前提的那种"自由人联合体"即共产主义大同世界的时候,法律(如同国家一样)也就不存在了。

必须指出的是,在恩格斯关于必然性、自由、法律之间相互关系的论述中,不言而喻地包括着反对无政府主义的观点。无政府主义是一种极端的小资产阶级理论。它把法律当作绝对坏的东西,鼓吹完全抛开法律去行动,也就是每人愿干什么就干什么,愿怎么干就怎么干。无政府主义的这种错误就在于,它既完全抹煞法律所具有的必然性,又把个人的意志自由加以绝对化。实际上,在一个社会中,只要有法律存在,就意味着自由只能是法律范围内的自由;离开法律就会受到国家强制力的惩罚,因而也就没有自由。资产阶级法与社会主义法有本质的区别,但在这一点上却有共同之处。

四、暴力观

恩格斯与杜林在暴力观方面的根本分歧表现在如何看待由国家和法所构成的政治权力(暴力)同客观经济状况之间的相互关系上。所以,这一分歧是涉及唯物主义历史观和唯心主义历史观的根本分歧。

首先,恩格斯着力于澄清经济状况和政治暴力二者哪个是第一性、哪个是第二性的问题。杜林说:政治关系的形式是历史上基础性的东西,而经济的依存不过是一种作用或特殊情形,因而总是第二等的事实。本原的东西必须从直接的政治暴力中去寻找,而不应先从间接的经济力量中去寻找。经济不过是达到糊口目的的手段而已。他认为谁不像他这样看问题,谁就"包藏着一部分隐蔽的反动性"。不过,杜林的这套理论只有结论,没有论据,可以说是"颁布下来的"。恩格斯指出,"显赫的国家的政治行为是历史上决定性的东西这种观念,已经像历史记载本身一样古老了","这种观念支配着以往的整个历史观"②。这种唯心史观第一次为1815年—1830年法国复辟时代的几位历史学家奥·梯叶里、弗·基佐、弗·米涅、阿·梯也尔所动摇。他们指出了近代的阶级关系和政治权力结构,是资本主义经济发展的自然产物。但这仅是局部性的认

---

① 《马克思恩格斯全集》第1卷,第63页,北京,人民出版社,1956。
② 《马克思恩格斯全集》第20卷,第174页。

识。而杜林则要从这里倒退回去,完全颠倒经济状况与政治暴力的真实关系。就以他作为举例的鲁滨逊和星期五的关系来说,鲁滨逊之所以要奴役星期五并不是为单纯的"政治分派",而仅仅是为了把其当作"**达到糊口目的的手段**"。可见,"暴力仅仅是手段,相反地,经济利益是目的。目的比用来达到目的的手段要'基础性'得多;在历史上,关系的经济方面也比政治方面同样'基础性'得多"①。以奴隶制的产生而言,主人为了能利用奴隶,必须事先拥有奴隶劳动需要的工具和对象以及维持奴隶困苦生活所需要的资料。就是说,先要在生产上达到一定的阶段,并在分配的不平等上达到一定的程度,奴隶制才会成为可能。美国的奴隶制也能说明经济的决定性地位,因为南方庄园主需要奴隶制、北方工业家反对奴隶制都是基于利益的考虑。经济与政治二者哪个是"基础性"的东西这个问题密切相关的,是私有制与暴力二者谁创造谁的问题。杜林的回答是,暴力(掠夺)是私有制产生的根源。而恩格斯则说:"虽然财产可以由掠夺而得,从而可以依靠**暴力**,但是这决不是必需的。它可以通过劳动、偷窃、经商、欺骗等办法取得。无论如何,财产必须先由劳动生产出来,然后才能被掠夺。"②"很显然,在掠夺者能够**占有**他人的财物以前,私有财产的制度必须是已经存在了。因此,暴力虽然可以改变占有状况,但是不能创造私有财产本身。"③结论是:"私有财产在历史上的出现,决不是掠夺和暴力的结果。"④举例说,在克尔特人、日耳曼人以及印度旁遮普人那里都有足够的史料证明,公有制(特别是土地公有制)的瓦解和原始贵族的形成,都是自发的经济运行的结果,并且基于人们的自愿和习惯,暴力根本没起任何作用。再如,在资产阶级反对封建贵族的斗争中,决定性的武器是他们的经济上的强大手段。只要"经济情况"改变,那么政治状态必将是或早或迟,或自愿或通过斗争随之发生改变。的确,"资本来到世间,从头到脚,每个毛孔都滴着血和肮脏的东西"⑤。但即使排除任何暴力和欺骗,即使商品交换都按等价交换原则进行,那么,封建末期的商品货币经济也必然产生资本主义生产方式,产生相互对立的两大阶级即资产阶级和无产阶级。

其次,恩格斯论述了暴力的历史作用。如前所述,杜林先是无限地夸大暴力的历史地位和作用。但这里,他又发生一百八十度的大转变,开始诅咒起暴力来。"在杜林先生看来,暴力是绝对的坏事,按他的意见,第一次的暴力行动就是原罪,他的全部叙述只是哀诉这一暴力行为怎样作为原罪玷污了到现在为止的全部历史。"⑥为了彻底驳斥这种关于暴力问题的非历史观点,第一步就是必须澄清作为暴力基本内容的统治和奴役关系在历史上是如何产生的。恩格斯指出,这种关系是经过两条道路产生的:①

---

① 《马克思恩格斯全集》第 20 卷,175 页。

② 同上书,第 176 页。

③ 同上书,第 177 页。

④ 同上书,第 176 页。

⑤ 《马克思恩格斯全集》第 23 卷,第 829 页,北京,人民出版社,1972。

⑥ 《马克思恩格斯全集》第 20 卷,第 200 页。

由于社会职能的独立化而产生。在原始农业公社中,一开始就存在着一定的共同利益,为维护这种共同利益的工作就成为由个别成员担任的社会职能。后来,随着公社的联合,社会职能日趋独立化而逐渐上升为对社会的统治力量。与此同时,担任公职的人也由社会公仆变成社会的主人,并构成能够对社会成员使用暴力的统治阶级的代表。尽管如此,他们仍然还要履行一定的社会职能。正如恩格斯所说:"政治统治到处都是以执行某种社会职能为基础,而且政治统治只有在它执行了它的这种社会职能时才能持续下去。"①②由于人对人的奴役而产生。在原始社会末期,生产力发展到这样的程度,即人的劳动力所能生产的东西超过了单纯维持劳动力所需要的数量,使剥削成为可能。于是奴隶制出现了。确实,奴隶制与暴力之间的紧密联系是显而易见的。但是,"在当时的条件下,采用奴隶制是一个巨大的进步"②。只有奴隶制才使农业和工业之间的更大规模的分工成为可能,从而为古代文化的繁荣,即为希腊文化创造了条件。没有奴隶制,就没有希腊国家,就没有希腊的艺术和科学;没有奴隶制,就没有罗马帝国。没有希腊文化和罗马帝国所奠定的基础,也就没有现代的欧洲。我们永远不应该忘记,我们的全部经济、政治和智慧的发展,是以奴隶制既为人所公认、同样又为人所必需这种状况为前提的。在这个意义上,我们有理由说:没有古代的奴隶制,就没有现代的社会主义。即使对奴隶自身来说,这也是一种进步,因为成为大批奴隶来源的战俘以前被杀掉,而更早的时候甚至被吃掉,现在则能保全生命了。接着,恩格斯又从对社会经济发展是否有利的角度,指出政治权力(暴力)的历史作用。他说:"在政治权力对社会独立起来并且从公仆变为主人以后,它可以朝两个方向起作用。或者按照合乎规律的经济发展的精神和方向去起作用,在这种情况下,它和经济发展之间就没有任何冲突,经济发展就加速了。或者违反经济发展而起作用,在这种情况下,除去少数例外,它照例总是在经济发展的压力下陷于崩溃。"③针对杜林只看到暴力的反动作用的观点,恩格斯强调,"暴力在历史中还起着另一种作用,革命的作用;暴力,用马克思的话说,是每一个孕育着新社会的旧社会的助产婆;它是社会运动借以为自己开辟道路并摧毁僵化的垂死的政治形式的工具"④。因此,借助"发泄高尚的义愤"这种最容易不过的做法来不分青红皂白地谴责暴力,是枯燥、干瘪、软弱无力的"传教士的思维方式",是革命的无产阶级政党根本不能接受的。

① 《马克思恩格斯全集》第 20 卷,第 195 页。
② 同上书,第 197 页。
③ 同上书,第 199 页。
④ 同上书,第 200 页。

第七章　恩格斯《家庭、私有制和国家的起源》①

【写作的历史背景】

1883 年马克思逝世以后,恩格斯独立担负起指导国际共产主义运动,整理和出版马克思遗著(尤其是《资本论》第二、三卷)及维护、发展马克思主义的重任。在法学领域,他需要对经历 40 年的马克思主义法学加以总结,并根据无产阶级革命的新经验,对它进行系统的阐述和进一步发展。

19 世纪 80 年代至 90 年代,西方先进国家开始由自由资本主义向垄断资本主义过渡。资本主义经济已从"棉纺织时代"进入"钢铁时代"。生产社会化与资本主义私人占有之间的矛盾日益加剧。垄断资产阶级对内加紧榨取无产阶级和劳动人民,对外疯狂掠夺殖民地,使阶级矛盾和民族矛盾更加尖锐。但总的看来,这个时期是"和平发展"的时期,其特点是"西方结束了资产阶级革命。东方还没有成熟到实现这种革命的程度"②。面对国际共产主义运动的高涨,各国统治阶级加强两手政策。当他们的高压政策(1878 年俾斯麦的《反社会民主党人法律》是典型例证)收不到预期效果时,转而实行社会改良的自由主义政策。各国争相颁布了一系列的社会福利和社会保障的立法。与此同时,他们的学者更加紧对无产阶级队伍的理论思想渗透,极力粉饰资本主义制度,吹捧资产阶级民主,特别是从家庭、私有制、国家这三个资本主义的重要社会关系方面来论证其正义性和永恒性。

与此同时,共产主义运动中的机会主义思潮也随着形势变化而增长着。如法国的可能派、英国的费边派、德国的青年派等等,都是机会主义思潮的产物。这一时期无产阶级反对资产阶级斗争的主要形式,是工会运动和议会斗争。社会主义政党应当充分利用这些合法形式,团结、教育和组织群众,要善于把合法斗争与非法斗争结合起来,准备最后通过暴力革命夺取政权,建立无产阶级专政。然而,无政府主义者却反对组织无产阶级政党,反对参加议会斗争,反对无产阶级专政,主张采取"直接行动"的国际总罢工来实现无政府的理想。更危险的是右倾机会主义的滋长和蔓延,他们美化资产阶级,宣扬阶级合作,认为:资产阶级实行自由主义政策,颁布社会福利法令,是对工人

---

① 载于《马克思恩格斯全集》第 21 卷。
② 《列宁全集》,中文 2 版,第 23 卷,第 2 页,北京,人民出版社,1990。

真正友好的表示和按照全体人民利益办事。因此,无产阶级及其政党应当欢迎。他们鼓吹议会主义,反对暴力革命,说工人政党只要进行宣传教育,争得更多的选票和议席,便可达到和平实现社会主义的目的。这种观点在德国的代表者就是残余的拉萨尔主义分子。德国统治当局正是利用了他们反马克思主义的国家法律观点,来对工人阶级进行"国家社会主义"的蛊惑性宣传,并在德国党内制造混乱。

由上可知,恩格斯的《家庭、私有制和国家的起源》一书的创作,是适应了新的经济和政治形势的发展需要,目的是为了同资产阶级和机会主义进行斗争,以便用更为系统的马克思主义国家和法律理论武装无产阶级及其政党。

再者,恩格斯研写《家庭、私有制和国家的起源》,也是为了"执行遗言",即完成马克思的未竟之志。马克思和恩格斯历来重视对人类原始社会的研究。这个问题直接涉及对人类社会历史规律的把握,直接涉及国家和法的起源问题。但由于科学资料的限制,长期无法开展系统的探讨。

实际上,人们对于原始社会历史的认识,是以19世纪70年代为界的。在这以前,许多资产阶级学者否认原始社会的历史。在他们看来,凡缺乏实证材料的地方就谈不上历史,那里只有"史前时期"。在当时,这个社会的史前状态,全部成文史以前的社会组织,几乎还完全没有人知道。整个历史科学还蒙着一层神秘的宗教色彩。稍后,一些人相继在这一领域着手研究。例如,英国历史学家G.格罗特对古希腊氏族制度的研究;德国历史学家G.L.毛勒对古代马尔克公社的研究;瑞士法学家J.J.巴霍芬对古代婚姻、家庭以及母系制的研究,等等。这些研究成果的问世,逐渐开阔了人们对原始社会认识的视野。但是,仅此还不足以使人们在这一领域中取得整体上的突破性的认识。新的转机到来的标志,是1877年美国民族学家L.H.摩尔根《古代社会》一书的问世。摩尔根以历经40余年对印第安易洛魁氏族的亲身考察取得的第一手资料,借助无可辩驳的事实,证明:氏族是原始社会的基本社会细胞;氏族社会才是人类社会发展序列的原生形态。这样,不仅为破解希腊、罗马上古史的哑谜提供了一把钥匙,而且由此开辟了原始社会研究的新时代。

马克思和恩格斯对于原始社会的研究也经历了一个十分漫长的过程,几乎是同他们的一生并行的。还在他们撰写《德意志意识形态》的时候,特别是在《资本论》的创作时期,二人已提出一系列有关原始社会的天才假说,但也留下许多疑问(核心问题是氏族组织),一直找不到答案。因此,他们必须继续钻研。从70年代中期起,马克思特别加紧对资本主义以前的各社会形态,特别是各不同社会中的公社形式的研究。1876年5月至6月,他把毛勒关于日耳曼公社史的著作作了详细摘要。同年12月,他阅读了一批学者关于公社制度在塞尔维亚、西班牙和其他国家演变情况的著作。因为俄国革命者中间进行着关于公社在俄国社会改造中的作用及俄国的非资本主义发展道路可能性的争论,所以在马克思的研究中俄国农民村社占有特殊的地位。马克思在逝世前更强化了这种研究。1879年10月至1880年10月的《马·柯瓦列夫斯基〈公社土地占有制,其解体的原因、进程和结果〉(第一册,1879 年莫斯科版)一书摘要》,1880 年底至 1881 年 3 月的《路易斯·亨·摩尔根〈古代社会〉一书摘要》,1881 年 4 月—6 月的《亨利·萨姆纳·梅恩〈古代法制史讲演录〉(1875 年伦敦版)一书摘要》,1881 年 3 月—6 月的《约·拉伯克〈文明的起源和人的原始状态〉(1870 年伦敦版)一书摘要》,都是明证。恩格斯在这方面的研究,差不多是与马克思同步进行的。其成果主要有:1870 年 7 月中旬的《爱尔兰史》,1882 年 9 月中旬至 12 月上半月的《马尔克》,1881 年至 1882 年的《论日耳曼人的古代历史》,1881 年至 1882 年的《法兰克时代》。在马克思和恩格斯的上述成果中,最值得重视的是马克思关于《古代社会》的摘要。这部手稿表明,马克思是发现摩尔根著作科学价值的第一个人。马克思认为,《古代社会》在论述原始社会状况方面,是像达尔文学说对于生物学那样的具有决定意义的书。他打算利用唯物史观来系统阐发摩尔根的科学成果,但是没有来得及着手便与世长辞了。恩格斯在清理马克思的遗稿时,发现马克思读《古代社会》的摘要,其中含有马克思的许多重要批语与马克思本人的论点,以及其他补充材料。恩格斯在仔细研究马克思的这些遗稿以后,确信摩尔根的成果证实了马克思和他共同创立的唯物史观的正确性,尤其证实了他们此前对原始社会问题的基本观点的正确性。因此,恩格斯感到有必要把马克思生前没有完成的这项工作承担起来。他决计利用马克思的思考和资料,并结合自己研究古代希腊和罗马、古代爱尔兰、古代德意志人等不同种类的人类历史的丰富资料,写一部专门的著作,以补充马克思主义体系中对人类早期历史阐发的不足。在 1884 年 3 月至 5 月 26 日仅两个来月的时间里,恩格斯就写成了《家庭、私有制和国家的起源》这部光辉著作,并于同年 10 月在苏黎世出版。

《家庭、私有制和国家的起源》一书的问世,对于科学界,尤其是对于各国的无产阶级政党,都发生了巨大的影响。列宁曾高度评价恩格斯的这本书,指出:"这是现代社会主义的基本著作之一,其中每一句话都是可以相信的,每一句话都不是凭空说的,而是根据大量的史料和政治材料写成的。"①继而,他又说:"当然,这部著作并不是全都浅显易懂,其中某些部分是要读者具有相当的历史知识和经济知识才能看懂的。我还要重复说,如果这部著作你们不能一下子读懂,那也不必懊丧。几乎从来没有哪一个人能做到这一点。可是,当你们以后一旦发生兴趣而再来研究时,即使不能全部读懂,也一定能读懂绝大部分。我所以提到这部著作,是因为它在这方面提供了正确观察问题的方法。它从叙述历史开始,讲国家是怎样产生的。"②在这里,列宁不仅向我们讲了《家庭、私有制和国家的起源》的重要意义,而且也指出了应当如何来学习这本书。

---

① 《列宁全集》,中文 2 版,第 37 卷,第 62 页,北京,人民出版社,1986。
② 同上书,第 62 页。

【主要法学论点】

一、原始社会的各阶段

在《家庭、私有制和国家的起源》一书中,恩格斯参照摩尔根和马克思的方法,对原始社会的历史进行分期。他严格地以生产方式的水平和状况作为这种划分的基本根据。

1.蒙昧时代。

(1)低级阶段。刚刚从动物界过渡而来的人群,生活于丛林中,居于树巢中,以采集植物的果实、根、茎为食。

(2)中级阶段。火的采用及粗制的石器与棍棒的采用,引导人们食用鱼类并附带狩猎,逐步走出森林。

(3)高级阶段。弓箭的发明,使狩猎成为普通劳动的一个部门。磨制石器(如斧)、木制器具及简单编织物出现。

2.野蛮时代。

(1)低级阶段。由制陶开始,以动物的驯养、繁殖和植物的种植为标志。只有偶然的产品交换。

(2)中级阶段。种植业和畜牧业的进一步发展,造成第一次社会大分工,即农业和畜牧业相互独立的分工。

(3)高级阶段。以冶铁作起点,畜拉铁铧犁的田间耕作和手工业蓬勃兴起,导致第二次社会大分工,即专营手工业部落的产生。

弄清原始社会的各阶段,对于掌握人类社会发展规律,首先是对于掌握私有制、家庭、国家与法律的起源和演进极为重要。

二、婚姻、家庭制度的变化

恩格斯在概述了迄今为止的婚姻家庭的发展过程之后,指出:"这样,我们便有了三种主要的婚姻形式,这三种婚姻形式大体上与人类发展的三个主要阶段相适应。群婚制是与蒙昧时代相适应的,对偶婚制是与野蛮时代相适应的,以通奸和卖淫为补充的一夫一妻制是与文明时代相适应的。"[①]这三种婚姻制度,同时就包含着相应的家庭制度。

---

① 《马克思恩格斯全集》第 21 卷,第 88 页。

1. 群婚制家庭。

群婚制的开端,是带有浓厚动物属性的所有男人和女人之间的杂乱婚。在那里,存在的仅是内部没有区分的自然形成的人群整体,因而说不上什么家庭制度或家庭形式。家庭,是人们摆脱了这种状态以后的事情。

(1)血缘家庭。这是第一个群婚制的家庭形式,它主要是排除直系血亲间的婚姻,实行同辈男女相互均为夫妻的制度。因此,事实上所有同辈的人就构成一个家庭。

(2)普那路亚家庭。这是在血缘家庭的基础上,沿着自然选择的法则,进一步排除同胞兄弟姐妹及旁系兄弟姐妹相互间的通婚,而逐渐产生的新群婚制家庭。在这种情况下,实际上此一群体的同辈女子与另一群体的同辈男子(反过来说也一样)就构成相互的夫妻关系,亦即一个家庭。它一旦形成牢固的习惯,那么,这每一个新群婚制家庭便会成为一个氏族。正像恩格斯所说:"**氏族**制度,在绝大多数场合下,都是从普那路亚家庭中直接发生的。"①鉴于群婚家庭中的孩子通常只知其母、不知其父和女性在生产中的重要地位,因而这最先出现的氏族只能是女系氏族。可以假定作为一个氏族核心的全体女性有一个共同的女祖先,而这个女祖先的后代的每一辈女性互相都是姐妹,她们是其他氏族中同辈男性的共同妻子。普那路亚家庭形成于蒙昧时代的中级阶段。

2. 对偶制家庭。

随着经济生活条件的发展,产品交换的频繁和人口密度的增大,在男女通婚方面日益失去原始的朴素性质,从而给妇女带来愈多的屈辱和难堪。所以,"妇女也就愈迫切地要求取得保持贞操、暂时地或长久地只同一个男子结婚的权利作为解救的办法"②。所谓对偶婚,就是一个男子到一个女性所属的氏族并与她结为夫妻的这样一种不稳定的个体婚制。他们所生下的子女归女方的氏族,子女只继承母亲氏族内的财产,而不继承父方的财产(当然财产量是极其有限的)。对偶制家庭经济仍属共产制的家庭经济,即仍是以氏族为单位的共同生产和消费的经济。这种婚姻家庭形式开始于蒙昧时代的高级阶段,以后便成为野蛮时代的具有代表性的婚姻家庭形式。

3. 一夫一妻制家庭。

这种婚姻家庭形式是在野蛮时代的中级阶段和高级阶段的交替时期,从对偶家庭转化而来的。首先,伴随着生产和交换的发展,男子成为保障经济生活的主要承担者,他在家庭中的作用和地位获得了提高。其次,家庭中的私有财产日益增加,子女能够知道自己的生父,使父亲要求子女继承自己的财产。再加上自然选择把婚姻关系缩到尽可能小的范围。所有这些情况都表明,通过对偶婚形式表现的母系氏族制度已经不符合时宜,客观上要求向以男子为中心的父系氏族制度即一夫一妻制婚姻家庭形式转

---

① 《马克思恩格斯全集》第 21 卷,第 52 页。
② 同上书,第 64 页。

化。在最初形成的一夫一妻制的家庭，是身为家长的男子统治下的家庭。家长掌管和支配全部的家庭财产，并支配他的妻、子女和奴隶。虽然这个时期妇女仍受到社会的某些尊敬，但对她的丈夫而言，她不过是为他生养嗣子的母亲、主要的管家婆和女奴隶的总管而已。这个时期的一夫一妻制附有的一个重要现象是，丈夫可随意纳女奴隶为妾。因此，这种婚姻制度只是对妇女而不是对男子来说的一夫一妻制。从上述情况中可以知道，一夫一妻制的出现是一个伟大的进步，但它是同私有财产、奴隶主对奴隶的阶级统治、男性对女性的奴役一起发生的。它是文明社会开始的一个重要标志，其基本性质（建立在私有制基础上的阶级性质）和主要特征（男子统治地位与婚姻不可离异及男子的多妻制）一直贯穿于整个文明社会之中。

在阐述一夫一妻制的历史的发展过程中，恩格斯侧重揭示了资产阶级的婚姻家庭关系的本质与特征，深入批判了资产阶级国家的婚姻家庭立法。恩格斯指出，在资产阶级中缔结婚姻契约，主要有两种方式：①在天主教国家里，仍旧盛行父母作主。因而，一夫一妻制的固有弊端在那里就表现得最为突出，即丈夫大肆实行杂婚，妻子大肆与人通奸。这种缔结婚约的方式是封建时代方式的延续，通常是把联姻当作政治交易。②在新教国家里，恋爱可能在一定程度上成为婚姻的基础，但也难以避免金钱和权势因素的考虑。所以，那里的"家庭幸福"也常常是枯燥无聊的夫妻同居的同义语。

恩格斯对于资产阶级国家的所谓自由、平等的婚姻家庭立法原则的分析批判，是极为深刻的。资产阶级法学家们声称，立法的进步使妇女愈来愈失去申诉不满的任何根据。这是因为，在国家立法上，双方自愿缔结契约的婚姻才是有效的，而且结婚同居期间双方在相互关系上必须具有平等的权利和义务。实现这两点，妇女就有其希望的一切。对于此种理论，恩格斯进行了驳斥。①婚姻自由问题。用男女双方自愿缔结婚约这种纯法律上的规定作为婚姻自由的论据，那就同用资本家与劳动者自愿签订雇佣合同来说明劳动自由一样，是非常虚伪的。缔约双方究竟是否自愿，这完全不由法律的纸面规定，而由他（她）们的实际经济地位决定。如同恩格斯所说："在婚姻关系上，即使是最进步的法律，只要当事人在形式上证明是自愿，也就十分满足了。至于法律幕后的现实生活是怎样的，这种自愿是怎样造成的，关于这些，法律和法学家都可以置之不问。但是，把各国的法制做一个最简单的比较，也会向法学家们表明，这种自愿究竟是怎么一回事。"①比如，在大陆法系国家，子女的婚姻必须取得父母同意，这是与父母不能剥夺子女的继承权联系在一起的。在英美法系国家，虽然法律不要求结婚须得到父母同意，但却给了父母自由剥夺子女继承遗产的权利。正是鉴于对经济利益的考虑，事实上英美国家中的婚姻自由丝毫不比法德诸国更多些。②婚姻关系中的男女双方平等问题。恩格斯指出，理解这个问题的关键仍在于正确认识法律与经济的关系。他说："我们从过去的社会关系中继承下来的两性的法律上的不平等，并不是妇女在经

_____

① 《马克思恩格斯全集》第21卷，第86页。

济上受压迫的原因,而是它的结果。"①在古代共产制家庭经济中,妇女料理家务和采集同男子狩猎一样,都是公共性质的劳动。所以,那里不可能有妇女受统治的事情。但随着家长制家庭,尤其是一夫一妻制个体家庭的产生,直到资产阶级家庭,一般的是"建立在公开的或隐蔽的妇女的家庭奴隶制之上"的。"现在在大多数情形之下,丈夫都必须是有收入的人,赡养家庭的人,至少在有产阶级中间是如此,这就使丈夫占居一种无需有任何特别的法律特权的统治地位。在家庭中,丈夫是资产者,妻子则相当于无产阶级。"②从婚姻家庭发展的历史规律中可以知道,"妇女解放的第一个先决条件就是一切女性重新回到公共的劳动中去;而要达到这一点,又要求个体家庭不再成为社会的经济单位"③。就是说,社会解放是妇女解放的前提。

那么,一夫一妻制的历史前景如何?恩格斯指出:"既然性爱按其本性来说就是排他的,——虽然这种排他性在今日只是对妇女才完全有效,——那么,以性爱为基础的婚姻,按本性来说就是个体婚姻。"④一夫一妻制是个体婚姻的基本形式。但是在文明社会中,它一直受着其经济基础即私有制的局限,不可避免地具有男子统治女子及男子的杂婚和妇女的卖淫的特点,因而不是真正建立在爱情之上的婚姻。以资本主义社会而言,真正自由和平等的一夫一妻制的婚姻只存在于无产者之间,但它也要受到社会种种弊端的影响。所以,真正自由和平等的婚姻即真正的一夫一妻制,"只有在消灭了资本主义生产和它所造成的财产关系,从而把今日对选择配偶还有巨大影响的一切派生的经济考虑消除以后,才能普遍实现。到那时候,除了相互的爱慕以外,就再也不会有别的动机了"⑤。这要由未来世代的人们来实现。"这一代男子一生中将永远不会用金钱或其他社会权力手段去买得妇女的献身;而妇女除了真正的爱情以外,也永远不会再出于其他某种考虑而委身于男子,或者由于担心经济后果而拒绝委身于她所爱的男子。"⑥至于说到婚姻的离异问题,恩格斯指出:文明社会中一夫一妻制总是包含婚姻的不可离异性,除了经济原因外,也和宗教的传统影响有密切关系。这种不可离异性,在新的社会中也将消灭。他说:"如果说只有以爱情为基础的婚姻才是合乎道德的,那么也只有继续保持爱情的婚姻才合乎道德。不过,……如果感情确实已经消失或者已经被新的热烈的爱情所排挤,那就会使离婚无论对于双方或对于社会都成为幸事。这只会使人们省得陷入离婚诉讼的无益的泥污中。"⑦建立在公有制经济基础之上的一夫一妻制是最稳定的个体婚制,但它又绝非不可离异。

---

① 《马克思恩格斯全集》第 21 卷,第 86 页。
② 同上书,第 87 页。
③ 同上书,第 87 页。
④ 同上书,第 95 页。
⑤ 同上书,第 95 页。
⑥ 同上书,第 96 页。
⑦ 同上书,第 96 页。

三、原始社会的组织和规范

恩格斯在《家庭、私有制和国家的起源》一书中认为，摩尔根的主要功绩在于"发现了**氏族**的真正本质及其在**部落**中的地位"，从而"才把这个原始共产社会的典型的内部结构弄明白了"①。前面我们已经说明了氏族制度发生的历史背景和发展过程及其经济、自然和观念的根据。氏族是原始社会中最典型、最基本的社会组织形式。"氏族，直到野蛮人进入文明时代为止，甚至再往后一点（就现有资料而言），是一切野蛮人所共有的制度。"②它是指在原始共产制经济基础之上形成的、由血缘纽带紧密联结起来的人群。两个以上的氏族结合成胞族，有的地区没有胞族。两个以上的氏族或胞族结合成部落。再往后，几个部落出于各种实际需要（如自卫和战争），又结合成部落联盟。但是，不论母系氏族时代或者父系氏族时代，不论原始社会产生出哪些层次的组织，氏族都是社会的基本单元。氏族能够处理其内部一切可能发生的冲突，对外的冲突则靠战争来解决。谈到氏族问题时，恩格斯驳斥了把氏族当成家庭集团的陈旧观点。他指出："在氏族制度之下，家庭从来不是，也不可能是一个组织单位，因为夫与妻必然属于两个不同的氏族。氏族整个包括在胞族内，胞族整个包括在部落内。而家庭却是一半包括在丈夫的氏族内，一半包括在妻子的氏族内。"③传统的旧观点，实际上是把一夫一妻制的个体家庭看作是任何社会甚至国家借以凝结起来的核心。所以，恩格斯进一步说，即令在文明的社会中，"国家在其公法上也不承认家庭，到今日为止，家庭不过存在于私法上而已"④。那种将阶级社会中的一夫一妻制家庭神圣化、永恒化的观点，是私有制观念的产物。以此来解释氏族制度，必然要导致极其荒唐的结论。

原始社会没有法，习俗是基本的社会规范。恩格斯说，那里"没有军队、宪兵和警察，没有贵族、国王、总督、地方官和法官，没有监狱，没有诉讼，而一切都是有条有理的。一切争端和纠纷，都由当事人的全体即氏族或部落来解决，或者由各个氏族相互解决；血族复仇仅仅当作一种极端的、很少应用的手段；我们今日的死刑，只是这种复仇的文明形式，而带有文明的一切好处与弊害。……一切问题，都由当事人自己解决，在大多数情况下，历来的习俗就把一切调整好了"⑤。由于没有私有制和阶级，因而也就谈不上作为阶级斗争手段的国家和法律。法律所调整的社会关系即法律关系，必须有具体而明确的权利与义务内容，但当时不具备这种前提。"在氏族制度内部，权利和义务之间还没有任何差别；参加公共事务，实行血族复仇或为此接受赎罪，究竟是权利

---

① 《马克思恩格斯全集》第 4 卷，第 466 页。
② 《马克思恩格斯全集》第 21 卷，第 98 页。
③ 同上书，第 116 页。
④ 同上书，第 116 页。
⑤ 同上书，第 111 页。

还是义务这种问题,对印第安人来说是不存在的;在印第安人看来,这种问题正如吃饭、睡觉、打猎究竟是权利还是义务的问题一样荒谬。"①人们行为的依据只有习俗。它是氏族成员世世代代在生产劳动和生活实践中积淀起来,逐渐为大家所共信共行的行为规则。习俗代表着全体氏族成员的统一利益和意志,对每个成员有同等的约束力。氏族组织不设有任何强制机构,"除了舆论之外,它没有任何强制手段"②。对于习俗的遵守,依靠传统的、人们自幼养成的观念——自觉性。偶尔有谁违反这种习俗,立即会招致社会共同舆论的谴责,而使其得到矫正。

原始社会的习俗,其内容是很广泛的。尽管各民族在早期氏族制度下的习俗彼此有差异,但基本上是相同的。印第安易洛魁人的母系氏族所遵行的习俗,就很有代表性。根据恩格斯在《家庭、私有制和国家的起源》一书中的概括,其内容主要有以下几个方面。①选举和撤换氏族的领袖。氏族通常有一个酋长和一个军事首领,由全体成年成员选举产生。酋长必须从本氏族中产生;而军事首领有时可以从外氏族的成员中选出,平时(非战时)这一职位可暂缺。如果大家认为酋长或军事首领不称职、缺乏"良好行为"时,可以通过氏族大会撤换。部落议事会也有这种权力。②禁止氏族内部通婚。这是氏族的根本规则。③氏族成员的相互继承权。为维护本氏族的利益,其死去成员的财产必须留在本氏族之内。死者是男性,遗产由他的同胞兄弟姐妹及母亲的兄弟分享;死者是女性,遗产由她的子女和同胞姐妹而不是她的兄弟分享。同理,夫妇不能互相继承,子女不能继承父亲。④本氏族的成员必须相互援助和保护,受到外族人伤害时要一致帮其复仇即血亲复仇。这种复仇的基本方式是"以眼还眼,以牙还牙"的同态报复。当然,受害与加害两方的氏族,事先是可以达成和平了结的协议的。⑤各氏族有自己的特有名称或一系列的名称。这名称往往同"图腾"有关,并且只有出生于本氏族的人才能使用它作为自己的名字。⑥氏族可收养战俘或他氏族成员入族,以保证自身的实力。收养根据个别成员的提议和全氏族的同意而实行,还要举行隆重的仪式。⑦氏族有共同的宗教节日。祭典由氏族酋长和军事首领主持。⑧共同的墓地。埋葬方式是按照血缘关系处理。⑨氏族设立议事会,一切成年男女成员享有平等的参加和表决权。它决定氏族内部的一切大事。如,选举与撤换领袖及"信仰守护人"等;作出为被害氏族成员而接受加害氏族的道歉和赎礼、或者进行血族复仇的决定;收养外人入族……议事会是氏族的最高权力机关,完全民主的机关。氏族制度下的胞族、部落、部落联盟也各有其习俗,但都是以氏族为基础的。在历史上,随着氏族制度的变化,其习俗也发生相应的变化。原始公社末期,与国家逐渐取代氏族制度的同时,法律逐渐取代了氏族的习俗。

①　《马克思恩格斯全集》第 21 卷,第 180 页。
②　同上书,第 192 页。

四、国家和法的产生

在《家庭、私有制和国家的起源》一书中,恩格斯指出,国家和法的产生是氏族制度及其习俗的质变的同一过程。而这一点,是原始社会末期生产力的发展所造成的社会分工的必然结果,是私有制和阶级成长的必然结果。在蒙昧时代和野蛮时代的低级阶段,和落后的生产力相适应的是男女之间的自然分工,如妇女从事家务和采集,男性从事狩猎等。在野蛮时代中级阶段,发生了游牧部落从其余的野蛮人群中分离出来的第一次社会大分工。游牧部落生产的生活资料品类不同,而且数量也丰富。这就第一次使经常的交换成为可能。同一时期,手工业也在发展,广泛使用青铜工具的种植业已形成,土地开始归家庭公社使用。劳动生产率的提高使劳动力有了新的价值,即能够提供剩余产品的价值。于是,最早被吃掉而更多是被杀掉或被少量收养的战争俘虏,现在派上了新用场——充当奴隶。"从第一次社会大分工中,也就产生了第一次社会大分裂,即分裂为两个阶级:主人和奴隶、剥削者和被剥削者。"①这次社会大分工还促使母系的对偶家庭向父系的家长制家庭公社过渡,妇女的家务劳动成为无足轻重的附属品,形成了男女之间的不平等。个体家庭越来越成为与氏族相对抗的力量。

在野蛮时代的高级阶段,发生了手工业和农业分离的第二次社会大分工。它使人的劳动力的价值进一步提高,在前一阶段还刚刚产生并且是零散现象的家庭奴隶制,现在变成了大规模的生产奴隶制,奴隶们被成批地赶到田野和工场去劳动。劳动生产率的提高,进一步造成直接以交换为目的的商品生产以及随之而来的海内、外贸易的繁荣。现在各个家长间的财产差别越来越悬殊。就是说,新的社会分工带来新的阶级划分:除自由人和奴隶的差别之外,又出现富人和穷人间的差别。这一情况猛烈地摧毁了旧的共产制家庭公社及其共同耕作制,使之不断地向土地私有制过渡,个体家庭开始成为社会的经济单位。从社会组织制度的上层建筑角度上说,第二次社会大分工的最突出后果就是军事民主制的出现。对于人口日益稠密的居民,因利益的驱使,迫切要求将各亲属部落结成联盟并融合为一个民族。于是共同的领土以及一套管理机关也成为必要的。这套机关就是军事民主制的氏族社会的各机关,其主要是:①常设的民族的军事首长。②处理民族日常事务的议事会。③确定重大事务的人民大会。之所以叫做军事民主制,是因为这种管理制度是完全根据民主原则建立的,但战争已成为它所承担的正常的重要职能。此时,战争越来越具有掠夺财富与奴隶的性质。掠夺战争增强着军事首长及其属僚们的权力。他们的后继者的产生,已变成由同一个家庭中选出。而这种办法的采取,开始是习惯,后来便渐渐转变为正式的世袭;而对于这种世袭制,人们最初是容忍,后来是统治的要求,最后就成了僭取。这样便造就了世袭

① 《马克思恩格斯全集》第21卷,第184—185页。

王权和世袭贵族，以及同一般氏族成员的相分离和对立。相应地，军事民主制的氏族机关连同整个氏族制度便转化为自身的对立物，即"它从一个自由处理自己事务的部落组织转变为掠夺和压迫邻人的组织，而它的各机关也相应地从人民意志的工具转变为旨在反对自己人民的一个独立的统治和压迫机关"①。

在野蛮时代和文明时代的交接时期所发生的第三次社会大分工，创造了一个不从事生产而专门从事交换的商人阶级。这个阶级完全夺取了对生产的领导权，在经济上使生产者服从自己，成为每两个生产者间的不可缺少的中间人，并对两者进行剥削，这是一个真正的社会寄生虫阶级。随着商人阶级又出现了金属货币，它成为非生产者统治生产者及其生产的新手段，而使一切商品生产者匍匐在货币面前。"在使用货币购买商品之后，出现了货币借贷，随着货币借贷出现了利息和高利贷。后世的立法，没有一个像古雅典和古罗马的立法那样残酷无情地、无可挽救地把债务者投在高利贷债权者的脚下——这两种立法，都是纯粹由于经济强制，作为习惯法而自发产生的。"②当商品和奴隶均可同金属货币进行交易的时候，个体家庭对于小块土地的暂时占有权和使用权也在转变为所有权，使土地的自由转让和无限制的拥有成为可能。于是，土地抵押制也产生了。在这种情况下，新的财富贵族就逐渐地把旧的氏族（部落）贵族完全排挤到后面去了。这时，大规模的生产奴隶制的形成，不仅把全社会的人分为自由人与奴隶两大部分，而且自由人内部也按照财富的多寡被分成不同的等级。

现在可以综合地考察一下，在第三次社会大分工之后，社会中出现了哪些新的因素以及在它们面前的氏族制怎么样了。新的因素主要是：①原先氏族或部落的成员共同生活在纯粹由他们居住的同一地区。于今到处杂居着奴隶、被保护民、外来人，而该氏族的成员也大量地流落到其他氏族或部落的地区。因此，原有氏族成员就很难定期举行集会来处理自己的公共事务；仅仅在举行宗教节日活动等不重要的事情方面，氏族尚可勉强进行一些活动。②原先全体成员的需要和利益都依赖氏族组织来维系和实现。于今从事不同职业和处于不同地位的人群，都有自己新的需要和利益，而且这些不同的人群并非属于同一的氏族或部落。特别是同乡村相对立的城市，到处都按照特殊需要建立起新的机关。③原先氏族制度是为相互完全平等的人们服务，并由这些完全平等的人们来维护。于今人们之间已分化为主人与奴隶、富人与穷人、高利贷者与债务人、剥削者与被剥削者，到处都是阶级对立。以上这些没有氏族制度参与而兴起的新因素，无不同氏族制度相对立，无不把氏族制度当作一种妨碍；反过来说，氏族制度对于这些新因素已经无能为力了。一言以蔽之，历史已进入"一个这样的社会，只能或者存在于这些阶级相互间连续不断的公开斗争中，或者存在于第三种力量的统治下，这第三种力量似乎站在相互斗争着的各阶级之上，压制它们的公开的冲突，顶多容

---

① 《马克思恩格斯全集》第 21 卷，第 188 页。
② 同上书，第 190 页。

许阶级斗争在经济领域内以所谓合法形式进行。氏族制度已经过时了。它被分工及其后果即社会之分裂为阶级所炸毁。它被国家代替了"①。

五、国家产生的主要形式

在《家庭、私有制和国家的起源》一书中,恩格斯不仅揭示了国家产生的一般历史规律,并且概括和总结出国家产生的三种主要形式。这也是法产生的三种主要形式。

1. 雅典国家。

这是国家产生的第一种主要形式,其过程表现为一系列的改革。①提修斯改革。雅典部落联盟发展到提修斯的时代,已出现如下一些新的社会因素。其一,由比较固定的家庭成员担任氏族公职的习惯,已变成其无可争辩的权利。这些本来已拥有很多财富和势力的家庭,已同其他氏族的同类家庭结成特权阶级。刚刚萌芽的国家,及时地将这种特权加以神圣化。其二,农民与手工业者间的分工已颇牢固,致使原有的氏族与部落的划分失去了重要的社会意义。其三,国家从萌芽时期起就表明它是氏族制度的破坏因素,二者之间的矛盾日趋不可调和。适应这种客观形势的要求,提修斯便把全体雅典人民分为贵族阶级、农民阶级和手工业者阶级。这次改革还在雅典设立一个中央管理机关,统揽以前由各部落独立处理的、现在被宣布为"公共的"事务。②梭伦改革。提修斯以后,随着经济的发展,又产生了一些新的变化。财富贵族们已把货币和高利贷当作压制人民自由的主要手段。债务契约和土地抵押,造成大批自由民破产,他们的子女纷纷被卖往海外作奴隶,甚至债务人本人也成为奴隶。其次是人口的杂居和农业、手工业、商业、航海业等不同职业集团的确立。最后,越来越多的外地人,成为雅典人民中间的不安的异己势力。现在,对于被剥削的广大雅典人民而言,氏族制度不能为他们提供任何帮助,因而他们便不得不寄希望于正在形成的国家。果然,梭伦改革的第一项措施就是废除让雅典自由人充当奴隶的制度,一大批债务简单地被宣布无效,即"损害债权人的财产以保护债务人的财产"②。但梭伦所确立的,则是真正稳定的财产统治。其对制度本身的修改主要有:雅典议事会由 400 人组成,每个部落选出 100 人。把公民依财产(地产)与收入分为 500 袋谷物、300 袋谷物、150 袋谷物和无产者这样四个阶级。前三个阶级的人才能担任官职,而只有第一个阶级的人才能担任最高官职。第四个阶级仅有在人民大会上发言和投票的权利。在武装力量方面,第一、二阶级提供骑兵,第三阶级提供重装步兵,第四阶级提供无甲胄的轻装步兵和水兵,还领饷银。③克利斯提尼改革。梭伦改革之后,旧时通过农村高利贷及地产的无限制集中来残酷掠夺自己同胞的方法已弃而不用,改变为主要剥削奴隶和雅典以外的

---

① 《马克思恩格斯全集》第 21 卷,第 193 页。

② 同上书,第 131 页。

人了。于是促使由货币、奴隶、商船等构成的动产猛烈地增长。结果,从事工商业的富有的新阶级,不断地占领旧氏族贵族的最后地盘,旧贵族们的反抗已无济于事。这时,大量的雅典公民已不再属于任何氏族、胞族和部落;受保护的外来移民,还在迅速增长。彻底清除氏族制度的障碍,已经提到日程了。克利斯提尼改革的最大特点,正在于完全抛开原有的一套氏族的组织体系,建立以居住区为基点的全新的组织。全阿卡提划成 100 个自治区(德莫),每区选出区长和司库及 30 位基层法官。10 个自治区组成一个地区部落,它既是自治的政治组织,也是军事组织。每地区部落产生一个部落长,兼指挥骑兵,一个步兵指挥官,一个统率部落全军的兵法家。它还提供五艘配有船长和船员的战舰。每部落选出 50 名代表参加雅典议事会。于是,最终形成的雅典国家,就是这样一套结构:最高权力机关和管理机关,是人民大会,每个雅典公民均可出席并享有投票权;经常性的管理机关,是由 10 个部落选出的 500 名代表组成的议事会;此外,设置执政官和其他官员,掌管行政部门和司法部门。至此,氏族的各组织已降为私人性质的团体和宗教会社。但是,旧氏族时代的道德观点、传统影响与思想方式,还保存了很久之后才逐渐消亡。

　　雅典法的产生,是与雅典国家的产生同步进行的。在那里,每一次重大的改革都是借助宪法形式实现的。在提修斯时期,"就产生了凌驾于各个部落和氏族的法权习惯之上的一般的雅典民族法;只要是雅典的公民,即使在非自己部落的地区,也取得了确定的权利和新的法律保护"①。反过来,国家又不断地将经济中自发产生的权利提升为法律。最重要的事实是,"贵族的日益扩展的货币统治,为了保护债权人以对付债务人,为了使货币所有者对小农的剥削神圣化,也造成了一种新的习惯法"②。在梭伦时期,宪法正式确定 400 人议事会为国家立法机关。为了铲除把自由人沦为奴隶的现象,立法机关依据宪法精神,先后颁布《土地最大限度法》《解负令》等法律。尤其值得注意的是,现在在国家的法律和制度中,"加入了一个全新的因素——私有财产。国家公民的权利和义务,是按照他们的地产的多寡来规定的"③。在克利斯提尼时期,宪法和法律确立了奴隶与自由民、被保护民与公民之间对立的社会制度和政治制度,以及一整套的国家机关体系。

　　关于雅典国家产生问题的理论意义,恩格斯进行了极为深刻的论述。他指出:"雅典人国家的产生乃是一般国家形成的一种非常典型的例子。一方面,因为它的产生非常纯粹,没有受到任何外来的或内部的暴力干涉——庇西特拉图的篡位为时很短,并未留下任何痕迹;另一方面,因为在这里,高度发达的国家形态,民主共和国,是直接从氏族社会中产生的;最后,因为我们是充分知道这个国家形成的一切重要详情的。"④

---

① 《马克思恩格斯全集》第 21 卷,第 126 页。
② 同上书,第 127 页。
③ 同上书,第 132 页。
④ 《马克思恩格斯全集》第 21 卷,第 136 页。

2. 罗马国家。

在罗马,伴随氏族制度的瓦解,氏族内部也逐渐失去了原有的平等性质,形成了最初的部落显贵。这些贵族阶层掌握了罗马的权力。与此同时,罗马城邦靠征服而猛烈地扩大自己的疆域,外来移民和被征服地区居民不断增加。按照罗马的习惯法,这些人不是罗马人民的组成部分而是外族人。他们的人身是自由的,可以占有地产,但必须纳税和服兵役,却又不能担任官职,不能参加人民大会,也不能参与征服得来的国有土地的分配。他们构成被剥夺一切公民权而与氏族无关的平民。氏族公社作为一种闭关自守的、享有特权的团体,排斥这批居民。这就是罗马社会中平民与贵族的对立。正像恩格斯所说的,罗马"氏族社会变成了闭关自守的贵族,贵族的四周则是人数众多的、站在这一社会之外的、没有权利只有义务的平民"①。但是,这些平民人数不断增多,受过军事训练并且有武装,在经济上控制工商业财富,形成同贵族相对抗的强大力量。平民与贵族之间的斗争,导致了土利乌斯改革。土利乌斯宪法的主要内容是设立地区性组织,按财产多少划分阶级和确立权利义务,打破以血缘关系为基础的古代社会制度,"代之而起的是一个新的、以地区划分和财产差别为基础的真正的国家制度"②。可见,罗马国家是在"罗马人民"之外的外族人组成的平民反对氏族贵族,争取权利平等的斗争中产生的,是"平民的胜利炸毁了旧的氏族制度,并在它的废墟上面建立了国家,而氏族贵族和平民不久便完全溶化在国家中了"③。

罗马共和国建立后,贵族与平民的矛盾在新的条件下更加尖锐了。在政治权力方面,担任官职上的斗争,导致《十二铜表法》的制定。这部法律是最早的罗马成文法。它的制定,大大提高了平民的权利,打破了过去氏族贵族对立法和司法权力的垄断。并且,它也是罗马国家的习惯法向成文法过渡的第一块里程碑。应当说,通过氏族以外的平民和旧氏族贵族之间的斗争,导致两种社会势力以习惯法为基础而共同制定成文法,这是法产生的第二种形式。

3. 德意志国家。

德意志国家的产生,是德意志人征服罗马帝国的直接结果。作为征服者的德意志人生活于父系氏族制度之下,而被征服的罗马人却生活于奴隶制社会的末期。因此,德意志人必须适应罗马的历史条件,在罗马奴隶制的废墟上建立封建农奴制国家,而不是奴隶制国家。德意志人从罗马人那里占领大片土地,并按照氏族进行分配。不久,这些单块的份地就变为可以转让的私有财产,即自主地。同时,德意志人和罗马人是杂居在各城镇与村落中,久而久之便互相融合,从而地区性的联系就取代了亲属性的联系,氏族组织也不知不觉地变成地区性的组织。德意志人还必须把他征服的地区加以规整。但是,他们既不能把数量众多的罗马人吸收到自己的氏族团体里面来,又

---

① 同上书,第193页。

② 同上书,第147页。

③ 同上书,第193页。

不能通过氏族团体去统治他们。德意志人面临的唯一选择是设置一种罗马国家的代替物,这就是使氏族制度的机关迅速地转化为国家机关。总而言之,德意志人的国家是部分地改造旧的氏族机关,部分地创立新的机关,最后以真正的国家机关来取代氏族而建立起来的。同时,它也是作为征服外国广大领土的直接结果而产生的。这是它与希腊国家、罗马国家的产生的不同之处。

法产生的第三种典型形式,与德意志国家产生的形式是一致的。它以法兰克王国的日耳曼法为代表。由于当时征服罗马的德意志人正处于原始公社解体向阶级社会的过渡之中,最初的日耳曼法就是日耳曼人部落习惯法的总称。在征服罗马后,各日耳曼王国就将各自部落的习惯,借用罗马法的某些术语,编纂为成文法典。

六、国家区别于氏族组织的特征

恩格斯在《家庭、私有制和国家的起源》中,首次把国家同被国家所否定了的旧氏族相比较,而揭示出国家区别于氏族组织的两个基本特征。

1. 国家是按地区来划分居民的。

如前所述,氏族是由血缘关系联结起来的人群,而氏族成员又整体地居住在一定地区之内。但是,随着社会的生产、分工和交换关系的发展,这种联系逐渐趋于消逝。原来氏族生活的地区依然存在着,但居民却不再是固定的,而是越来越频繁地、大量地流动。因而,再靠血缘关系来组织流动着的居民,已经很难办到,甚至根本不可能了。在这种情况下,对于政治国家管理而言,按地区来划分居民已不可避免了。就是说,"按地区来划分就被作为出发点,并允许公民在他们居住的地方实现他们的公共权利和义务,不管他们属于哪一氏族或哪一部落"①。在希腊,实现这一转变的时期是克利斯提尼的改革。恩格斯指出,那时,"有决定意义的已不是血族团体的族籍,而只是经常居住的地区了;现在要加以划分的,不是人民,而是地区了;居民在政治上已变为地区的简单的附属物了"②。像这样按居住地来组织和管理国民的办法,是一切国家共同的。以此种属地主义制度为基础的管理,对于构成国家主权和全民族的统一法制,是绝对必须的。

2. 国家设有特殊的公共权力。

在原始社会末期形成的军事民主制的各机关,是为全体氏族成员服务的。因此,它们是一般的、普遍的公共权力,即真正的公共权力。作为其力量的基础,是全体居民自动组织起来的武装。相反地,国家这种公共权力则是"特殊的公共权力"。它操纵在一小撮富有的奴隶主阶级手中,并为他们的狭隘私利服务。即令是以最典型的奴隶主

---

① 《马克思恩格斯全集》第21卷,第194页。
② 同上书,第133页。

民主共和国而著称的雅典国家,也丝毫没有例外。在那里,公民9万人,而奴隶36.5万人。雅典的国民军是少数贵族对付奴隶、使奴隶服从的公共权力。与此同时,雅典还建立了宪兵队,以控制公民,使之服从。当然,如同在所有国家里都能看到的那样,"构成这种权力的,不仅有武装的人,而且还有物质的附属物,如监狱和各种强制机关,这些东西都是以前的氏族社会所没有的"①。社会分工和事业越发展,阶级矛盾越发展,这套作为特殊公共权力载体的国家机器就越庞大。特殊公共权力的设立,是国家的最具有本质性的特征。

特殊的公共权力的设立,同时推动着法律的产生和发展进程。恩格斯指出,为了维持这种公共权力,就需要公民缴纳捐税,进而国家还要发行公债。为此,国家便要制定税收法、公债法。特别是那些掌握着公共权力和征税权的官吏,随之就构成了社会机关而凌驾于社会之上。"他们作为日益同社会脱离的权力的代表,一定要用特别的法律(着重点为引者所加)来取得尊敬,由于这种法律,他们就享有特殊神圣和不可侵犯的地位了。"②现在,文明国家中的一个微不足道的警察或者小小的官吏,都拥有比氏族社会的全部机关加在一起还要大的"权威"。这只是因为,它是原始社会所根本不知道的特权。恩格斯在这里所说的"特别的法律",正是特权者的法律。"特别的法律"与"特殊的公共权力"二者是相辅相成的。

恩格斯关于国家特征的学说,对于理解国家和法的起源与本质,是极其重要的。

七、国家的本质

恩格斯通过对国家和法的起源的分析,科学地、深入地概括了国家的本质。他指出:"国家决不是从外部强加于社会的一种力量。国家也不像黑格尔所断言的是'道德观念的现实'、'理性的形象和现实'。毋宁说,国家是社会在一定发展阶段上的产物;国家是表示:这个社会陷入了不可解决的自我矛盾,分裂为不可调和的对立面而又无力摆脱这些对立面。而为了使这些对立面,这些经济利益互相冲突的阶级,不致在无谓的斗争中把自己和社会消灭,就需要有一种表面上驾于社会之上的力量,这种力量应当缓和冲突,把冲突保持在'秩序'的范围以内;这种从社会中产生但又自居于社会之上并且日益同社会脱离的力量,就是国家。"③此段论述表明,国家是个历史的范畴,是社会生产力发展到出现私有制和阶级这个阶段上的必然产物。国家又是个阶级的范畴,是阶级矛盾不可调和的产物和表现。当社会上阶级矛盾发展到不可调和程度的

---

① 《马克思恩格斯全集》第21卷,第195页。
② 同上书,第195页。
③ 同上书,第194页。

时候,便产生了国家;反过来说,国家的存在就表明社会中的阶级矛盾是不可调和的。国家是抑制阶级冲突、建立统治秩序的基本工具。经济利益相互冲突的阶级,为了不至于在漫无止境、毫无阻碍的斗争中使自己同社会一起毁灭,便需要国家这种力量来缓和冲突,把冲突保持在统治阶级的"秩序"即法律的范围以内。国家之所以要成为自居于社会之上的力量,是因为它除了阶级统治这个主要职能之外,还必须担负缓和社会内部冲突,顾及社会整体利益的公共职能。因此,表面上,它是站在社会各阶级之上的代表全社会的管理机关。国家还凭借它所掌握的武装力量以及它所制定的法律,把一切权力集中到自己手里,使自己处于至高的、神圣的地位;而全体居民的一切活动必须服从国家的意志,遵行国家的法律。

那么,国家由什么人来主宰?对此,恩格斯作了十分明确的回答:"由于国家是从控制阶级对立的需要中产生的,同时又是在这些阶级的冲突中产生的,所以,它照例是最强大的、在经济上占统治地位的阶级的国家,这个阶级借助于国家而在政治上也成为占统治地位的阶级,因而获得了镇压和剥削被压迫阶级的新手段。"①就是说,国家,必然是代表着社会中占统治地位的生产关系(经济基础)的那个阶级的国家。与文明社会发展的诸形态相适应,国家也有诸类型的区分。即,古代的国家是奴隶主阶级用以镇压奴隶的国家;中世纪的国家是封建主阶级用以镇压农奴和农民的国家;近代以来的代议制国家是资产阶级剥削和镇压工人阶级(雇佣劳动者阶级)和广大劳动人民的国家。至于说到国家不由某个阶级独占统治,那仅仅是极个别的而且是暂时的、表面的假相。这种情况指的是,当互相斗争的各阶级达到了势均力敌的程度时,国家权力就可能以"调停人"的姿态,而获得对于各阶级(主要是两大对抗阶级)的相对独立性。恩格斯举了三个例子来说明这种特殊的情况:①17世纪—18世纪法国君主专制时期,国王极力使封建贵族与第三等级(市民等级)之间保持平衡。②法兰西第一帝国,特别是第二帝国的波拿巴主义,它唆使资产阶级反对无产阶级,又唆使无产阶级反对资产阶级,以便保持自己的统治,实际上是为大资产阶级效劳。③"铁血宰相"俾斯麦控制的新德意志帝国,是一个带有浓厚封建色彩的资本主义国家。在那里,资本家和工人彼此保持平衡,甚至封建的容克贵族也受到了愚弄。但它也不是超阶级的,而是代表正在兴起的买办资产阶级利益。

最后,恩格斯专门分析了资产阶级国家本质的问题。任何国家都是有产者阶级反对无产者阶级的工具,都是财产的统治。但它们在外观上即在法律形式上却不尽一致,甚至有很大的差别。一般地说,在前资本主义国家(奴隶制国家和封建制国家)中,公民的权利是直接按照财产状况分级规定的,因而国家的本质的表现是赤裸裸的。在

---

① 《马克思恩格斯全集》第21卷,第196页。

东方国家,古希腊和罗马国家以及中世纪欧洲国家,无不如此。可是,恩格斯指出,"对财产差别的这种政治上的承认,决不是本质的东西"①。相反,那恰恰表明了国家的发展还处于低级阶段。最典型的资产阶级国家都采取最高的形式即民主共和国,这已是不可避免的趋势。因为,民主共和国是同高度发达的资本主义经济关系最相适应的。此外,它最能体现资产阶级整体的统治,并且又富有麻痹和欺骗人民的性格,所以是资产阶级专政的最良好的政治外壳。从法律上说,资产阶级民主共和国已不再正式地讲什么财产差别了。在这种国家里,财富是间接地但却更可靠地运用着政治权力。其方式有:①资本家通过各种方式来直接收买官吏,使之为自己服务。美国历来是这方面典型的例子。②政府和交易所结成联盟。这方面存在着一个因果关系链:国家的公债愈增长,股份公司愈能控制生产本身并把交易所变成自己的中心,这一联盟就愈容易实现。

在民主共和国中,资产阶级直接通过普选制来统治。鉴于工人运动中的机会主义者的错误往往同普选制问题有关,所以恩格斯很重视研究普选制对于工人运动的意义。他的基本结论是:"普选制是测量工人阶级成熟性的标尺。"②当工人阶级还没有成熟到能够解放自己,即当他们中的大多数人仍承认现存社会秩序是唯一可能的秩序的时候,这个阶级在政治上只能是资产阶级的尾巴,构成资产阶级政治中的极左翼。反之,当工人阶级成熟到能够自己解放自己的时候,它就能建立自己独立的政党即共产党,选举自己的而不是资本家的代表了。在资产阶级国家里,除了这种测量标尺的意义外,普选制不能而且永远不会提供更多的东西。否认这种测量标尺作用,根本拒绝利用资产阶级普选制的态度,或者企图向这种普选制要求更多东西的态度,都是机会主义的态度,对工人运动都是有害的。

八、国家和法的消亡

国家和法是历史的范畴,在历史发展的一定阶段上产生,有一天也将在历史发展的更高阶段上消亡。同样,国家和法也是阶级的范畴,它们在私有制和阶级出现以后,作为统治阶级专政的工具应运而生,将来又会因私有制和阶级的消灭而退出历史。恩格斯在《家庭、私有制和国家的起源》一书中,非常精湛地概括了国家和法运行的这一历史进程。他说:"国家并不是从来就有的。曾经有过不需要国家,而且根本不知国家和国家权力为何物的社会。在经济发展到一定阶段而必然使社会分裂为阶级时,国家就由于这种分裂而成为必要了。现在我们正在以迅速的步伐走向这样的生产发展阶

---

① 《马克思恩格斯全集》第21卷,第196页。
② 同上书,第197页。

段,在这个阶段上,这些阶级的存在不仅不再必要,而且成了生产的直接障碍。阶级不可避免地要消失,正如它们从前不可避免地产生一样。随着阶级的消失,国家也不可避免地要消失。以生产者自由平等的联合体为基础的、按新方式来组织生产的社会,将把全部国家机器放到它应该去的地方,即放到古物陈列馆去,同纺车和青铜斧陈列在一起。"①法与国家同步地产生,亦将同步地消亡。

① 《马克思恩格斯全集》第 21 卷,第 197—198 页。

第八章　恩格斯《路德维希·费尔巴哈和德国古典哲学的终结》①

【写作的历史背景】

　　《路德维希·费尔巴哈和德国古典哲学的终结》(简称《费尔巴哈论》)一书,写于1886 年。最先,这部著作发表在德国社会民主党的机关刊物、理论周刊《新时代》杂志1886 年第4—5 期上。1888 年,恩格斯对它作了修订并撰写序言,同时还把新发现的马克思遗稿、被恩格斯称为"包含着新世界观的天才萌芽的第一个文件"的《关于费尔巴哈的论纲》附后,于斯图加特出版单行本。《费尔巴哈论》初次发表距《家庭、私有制和国家的起源》仅两年,因此它们的一般历史背景没有很大的差别。这里,仅扼要说明一下恩格斯在该书单行本序言中所谈的写书原因。

　　恩格斯撰写《费尔巴哈论》的首要动因,是为了系统地阐明马克思主义哲学同德国古典哲学与费尔巴哈哲学之间的关系。以康德和黑格尔为主要代表的德国古典哲学是马克思主义的理论来源之一。它一开始就深深地影响着马克思和恩格斯。此外,如同恩格斯所说,"要完全承认,在我们那个狂风暴雨时期,费尔巴哈给我们的影响比黑格尔以后任何其他哲学家都大"②。而这一切,从马克思主义形成算起,距当时已有 40余年了。此间,马克思和恩格斯二人一直没有找到机会来向世人公开地、全面地论证自己与康德、黑格尔及费尔巴哈等人哲学(包括法哲学)究竟有什么关系,也就是他们"怎样从这一哲学出发并且怎样同它脱离"③的。但是,马克思和恩格斯在其一生中,一直牢记着要偿还这"一笔信誉债"。早在他们 1845 年合作撰写的《德意志意识形态》一书中,就曾经以批判青年黑格尔派的方式,作过较为详细的论述,但此书并没有出版。从那时候起,他们再也没有回到这个题目上来。特别是马克思逝世后,已处于晚年的恩格斯决心完成这项严肃而重大的任务。

　　其次,恩格斯撰写《费尔巴哈论》还有其重要的现实原因。对此,他在讲到当时的情况时说:"这期间,马克思的世界观远在德国和欧洲境界以外,在文明世界的一切语

　　① 载于《马克思恩格斯全集》第 21 卷。
　　② 同上书,第 412 页。
　　③ 同上书,第 412 页。

言中都找到了代表。另一方面,德国的古典哲学在国外,特别是在英国和斯堪的那维亚各国,好像有点要复活的样子。甚至在德国,各大学里借哲学名义来施舍的折中主义残羹剩汁,看来已惹得人人都讨厌起来了。"①就是说,马克思主义获得广泛传播,遇到了资产阶级的抵抗。这些人站在反动立场上极力复活德国古典哲学中落后和保守的东西,有的还别有用心地把马克思主义世界观同康德、黑格尔和费尔巴哈的哲学混为一谈。在德国,60 年代至 70 年代兴起一股新康德主义思潮。这个学派的倡导者 O. 李普曼教授在所著《批判的论述:康德和模仿者》一书中,率先提出"回到康德那里去"的口号。F. 朗格在《唯物主义史》一书中则以赞颂马克思为掩护,借着批判庸俗唯物主义而彻底否定唯物主义。他们实际上是要抛弃康德哲学中的唯物主义成分,而肆意扩张他的不可知论与二元论,用康德的道德学说即被伪造的"伦理社会主义"反对科学社会主义,用康德的资产阶级自由主义反对无产阶级革命和无产阶级专政。

于新康德主义出笼的前后,先在英国继而在美国又兴起一股新黑格尔主义思潮。其代表人物有:英国的《黑格尔的秘密》的作者 J. H. 斯特林、《关于政治义务原理的讲演》的作者 T. H. 格林、《国家的哲学理论》的作者 B. 鲍桑葵等,美国的 Y. T. 哈利斯、H. C. 布罗克迈尔等。他们用主观唯心主义替代黑格尔的客观唯心主义,尤其热衷于宣扬唯意志论与英雄史观;抛弃黑格尔的辩证法,把它说成是自相矛盾的混乱观念。但更突出的还在于,他们把黑格尔的国家主义法哲学奉若至宝,竭力将它曲解为极权主义的理论,高喊"国家至上""民族至上"的口号。如哈利斯 1867 年在其主编的《思辨哲学杂志》发刊词中声称:"现在,他们达到了另一[不同于自由主义]本质阶段的意识,每一个人都承认他的本质方面属于国家本身,公民的自由并不在于纯粹的任性,而在于在现行法律中得到表现的生命的实现。对国家的生命的这个新阶段需要细加领会和理解。"就是说,新黑格尔主义的旨趣,在于让人们盲目地服从正在向垄断资本主义转化的国家和法的统治。新黑格尔主义在北欧的主要代表者,有瑞典的博斯特隆、挪威的蒙德拉、丹麦的郭尔凯郭尔诸人。这些资产阶级思潮直接涉及人们对马克思主义理论渊源的理解,同时对国际工人运动,特别是德国党也形成了一定的威胁。在这种情况下,恩格斯决不会坐视不理。恰在此时,《新时代》杂志编辑部请求恩格斯写一篇文章,评论丹麦哲学家施达克所著《路德维希·费尔巴哈》一书。恩格斯欣然应允,借此机会写成《路德维希·费尔巴哈和德国古典哲学的终结》这部著作。

《费尔巴哈论》的主要内容是,它系统阐述了马克思主义哲学(辩证唯物主义与历史唯物主义)同德国古典哲学(尤其是黑格尔哲学)和费尔巴哈哲学的关系;在总结全部哲学史的基础上,提出了哲学基本问题即"思维和存在的关系问题"的理论;对马克思主义历史观,特别是国家观与法律观,作出了整体的概括。所以,它也是对马克思主义哲学 40 余年发展史的总结。

---

① 《马克思恩格斯全集》第 21 卷,第 411—412 页。

《费尔巴哈论》既是一部马克思主义哲学的经典著作,也是一部马克思主义法学的经典著作。1890 年恩格斯在给约·布洛赫的信中说:"我也可以向您指出我的《欧根·杜林先生在科学中实行的变革》和《路德维希·费尔巴哈和德国古典哲学的终结》,我在这两部书里对历史唯物主义作了就我所知是目前最为详尽的阐述。"①后来,列宁在《马克思主义的三个来源和三个组成部分》的论文里也强调了该书的意义,指出:"在恩格斯的著作《路德维希·费尔巴哈》和《反杜林论》里最明确最详尽地阐述了他们的观点,这两部著作同《共产党宣言》一样,都是每个觉悟工人必读的书籍。"②从法学的方面来说,《费尔巴哈论》既充实了马克思主义法学的理论基础,也对马克思主义法学的基本原理,尤其是法哲学作了精辟的概括。

【主要法学论点】

一、剖析黑格尔法哲学的一个著名命题

黑格尔在他的法哲学巨著《法哲学原理》序言中,提出一个非常有名的命题:凡是合乎理性的东西都是现实的;凡是现实的东西都是合乎理性的东西。在德国,这个命题引起了强烈的反响。保守的和激进的人们都纷纷站出来表示自己的态度。普鲁士王国大臣阿尔腾施向黑格尔表示祝贺,说这个命题可以使人民群众不致染上对于普鲁士国家现实一概弃置不顾的"狂妄心理"。黑格尔的论敌则愤怒地攻击说,黑格尔这种法哲学观点是"毒菌",它不是长在科学的花园里,而是长在阿谀奉承的粪堆上,拜倒在普鲁士统治者的皮鞭之下。实际上,这两种相互对立的观点,都出自相同的浅薄的头脑。他们没有把握住黑格尔这句名言的真正意蕴。

《费尔巴哈论》指出,这一命题体现了黑格尔法哲学的二重性。确实,从字面上理解,它是替德国国家制度的现状作辩护的,"把现存的一切神圣化,是在哲学上替专制制度、替警察国家、替王室司法、替书报检查制度祝福"③。但是,仅看到这一面,那就抹煞了该命题中包含的革命辩证法的因素。按照黑格尔的观点,现实和现存并不等同,现存的东西不一定具有现实性。现实性属于那同时具有必然性的东西。也就是说,只有符合历史规律的东西,才是现实的、合理的。反之,违背历史规律的东西都不是现实的、合理的,从而就失去了自身继续存在的权利,注定要灭亡。黑格尔说:"一个坏的国家是一个仅仅实存着的国家,一个病躯也是实存着的东西,但它没有真实的实在性。一只被砍下来的手看来依旧像一只手,而且实存着,但毕竟不是现实的。真实的现实

---

① 《马克思恩格斯全集》第 37 卷,第 462 页,北京,人民出版社,1971。

② 《列宁全集》第 23 卷,第 2 页。

③ 《马克思恩格斯全集》第 21 卷,第 306 页。

性就是必然性,凡是现实的东西,在其自身中是必然的。"①根据这个意思,当前的这个普鲁士王国,仅在它所具有的某种必然性的范围内是合理的,在此范围以外就是不合理的。

恩格斯在阐述黑格尔的这一命题时,清楚地指出:"现实性决不是某种社会制度或政治制度在一切环境和一切时代所固有的属性。"②他举例说,当年的罗马共和国是现实的,但代替它的罗马帝国也是现实的。在法国,封建专制君主制曾有过其现实性即存在的合理性;但到了1789年它已变得极其不现实,终于被资产阶级大革命所推翻。恩格斯除掉黑格尔命题的神秘和晦涩的外衣,而汲取其辩证的发展思想,系统地指出:"在发展的进程中,以前的一切现实的东西都会成为不现实的,都会丧失自己的必然性、自己存在的权利、自己的合理性;一种新的、富有生命力的现实的东西就会起来代替正在衰亡的现实的东西——如果旧的东西足够理智,不加抵抗即行死亡,那就和平地代替;如果旧的东西抵抗这种必然性,那就通过暴力来代替。这样一来,黑格尔的这个命题,由于黑格尔的辩证法本身,就转化为自己的反面:凡在人类历史领域中是现实的,随着时间的推移,都会成为不合理的。因而按其本性来说已经是不合理的,一开始就包含着不合理性;凡在人们头脑中是合理的,都注定要成为现实的,不管它和现存的、表面的现实多么矛盾。按照黑格尔的思维方法的一切规则,凡是现实的都是合理的这个命题,就变为另一个命题:凡是现存的,都是应当灭亡的。"③虽然由于黑格尔所代表的德国资产阶级软弱性,使他不敢公开地揭露普鲁士国家的反动性和腐朽性。但是,黑格尔在国家和法问题上的进步倾向还是显而易见的。

二、国家主义——黑格尔法哲学的核心

在资产阶级的法律思潮中有两大分支,一是宣扬个人主义和自由主义的个人本位论,一是宣扬极权主义和国家主义的社会本位论。黑格尔是社会本位论,特别是国家主义的著名代表。他说国家是"伦理理念"(群体精神)的"最高现实",是"行进在地上的神"。因而,个人只有作为国家的成员,才有伦理性、真理性和现实性。为此,在黑格尔的法哲学体系中,国家学说处于核心地位,并成为社会历史中的决定性因素。

在《费尔巴哈论》中,恩格斯详细地分析了黑格尔法哲学体系的国家主义特点及其历史唯心主义性质。他说:"黑格尔的伦理学或关于伦理的学说就是法哲学,其中包括:①抽象的法;②道德;③伦理,其中又包括家庭、市民社会、国家。在这里,形式是唯心的,内容是现实的。"④按照黑格尔的说法,伦理的概念有正(肯定)、反(否定)、合(否

---

① [德]黑格尔:《法哲学原理》,第280页。
② 《马克思恩格斯全集》第21卷,第306页。
③ 同上书,第307页。
④ 同上书,第329页。

定之否定)三个发展阶段,其现实形态就是家庭、市民社会和国家。虽然从表面上看,家庭和市民社会先于国家而存在,但是它们却没有独立性。就是说,它们无非是国家把自身划分成的两个理想性的环节,一开始就表现着国家精神。因此,结论是显而易见的,即国家决定家庭和市民社会,而不是家庭和市民社会决定国家。黑格尔的法哲学及其国家主义观点的根本错误,恰恰就表现在这里。早在《黑格尔法哲学批判》一书中,马克思就指出,国家决定家庭和市民社会的观点是集法哲学和黑格尔全部哲学的神秘主义之大成。"政治国家没有家庭的天然基础和市民社会的人为基础就不可能存在。它们是国家的必要条件。但是在黑格尔那里条件变成了被制约的东西,规定其他东西的东西变成了被规定的东西。产生其他东西的东西变成了它的产品的产品。"①尤其是在《〈政治经济学批判〉序言》中,马克思进一步讲到:"我的研究得出这样一个结果:法的关系正像国家的形式一样,既不能从它们本身来理解,也不能从所谓人类精神的一般发展来理解,相反,它们根源于物质的生活关系,这种物质的生活关系的总和,黑格尔按照十八世纪英国人和法国人的先例,称之为'市民社会',而对市民社会的解剖应该到政治经济学中去寻求。"②现在,恩格斯重申马克思批判黑格尔法哲学这一根本点,即"国家,政治制度是从属的东西,而市民社会,经济关系的领域是决定性的因素"③。当然,恩格斯指出黑格尔法哲学的"内容是现实的"这另外一面,也是极为重要的。黑格尔作为伟大的辩证法家,他有强烈的历史感。也就是说,他总是把国家和法置于特定的历史条件之下进行思考,并力图揭示其客观运行的规律性。这一点又是可贵的。

三、法由经济关系所决定又服务于经济关系

国家和法属于性质相同的社会上层建筑现象,国家同社会经济基础的关系怎样,法同社会经济基础的关系也就怎样。恩格斯在谈到这个问题时,指出,"如果说国家和公法是由经济关系决定的,那么不言而喻,私法也是这样"④。

公法决定于经济关系,是显而易见的。因为,既然国家本身由经济关系所决定,那么关于规定国家制度、行政机构及公民权利义务等内容的公法(国家法),当然也是由社会经济关系决定的。

以调整私有制为核心的私法,"本质上只是确认单个人之间的现存的、在一定情况下是正常的经济关系"⑤。即,私法也来源于一定的客观经济关系。至于私法对于现存

---

① 《马克思恩格斯全集》第1卷,第252页。
② 《马克思恩格斯全集》第13卷,第8页。
③ 《马克思恩格斯全集》第21卷,第345页。
④ 同上书,第346页。
⑤ 同上书,第346页。

经济关系的确认,正是法为经济关系服务的体现。在资本主义制度下,这种确认,有两种典型形式:①君主立宪制英国的民法。它是"把旧的封建法权形式的很大一部分保存下来,并且赋予这种形式以资产阶级的内容,甚至直接给封建的名称加上资产阶级的含意,就像在英国与民族的全部发展相一致而发生的那样"①。②在欧洲大陆,"把商品生产者社会的第一个世界性法律即罗马法以及它对简单商品所有者的一切本质的法律关系(如买主和卖主、债权人和债务人、契约、债务等等)所作的无比明确的规定作为基础"②。这种确认形式,又有三种情况:其一,简单地通过审判实践来贬低罗马法,使之适合于这种社会的状况。中世纪后期的德国开展的"采用罗马法"运动,就是如此。当时,为了适应资本主义经济的逐渐成长,封建统治者便借助法院判决改造罗马法,让它同封建的习惯法相结合。如,1495 年德国皇帝麦克米伦一世就曾设立帝国法院,并宣布罗马法为"普通法"。其二,依靠所谓开明的、满口道德说教的法学家的帮助,把罗马法改造成一种适合该社会状况的特殊法典,如 1794 年的《普鲁士国家法》。18 世纪后期,普鲁士国王菲特烈二世奉行"开明专制主义"的改革,并着手制定普鲁士法典;至 1794 年,菲特烈·威廉二世颁布了这一法典。1803 年又加以修订。德国统一后,其才为新法典,尤其是 1900 年民法典所代替。其三,在资产阶级大革命以后,以同一个罗马法为基础,创造了像法兰西民法典那样典型的资产阶级社会的法典。《法国民法典》即《拿破仑法典》,推动着法国的法律统一,以新的资本主义法替代腐朽的封建法;为资本主义经济发展开拓了广阔道路。虽然罗马法产生于奴隶社会,但由于它是以私有制为基础的法律的最完备的形式,所以也能够成为资产阶级法律的基础。

继而,恩格斯又指出:"如果民法准则只是以法律形式表现了社会的经济生活条件,那么这种准则就可以依情况的不同而把这些条件有时表现得好,有时表现得坏。"③好与坏的标准,就看它是否有利于当时还是先进的资本主义经济的发展。《法国民法典》就是表现得好的法典;而比它稍晚一点的《普鲁士邦法》则是表现得差的法典。这主要是因为两者制定时的历史条件完全不同,所代表的阶级本质也不同。《法国民法典》是在资产阶级大革命比较彻底地摧毁封建制度的条件下制定的,而《普鲁士邦法》却是 18 世纪末普鲁士封建专制国家的产物。前者是"典型的资产阶级社会的法典";后者是依靠所谓开明的满口道德说教的法学家的帮助,把它改造为一种适应这种落后社会状态的特殊法典,它在当时"即使从法学观点看来也是不好的"④。首先,制定《普鲁士邦法》的做法,只考虑到了小资产阶级和半封建的社会的利益,而妨碍了资本主义商品货币经济的发展。再者,就立法技术而论,《法国民法典》一向以准确和明晰而著称;相反,《普鲁士邦法》则冗长、繁琐、庞杂和模糊。最后,从法律的效果上看,《法国民

① 《马克思恩格斯全集》第 21 卷,第 346 页。
② 同上书,第 346 页。
③ 同上书,第 347 页。
④ 同上书,第 347 页。

法典》颁布后,迅速地结束了法国从中世纪以来法律不统一的落后局面;相反,在实施《普鲁士邦法》的地方,法律仍不统一,国家依然保持着四分五裂的割据状态。

在《费尔巴哈论》中,恩格斯还揭示了一个非常重要的事实。即在资产阶级法学家们那里,往往看不到法同经济状况之间的联系。因为,在他们眼里,经济事实要得到合法的地位,必须采取法律的形式,使之获得法律的承认,否则便是不合法的经济事实。于是人们在从事每项经济活动之先,就要考虑是否合乎法律的规定。久而久之,在他们头脑中就形成了一种错误的观念:不是经济基础决定国家和法,倒是法决定着经济基础;现在,法律形式就是一切,而经济内容则没有独立的地位。针对这种现象,恩格斯说:"法学家以为他是凭着先验的原理来活动,然而这只不过是经济的反映而已。"①其实,有关社会经济活动的所有法律条文,无不是由社会上占统治地位的那种经济关系(经济基础)所规定的。某种经济活动合法与否,归根到底取决于它符不符合现实的经济基础。

四、费尔巴哈伦理观的错误

恩格斯指出,费尔巴哈的最大功绩在于他批判了黑格尔的唯心主义哲学,恢复了唯物主义的权威。但同时也指出了费尔巴哈的局限性。恩格斯说,费尔巴哈"作为一个哲学家,也停留在半路上,他下半截是唯物主义者,上半截是唯心主义者"②。特别是当他去探讨历史的时候,他决不是一个唯物主义者。"我们一接触到费尔巴哈的宗教哲学和伦理学,他的真正的唯心主义就显露出来了。"③

费尔巴哈的伦理观的出发点,是抽象的、自然的人。他认为追求幸福的欲望是人生而具有的,因此他把这作为一切道德的基础。以此为根据,费尔巴哈提出了关于道德的两项基本原则:①对己要进行合理的自我节制。②对人要有永恒的爱。费尔巴哈的这种伦理观,在资本主义社会里是根本不可能实现的。

在阶级社会中,社会经济关系直接表现为阶级关系。由于经济利益不同,各阶级都有自己的道德观念和道德标准。这说明,阶级社会中的道德具有鲜明的阶级性,根本不存在抽象的超阶级的统一道德。只有从这样的观点出发,才能把握道德的本质。恩格斯对费尔巴哈的两项基本道德原则的批判,正是本质性的批判。

费尔巴哈主张一个人要正确地估计自己追求幸福行为的后果,对自己的行为要合理地节制。恩格斯分析说,当一个人专为自己打算的时候,他追求幸福的欲望只有在非常罕见的情况下才能得到满足,而且决不可能是对人、对己都有利。费尔巴哈离开人的社会性,抽象地考察人与人间的相互关系,而根本不去考虑人生活在其中的社会

---

① 《马克思恩格斯全集》第37卷,第488页。
② 《马克思恩格斯全集》第21卷,第335页。
③ 同上书,第326页。

还存在着大量的经济和政治的关系，不了解道德与这些社会事实的联系。须知，在社会中生活的人，需要与外部世界往来，需要满足这种欲望的手段。尤其在资本主义社会，除了赤裸裸的利害关系或冷酷无情的"现金交易"之外，其他关系都显得无关紧要；而科学、技术和文明是用社会日益增长的道德败坏的代价换来的。在这种情况下，谈论什么"个人合理的自我节制"，那只能是适合现代资本主义社会的需要。

费尔巴哈还主张，每个人都有追求幸福的平等权利的要求，并且这种要求适合于任何时代和任何情况。恩格斯则反问："在古代的奴隶和奴隶主之间，在中世纪的农奴和领主之间，难道谈得上追求幸福的平等权利吗？"①在那种时代，被压迫阶级追求幸福的欲望遭到统治阶级冷酷无情的和以某种所谓"正当理由"为借口而实行的扼杀，成了统治阶级追求幸福欲望的牺牲品。这就是奴隶制社会、封建制社会的历史。在资本主义社会，权利平等的观念口头上是被承认了。资产阶级在反对封建专制的斗争和在资本主义生产的过程中，不得不废除一切等级的、个人的特权，资本主义经济关系要求这种自由和平等。由资本主义经济关系所决定的资产阶级的权利平等观念，也在资产阶级法律中得到了体现。最初是在私法方面实行个人在法律上的平等权利，那主要是反映资产阶级发展工商业利益的要求。资产阶级的民商法，正是主体要求的体现。在资产阶级取得政权以后，逐渐地在公法方面也规定了个人在法律上的平等权利，这特别表现在资产阶级的宪法原则上。其中，尤以法国《人权宣言》最明显。尽管资产阶级承认个人的平等权利，但是在资本主义社会，人们追求幸福的欲望只有极小一部分可以靠理想的权利来实现，而其余的绝大部分则要靠物质的手段来实现。资产阶级只是在自己的财富中分出极少的一部分来满足广大劳动人民的最低限度的生活水平。绝大多数权利平等的人们，仅有最必需的东西勉强维持生活。在这种情况下，"资本主义对多数人追求幸福的平等权利所给予的尊重，即使一般说来多些，也未必比奴隶制或农奴制所给予的多"②。

费尔巴哈的伦理学是资产阶级的伦理学。按照他的道德论，资产阶级的证券交易所就是最高的道德殿堂。费尔巴哈空谈爱的权利、爱的原则，似乎爱可以帮助他克服实际生活中的一切困难，而根本不考虑人们是生活在一个分成利益直接对立的阶级的社会里。他所说的是抽象的人的抽象的爱，是在重弹资产阶级人性论的老调子。

最后，恩格斯简单扼要地指出："费尔巴哈的道德论是和它的一切前驱者一样的。它适用于一切时代、一切民族、一切情况；正因为如此，它在任何时候和任何地方都是不适用的，而在现实世界面前，是和康德的绝对命令一样软弱无力的。"③

---

① 《马克思恩格斯全集》第 21 卷，第 332 页。
② 同上书，第 332 页。
③ 同上书，第 333 页。

第二编

列宁著作

第九章　列宁《国家与革命》①

【写作的历史背景】

《国家与革命》是列宁在国际无产阶级革命运动日趋高涨,俄国十月社会主义革命即将爆发的前夕,马克思主义同第二国际修正主义者进行激烈斗争的情况下,于1917年8月至9月间写成的。列宁在《初版序言》中概述了本书写作的具体历史背景。

19世纪末20世纪初,资本主义发展到帝国主义阶段。帝国主义各国为了重新瓜分世界,争夺势力范围,1914年爆发了第一次世界大战。列宁指出:"帝国主义战争大大加速和加剧了垄断资本主义变为国家垄断资本主义的过程。"②国家垄断资本主义对广大劳动人民进行了空前残酷的剥削和压迫,无产阶级反对垄断资产阶级的革命运动此起彼伏,蓬勃发展。德、法、英等国家的无产阶级掀起了波澜壮阔的反战运动和罢工运动,东方殖民地和半殖民地国家,如印度、朝鲜、越南、中国、波斯等国家民族解放运动也获得巨大发展,帝国主义殖民体系的危机日益加剧。这些表明了,马克思和恩格斯所渴望的国际无产阶级革命形势已经出现。列宁指出:"国际无产阶级革命正在显著地发展。这个革命对国家的态度问题,已经具有实践的意义了。"③

在当时的俄国,反对帝国主义的侵略战争,反对沙皇统治的斗争更为突出。沙皇俄国是帝国主义一切矛盾的集合点,是世界帝国主义链条上最薄弱的环节。沙皇的残酷、野蛮的压迫更为突出,俄国孕育着革命的程度比任何其他国家都大。1917年3月(俄历二月),俄国无产阶级和劳动群众在布尔什维克的领导下利用帝国主义战争所引起的革命形势,举行罢工和起义,推翻沙皇政府,取得二月资产阶级民主革命的胜利,建立了工兵代表苏维埃。二月革命后,俄国出现了两个政权并存的局面,一个是资产阶级临时政府,一个是工兵代表苏维埃。但是,由于孟什维克和社会革命党的机会主义面目还没有被人识破,在群众中还有一定的影响,他们便利用布尔什维克在街头领导群众直接斗争的机会,趁机在苏维埃中组成了多数,向临时政府妥协,并同它相互勾结,镇压布尔什维克和无产阶级。7月,这种勾结更加明显。如资产阶级联合临时政府下令逮捕列宁,迫害布尔什维克的其他领导人,封闭《真理报》并捣毁其编辑部,解除赤

---

① 载于《列宁全集》第31卷。
② 同上书,第1页。
③ 同上书,第1页。

卫队的革命武装,摧毁革命组织,疯狂镇压革命运动。但是,这一系列的事实也教育了群众,提高了群众的认识和觉悟。在布尔什维克党的领导下,广大工人发动罢工,把资本家赶出工厂,夺取了企业管理权;农民进行暴动,烧毁了地主庄园,驱逐地主,夺取土地。这一切表明,俄国政治形势已发生了根本的转变。武装夺取政权,推翻资产阶级临时政府,建立无产阶级领导的苏维埃,是无产阶级和布尔什维克党的最迫切任务。正如列宁所指出的,"无产阶级社会主义革命对国家的态度问题不仅具有政治实践的意义,而且具有最迫切的意义"①。

自 19 世纪末,以伯恩施坦、考茨基为首的第二国际修正主义者,歪曲和阉割马克思主义的革命理论,对马克思主义进行全面的歪曲和修正,而关于国家和革命理论方面的两条路线的斗争尤其尖锐。机会主义者千方百计掩盖帝国主义矛盾,宣扬议会道路,鼓吹资本主义可以"和平长入"社会主义。他们站在社会沙文主义立场上,提出"保卫祖国"的口号,积极支持帝国主义战争,掩盖帝国主义侵略战争的罪恶目的,反对无产阶级革命。列宁站在无产阶级国际主义立场上,坚持马克思主义革命理论,反对帝国主义战争,提出"变帝国主义战争为国内战争"的口号,主张武装夺取政权,建立无产阶级专政。但是,在修正主义歪曲马克思主义的风气空前流行的时候,列宁认为:"我们的任务首先就是要**恢复**真正的马克思的国家学说。"②"如果不同'国家'问题上的机会主义偏见作斗争,使劳动群众摆脱资产阶级影响,特别是摆脱帝国主义资产阶级影响的斗争就无法进行。"③

为了捍卫马克思、恩格斯的国家学说,批判第二国际修正主义的影响,1916 年秋至1917 年初,列宁在侨居瑞士时,就对国家问题作了充分的理论上的准备。他阅读了马克思、恩格斯有关国家问题的大量著作,同时也翻阅了第二国际伯恩施坦、考茨基等人的有关书籍。1917 年 1 月至 2 月间,写出《马克思主义论国家》④的读书笔记。同年 8月至 9 月间,列宁在极端困难和危险的情况下,在匿居俄芬边界的芬兰拉兹里夫车站附近的草棚里,利用在瑞士研究的成果,完成了《国家与革命》这部名著。该书深刻地总结了国际无产阶级革命的经验,特别是俄国 1905 年革命和 1917 年 2 月革命的经验,透彻地回答了革命所面临的问题,把马克思主义国家和法的学说推向一个新的阶段。

《国家与革命》共有六章。第 1 章是全书的理论基础,从国家的起源、特征和作用等方面论证了马克思主义对待国家的基本态度。第 2、3、4 章考察和总结马克思和恩格斯关于暴力革命、打碎资产阶级国家机器及建立无产阶级专政国家思想的形成和发展,并依据帝国主义时期的新情况、新特点进一步论述和发展了这一思想。第 5 章主要阐述从资本主义到共产主义整个历史时期必须坚持无产阶级专政,论证了社会主义

---

① 《列宁全集》第 31 卷,第 2 页。
② 同上书,第 5 页。
③ 同上书,第 2 页。
④ 载于同上书。

法存在的历史必然性及无产阶级国家和法消亡的条件。该章集中体现了列宁对马克思主义国家和法的学说的新贡献。第 6 章揭露和批判了普列汉诺夫、伯恩施坦、考茨基等人对马克思主义国家学说的背叛,指出在帝国主义时代,在无产阶级革命即将到来的时刻,必须肃清国家问题上的机会主义理论,捍卫马克思、恩格斯国家与法理论的纯洁性。

【主要法学论点】

一、国家是阶级矛盾不可调和的产物和表现

列宁根据恩格斯《家庭、私有制和国家的起源》一书对国家起源和本质的论述,进一步作了高度的概括和发挥。他说:"国家是阶级矛盾**不可调和**的产物和表现。在阶级矛盾客观上**不能调和**的地方、时候和条件下,便产生国家。反过来说,国家的存在证明阶级矛盾不可调和。"①

资产阶级和小资产阶级思想家,宣扬阶级调和论,说国家是"阶级调和的机关","国家正是用来调和阶级的"。列宁尖锐地指出:"国家是阶级**统治**的机关,是一个阶级**压迫**另一个阶级的机关,是建立一种'秩序'来抑制阶级冲突,使这种压迫合法化、固定化。"②但是,在他们看来抑制或缓和冲突就是调和。这不过是采用诡辩的伎俩否认国家的实质。抑制或缓和冲突,是指当阶级矛盾发展到采取暴力冲突时,统治阶级利用国家机器镇压被压迫阶级,解除其武装,被统治阶级因为种种原因暂时被镇压下去,统治阶级继续维持自己的统治。在这种情况下,公开尖锐的武装斗争的形式,采取了隐蔽的非暴力的形式。从这个意义上说,阶级矛盾得到了暂时的某种程度的缓和。但是,阶级对立是绝对不能调和的,缓和仅是暂时的、表面的现象。缓和与调和虽然是一字之差,却有着质的不同。资产阶级与小资产阶级把国家在一定时候抑制或缓和阶级矛盾,硬说成是国家可以调和阶级矛盾,其目的是以此来歪曲马克思主义国家学说。

第二国际修正主义者考茨基歪曲马克思主义国家学说,所采取的手法是抽象肯定、具体否定的诡辩术。它不否认国家是阶级统治的机关,也不否认阶级矛盾是不可调和的。但是却抹煞了被压迫阶级的解放必须通过暴力革命打碎国家机器这一重要原理。列宁指出:"被压迫阶级要求得解放,不仅非进行暴力革命不可,**而且非消灭统**治阶级所建立的、体现这种'异化'的国家政权机构不可。这……是马克思对革命的任务作了具体的历史的分析后十分明确地得出来的。"③

---

① 《列宁全集》第 31 卷,第 6 页。
② 同上书,第 6 页。
③ 同上书,第 7 页。

国家为什么能成为阶级统治的工具呢？恩格斯曾指出,这是由国家所具有的两个特征所决定的。列宁着重论述了第二个特征,即特殊公共权力的建立。他指出,"常备军和警察是国家政权的主要强力工具"①。常备军是国家特殊的武装队伍,完全不同于氏族社会的居民自动武装组织。居民自动武装组织是由全体氏族成员组成的,它不脱离生产。特殊武装队伍是社会分裂为阶级以后,从居民自动武装中分离出来的,是统治阶级为镇压被统治阶级而建立的,是脱离生产、脱离人民,自居于社会之上,同社会脱离的一种力量。因此,"每次大革命在破坏国家机构的时候,我们都看到赤裸裸的阶级斗争,我们都清楚地看到,统治阶级是如何力图恢复替它服务的特殊武装队伍,被压迫阶级又是如何力图建立一种不替剥削者服务,而替被剥削者服务的新型的同类组织"②。欧洲和俄国历次革命的经验充分证明了这一点,当被剥削阶级起来推翻剥削阶级的反动统治时,剥削阶级总是竭力依靠反革命武装来维护自己的统治,而被剥削阶级求得解放夺取政权,也总是建立自己的革命武装队伍。可见,革命武装队伍是实现阶级统治的有力工具,是国家政权的支柱。但是,资产阶级学者和机会主义者却把这样一个浅显的道理庸俗化,说常备军和警察的出现是因为"社会生活复杂化""职能分化"的缘故,以此谬论来掩盖常备军和警察的实质,否定国家是阶级统治的工具。

列宁还根据恩格斯的论述,进一步阐明了剥削阶级暴力加强的规律。恩格斯指出,随着国内阶级矛盾的尖锐化,随着彼此相邻的各国的扩大和他们人口的增加,"公共权力"就日益加强。列宁进一步分析说,恩格斯的论述基于这样一种状况:在当时是资本主义正向帝国主义转变,资产阶级垄断、银行的无限权力和大规模的殖民政策,在法国还刚刚开始,其他一些国家就更差一些。但是,到了20世纪20年代初,竞争的侵略者得到了巨大发展,海陆军备无限增长,"对社会一切力量的'吞食'快要酿成大灾大难了"③。随着国内阶级矛盾日益尖锐化和对外侵略扩张的需要,资产阶级不断扩大它的军事官僚机构,这就是剥削阶级暴力发展的规律和必然趋势。第二国际修正主义者,面对帝国主义疯狂的加强其反革命暴力和镇压革命人民的罪恶行径,却站在社会沙文主义立场上,提出了"保卫祖国"的口号。列宁对此一针见血地指出,他们是用"'保卫祖国''保卫共和国和革命'等等词句来掩盖他们维护'自己'资产阶级强盗利益的行为"④。

国家是哪个阶级实行统治的工具?列宁根据经济基础和上层建筑相互关系的学说,论述了剥削阶级国家必然是在经济上占统治地位的阶级用来镇压被压迫阶级的工具。也就是说,国家的性质归根结底是由经济基础决定的,有什么样的经济基础就有什么性质的国家,哪个阶级在经济上占统治地位,它必然在政治上也占统治地位,并借

---

① 《列宁全集》第31卷,第8页。

② 同上书,第9页。

③ 同上书,第10页。

④ 同上书,第10页。

助国家获得镇压和剥削被压迫者的新手段。例如,在奴隶制社会里,奴隶主占有生产资料和奴隶,在经济上占着统治地位,国家的性质就是奴隶主阶级专政;在封建制社会里,由于地主占有土地,剥削广大农民,国家性质就是封建地主阶级专政;在资本主义社会,资本家占有生产资料,剥削雇佣工人,国家的性质就是资产阶级专政。恩格斯还指出,但也有例外的时期,当互相斗争的各个阶级达到势均力敌的时候,国家权力作为表面上的调停人,暂时独立于两个阶级之外。列宁补充说,共和制俄国的克伦斯基政府就是如此。但是,这决不是说此时国家已不是阶级统治的工具了,而是从表面上看似乎是两个阶级的调停人,实质上并非如此。

列宁又着重分析了资产阶级民主共和国的实质,论证了资产阶级民主共和国是资产阶级剥削无产阶级和广大人民的更可靠的政治形式。在封建制国家里,财富是直接运用它的权力的,人们的政治地位是按照地产来排列的,即按占有土地和财富的多寡来划分。如皇帝是全国最大的地主,在政治上是国家最高的统治者;下属诸侯,则是该地区最大的地主,又是该地区最高的统治者。这种统治形式,形成了封建社会的等级制度。但是,在资产阶级民主共和国内,财富是间接的统治。资产阶级宣扬的是法律面前人人平等,搞普选、议会制,似乎在这里已不存在财产差别。但是,在这种国家中,财富更可靠地运用它的权力。

列宁在帝国主义新形势下,结合俄国二月革命的实践指出,资产阶级临时政府的部长们,竭力帮助资本家掠夺人民和借军事订货盗窃国库,资本家对此则给他们高额"奖赏",这是直接收买官吏,还是间接收买官吏,已难以区分了。列宁说:"'财富'的无限权力在民主共和制下**更可靠**,是因为它不依赖政治机构的某些缺陷,不依赖资本主义的不好的政治外壳。民主共和制是资本主义所能采用的最好的政治外壳,所以资本一掌握(通过帕尔钦斯基、切尔诺夫、策列铁里之流)这个最好的外壳,就能十分巩固十分可靠地确立自己的权力,以致在资产阶级民主共和国中,无论人员、无论机构、无论政党的任何更换,都不会使这个权力动摇。"①可见,资产阶级民主共和制度其实质仍然是在经济上占统治地位的资产阶级进行统治的有力工具。但是,机会主义者却迷信资产阶级普选制度和议会,认为在资本主义制度下,普选制及其民主共和国,真正能够体现劳动者利益,能够改变国家的本质。列宁尖锐地指出:"普选制是资产阶级统治的工具。"②

二、无产阶级必须实行暴力革命,打碎资产阶级国家机器

国家作为一个历史现象有其产生、发展和消亡的客观规律。国家消亡的途径是什

---

① 《列宁全集》第31卷,第12页。
② 同上书,第12—13页。

么？恩格斯在《反杜林论》一书中作了极其精辟的论述。他说,资产阶级国家只能通过无产阶级革命废除它,唯有无产阶级国家才能自行消亡。但是,恩格斯这些极其丰富的论述,却遭到机会主义者的篡改。他们认为国家只能是通过缓慢的、平静的逐渐变化走向自行消亡,没有风暴和革命。

列宁根据恩格斯上述理论,在新的历史条件下发展了这一原理。他从下列五点进行了分析。

第一,列宁指出,恩格斯讲无产阶级将取得国家政权,"这样一来也消灭了作为国家的国家",而机会主义者往往不加思索地忽略这个论断的深刻含义。列宁强调指出:"实际上恩格斯在这里所讲的是以无产阶级革命来'消灭'**资产阶级**的国家,而他讲的自行消亡是指社会主义革命**以后无产阶级**国家制度残余。"①也就是说,资产阶级国家不会自行消亡,只能用暴力革命来消灭它,这是恩格斯对巴黎公社经验的总结。

第二,列宁指出,恩格斯的这一论断,是根据国家是"实行镇压的特殊力量"这一原理而得出的。资产阶级国家是资产阶级对无产阶级实行镇压的"特殊力量",应该由无产阶级对资产阶级实行镇压的特殊力量来代替,这就是"消灭作为国家的国家"。但是,这样的一种更替是决不能靠"自行消亡"来实现的。因为资产阶级决不会自动将政权交给无产阶级,自愿退出历史舞台。

第三,列宁十分明确地指出了恩格斯所说的自行消亡是"'国家以整个社会的名义占有生产资料'**以后**即社会主义革命**以后**的时期"②。无产阶级以暴力革命消灭资产阶级国家,建立无产阶级专政,对广大人民实行民主,变生产资料私有制为公有制,这样的国家才能自行消亡。同时,还要懂得,国家消亡也是民主的自行消亡。因为,民主是国家政权的一个重要方面。但是,无产阶级国家的消亡,必须先用暴力消灭资产阶级国家。

第四,列宁指出,恩格斯关于国家自行消亡的理论,既反对认为在 24 小时内就可以废除国家的无政府主义,又反对认为资产阶级国家可以经过缓慢的、平静的、逐渐变化的过程,没有飞跃和风暴而走向消亡的机会主义。第二国际修正主义者只承认前者,而蓄意抹煞后者。

第五,列宁指出,恩格斯对于暴力革命的作用和历史意义曾进行了真正的颂扬。认为它是每一个孕育着新社会的旧社会的催生婆;它是社会运动借以为自己开辟道路并摧毁僵死硬化的政治形式的工具。暴力革命和国家自行消亡的理论是密切联系、不可分割的严密整体。因为不采取暴力革命的手段摧毁资产阶级国家,建立无产阶级专政国家,就谈不到国家的自行消亡,但是,马克思主义关于暴力革命的理论,却被机会主义阉割了。他们空谈国家自行消亡,公开否认暴力革命在消灭资产阶级国家中的作

① 《列宁全集》第 31 卷,第 16 页。
② 同上书,第 17 页。

用,或者采用折中主义的手法割裂二者的辩证关系,取消其革命内容,把"自行消亡"论摆在首位。列宁针对机会主义对马克思主义暴力革命的歪曲,深刻地指出:"资产阶级国家由无产阶级国家(无产阶级专政)代替,**不能通过'自行消亡',根据一般规律,只能通过暴力革命。**"①"必须系统地教育群众**这样**来认识而且正是这样来认识暴力革命,这就是马克思和恩格斯**全部**学说的基础。"②

暴力革命或武装夺取政权是无产阶级革命的一般规律。但是,马克思主义在承认武装夺取政权是无产阶级革命的基本形式的同时,并不排除在一定条件下革命和平发展的可能性。一个国家的无产阶级能够通过和平发展的道路实现社会主义革命,可以减轻旧社会转化过程中的"阵痛"。不过,在国际共产主义运动的历史上,至今还没有无产阶级采用非暴力的道路取得政权的先例。

无产阶级武装夺取政权后,对待旧国家机器的态度是什么?列宁引证了马克思总结 1848 年—1851 年法国资产阶级革命经验所写的《路易·波拿巴的雾月十八日》一书中揭示资产阶级国家政权演变的趋势和实质的论述,来进一步说明这个问题。

资产阶级借助人民群众的力量推翻封建专制制度后,主要利用议会这种形式来进行阶级统治,于是先加强和完备议会权力。其后,随着无产阶级反对资产阶级的阶级斗争尖锐化,资产阶级便加强行政权力,使其行政权力臻于完备,这是资产阶级国家机器演变的一般情况。

从 1789 年法国大革命起,到 1852 年路易·波拿巴政变止,法国统治集团虽数次更迭,政权也依次地从一个集团转移到另一个集团手中,但是,"那些争夺统治权而相继更替的政党,都把这个庞大国家建筑物的夺得视为自己胜利的主要战利品"。所以,过去"**一切变革都是使这个机器更加完备,而不是把它摧毁**"③。无产阶级则必须"集中一切破坏力量"来打碎旧的国家机器。列宁对马克思关于打碎资产阶级国家机器这一重要结论,给予了高度评价,认为这个结论是"马克思主义国家学说中主要的基本的东西"④。但是,马克思这一重要结论却被第二国际考茨基之流加以背弃。考茨基认为,无产阶级只须以取得议会中多数的办法来夺取政权,而"不是破坏国家政权";并认为"铲除寄生虫国家是无政府主义"。列宁痛斥说,这是对马克思主义的绝对歪曲。

为什么一切剥削阶级革命可以直接地把官僚军事机器从一个阶级手里转移到另一个阶级手里,而无产阶级革命却必须把它彻底打碎呢?因为,历史上剥削阶级的革命,除奴隶主阶级是用私有制代替原始社会的公有制外,都是一种私有制度代替另一种私有制度。在那里,国家机器所建立的经济基础相同,它们的目的和任务相同,都是为了维护剥削制度、巩固剥削阶级专政。因而,一个剥削阶级在推翻另一个剥削阶级

---

① 《列宁全集》第 31 卷,第 19—20 页。
② 同上书,第 20 页。
③ 同上书,第 26 页。
④ 同上书,第 26 页。

而夺取政权后,就把旧的国家机器视为战利品,不需要打碎它,即可以继续运用。无产阶级革命则是用公有制代替私有制的革命。显而易见,建立在资本主义经济基础之上的资产阶级国家机器,决不会维护社会主义公有制,也根本不能成为无产阶级对资产阶级实行专政和进行社会主义革命、社会主义建设的工具。马克思指出,对于工人阶级来说,"奴役他们的政治工具不能当成解放他们的政治工具来使用"①。一言以蔽之,无产阶级革命必须彻底打碎资产阶级国家机器,是由无产阶级革命的性质和任务所决定的。

打碎资产阶级国家机器,主要打碎什么? 列宁根据马克思主义关于资产阶级国家机器的产生和演变过程的论述,指出打碎旧的国家机器,首先必须消灭资产阶级的常备军和官吏,因为"官吏和常备军是资产阶级社会身上的'寄生物'"②。它最能表现国家机器的特征,同资产阶级有着千丝万缕的联系,是资产阶级镇压人民的最重要的工具。所以,无产阶级在革命中一定要将力量集中在打碎它的军事官僚机构上。

列宁还进一步论证了马克思关于打碎资产阶级国家机器的理论具有普遍意义。马克思这一理论的提出是从法国资产阶级 1848 年革命实践中总结出来的。当时法国是一个典型的资产阶级专政的国家,那里阶级斗争的鲜明性和典型性,是当时欧洲其他国家所没有的。它表明了"整个资本主义世界所特有的那种发展过程"③。

到了帝国主义时期,资产阶级国家机器演变的特征,和法国 1848 年—1851 年间国家机器发展的过程基本相同,先形成其"议会权力",其后资产阶级政党和小资产阶级政党为瓜分官吏职位和争夺政权而进行激烈斗争,随即加强其行政权力,使其官僚军事机构日益完善起来。当垄断资本主义转变为国家垄断资本主义时,无产阶级反对资产阶级的斗争日趋尖锐,无论是在君主制的国家里还是在共和制的国家里,军事官僚机器都骇人听闻地扩大起来了。列宁总结说:"现在,全世界的历史无疑正在较之 1852 年广阔得无比的范围内,把无产阶级革命引向'集中自己的一切力量'去'破坏'国家机器。"④这一论断十分清楚地说明了,马克思主义关于无产阶级革命打碎资产阶级国家机器的理论在现代的条件下仍然是适用的。

三、无产阶级专政与社会主义民主

关于无产阶级专政的理论,是马克思、恩格斯根据无产阶级和资产阶级两大阶级的斗争实践和无产阶级在历史上的巨大作用而总结出来的。

列宁指出,在成熟的马克思主义的最初著作《哲学的贫困》和《共产党宣言》中就有

---

① 《马克思恩格斯全集》第 17 卷,第 642 页。
② 《列宁全集》第 31 卷,第 27 页。
③ 同上书,第 30 页。
④ 同上书,第 30—31 页。

许多关于国家问题的论述。马克思在《哲学的贫困》中写道,工人阶级在它发展的进程中,将创造一个消除阶级和阶级对立的联合体,来代替旧的资产阶级社会。继而,马克思和恩格斯合写的《共产党宣言》又指出,无产阶级变为统治阶级,争得民主,建立了自己的统治。对此,列宁分析道,"在这里我们看到马克思主义在国家问题上一个最卓越最重要的思想即'无产阶级专政'……这个思想的表述"①。也就是说,在这里马克思和恩格斯虽然没有直接用"无产阶级专政"这个词,但无产阶级专政这一思想却表述得十分明确。

列宁还分析了马克思主义关于无产阶级专政思想的科学依据。首先,列宁指出,马克思和恩格斯在《共产党宣言》中提出的无产阶级专政思想,是建立在阶级斗争学说的基础上的。无产阶级同资产阶级之间的你死我活的阶级斗争,贯穿于整个资本主义社会。当无产阶级采用暴力推翻资产阶级反动统治,夺取政权建立社会主义社会后,无产阶级同资产阶级的斗争并没有结束,不过是改变了阶级斗争的形式而已。因此,无产阶级必须建立自己的政权,镇压被推翻的阶级的反抗,组织和领导广大群众,建立新的经济制度,才能最终消灭阶级、实现共产主义。所以列宁说:"阶级斗争学说经马克思运用到国家和社会主义革命问题上,必然导致承认无产阶级的**政治统治**,无产阶级的专政,即不与任何人分掌而直接依靠群众武装力量的政权。"②第二国际修正主义者用阶级妥协的幻想,否认马克思主义阶级斗争的理论,必然导致在国家问题上否认无产阶级专政这一根本问题。列宁尖锐地指出,这是小资产阶级的空想。"它在实践中导致出卖劳动阶级的利益。"③其次,马克思、恩格斯关于无产阶级专政的思想,是同无产阶级在历史上的革命作用的全部学说密切联系在一起的。无产阶级在历史上的革命作用,是镇压剥削者的反抗,建立社会主义制度,教育和领导广大农民、小资产阶级和半无产阶级走社会主义道路。因此,无产阶级还必须建立以马克思主义为指导的无产阶级政党,成为引导全体人民夺取政权,反对资产阶级反抗,建立和组织新制度的"导师、领导者和领袖"。可见,马克思、恩格斯关于无产阶级专政思想的提出,决不是像第二国际伯恩施坦所说的是什么"假设"的事实或空想出来的,而是有充分的科学根据的。

1850 年,马克思在《法兰西阶级斗争》一书中明确提出社会主义就是"无产阶级的革命专政",第一次运用了无产阶级专政这个词。1852 年马克思在致魏德迈的信中说,阶级的存在或是发现各阶级的斗争,都不是我的功劳,"我新做的工作就是证明了:①阶级的存在仅仅同生产的一定的历史发展阶段相联系;②阶级斗争必然导致无产阶级专政;③这个专政本身不过是达到消灭一切阶级和达到无阶级社会的过渡"④。列宁

---

① 《列宁全集》第 31 卷,第 22 页。
② 同上书,第 24 页。
③ 同上书,第 23 页。
④ 同上书,第 31 页。

认为,这些思想表明了马克思学说和资产阶级思想家学说的原则区别;表明了马克思主义国家学说的实质。

列宁指出,承认不承认无产阶级专政,是区分真假马克思主义的试金石。谁仅仅承认阶级斗争,那还不是马克思主义者,他还没有走出资产阶级思想和资产阶级的政治圈子。"只有承认阶级斗争**同时也**承认**无产阶级专政**的人,才是马克思主义者。"①因为仅空谈阶级斗争,不触动资本主义制度,不用无产阶级专政代替资产阶级专政,资产阶级是乐于接受的。第二国际修正主义者考茨基就是空谈阶级斗争,可是在最主要之点上却不承认阶级斗争,即不承认在从资本主义向共产主义过渡时期存在着阶级斗争。列宁根据十月革命后苏联国内阶级斗争的形势,指出:"实际上,这个时期必然是阶级斗争空前残酷、阶级斗争的形式空前尖锐的时期。"②为此就必须建立新型的民主(对无产阶级和劳动人民是民主的)和新型专政(对资产阶级专政)的国家。而考茨基之流的谬论表明,他们是"**口头上**假意承认马克思主义而**实际上**市侩式地歪曲马克思主义和卑鄙地背弃马克思主义的典型"③。

接着,列宁深入分析了社会主义时期阶级斗争的尖锐性和残酷性,指出:"**一个阶级的专政**不仅对一般阶级社会是必要的,不仅对推翻了资产阶级的**无产阶级**是必要的,而且对介于资本主义和'无阶级社会'即共产主义之间的整整一个**历史时期**都是必要的,——只有懂得这一点的人,才算掌握了马克思国家学说的实质。"④在这里列宁强调了在社会主义整个历史时期都必须坚持无产阶级专政。当然,由于各国情况的不同,从资本主义过渡到共产主义会产生各种不同的政治形式,但本质必然是一样的:都是无产阶级专政。

在1875年撰写《哥达纲领批判》以前,马克思关于无产阶级专政学说的论述还没有明确地提出。从资本主义向共产主义的发展非经过一个政治上的过渡不可。列宁说,"从前,问题的提法是这样的:无产阶级为了求得自身的解放,应当推翻资产阶级,夺取政权,建立自己的革命专政"。可是,"现在,问题的提法已有些不同了:从向着共产主义发展的资本主义社会过渡到共产主义社会,非经过一个'政治上的过渡时期'不可,而这个时期的国家只能是无产阶级的革命专政"⑤。列宁认为,这是马克思对无产阶级专政学说的重大发展。

列宁分析了无产阶级专政的必然性和必要性之后,紧接着提出了这个专政和民主的关系问题。民主是一个多义词,列宁在这里所谈的民主,是作为一种国家的政治制度和国家形式提出来的。早在1847年,恩格斯在谈到无产阶级革命的进程时就说:

---

① 《列宁全集》第31卷,第32页。
② 同上书,第33页。
③ 同上书,第32页。
④ 同上书,第33页。
⑤ 同上书,第82页。

"首先,无产阶级革命将建立**民主制度**,从而直接或间接地建立无产阶级的政治统治。"①继而,《共产党宣言》又指出:"工人革命的第一步就是无产阶级变成为统治阶级,争得民主。"②十分明显,在这里,马克思和恩格斯把无产阶级的民主和无产阶级上升为统治阶级是联在一起的,从而指明无产阶级所建立的民主制度,也就是无产阶级国家制度。列宁指出:"民主是国家形式,是国家形态的一种。"③在这里,列宁侧重指出民主的政体性方面。但从总体上理解列宁关于民主的概念,会进一步认识到:民主既是一国的政体,又是一国的国体。

只有坚持马克思主义的辩证唯物主义的方法论,才能理解民主的真实含义。首先,民主既然是一种国家的政治制度和国家形式,是属于上层建筑的范畴,归根结底,是由经济基础决定,又服务于经济基础的。正如列宁所说:"在实际生活中民主制度永远不会是'单独存在',而总是'共同存在'的,它也会影响经济,推动**经济的**改造,受经济发展的影响等等。"④根据唯物主义的这一原理,民主是手段不是目的。其次,民主是一个政治范畴。世界上没有抽象的民主,只有具体的民主。在阶级社会中,只有阶级的民主,而不存在超阶级的民主或考茨基所说的"纯粹民主"。第三,民主是一个历史范畴,有其产生、发展和消亡的过程,不存在永恒的、一成不变的民主。

第二国际修正主义者伯恩施坦、考茨基之流,为了达到其否定无产阶级专政的目的,竭力鼓吹抽象民主,掩盖资产阶级民主的阶级性,说什么资产阶级选举权会使资产阶级国家从"人民的主人变为人民的真正仆人",而"阶级的专政却是属于较低的文化"⑤。列宁根据马克思主义辩证唯物论的基本原理,批判了第二国际修正主义者的谬论,揭示了资产阶级民主的实质,进而分析了无产阶级民主(社会主义民主)的优越性、无产阶级专政和民主的辩证关系,阐发了坚持无产阶级专政的必要性及民主制消亡的途径。

列宁指出,资产阶级民主"实质上始终是少数人的即只是有产阶级的、只是富人的民主制度"⑥。资产阶级民主制度包括普选制、代议制、三权分立等主要内容。资产阶级民主制是封建专制制度、封建等级制度和封建特权法的对立物;它比起中世纪的封建专制主义,无疑是一大进步,在历史上起过相当革命的作用。但是,资产阶级民主制度是由资本主义经济基础决定的,反映资本主义经济关系的特点,代表资产阶级的意志和利益。正如列宁所指出的:"这种民主制度始终受到资本主义剥削制度狭窄框子

① 《马克思恩格斯全集》第4卷,第367页。
② 同上书,第489页。
③ 《列宁全集》第31卷,第96页。
④ 同上书,第75页。
⑤ [德]伯恩施坦:《社会主义的前提和社会民主党的任务》,第88—89页,北京,三联书店,1958。
⑥ 《列宁全集》第31卷,第83页。

的限制。"①这就是"大多数居民在通常的平静的局势下都被排斥在社会政治生活之外"②。列宁为了进一步揭示资产阶级民主制的实质,结合当时资产阶级民主制的现状,剖析了资产阶级的选举制度和议会制度。资产阶级虽然标榜全体公民在法律面前一律平等,但是资产阶级宪法和选举法对人民参加选举的资格却作了财产、居住年限、教育程度、宗教信仰、种族、性别等多种限制。这些限制"看起来是很微小的,但是这些限制加在一起,就把穷人排斥和推出政治生活之外,使他们不能积极参加民主生活"③。再从资产阶级的议会制来看,议会是资产阶级民主制的主要形式,在资产阶级宪法中规定议会行使立法和组织、监督政府的权力。但其实质不过是资产阶级保护自己阶级利益的重要工具。资产阶级通过议会选举可以十分稳妥地推出本阶级的政治代表,监督和保证其行政机构的一切活动,调整各集团之间的矛盾和冲突,缓和资产阶级和无产阶级的矛盾。事实证明,在议会选举过程中,不管是哪一个政党上台,也不论执政者如何频繁地更替,都丝毫不会改变资产阶级专政的实质。列宁曾经指出,马克思在分析资产阶级议会民主的实质时说:"这就是容许被压迫者每隔几年决定一次究竟由压迫阶级中的什么人在议会里代表和镇压他们!"④当资本主义发展到垄断阶段时,政治权力要求高度集中,许多国家不是议会监督政府,而是政府操纵议会,议会从属于政府。因此,列宁指出:"请看一看任何一个议会制的国家,从美国到瑞士,从法国到英国和挪威等等,那里真正的'国家'工作是在幕后做的,是由各部、官厅和司令部进行的。议会专门为了愚弄'老百姓'而从事空谈。"⑤那么,从这种"狭隘的、暗中排斥穷人的、因而也是彻头彻尾虚伪骗人的资本主义民主向前发展,并不像自由派教授和小资产阶级机会主义者所想象的那样,是简单地、直接地、平稳地走向'日益彻底的民主'"。"向前发展,即向共产主义发展,必须经过无产阶级专政,不可能走别的道路。"⑥

对于无产阶级民主的实质,列宁作了极深刻的剖析,指出无产阶级民主是第一次使广大劳动人民群众享受的民主,不是供富人享受的民主。但是,无产阶级专政决不能简单地只是扩大民主,还要对剥削者、资本家实行专政,剥夺他们的自由,用强力粉碎他们的反抗。列宁说:"人民这个大多数享有民主,对人民的剥削者、压迫者实行强力镇压,即把他们排斥于民主之外——这就是民主在从资本主义向共产主义**过渡**时改变了的形态。"⑦这也就是无产阶级民主的实质,它归根结底是由它所建立的公有制的经济基础决定的。

---

① 《列宁全集》第 31 卷,第 83 页。
② 同上书,第 83 页。
③ 同上书,第 84 页。
④ 同上书,第 84 页。
⑤ 同上书,第 44 页。
⑥ 同上书,第 84 页。
⑦ 同上书,第 85 页。

任何一种国家政权都是由专政和民主两个方面构成的,二者缺一不可。剥削阶级国家是对剥削阶级内部实行民主,对被剥削阶级实行专政。无产阶级专政是历史上一种新型的国家制度。专政与民主同样是对立的统一物,是对广大人民实行民主和对少数敌人实行专政的相互结合,没有广泛的人民民主,无产阶级专政的政权就不巩固。从政治上讲,无产阶级的民主是无产阶级专政的力量源泉和基础。离开对绝大多数人的民主,对敌人的专政必然成为一句空话。所以列宁首先指出,无产阶级取得国家政权后,应大规模地扩大民主。其次,列宁又强调,除了把民主大规模地扩大之外,无产阶级专政还要对压迫者、剥削者、资本家采取一系列剥夺自由的措施,对其实行有效的专政,只有这样,无产阶级和人民的民主才能有保障。可见,无产阶级专政和民主两者的辩证关系是:对人民的民主,是对敌人实行专政的基础和力量源泉;对敌人实行专政,是对人民实行民主的保障。把民主和专政割裂开来、对立起来,都是对马克思主义关于无产阶级专政理论的歪曲。第二国际修正主义者不区分资产阶级民主和无产阶级民主的本质,不懂得民主是国家概念及民主和专政的辩证关系,认为民主就是"依多数者的决议来决定事情"。它"在原则上已经意味着阶级统治的消灭"①。因而在他们看来,坚持无产阶级专政就是一种"倒退""独裁",就是"暴政"。列宁在《国家与革命》中关于无产阶级专政和社会主义民主的理论,也是对第二国际修正主义者的有力批判。

在上述分析和论证的基础上,列宁作了如下的概括。他说,在资本主义下存在的是原来意义上的国家,因为它仍然是少数剥削者镇压绝大多数被剥削者的特殊机器。无产阶级专政的国家已经不是原来意义上的国家,而是过渡性质的国家,被剥削者多数镇压剥削者少数的特殊机器;它在实行镇压的同时,还把民主扩展到绝大多数居民之中。由不是原来意义上的国家向前发展,其趋向是什么呢? 列宁指出,只有共产主义能够提供真正完全的民主。民主愈完全,它也就愈迅速地成为不需要的东西,便会自行消亡,即国家的自行消亡。

四、无产阶级专政的政治形式

无产阶级在革命过程中,如何用新型的机器来代替被打碎的旧的国家机器呢? 对这个问题马克思并没有陷于空想,而是期待群众运动的经验来解答。1871 年巴黎无产阶级革命取得胜利,建立巴黎公社,它是无产阶级以暴力摧毁资产阶级国家机器、建立无产阶级专政的第一次伟大尝试。马克思在《法兰西内战》一书中,对巴黎公社的经验进行分析并作出科学的总结,指出,"公社就是帝国的直接对立物"②,是与资产阶级国

---

① [德]伯恩施坦:《社会主义的前提和社会民主党的任务》,第 87—88 页。
② 转引自《列宁全集》第 31 卷,第 39 页。

家根本不同的无产阶级专政的国家,是"'终于发现的'、可以使劳动在经济上获得解放的形式"①。从而,解决了用什么东西来代替被打碎的资产阶级国家机器的问题,大大发展了马克思主义关于无产阶级专政的学说。

在马克思的论断的基础上,列宁对公社的实质及其政权组织形式,作了更深刻的阐发。

第一,巴黎公社用人民的武装代替资产阶级常备军。

军队是国家政权的主要成分,资产阶级军队是资产阶级国家权力的主要的强力工具。因此,彻底消灭资产阶级的反动军队,用武装的人民来代替它,是无产阶级战胜资产阶级,巩固自己的政治统治所必需的。所以,马克思在总结巴黎公社的经验时,首先指出,"公社的第一个法令就是废除常备军而用武装的人民来代替它"②。恩格斯也曾以1848年法国资产阶级革命和1871年巴黎无产阶级革命为例,说明武装的极端重要性。他指出,"资产者的第一个信条就是解除工人的武装"③;而无产阶级由于最终没有掌握武装,"其结果总是失败"。恩格斯以无产阶级用鲜血换来的宝贵经验,教导无产阶级要充分认识枪杆子的重要性。列宁认为,恩格斯的总结"真是又简短,又明了。这里正好抓住了问题的实质,也是国家问题的实质"④。第二国际修正主义者和俄国的孟什维克都反对废除资产阶级常备军,反对以人民的武装来代替它。伯恩施坦在《社会主义的前提和社会民主党的任务》一书中提出"用常备军变为人民的武装"的公式来代替"以人民的武装代替常备军"。在俄国十月革命前夕,身为彼得格勒执行委员会委员的孟什维克头子策烈铁里,就曾声称资产阶级要解除工人武装,并剥夺布尔什维克手中的一切武器。第二国际修正主义者和俄国孟什维克的这些论调,都是对马克思主义关于无产阶级革命和无产阶级专政学说的背叛。

十月革命后,列宁根据帝国主义武装干涉苏维埃国家和国内白匪叛乱的情况,于1918年1月初,提出了建立无产阶级常备军——红军的号召:"为了保证劳动群众掌握全部政权和根除剥削者的政权复辟的一切可能,特命令武装劳动者,建立社会主义工农红军,彻底解除有产阶级的武装。"⑤这就进一步发展了马克思主义关于人民武装的思想。

第二,用为人民服务的勤务员来代替资产阶级官吏。

马克思指出:"公社是由巴黎各区普选选出的城市代表组成的。这些代表对选民负责,随时可以撤换。""从公社委员起,自上至下一切公职人员,都只应领取相当于工

---

① 《列宁全集》第31卷,第53页。
② 转引自同上书,第39页。
③ 转引自同上书,第71页。
④ 同上书,第71页。
⑤ 《列宁全集》,中文2版,第33卷,第227页,北京,人民出版社,1985。

人工资的薪金。"①列宁认为,公社的这些措施看起来似乎仅仅是更完全的民主,但其实质却是国家本质的改变,"事实上意味着两类根本不同的机构的大更替"②。这是一个量转化为质的实际例子,是资产阶级民主变成了无产阶级民主,即由原来意义上的国家变成了一种已不是原来意义上的国家。

第二国际修正主义者伯恩施坦却把这些体现无产阶级国家实质的民主形式说成是"幼稚的原始民主制度"的要求。列宁批判说,如果不这样做,从资本主义过渡到社会主义是不可能的。因为,不在某种程度上"回复"到"原始"的民主制度,就不可能过渡到由大多数人民和全体人民来行使国家职权。另外,列宁又指出,由于资本主义文化的发展,"国家政权"的绝大多数职能已经变得极其简单,每一个识字的人都能够行使这些职能,国家工作人员行使这些职能,只付给其"普通工人的工资"是可以做到的。同时,它对于铲除"特权制""长官制"的残余有着重要的意义。

巴黎公社20年以后,恩格斯为《法兰西内战》一书第三版写的导言(1891年3月18日)针对公社采取的以上两项措施指出,它们是为了防止国家和国家机关"由社会公仆变为社会主人","可靠地防止人们去追求升官发财"。列宁对这两项措施的深远意义也极为重视,说:"这些简单的和'不言而喻'的民主措施使工人和大多数农民的利益完全一致起来,同时成为从资本主义通向社会主义的桥梁。"③由于它取消了两项最大的开支,即军队和官吏,也就实现了绝大多数农民所渴望的,并且是资产阶级革命时期就提出的"廉价政府"口号,对加强工农联盟有着重大意义。

列宁又进一步认为,上述这些措施是关系到社会的国家改造即纯政治改造,但是这些措施只有同剥夺剥夺者的经济措施联系起来,也就是同把生产资料的私有制变为公有制的措施联系起来,才会显示出全部意义来。因为,在实际生活中民主永远不会是"单独存在"的。它总是由经济基础所决定,并影响经济、推动经济的改造,受经济发展的影响等等。这是活生生的历史的辩证法。

第三,用议行一致的工作机关代替资产阶级的议会制。

列宁根据马克思对巴黎公社的有关论述,揭露和分析了资产阶级议会的本质。资产阶级议会制国家,标榜"三权分立"及权力机关、行政机关和司法机关相互制约,其目的不过是把议会装扮成表达全民意志的代议机关,用议会民主来掩饰资产阶级专政。

那么,摆脱议会制的出路是什么?列宁指出,这"不在于取消代表机构和选举制,而在于把代表机构由清谈馆变为'工作'机构"④。这就要求议员做到"四个亲自",即"议员必须亲自工作,亲自执行自己通过的法律,亲自检查实际执行的结果,亲自对自

①　转引自《列宁全集》第31卷,第39页。
②　同上书,第40页。
③　同上书,第41页。
④　同上书,第44页。

己的选民直接负责"①。可见代议机构仍然存在,但作为议员享有特权的议会制,在这里是不存在的。

第二国际机会主义者是崇拜资产阶级议会民主的"议会迷"。他们阉割马克思对资产阶级议会的批评,硬说对议会制的任何批评都是无政府主义者。列宁揭露说,他们完全背弃了马克思主义。的确,马克思善于无情地摈弃无政府主义,因为他们不会利用资产阶级议会这个"畜圈",特别是在革命形势不具备的时候,不会利用它使被压迫群众反对资产阶级的斗争"扩大、展开、明朗化和尖锐化"。但同时马克思又善于给议会制一种真正革命无产阶级的批评,揭露其本质。

与此同时,列宁还论述了建立新的管理机关的必要性,即取得政治统治的无产阶级还需要有管理机关,需要有服从、监督、"监工和会计",需要建立新的管理机关。他指出,"我们不是空想主义者。我们并不'幻想'**一下子**就可以不要任何管理,不要任何服从"②。由于资本主义社会化大生产的发展,使国家管理机关的职能简单化了。无产阶级在资本主义创造的物质成果基础上,组织大生产,建立严格的铁的纪律,使所有公职人员执行人民的委托,服从无产阶级的监督和领导。列宁说:"这样的国家,在这样的经济基础上的国家,才是我们所需要的。这样才能取消议会制而保留代表机构,这样才能使劳动阶级的这些机构免除资产阶级的糟蹋。"③

第四,用无产阶级民主集中制的统一的全国政权代替资产阶级官僚集中制的国家。

巴黎公社反对官僚集中制,主张在民主集中制的原则的指导下,建立民族统一的单一制国家。官僚集中制和民主集中制是两种根本不同性质的组织原则。官僚集中制是资产阶级国家的组织原则,它适应于资产阶级的政治统治。民主集中制的组织原则是无产阶级国家的组织原则,它适应于无产阶级对少数剥削者的统治。无产阶级不能运用资产阶级国家机器达到自己的目的,同样也不能使用资产阶级国家的组织原则来建立自己的阶级统治。无产阶级打碎资产阶级国家机器,也意味着取消其组织原则。但是,第二国际的伯恩施坦等,把马克思关于打碎资产阶级国家机器、消灭寄生虫国家、废除资产阶级官僚集中制等这些论述,说成是不要集中制、不要国家,是类似蒲鲁东的联邦制。这完全是曲解。

蒲鲁东是无政府主义的始祖,他反对一切国家和政府,认为一切国家和政府都是对人自由的强制,是"万恶之源"。为此,他提出联邦的思想,即主张由公社结成省,由省结成民族,由民族结合成欧洲联邦,最后结成世界联邦;每一个公社都是独立的,享有自己的一切自由,没有任何权威。

列宁在本书中批判了伯恩施坦的谬论,指出:"把马克思关于'消灭国家政权——

① 《列宁全集》第31卷,第45页。
② 同上书,第46页。
③ 同上书,第47页。

寄生物'的观点同蒲鲁东的联邦制混为一谈,这简直是骇人听闻的事!"①又说:"马克思和蒲鲁东相同的地方,就在于他们两人都主张'打碎'现代国家机器。"但是,这一点"无论机会主义者或考茨基主义者都不愿意看见,因为他们在这一点上离开了马克思主义"②。马克思和蒲鲁东不同的地方恰巧就在联邦制问题上。列宁指出,"联邦制在原则上是从无政府主义的小资产阶级观点产生出来的"③。相反,马克思所主张的集中制却是用"自觉的、民主的、无产阶级的集中制来同资产阶级的、军阀的、官吏的集中制相对立"④。它根本没有一点联邦制的痕迹。具体说,就是无产阶级打碎资产阶级国家机器,把无产阶级国家政权掌握在自己手中,十分自由地组织在公社之内,统一为一个民族。伯恩施坦为什么如此混淆马克思和蒲鲁东的原则区别呢?这是因为他们背离马克思主义,"充耳不闻消灭国家政权、铲除寄生物这样的话",所以他"比聋子还糟"⑤。

马克思在《法兰西内战》中说巴黎公社"实质上是工人阶级的政府",是"使劳动在经济上获得解放的政治形式"。列宁认为,这个结论表明了马克思同空想主义者、同无政府主义者和第二国际修正主义者在对待国家政权问题上的根本区别。空想主义者脱离革命斗争实践,凭主观幻想去"发现"各种政治形式;无政府主义者根本避而不谈政治形式的问题;第二国际机会主义者崇拜资产阶级议会,认为这就是无产阶级需要的最好的政治形式。马克思、恩格斯却是运用辩证唯物主义和历史唯物主义的观点,考察分析了政治斗争的全部历史,认为国家一定会消失,国家消失的过渡形式是"组织成为统治阶级的无产阶级"。但是,他们并没有去"发明"未来的政治形式,而是期待群众运动作出解答。1852年马克思根据法国阶级斗争的经验,考察了资产阶级国家产生、发展和演变的规律,得出实现无产阶级专政,必须打碎资产阶级国家机器的结论。1871年马克思在《法兰西内战》中,对巴黎公社的革命经验作了总结,并进行了精辟的分析,终于发现了公社是无产阶级专政的政治形式。列宁指出,"公社就是无产阶级革命**打碎**资产阶级国家机器的第一次尝试和'终于发现的'、可以而且应该用来**代替**已被打碎的国家机器的政治形式"⑥。

五、共产主义第一阶段存在着"资产阶级权利"

共产主义第一阶段,即社会主义社会。列宁解释道,"通常所说的社会主义,马克

---

① 《列宁全集》第31卷,第49页。
② 同上书,第50页。
③ 同上书,第50页。
④ 同上书,第51页。
⑤ 同上书,第51页。
⑥ 同上书,第53页。

思把它称作共产主义社会的'第一'阶段或低级阶段"①。因为,无论是在第一阶段还是其高级阶段,生产资料都成为公有财产,从这个意义上说,社会主义社会也可以称为共产主义的第一阶段。在共产主义的第一阶段,在生产资料方面取消了资产阶级权利,但在消费品分配方面,实行"各尽所能,按劳分配"的原则。这一原则是对资产阶级按资分配、劳而不获的剥削制度的彻底否定,是历史上的一大进步。可是它仍然存在着事实上的不平等,存在"资产阶级权利"。因为它"同任何权利一样,**是以不平等为前提的**。任何权利都是把同一标准应用在**不同的**人身上,即应用在事实上各不相同、各不同等的人身上,因而'平等的权利'就是破坏平等,就是不公平"②。按劳分配的原则是以劳动作为同一尺度,运用在不同等的人身上,看起来似乎是平等,但是在事实上是不平等的,因为各个人的具体情况是不相同的,如有的人身体强些,有的人身体弱些,有的人结了婚,有的人没有结婚,有的人家庭负担重,有的人家庭负担轻。按等量劳动领取等量产品,那些劳动能力强的,就会比劳动能力弱的分得多些,在领取同等数量消费品的情况下,家庭负担轻的,就会比家庭负担重的富裕些,这就是不公平、不平等。

德国拉萨尔派却把保留事实上不平等的资产阶级权利的社会主义社会,说成是实现了"不折不扣的公平的分配"。马克思在《哥达纲领批判》中批判了拉萨尔派的观点,指出,社会主义社会的产品分配应当是这样进行的,即要在社会总产品中必须首先扣除:用来补偿消费掉的生活资料的基金;用来扩大生产的积累基金;用来应付不幸事故、自然灾害等的后备基金。然后,剩下来作为消费资料的那一部分在进行个人分配之前,还必须从中扣除:和生产没有直接关系的一般管理费用;用来满足社会共同需要的基金;为丧失劳动能力的人所设的基金。在今天除了上述扣除之外,社会主义国家还必须设立国防基金和支援世界人民的对外援助的基金。只有在做了上述种种扣除之后,余下的部分才可以在生产者个人之间进行分配。显而易见,社会主义社会的产品分配决不是不折不扣的,而是有折有扣的。另外,在存在着事实上不平等的情况下,就不会有绝对"公平分配"的存在。

庸俗的资产阶级经济学家,也经常指责社会主义者忘记了人与人之间在体力和智力上的不平等,幻想消灭这种不平等。列宁驳斥说:"马克思不仅极其准确地估计到了人们不可避免的不平等,而且还估计到:仅仅把生产资料转归全社会公有……**还不能消除分配方面的缺点**和'资产阶级权利'的不平等,只要产品'按劳动'分配,'资产阶级权利'就会**继续通行**。"③

为什么在社会主义社会中还不能消除分配方面的缺点和"资产阶级权利"呢?列宁指出:"马克思并不是随便把一小块'资产阶级'权利塞到共产主义中去,而是抓住了

---

① 《列宁全集》第31卷,第94页。

② 同上书,第88—89页。

③ 同上书,第90页。

从资本主义**脱胎**出来的社会里那种在经济和政治上不可避免的东西。"①刚刚从资本主义社会中脱胎出来的社会主义社会,在各方面,在经济、道德和精神方面都还带着它脱胎出来的那个旧社会的痕迹。在经济方面,社会主义还不能为立即实现"各尽所能,按需分配"这种变革创造经济前提。这就是说,社会主义制度的建立,虽然为生产力的发展开辟了广阔的道路和前景,但是生产力还没有发展到那样高的水平,还不能提供丰富的产品来实现"按需分配";城乡之间、工农之间、脑力劳动和体力劳动之间还存在着差别,这些差别必然要反映在分配方面。在道德和精神方面,在推翻资本主义之后,人们还不能立即学会不需要任何权利规范而为社会劳动。根据马克思主义辩证唯物主义原理,思想意识具有相对的独立性,尽管无产阶级革命废除了剥削制度,但是剥削阶级思想不可能很快消失,还会在相当长的历史时期内存在,因此人们还不能完全摆脱剥削阶级思想的影响,完全超出"资产阶级权利的狭隘眼界"②。总之,在社会主义社会存在着资产阶级权利,这虽然是一个"缺点",但它是不可避免的。

　　社会主义社会在分配方面存在着资产阶级权利,是历史发展的必然。列宁在《国家与革命》中不仅指出了它存在的必然性,也分析了它的必要性。他说,"如果不愿陷入空想主义,那就不能认为,在推翻资本主义之后,人们立即就能学会**不要任何权利准则而为社会劳动**"③。也就是说,资产阶级权利在社会各个成员间分配产品和分配劳动方面,依然起着调节者和决定者的作用,需要它迫使每个有劳动能力的人,按照社会的劳动分工,完成一定量的劳动,然后才能领取一定量的报酬。归根结底是因为还不具备"不需要任何权利的经济前提"。因而,除了资产阶级权利外,没有其他规范。

　　列宁又指出:"既然在**消费品**的分配方面存在着资产阶级权利,那当然一定要有**资产阶级国家**,因为如果没有一个能够**强制**人们遵守权利准则的机构,权利也就等于零。"④列宁在《马克思主义论国家》中曾经指出,"和(半资产阶级)权利一起,(半资产阶级)国家也还不能完全消失"⑤。这句话的意思首先是揭示了法律与国家的关系。任何一种类型的法律,如果不依靠国家强制力保证实施,它只能是一纸空文。其次,既然在共产主义第一阶段,在消费品分配方面存在着不是原来意义上的"资产阶级权利"或"权利标准",那么也必须保留不是原来意义上的资产阶级国家或"资产阶级国家——但没有资产阶级"⑥。列宁说"这好像是奇谈怪论",其实这正是历史发展的辩证法。因为,在社会主义阶段,绝对需要国家(无产阶级专政)用强力保证权利规范的实施,以保卫生产资料公有制,保卫劳动的平等和分配的平等。当社会主义发展到一定阶段,

----

① 《列宁全集》第 31 卷,第 95 页。
② 同上书,第 92 页。
③ 同上书,第 90 页。
④ 同上书,第 94—95 页。
⑤ 同上书,第 164 页。
⑥ 同上书,第 95 页。

由于阶级已不存在,从而国家的专政职能也不再存在,国家变成"非政治国家"。即使那时,国家还没有完全消亡,因为还要保卫容许在事实上存在不平等的资产阶级权利。

六、共产主义高级阶段国家与法的消亡

列宁在《国家与革命》一书中依据马克思关于共产主义的原理,进一步从经济、政治、道德、思想诸方面,分析了共产主义低级阶段和高级阶段的区别与联系,阐述了国家和法消亡的途径。在经济上,社会主义和共产主义都是以生产资料公有制为基础,但是,社会主义和共产主义在经济上是成熟程度不同的两个阶段。在社会主义阶段,"在经济上还**不**可能完全成熟,完全摆脱资本主义的传统或痕迹"①。具体说,虽然生产资料由私有制转变为公有制,为生产力的发展开辟了广阔的场所,但生产力还没有得到极大的发展,产品还不丰富,人们在分配领域只能实行"各尽所能,按劳分配"。在社会分工方面,工农之间、体脑之间、城乡之间的对立虽然消除,但是还存在着重大差别。在政治方面,与经济上的成熟程度相适应,还需要"资产阶级权利"和"没有资产阶级"的"资产阶级国家",即需要体现无产阶级和广大人民意志和利益的法和无产阶级专政的国家,"对劳动量和消费量实行**极严格的**监督"②。在道德思想方面,人们的觉悟虽然有了极大的提高,但是还没有把劳动看作是生活的第一需要,没有超出"不愿比别人多做半小时工作,不愿比别人少得一点报酬"的资产阶级权利的狭隘眼界,还不能完全习惯于遵守公共生活的基本规则。

社会主义社会与共产主义社会不论其区别怎样,共产主义是在社会主义的基础上发展起来的,社会主义是实现共产主义的必经阶段。列宁指出,不能"把社会主义看成一种僵死的、凝固的、一成不变的东西"③。社会主义的发展,是生产力的极大发展,生产率的极大提高,到那时,打破了旧的分工,消灭了旧社会遗留下来的"三大差别"即体脑差别、工农差别、城乡差别,人们把劳动看作是生活的第一需要,自觉自愿地尽其所能来工作。社会实现了各尽所能按需分配的原则。简言之,共产主义的前提,"既不是现在的劳动生产率,也**不是现在的**庸人"④。只有具备了这样的社会条件,才谈得上国家完全消亡的问题。所以,列宁说,"国家完全消亡的经济基础就是共产主义的高度发展"⑤。

《国家与革命》还深刻地论述了社会主义民主的发展、劳动群众参加国家管理和经济管理对于国家消亡的重要意义。列宁指出:"民主决不是不可逾越的极限,它只是从

---

① 《列宁全集》第 31 卷,第 94 页。
② 同上书,第 93 页。
③ 同上书,第 95 页。
④ 同上书,第 93 页。
⑤ 同上书,第 92 页。

封建主义到资本主义和从资本主义到共产主义的道路上的阶段之一。"①无产阶级取得政权后,民主起了本质的变化,即"量转化为质"②。也就是说,它已由资产阶级少数人的民主转变为社会绝大多数人的民主。但是,"民主仅仅意味着**形式上的平等**"③。如果把平等正确地理解为消灭阶级,这对无产阶级争取平等的斗争就有着伟大的意义。无产阶级民主,必然要在社会主义改造过程中发挥它的巨大作用。具体说,如果全体人民都参加了国家管理和经济管理,那么"**全体**公民都成了**一个**全民的、国家的'辛迪加'的职员和工人","整个社会将成为一个管理处,成为一个劳动平等、报酬平等的工厂"④。那时,社会上一部分人对另一部分人的统治,即"对任何管理的需要就开始消失"⑤,民主获得了巨大发展。不过,"民主愈完全,它成为多余的东西的时候就愈接近。由武装工人组成的、'已经不是原来意义上的国家'的'国家'愈民主,则**任何**国家就会愈迅速地开始消亡"⑥。相应地,"人们对于人类一切公共生活的简单的基本规则就会很快从**必须**遵守变成**习惯于**遵守了"⑦。列宁指出:"到那时候,从共产主义社会的第一阶段过渡到它的高级阶段的大门就会敞开,国家也就随之完全消亡。"⑧

马克思主义关于国家和法消亡的理论,着重论述了它的必然性,同时指出这个过程的长期性,它的长短归根到底取决于向共产主义高级阶段过渡的速度。至于国家和法具体消亡的形式问题,列宁说这只能作为"悬案","因为现在还**没有**可供解决这些问题的材料"⑨。马克思主义者没有陷于空想和臆造,而是尊重实践,要从社会历史的实践中找出答案。

---

① 《列宁全集》第 31 卷,第 95 页。
② 同上书,第 96 页。
③ 同上书,第 95 页。
④ 同上书,第 97 页。
⑤ 同上书,第 97 页。
⑥ 同上书,第 97—98 页。
⑦ 同上书,第 98 页。
⑧ 同上书,第 98 页。
⑨ 同上书,第 92 页。

第十章 列宁《苏维埃政权的当前任务》①

【写作的历史背景】

以列宁为首的布尔什维克党领导俄国无产阶级和劳动人民于 1917 年 11 月 7 日举行武装起义,推翻资产阶级临时政府,建立了世界上第一个社会主义国家。

同二月革命后成立的资产阶级政府相反,布尔什维克党坚决主张尽快地结束罪恶的帝国主义战争,以解脱人民的痛苦。为此,十月革命胜利当晚召开的全俄第二次苏维埃代表大会,就根据列宁的提议而颁布"和平法令",但遭到协约国和同盟国双方的拒绝。后来,在和平问题上,以列宁为首的马克思主义者又同托洛茨基所代表的机会主义者"拒不妥协"的战争主张作斗争,并说服了全党和人民,终于于 1918 年 3 月,苏俄以沉重的代价,单独同德国签订了布列斯特和约,退出这场战争。但是,苏维埃共和国当时所处的国际环境仍是极端困难和危急的。国际资本及其切身的利益驱使帝国主义列强不仅力图对俄国实行军事进攻,而且力图达成瓜分俄国和扼杀苏维埃政权的协议。只是由于他们之间已经白热化的纠纷,西欧各帝国主义国家间的大厮杀在重新进行,日美对太平洋及沿岸地区霸权的争夺日趋加剧,苏俄才得到暂时的喘息机会。在这种很不稳固的和平状态下,列宁认为苏俄需要采取以下的策略:一方面,要竭尽全力以求最快地发展国家的经济,加强国防力量,建立强大的社会主义军队;另一方面,在国际政策上,必须实行随机应变,退却和等待世界无产阶级革命时机的最后成熟。

苏维埃政权从 1917 年 11 月开始,颁布了有关银行、铁路、外贸、商业、大工业企业国有化的法令和《工人监督条例》等一系列法令。在 1918 年 5 月底,除全部银行国有化外,国有化工业企业达 512 个,其中绝大多数是对国民经济具有重要意义的大型企业,从而奠定了社会主义国家经济的基础。1918 年初又颁布《土地社会化法令》,规定立即无偿地废除土地私有制,将所有土地变成全民财产,并交给耕地的劳动者使用。结果使贫农、中农获得 1.5 亿俄亩土地的使用权和价值 3 亿卢布的农具,加强了苏维埃政权在农村的阵地,巩固了工农联盟。按照列宁的说法,当时正经历着"历史转折",即"我们布尔什维克党已经**说服**了俄国。我们已经**夺回**了俄国——为了穷人,为了劳动者,从富人手里,从剥削者手里夺回了俄国。现在我们应当**管理**俄国。目前时局的全部特点,全部困难,就是要了解从主要任务是说服人民和用武力镇压剥削者转到主要

---

① 载于《列宁全集》,中文 2 版,第 34 卷,北京,人民出版社,1985。

任务是**管理**这一**过渡的特征**"①。这也就是集中全力组织苏维埃经济建设的问题。

　　但是,这一转折遇到了巨大的阻力。当初那些在战争与和平问题上,曾以"毫不妥协"的极左面目反对签订布列斯特条约的人,即托洛茨基主义者、"左派社会革命党人"、"布尔什维克左派"或"左派共产主义者",现在继续反对经济上的"后退",攻击列宁提出的政策是恢复资本主义制度。《苏维埃政权的当前任务》一文是同对极左倾向的斗争紧密相关的。1918 年 3 月 23 日和 28 日之间,列宁口授《〈苏维埃政权的当前任务〉一文初稿》。4 月 7 日召开的俄共(布)中央全会,委托列宁起草一个关于目前形势的提纲提交中央。根据这个决定,列宁写了《关于苏维埃政权当前任务的提纲》。4 月 26 日该提纲经中央讨论一致批准后,以文章的形式发表于《真理报》和《全俄中央执行委员会消息报》上,并出版单行本。同年 4 月 29 日即两报发表该文的次日,召开全俄中央执行委员会会议,列宁又在会上作了关于苏维埃当前任务的报告,最后又作了总结发言,对《苏维埃政权的当前任务》一文给予重要的"补充和说明"。这次会议表示赞同列宁的基本论点,并委托全俄中央执行委员会主席团同报告人一起用这些论点编成一个简要的提纲,作为苏维埃政权的基本任务予以公布。列宁负责起草的这个称为《关于苏维埃政权的当前任务的提纲》,5 月 3 日经党中央稍加修改,一致通过,5 月 4 日由全俄中央执行委员会主席团下发各级地方苏维埃,并在通告信中指出,它"应该作为苏维埃活动的基础"。此外,列宁为起草以上诸文件而草拟的提纲,对于理解有关文件也甚为重要②。特别需要提到,列宁《苏维埃政权的当前任务》受到刚刚建立的中国共产党的高度重视,1921 年中国共产党所创办的"人民出版社",在上海出版了被李立译为《劳农会之建设》的中文版单行本。

　　列宁在《苏维埃政权的当前任务》这篇具有划时代意义的纲领性文献中,明确地提出和论证了无产阶级在夺取政权以后要把主要力量转向社会主义经济建设的思想,制定和提出了在俄国进行社会主义改造和建设的方针和措施,也表达了有关无产阶级专政的政权建设和社会主义法制建设的一系列宝贵的思想和理论观点。《苏维埃政权的当前任务》是马克思主义基本原理同当时俄国无产阶级革命和社会主义建设实践相结合的光辉典范。它基于苏维埃政权和法制建设的一定实践,为回答实践的需要而作出了理论上的概括与总结;同时,它又是十月革命前列宁思想的合乎逻辑的发展,即理论上大胆的探索和创新。这些对于我们今天坚持党的"一个中心、两个基本点"的基本路线,建设有中国特色的社会主义,加强社会主义民主和法制建设,无疑都有特殊重要的启迪意义。

---

　　①　《列宁全集》第 34 卷,第 155 页。
　　②　所有这些文件及提纲均载于《列宁全集》第 34 卷。

【主要法学论点】

一、国家工作重心的转移和法律

列宁在《苏维埃政权的当前任务》一文中,针对当时的时代特点,果断地提出"为了今后进攻的胜利,目前就应当'暂停'进攻"的策略思想,认为不能以继续向资本进攻这个简单的公式来规定当前的任务。当时,资本显然没有被彻底击败,向劳动者的这个敌人进攻仍是绝对必要的。但是,这样规定当前的任务就会不确切、不具体。因为它没有具体估计到当前时期的特点。当时客观形势要求的正是要"暂停"向资本的进攻。当然,列宁指出所谓"暂停"进攻只是个比喻,在通常的战争中,可以下一道暂停进攻的命令,可以实际停止前进。而在反资本的战争中,却不能停止前进,也谈不上我们不再继续剥夺资本。列宁说:"这里讲的是改变我们经济工作和政治工作的**重心**。在此以前,居首要地位的是直接剥夺剥夺者的措施。现在居**首要地位**的是在资本家已被剥夺的那些企业和其余一切企业中组织计算和监督。"①

国家工作重心的转变,为什么恰在此时,而不在此以前呢?列宁写道,资产阶级的走狗常常责骂我们对资本采取"赤卫队式的"进攻。但这种进攻,是当时的情况所绝对要求的:第一,当时资本是通过他们的代理人进行军事的反抗。粉碎军事反抗非用军事手段不可,赤卫队正是完成了使被剥削劳动者摆脱剥削者压迫的极其崇高伟大的历史事业。第二,当时我们不能把管理的方法摆在首要地位来代替镇压的方法,还因为管理的艺术并不是人们生来就有,而是从经验中得来的。当时我们还没有这种经验,可是现在已经有了。第三,当时我们还不可能支配各种学术和技术领域的专家。当时这些专家有的还在反革命队伍中作战,有的还用怠工不断地进行消极反抗,而现在苏维埃政权既战胜了资本的军事反抗,又战胜了资本的怠工反抗。

形势改变了,对敌斗争的方法也要善于改变。列宁说,"我们一分钟也不放弃采用'赤卫队'镇压萨文柯夫之流和格格奇柯利之流先生们以及其他一切地主和资产阶级反革命分子"②。可是,"我们并不会如此愚蠢,竟在需要用赤卫队进攻的时代已经基本结束(而且已经胜利地结束),无产阶级国家政权利用资产阶级专家来重耕土壤,使它绝不能再生长任何资产阶级这种时代已经来到的时候,还把'赤卫队式的'方法摆在首要地位"③。这是一个特殊时代,是发展过程中的一个特殊阶段,要彻底战胜资本,就应该使无产阶级的斗争形式适合这个阶段的情况。

---

① 《列宁全集》第34卷,159页。
② 同上书,第160页。
③ 同上书,第160页。

在俄国,战胜和镇压剥削者反抗的任务大体上已经完成以后,提到日程上来的是管理国家的任务。列宁认为:"苏维埃政权的基本原则和实质,以及从资本主义社会向社会主义社会过渡的实质,是政治任务对经济任务来说居于从属地位。"①而管理国家的任务,在当时首先是归结为纯粹经济的任务,即医治战争给国家带来的创伤,恢复生产力,调整好对产品的生产和分配的计算和监督,提高劳动生产率。总之,归结为经济改造的任务。一个社会主义政党能够做到直接着手管理任务,是在世界历史上第一次,也是一项最困难的任务,因为这是要用新的方式去建立千百万人生活的最深刻的经济的基础,当然也是一项最能有收效的任务。"只有解决(大体上和基本上解决)这项任务**以后**,才可以说,俄国不仅**成了**苏维埃共和国,而且**成了**社会主义共和国。"②可是,当时仅仅是开始向社会主义过渡,而在过渡这方面,还没有作出有决定意义的事情。所谓决定意义的事情,就是对产品的生产和分配组织最严格的全民计算和监督,以及在此基础上在全国范围内提高劳动生产率。可是,在任何社会主义革命中,要切实解决提高劳动生产率的任务,不是短期内能完成的;它的长期性完全是由客观情况决定的。可是,倘若不完成这个任务,"劳动者的政权、劳动者的自由就**不能维持**,重新受资本主义的压迫**就不可避免**"③。

随着国家工作重心的转移,作为实现国家政权职能的法律仍是必要的,但在其发挥作用方面也应有相应的变化。

十月革命初期,苏维埃政权颁布的一系列法令,可以说首先和主要是针对被推翻的剥削者的,是用法律作为手段确认苏维埃政权的。正如列宁所说:"我们完全有理由引以自豪的是:我们达到了这种水平(指西欧革命1793年和1871年达到的水平——作者注),并且在一个方面无疑还超过了一些,这就是用法令确认并在全国各地建立了最高的国家**类型**——苏维埃政权。"④当时,这样做是绝对必要的,也是及时的。但是,当反对资产阶级斗争的重心转向组织计算和监督的工作上来以后,同资产阶级较量也就改变了形式。

列宁认为,无产阶级专政决不只是推翻资产阶级或推翻地主,更重要的还在于要保证建立秩序、纪律,提高劳动生产率,实行计算和监督,建立比过去更巩固更坚强的无产阶级苏维埃政权。革命人民组织起来,整顿自己的队伍,清除自己行列中一切"保存资本主义遗产""拘守资本主义传统"的人,即清除一切懒汉、寄生虫、公产盗窃者。因为小资产阶级对纪律、组织、计算和监督总是怕得要命。充分实现已经用法令规定的事情,"集中全力,认真地切实**实现**那些已经成为法令(可是还没有成为事实)的改造

---

① 《列宁全集》第34卷,第122页。
② 同上书,第155页。
③ 同上书,第166页。
④ 同上书,第157—158页。

原则"①，即成了当时的"主要任务"。如继续实行银行国有化，逮捕和枪毙受贿者和骗子等等。与此同时，还必须用常规的、照章征收财产税和所得税的办法来代替向资产阶级征收特别税的办法。采取这种管理的方法，而非夺取的方法，是能更稳固地站住脚的方法。

虽然苏俄政权已经把工人监督制定为法律，但它却刚刚开始深入无产阶级广大群众的生活，特别是刚刚开始深入他们的意识。列宁认为，在产品的生产和分配方面没有表报，没有监督，就是扼杀社会主义的幼芽，就是盗窃公产；对计算和监督漫不经心，就是直接帮助德国的和俄国的反革命势力。他还指出，每个工厂、每个乡村都是一个生产消费公社，都有权并且按照自己的方式实行共同的苏维埃法规，并说明"按照自己的方式"并不是说违反法规，而是说用不同的形式实现这些法规。

在《〈苏维埃政权的当前任务〉一文初稿》中，列宁强调："苏维埃政权的任务，就是对现在正在到来的转变进行解释并用法律肯定这种转变的必要性。"②可见，列宁不仅指出了党和国家工作重心的转移和法律要适应这种转变，而且还强烈地要求法律本身对工作重心转移起一种肯定的作用。

二、苏维埃政权需要作为专政形式的强制，建立铁的纪律和需要铁的手腕

尽管俄国无产阶级专政的实践仅有半年，但列宁对社会主义国家必须有专政、必须有铁的纪律和法律的观点则得到了生动的验证。在他谈到当时苏维埃代表大会提出把建立"协调的组织"和加强纪律作为目前的首要任务时说，现在大家都愿意投票赞成和签署这类决议。然而，关于实现决议需要强制，而且正是专政形式的强制这一点，人们通常都不去仔细考虑。"可是，认为不要强制，不要专政，便可以从资本主义向社会主义过渡，那就是极端的愚蠢和最荒唐的空想主义。"③马克思的理论很早就十分明确地反对这种小资产阶级民主主义的和无政府主义的胡说。1917 年至 1918 年的俄国，非常明显、具体、有力地证实了马克思的理论。"只有绝顶愚钝或硬不承认真理的人，才会在这方面仍然执迷不悟"。或者是科尔尼洛夫专政，或者是无产阶级专政，"**根本不可能有**其他出路。一切中间的解决办法，如果不是资产阶级对人民的欺骗……便是小资产阶级民主派……的愚蠢念头"④。列宁明确指出，如果 1917 年至 1918 年俄国革命的进程都没有使一个人懂得不可能有中间的解决办法，那么对这样的人就不必抱什么希望了。

列宁继续写道，如果我们不是无政府主义者，那我们就应该承认从资本主义过渡

① 《列宁全集》第 34 卷，第 164 页。
② 同上书，第 144—145 页。
③ 同上书，第 175 页。
④ 同上书，第 175 页。

到社会主义必须有国家即强制,强制的形式首先取决于当时革命阶级发展的程度,其次取决于某些特殊情况,如长期反动战争造成的后果,再其次,取决于资产阶级和小资产阶级反抗的形式。列宁认为,当时的革命政权软弱得很,不大像"铁",却很像"浆糊"。他在《关于苏维埃政权的当前任务的提纲》一文中指出,"建立铁的纪律和彻底实行无产阶级专政来反对小资产阶级的摇摆——这就是当前的总口号"①。

从资本主义向社会主义过渡为什么必须有专政呢?列宁回答道,这个时期,由于两个主要原因或两个主要方面,决定了必须有专政。第一,不无情地镇压剥削者的反抗,便不能战胜和铲除资本主义,这些剥削者的财富,他们在组织能力上和知识上的优势是不可能一下子被剥夺掉的。所以在一个相当长的时间,他们必然试图推翻他们所仇视的贫民政权。历史完全证实了列宁的论断:在帝国主义武装干涉的同时,协约国极力策划捷克斯洛伐克军团的叛乱;1918 年 5 月白卫分子在莫斯科周围的 23 个城市策动叛乱;7 月高加索发生了叛乱;8 月 30 日社会革命党党徒卡普兰直接对列宁本人行刺等。第二,任何大革命,尤其是社会主义革命,即令不发生外部战争,也决不会不经过内部战争即内战,而内战造成的经济破坏比外部战争造成的更大,内战中会发生千百万起动摇和倒戈事件,会造成极不明确、极不稳定、极为混乱的状态。旧社会的一切有害分子在这种深刻变革的时候,自然不能不"大显身手"。而这些有害分子"大显身手"就只能使犯罪行为、流氓行为、收买、投机活动及各种坏事增多。而要清除这种现象,需要时间,需要铁的手腕。

列宁指出,在历史上任何一次大革命中,人民没有不本能地感觉到这一点,没有不通过把盗贼就地枪决来表现其除恶灭害的决心的。而从前两次革命的不幸,就在于使革命保持紧张状态并使它有力量去无情镇压有害分子的那种群众革命热忱,未能长久保持下来。造成此种情况的社会原因即阶级原因,就是无产阶级还不够强大,而唯有有足够的数量、觉悟和纪律的无产阶级才能把大多数被剥削劳动者吸引来,并且长期掌握政权来彻底镇压一切剥削者和一切有害分子。

列宁紧接着写道:"马克思正是总结了历次革命的这个历史经验,这个有全世界历史意义的——经济的和政治的——教训,提出了一个简短、尖锐、准确、鲜明的公式:无产阶级专政。"②俄国革命已经正确地开始实现这个有全世界历史意义的任务,苏维埃政权正是无产阶级专政的组织形式,有纪律有觉悟的无产阶级先锋队即布尔什维克党正是先进阶级(无产阶级)自己最可靠的领袖。

鉴于苏俄当时的情况,列宁告诫人们,一分钟也不应忘记,资产阶级和小资产阶级的自发势力从两方面来反对苏维埃政权:一方面,是从外部进行活动,即采取搞阴谋暴动以及在报刊上不断造谣诬蔑;另一方面,从内部进行活动,即利用一切有害分子、一

---

① 《列宁全集》第 34 卷,第 260 页。
② 同上书,第 176 页。

切弱点来进行收买,助长无纪律、自由散漫和混乱现象。愈接近于用武力把资产阶级彻底镇压下去,小资产阶级无政府状态的自发势力对于苏维埃政权也就愈危险。因为它代表着资本主义剥削制度复辟的威胁。这种形式的威胁,其表现是小资产阶级自由散漫和无政府主义的自发势力,以及小私有者"事不关己"心理的自发势力,表现为这种自发势力对无产阶级纪律性进行日常的、细小的、可是为数极多的进攻和袭击。"小资产阶级使整个社会气氛浸透了小私有者的倾向,这种倾向简单说来就是:富人的东西我拿到了手,别人的事我不管来。"①

所以列宁指出,小资产阶级自发势力即小私有者和极端利己主义的自发势力,是无产阶级不可调和的敌人。"当我们第一次进入革命进程的中心阶段时,问题就在于:是无产阶级的纪律和组织性取得胜利呢,还是俄国特别强大的小资产阶级私有者的自发势力取得胜利?"②要同这种自发势力作斗争,决不能只靠宣传和鼓动,只靠组织竞赛和选拔组织家,进行这种斗争还必须依靠强制。

列宁在文章中多次谈到要建立"铁"的纪律和使用"铁"的手腕。他称这个时期是无情"整饬"、消灭自由散漫的时期,并称只要一天不建立起更加严格的纪律,就一天不会有社会主义。若不组织起来,振作起来,千千万万的小暴发户就要把我们打倒。"松懈散漫已渗入工人阶级,这样就免不了要同它作严重的斗争。而且由于战争的关系,工人阶级先进部队的成分也远不是朝好的方向改变。因此,在劳动者中间建立纪律,组织对劳动标准和劳动强度的监督,成立专门的工业法庭来规定劳动标准,对任何恶意破坏这种标准的行为追究责任,经常教育多数人提高这个标准——这一切现在都作为苏维埃政权的极其迫切的任务提上了日程。"③同时,还提出要清点掠夺物,不允许瓜分。如果有人直接或间接地攫为己有,那么,就要给这些破坏纪律的人以制裁。各社会主义政党要把那些不接受整顿自觉纪律和提高劳动生产率的任何号召和要求的企业和村社登上"黑榜",把它们列为病态企业,要采取特别的办法(特别的措施和法令)把它们整顿好,或者列为受罚企业,把它们关闭,并且应当把它们的工作人员送交人民法庭审判。显然,列宁认为无产阶级夺取政权和镇压剥削者反抗的任务已经大体上解决,管理的任务已经成为当时的主要的中心任务的情况下,这样做是绝对必要的。

三、法院是无产阶级专政的工具,是纪律教育机关

1917 年 11 月 22 日,苏维埃政权颁布了在民主选举基础上组织法院和建立革命法庭的法令。根据该文件,废除了维护剥削阶级利益的资产阶级法院体系和旧的侦查机关,废除了所有与苏维埃政权的目的、任务相抵触的旧法律,同时也废除了私人律师制

① 《列宁全集》第 34 卷,第 237 页。
② 同上书,第 227 页。
③ 同上书,第 135 页。

度和陪审员制度,建立了维护人民利益的苏维埃法院、检察机关和工农革命法庭及地方人民法院。

列宁在《苏维埃政权的当前任务》一文中指出,"随着政权的基本任务由武力镇压转向管理工作,镇压和强制的典型表现也会由就地枪决转向法庭审判"①。讨论整顿劳动纪律和自觉纪律的问题时,又特别强调了法院所起的重要作用。他指出,在资本主义社会里,法院主要是压迫机构,是资产阶级剥削机构。因此,无产阶级革命的绝对义务,不是改良旧的司法机关,像立宪民主党人及其应声虫孟什维克和右派社会革命党人那样;相反,而是"要完全消灭和彻底摧毁全部旧的法院和它的机构"②。十月革命已经胜利地完成了这个任务,它已着手创立新的人民的法院。

人民群众在对待法院的态度上与对待国家的态度有些相似,即把任何法院都看作是同自己对立的衙门。这是由于地主资产阶级压迫而留传下来的一个不正确的观点。在人民建立了自己的法院后,这种观点是有害的,因此必须彻底打破。要使人民充分意识到,法院正是吸引全体贫民参加国家管理的机关。因为司法工作是国家管理的职能之一。同时,法院也是纪律教育的工具。

新的法院之所以必要,首先是为了对付那些企图恢复自己的统治或维护自己的特权,或者用明骗暗窃的手段来谋得部分特权的剥削者。此外,如果法院真正是按照苏维埃机关原则组织起来的,它还担负着一项更重要的任务,即保证劳动者的纪律和自觉纪律得以严格地执行。如果我们设想这种任务在资产阶级政权垮台的第二天,也就是在由资本主义向社会主义过渡的第一阶段内就能实现,或者不用强制就能实现,那我们就是可笑的空想家。实际上,这种任务不用强制是根本不能完成的。我们需要国家、需要强制,而苏维埃法院应当成为无产阶级国家实行这种强制的机关。同时,苏维埃法院还应当担负起教育居民遵守劳动纪律的巨大任务。只有这样的法院,在最广大的被剥削劳动群众的参加下,才能通过与苏维埃政权的原则相适应的民主形式,使遵守纪律和自觉纪律不致成为空洞的愿望,才能维持革命政权。

现在,人民还没有充分意识到的一个简单而又明显的事实是:俄国的主要苦难既然是饥荒和失业,那么要战胜这种苦难,就决不能凭一时的热情,而只能靠全面的、无所不包的、全民的组织和纪律来增产人民所需要的粮食和工业需要的燃料,把它们及时运到并且正确地进行分配。在任何工厂、任何经济系统、任何事情上,凡是破坏劳动纪律的人,就是造成饥荒和失业痛苦的罪人,应该善于查出这些罪人,交付审判,严厉惩办。不战胜小资产阶级自发势力的影响,不克服普遍的自由散漫,无产阶级政权就不能稳固,因为小私有者所持的观点是:只要我能够多捞一把,哪管它寸草不生。

在《苏维埃政权的当前任务》一文的一个提纲中,列宁将法庭的作用概括为:"既恐

---

① 《列宁全集》第 34 卷,第 177 页。
② 同上书,第 148 页。

吓又教育。"①这是对社会主义法庭作用的一种简明而又全面生动的概括。

四、无产阶级民主制与"个人独裁"无任何原则上的矛盾

十月革命后不久,当苏维埃机关尚未普遍建立,土地社会化和工厂国有化还是一种例外的时候,俄国境内的国家机关和经济单位的组织性很差,严重的组织涣散状态占着上风。对于这种现象,资产阶级报刊幸灾乐祸地把它宣扬为一种瓦解、破产和衰落的状态。列宁断然驳斥这种说法,明确地指出,目前的组织涣散状态是一种过渡状态,是从旧事物到新事物的过渡状态。现时,数不清的辩论和数不清的群众大会对于在从事社会建设方面还完全没有受过训练群众是一种必要的过渡。但是,当着苏维埃机关已经在全国普遍建立,农村中的土地社会化和城市中的工人监督不再是例外而是一种通例时,这种状态的转变就到来了。

现在已经到了这样一个转折点,一方面决不停止训练群众参加对社会一切事物的国家管理和经济管理,决不妨碍群众十分详尽地讨论新的任务。相反,应当想方设法帮助他们进行这种讨论,使他们能够独立地作出正确的决定。另一方面,我们应当开始严格区分民主的两种职能:一种是辩论和开群众大会;另一种是对各项执行的职能建立最严格的责任制和无条件地在劳动中有纪律地、自愿地执行各项必要的指令和命令,以便使经济机构真正像钟表一样工作。

列宁指出,民主的组织原则,其最高级形式就是由苏维埃建议和要求群众不仅积极参加一般规章、决议和法律的讨论,不仅监督它们的执行,而且自己要直接执行它们。也就是说,给每一个群众代表,每一个公民提供这样的条件,使他们既能参加国家法律的讨论,也能参加选举自己的代表,参加执行国家的法律。但是,在每一具体场合由谁来负责一定执行的职能,负责执行一定的命令的问题上,在一段时间内由谁负责领导整个劳动的过程的问题上,丝毫不容许有混乱或无秩序现象。

由领导者的统一意志建立起来的严格秩序,是绝对需要的。"如果没有统一的意志把全体劳动者结合成一个像钟表一样准确地工作的经济机关,那么无论是铁路、运输、大机器和企业都不能正常地进行工作。社会主义是大机器工业的产物。如果正在实现社会主义的劳动群众不能使自己的各种机构像大机器工业所应该做的那样进行工作,那么也就谈不上实现社会主义了。"②列宁这里把辩论、开群众大会同绝对执行领导者的一切命令严格地区分开来,这就是要把培养群众去实行某项措施和监督这项措施的实施这种准备工作,同实行措施本身区别开来。这是避免当时危害很大的多头领导和无人负责现象所绝对必要的。

---

① 《列宁全集》第 34 卷,第 520 页。
② 同上书,第 144 页。

　　当时围绕颁布的关于铁路管理的法令,即赋予领导者个人以独裁的权力(或"无限的"权力)的法令展开了一场争论。如同列宁所说,小资产阶级的自由散漫的自觉的代表认为,赋予个人以"无限的"(即独裁的)权力是背离集体管理制原则、背离民主制原则和苏维埃政权的原则的。而一些"左"派社会革命党人在一些地方利用一些人的劣根性和小私有者"捞一把"的欲望进行了简直是流氓式的煽动,以此来反对关于"独裁权"的法令。

　　这个争论确实有重大意义。首先,它涉及一个原则问题,即委派拥有独裁者无限权力的个人的这种做法同苏维埃政权的根本原则究竟是否相容? 第二,这种事情,也可以说是个先例,它同苏维埃在当时具体形势下的特殊任务有什么关系? 列宁以无可辩驳的逻辑证明了,"个人独裁"同无产阶级民主制是相容的,而且在现今历史条件下这种做法也是绝对必要的。

　　列宁写道,无可争辩的历史经验证明:在革命运动史上,个人独裁成为革命阶级独裁的表现者、体现者和贯彻者,是屡见不鲜的。个人独裁同资产阶级民主制无疑是彼此相容的。而在这一点上,咒骂苏维埃政权的资产阶级分子及其小资产阶级应声虫总是要弄手腕:一方面他们说苏维埃政权不过是一种荒谬的、无政府主义的、野蛮的东西,极力避开我们用来证明苏维埃是民主制的高级形式,甚至是民主制的社会主义形式的开端的所有历史对比和理论论据;另一方面,他们却向我们要求高于资产阶级民主制的民主制,并且说,个人独裁是同你们布尔什维克的(即不是资产阶级的而是社会主义的)苏维埃民主制绝不相容的。列宁写道,如果我们不是无政府主义者,那就应该承认从资本主义过渡到社会主义必须有国家即强制,"苏维埃的(**即**社会主义的)民主制和实行个人独裁权力之间,根本**没有**任何原则上的矛盾"[1]。无产阶级专政与资产阶级专政的区别,一是在于无产阶级专政是打击占少数的剥削者以利于占多数的被剥削者,二是在于无产阶级专政不仅是由被剥削劳动群众——也是通过个人——来实现的,而且正是为了唤起和发动这些群众去从事历史创造活动而建立起来的组织来实现的。

　　任何大机器工业——社会主义的物质生产的源泉和基础——都要求无条件的和最严格的统一意志,以指导几百人、几千人以至几万人共同工作。而这一必要性无论从技术上、经济上或历史上看来,都是很明显的,凡是认真思考过社会主义的人,始终认为这是社会主义的一个条件。可是怎样才能保证有最严格的统一意志呢? 这就只有使千百人的意志服从于一个人的意志,为了使按大机器工业形式组织起来的工作能够顺利进行,无条件服从统一意志是绝对必要的。革命刚刚打碎了强加于群众的那种最陈旧、最牢固、最沉重的镣铐,这是昨天的事情。但是在今天,同样是这个革命,正是为了社会主义,却要求群众无条件服从劳动过程的领导者的统一意志。

---

　　①　《列宁全集》第 34 卷,第 179 页。

最后,列宁把民主制与服从"个人独裁"权力的相互关系问题的意义,提到苏维埃政权历史的高度上加以论述。他指出,我们已经胜利地解决了革命的第一个任务,劳动群众在自己中间创造出革命胜利的基本条件:为推翻剥削者而共同奋斗。1905年10月以及1917年2月和10月这样一些阶段,是有全世界历史意义的。我们已经胜利地解决了革命的第二个任务,唤醒和发动被剥削者的社会"下层",十月革命之后他们才得到了推翻剥削者、开始认识环境和按照自己的方式安排生活的完全自由。正是这些被压迫被蹂躏得最厉害的、受教育最少的劳动群众开群众大会,转到布尔什维克方面来,到处建立了自己的苏维埃组织。这是革命的第二个伟大阶段。

现在正开始的是第三个阶段。在这个阶段,必须使我们已经夺得的东西,使我们自己颁布过的,确定为法令的、讨论过的、拟订了的东西巩固下来。这是一项最困难而又最能见效的任务,因为只有解决了这项任务,我们才能有社会主义的秩序。列宁讲,劳动群众开群众大会的这种民主精神,犹如春潮泛滥,汹涌澎湃,漫过一切堤岸。我们应该学会把这种民主精神同劳动时的铁的纪律结合起来,同劳动时无条件服从苏维埃领导者的统一意志结合起来。列宁指出:"协调的组织"是什么?负责人员的委任证书,对每项工作的职能实行个人指挥,绝对执行命令等。他还说:"认为个人独裁权力无论同民主制还是同苏维埃类型的国家、同集体管理制都是不相容的。这种意见是极端错误的。"①

五、苏维埃民主制是更高类型的民主制

谈到当时苏俄实行的民主制的主要特征时,列宁指出:"这种民主制是更高**类型**的民主制,是与资产阶级所歪曲的民主制截然不同的民主制,是向社会主义民主制和使国家能开始消亡的条件的过渡。"②那么,苏维埃民主制即目前具体实施的无产阶级民主制的社会主义性质何在呢?列宁谈到了以下三点:"第一,选举人是被剥削劳动群众,排除了资产阶级;第二,废除了选举上一切官僚主义的手续和限制,群众自己决定选举的程序和日期,并且有罢免当选人的完全自由;第三,建立了劳动者先锋队即大工业无产阶级的最优良的群众组织,这种组织使劳动者先锋队能够领导最广大的被剥削群众,吸收他们参加独立的政治生活,根据他们亲身的体验对他们进行政治教育,从而第一次着手使真正**全体**人民都学习管理,并且开始管理。"③

列宁提到的三点是极其重要的。它也是社会主义民主区别于资产阶级民主的三个重要特征。这里放在第一位的是选举权。他在《〈苏维埃政权的当前任务〉一文初稿》中指出,群众应当有权为自己选举负责的领导者,同时还提出,群众应当有权撤换

---

① 《列宁全集》第34卷,第143页。
② 同上书,第183—184页。
③ 同上书,第183页。

他们。群众应当有权了解和检查他们活动的每一个细节。因为，完整的选举权，自然就应当包括罢免权，所以列宁讲的第二点中特别提到了群众"有罢免当选人的完全自由"。第三点讲的建立群众组织，指当时的苏维埃和苏维埃政权组织，实质上说的就是无产阶级专政的形式。列宁强调，这种组织使劳动者先锋队即无产阶级能领导最广大的被剥削的群众，能吸引群众参加独立的政治生活，根据群众的亲自体验对他们进行政治教育，通过这种组织第一次着手使全体人民都真正学习管理并且开始管理。

　　苏维埃政权建立初期，列宁就指出，对于无产阶级政权来说，除了公开的和隐蔽的敌人的反抗、破坏和有被他们推翻的危险以外，除了资产阶级和小资产阶级自发势力影响的危险外，还存在着一种危险，即"现在有一种使苏维埃成员变为'议会议员'或变为官僚的小资产阶级趋势"①。无疑，如果苏维埃成员变成"议会议员"或官僚，那也就丧失了苏维埃的社会主义民主性质，社会主义民主就变成资产阶级民主了。对于这种趋势如何防止呢？列宁指出："必须吸引**全体**苏维埃成员实际参加管理来防止这种趋势。"②"苏维埃同'人民'之间，即同被剥削劳动者之间的联系的牢固性，以及这种联系的灵活性和伸缩性，是消除苏维埃组织的官僚主义弊病的保证。"③列宁说：苏维埃的民主性质和社会主义性质是什么？全体参加管理（不同于资产阶级议会）。"因为不吸引更多的人民阶层参加社会建设，不激发一直沉睡的广大群众的积极性，就谈不上什么革命的改革。"④

　　为了防止苏维埃的官僚主义趋势，保持其社会主义民主性质，如何吸引全体苏维埃成员实际参加管理呢？首先，列宁指出，对于实现全体贫农实际参加管理这个任务的一切步骤愈多样化愈好，应该详细地记载下来，加以研究，使之系统化，用更广泛的经验来检验它，并且定为法规。我们的目的是要使每个劳动者做完 8 小时"分内的"生产劳动之后，还要无报酬地履行国家义务。列宁设想，每个成年公民每天从事体力工作 6 小时，从事管理国家的工作 4 小时。并且强调："过渡到这一点特别困难，可是只有实现这种过渡才能保证社会主义彻底巩固。这种转变是新鲜事物，是一件难事，当然会产生许多可说是摸索的步骤，许多错误和动摇——没有这些，就不可能有任何显著的进步。"⑤实践、摸索实现无产阶级专政的最恰当形式，想方设法吸引全体贫民参加管理，真正使劳动人民实际地当家做主人，是列宁的一贯主张。此外，当谈到对于革命打碎旧的官僚机构和新生的事物出现的问题时，列宁指出，"这时最重要的是精心照料在瓦砾还没有清除干净的地面上从碎片底下生长出来的新事物的幼芽"⑥。

① 《列宁全集》第 34 卷，第 184 页。
② 同上书，第 184 页。
③ 同上书，第 185 页。
④ 同上书，第 141—142 页。
⑤ 同上书，第 184 页。
⑥ 同上书，第 185 页。

其次,列宁还认为应该创造一些特殊的罢免形式和另一种自下而上的监督,并把它大力加以发展。列宁举例说,国民教育委员会,作为苏维埃选民及其代表为讨论和监督苏维埃政权在这方面的工作而举行的定期会议,是应该得到充分的赞同和支持的。愈是坚决主张有绝对强硬的政权,主张在一定的工作过程中、在履行纯粹执行的职能的一定时期实行"个人独裁",就愈是要有多种多样的自下而上的监督形式和方法,以便消除苏维埃政权的一切可能发生的弊病,反复不倦地铲除官僚主义的莠草。

第三,特别需要指出的是:"如果把苏维埃变成一种停滞不前的和自满自足的东西,那是再愚蠢不过的。"①巴黎公社是无产阶级革命打碎资产阶级国家机器的第一次尝试和"终于发现的"可以而且应该用来代替已被打碎的国家机器的政治形式,苏维埃是继巴黎公社之后无产阶级革命打碎资产阶级国家机器创立的又一种政治形式。这种形式随着革命实践的发展和人们认识的深化,应该也必须逐步地完善和发展,而不能停滞不前。正如列宁1918年5月5日写道:"社会主义的导师们之所以说从资本主义到社会主义要有一整个过渡时期并不是没有原因的,他们强调新社会诞生时的那种'长久的阵痛'也不是没有缘故的,并且这新社会还是一种抽象的东西,它只有经过一系列建立这个或那个社会主义国家的各种各样的、不尽完善的具体尝试才会成为现实。"②

在坚持作为无产阶级专政的形式之一即苏维埃的社会主义民主性质、坚持吸引全体贫民实际参加管理的前提和目的下,使苏维埃在适应不断变化的实践中得到巩固、完善和发展,才能显示社会主义的旺盛生命力。

六、向资本主义的最大组织家学习,向托拉斯学习,架起从资本主义社会通往社会主义社会的桥梁

无产阶级夺取政权以后,剥夺剥夺者和镇压其反抗的任务大体和基本上解决以后,必须把创造高于资本主义社会结构的根本任务,即提高劳动生产率的任务提到首要地位。列宁认为,在全国范围内提高劳动生产率是实施社会主义的一个非常重要的物质条件,而且这一任务具有长期性。只有实现了这个任务,才能最终造成资产阶级既不能存在、也不能再产生的条件。无产阶级如何在夺取政权以后,组织好对社会的生产和消费进行计算和监督,提高劳动生产率呢?列宁果断地提出要向资本主义的最大组织家、向托拉斯学习社会主义的问题。

列宁主张,为了表明苏维埃政权要向社会主义过渡,必须利用资产阶级知识分子的服务。他说,学习社会主义,在很大程度上要向托拉斯的领导者学习,学习社会主义,要向资本主义最大的组织者学习。还说,如果我们正确地了解自己的任务,那就应

---

① 《列宁全集》第34卷,第186页。
② 同上书,第281页。

当向托拉斯的组织者学习社会主义。如果我们实行的是资产阶级革命,那么所要向他们学习的只不过是尽量捞点什么,如此而已。但我们从事的是社会主义革命。我们当初镇压他们,难道是为了在彻底镇压他们之后的今天向他们的资本主义卑躬屈膝吗?不。我们现在要向他们学习,是因为我们的知识不够,因为我们没有这些知识。我们有社会主义的知识,但是没有组织千百万人的知识,没有组织和分配产品等等的知识。老布尔什维克领导者没有教给我们这些东西。在这方面,布尔什维克党的历史没有什么可以炫耀的。"这门课程我们还没有学过。所以我们说,哪怕他是一个大骗子,只要他组织过托拉斯,只要他这个商人曾经搞过千百万人的生产和分配,只要他有经验,我们就应该向他学习。如果我们不从他们那里学会这些东西,我们就得不到社会主义,革命也就会在它已经达到的阶段上停滞不前。"①

有鉴于此,列宁系统地论述了如何吸收和利用资产阶级知识分子的问题。他指出,为了解决社会主义的实际任务,就必须吸收大批的资产阶级知识分子,特别是那些曾经从事过资本主义的最大生产的实际组织工作,首先是组织过辛迪加、卡特尔和托拉斯的人来协助苏维埃。因为,"没有各种学术、技术和实际工作领域的专家的指导,向社会主义过渡是不可能的,因为社会主义要求广大群众自觉地在资本主义已经达到的基础上向高于资本主义的劳动生产率迈进"②。从前的工业领袖、从前的长官和剥削者,应当担任技术鉴定人、指导人、参谋和顾问。应当解决一项新的、困难的却最能收效的任务,即"把这些剥削阶级分子所积累的全部经验和知识同广大劳动群众的首创精神、毅力和工作结合起来,因为只有这种结合才能架设起从资本主义旧社会通往社会主义新社会的桥梁"③。

无产阶级用新的方式解决战胜资产阶级的任务,放在首位的自然是依靠无产阶级的统治地位;其次,是依靠大多数被剥削劳动群众对它的支持。此外,就是"利用旧社会所积蓄的有组织才能和技术知识的分子,虽然他们十分之九、也许百分之九十九属于敌视社会主义革命的阶级"④。列宁把吸收资产阶级知识分子参加工作当作一项迫切和必要的任务,并称"如果把这个任务看成是什么政权的动摇,对社会主义原则的背离或者对资产阶级不可容忍的妥协,那是荒唐可笑的。发表这种意见,就是毫无意义地重复革命无产阶级政党在另一个完全不同的活动时期所讲的话"⑤。应当把组织工作中的讲求实际和求实精神作为当前首要的、最主要的任务。在当时的情况下,列宁坚信:"只有那些懂得**不**向托拉斯的组织者**学习就不能**建立或实施社会主义的人,才配

---

① 《列宁全集》第 34 卷,第 239 页。
② 同上书,第 160 页。
③ 同上书,第 129 页。
④ 同上书,第 124 页。
⑤ 同上书,第 145 页。

称为共产主义者。"①对于反对这样做的人,列宁讥笑他们"没有一点马克思主义"。

列宁把工人农民通过利用资产阶级专家,自己学会最好的劳动纪律和高级劳动技术,从而对资产阶级专家的服务付给高额报酬,称作缴纳的一种"贡赋"。但在当时情况下这是不得已而采取的,是不可避免的。为了学习好的生产方式、方法而花这样一笔钱是应当的、值得的。因为,除非其他国家的社会主义革命取得胜利,我们没有别的办法得到这样的指导。

但是,列宁同时又告诫说,这是一种妥协的办法,要警惕其腐化作用。他指出,现在我们不得不采用旧的资产阶级方式,同意对资产阶级最大的专家的服务付给高额报酬。"显然,这种办法是一种妥协,是对巴黎公社和任何无产阶级政权的原则的背离,这些原则要求把薪金降到中等工人工资的水平,要求在事实上而不是在口头上同名利思想作斗争。"②同时,这也是社会主义苏维埃国家政权后退了一步,因为这个政权一开始就曾宣布并实行了把高额薪金降低到中等工人工资水平的政策。从已经是发达的社会主义社会的角度来看,让资产阶级知识分子获得比工人阶级的优秀阶层高得多的劳动报酬,是根本不公平和不正确的。但是,在当时的实际条件下,却必须通过付给资产阶级专家高得多的(不公平的)劳动报酬的办法来解决迫切的任务。同时,列宁也十分清醒地看到了这种做法可能带来的消极后果。他告诫说,高额薪金的腐化作用既影响到苏维埃政权,也影响到工人群众。而我们的任务是:在丝毫不向人民隐瞒妥协的消极面的同时,尽力改善计算和监督,作为将来彻底消除一切妥协的唯一方法和手段。这里反映出了列宁作为革命的政治家和思想家所具有的原则的坚定性和策略的灵活性,及使两者有机结合起来的高度政治艺术。

与此同时,列宁还强调学习和运用资本主义采取的科学和先进的生产管理方法的问题。最大的资本主义在劳动组织方面创造了一些制度:一方面这种制度在居民群众受剥削的情况下,是少数有产者奴役劳动者、压榨劳动者额外的劳动、体力、血汗和神经的最残酷的形式;另一方面,这种制度同时又是科学组织生产的最新成就。为了实行对生产的计算和监督,为了提高劳动生产率,社会主义苏维埃应当学会这种制度,并且应当对它加以改造。所谓"泰罗制",就是当时资本主义取得的最新成果之一。列宁称,它同资本主义其他一切进步的东西一样,既是"资产阶级剥削的最巧妙的残酷手段,又包含一系列的最丰富的科学成就",既是"肆无忌惮的资本主义剥削的最新方法",又"体现了科学的巨大进步"。它系统地分析了生产过程,为大大提高人的劳动生产率开辟了途径。列宁号召,苏维埃共和国无论如何都要采用这方面一切有价值的科学技术成就。并断言,"社会主义能否实现,就取决于我们把苏维埃政权和苏维埃管理

---

① 《列宁全集》第 34 卷,第 289 页。
② 同上书,第 161 页。

组织同资本主义最新的进步的东西结合得好坏"①。列宁指出,应该在俄国组织好对泰罗制的研究和传授,有系统地试行这种制度并使之适用。列宁非常形象地写道:"乐于吸取外国的好东西:苏维埃政权＋普鲁士的铁路秩序＋美国的技术和托拉斯组织＋美国的国民教育等等等等＋＋＝总和＝社会主义。"②无疑,这些思想在今天世界新科技挑战的背景下,对我们有着很强的针对性和重大的现实意义。

---

① 《列宁全集》第 34 卷,第 170—171 页。
② 同上书,第 520 页。

第十一章　列宁《无产阶级革命和叛徒考茨基》①

【写作的历史背景】

俄国十月革命的胜利,创建了世界上第一个无产阶级专政的社会主义国家,也使列宁关于社会主义可以在少数或者单独一个资本主义国家里首先获得胜利的理论变成了现实,因而极大地促进了各国革命斗争的发展。当时欧洲出现了新的革命风暴,许多国家的无产阶级纷纷罢工和举行武装起义,直接冲击着资本主义制度。深怀恐惧和仇恨的国际帝国主义者,在对新生的苏维埃政权发动武装干涉的同时,还在意识形态方面向布尔什维克进行攻击。资产阶级报刊咒骂布尔什维克是"专政家",实行"暴政",诽谤苏维埃政权"紊乱不堪""摇摇欲坠"。俄国国内的反革命势力也把自己装扮成"民主""民权""立宪"的拥护者,诬蔑布尔什维克消灭民主。第二国际机会主义者适应帝国主义的需要,也积极地参加这一反共的大合唱,有"理论家"之称的考茨基在其中扮演了可耻的叛徒的角色。

考茨基是德国社会民主党和第二国际的领袖、主要理论家之一。1875 年加入奥地利社会民主党,1877 年加入德国社会民主党。1881 年与马克思和恩格斯相识,在他们的影响下转向马克思主义。从 19 世纪 80 年代到 20 世纪初,写过一些宣传和解释马克思主义的著作,如《卡尔·马克思的经济学说》《土地问题》等。1883 年至 1917 年任德国社会民主党理论刊物《新时代》杂志主编。曾参与起草德国《1891 年社会民主党纲领》(《爱尔福特纲领》)。1910 年后逐渐转到机会主义立场,成为"中派"领袖。第一次世界大战前夕,提出"超帝国主义"论,大战期间打着中派旗号支持帝国主义战争。1917 年参与建立德国独立社会民主党。1918 年 8 月,在柏林出版的《社会主义的对外政策》杂志发表文章《是民主呢还是专政》,号召各国社会民主党同布尔什维克作斗争。1918 年 7 月苏维埃俄罗斯联邦社会主义共和国第一部宪法通过后不久,又专门撰写题为《无产阶级专政》的小册子,从理论上篡改马克思主义关于无产阶级专政的学说,歌颂资产阶级民主,诽谤无产阶级专政的苏维埃政权。

在这本自称是"第一部反布尔什维主义的著作"中,考茨基打着对经济进行唯物主义分析的幌子,对十月革命和新生的苏维埃政权进行攻击。他认为,只有那些生产力

---

① 载于《列宁全集》,中文 2 版,第 35 卷,北京,人民出版社,1985。

高度发达的主要工业国家,才具备社会主义革命"在物质上和思想上的前提条件"。"俄国不属于这些主要的工业国家之列",因而"那里所正在进行着的,实际上是最后一次的资产阶级革命,而不是第一次的社会主义革命,……它目前的革命要有社会主义的性质,那只有西欧同时发生社会主义革命"。如果硬要把十月革命说成是社会主义革命,在俄国建立起无产阶级专政和社会主义制度,"无异于跳过或者以法令清除正常发展的各相继阶段所有的障碍的一种崇高的尝试"。"这种做法使我们记起一个怀孕的妇女为了缩短她所不堪忍受的妊娠期,竟然极其愚蠢地剧烈运动,以致早产。"并预言,"这样生下来的孩子,通常是活不成的"①。在他看来,只有当无产阶级在居民中占多数时,社会主义革命才是合乎规律的、合法的。那时,无产阶级可以利用民主制度(普选权、议会)取得政权,改革资本主义制度,实行社会主义改造。考茨基竭力指责对剥削者行使革命暴力,对无产阶级专政大加贬斥,并在反对无产阶级专政的同时,还百般赞扬抽象民主。

对于考茨基主义这股国际共产主义运动中最危险的思潮,列宁早在十月革命前就撰文《帝国主义是资本主义的最高阶段》《国家与革命》等予以抨击。在1918年9月20日的《真理报》上看到《是民主呢还是专政》一文的摘要后,列宁立即给苏维埃共和国驻欧洲国家的使节写信,提出对考茨基从理论上把马克思主义庸俗化的行为作斗争的任务,并请他们在考茨基关于专政的小册子出版后立即给他寄一本来。10月初,列宁读了考茨基的《无产阶级专政》后,认为有必要把考茨基那种叛徒的诡辩和完全背弃马克思主义的行为予以分析②,便即刻动手写作《无产阶级革命和叛徒考茨基》一书。在这部著作脱稿之前,为尽快占领阵地、表明自己的意见,列宁又于10月9日用同一题目写了一篇文章③,发表在10月11日的《真理报》上,并让人尽快把此文译成外文发表,后以德文和意大利文在伯尔尼和维也纳、米兰面世。《无产阶级革命和叛徒考茨基》一书于1918年11月10日写成,12月在莫斯科出版;1919年又以外文在德国、奥地利、意大利、英国、法国出版。

列宁在揭露考茨基时指出,考茨基的《无产阶级专政》"这本书在可耻、可恶和背叛的程度上,比伯恩施坦那本有名的《社会主义的前提》要高出百倍"④。并说:"如果要名副其实,考茨基的书就不应该叫作《无产阶级专政》,而应该叫作《资产阶级对布尔什维克的攻击的旧调重弹》。"⑤为捍卫马克思主义关于无产阶级专政的学说,批判机会主义者篡改马克思主义的叛徒行径,列宁根据马克思主义的普遍真理总结了历次革命,特别是十月革命和苏维埃政权建立以来的斗争经验,深刻阐明了暴力革命和无产

---

① 引文均引自[德]考茨基:《无产阶级专政》,第55页,北京,三联书店,1958。
② 参见《列宁全集》第35卷,第229页。
③ 参见上书,第102—111页。
④ 同上书,第102页。
⑤ 同上书,第296页。

阶级专政、过渡时期阶级斗争、资产阶级民主和无产阶级民主、工农联盟、无产阶级国际主义以及俄国革命和世界革命的关系等问题。

从内容的内在联系来看,《无产阶级革命和叛徒考茨基》一书实际上是《国家与革命》的续篇。它以十月革命后的新经验,充实了《国家与革命》所没有来得及完成的部分。在这部光辉著作中,列宁不仅坚定地捍卫了马克思主义,而且在国家和法的学说方面作出了创造性的发展。

【主要法学论点】

一、无产阶级专政是马克思主义的一个最根本的思想

考茨基在《无产阶级专政》的小册子中所犯的基本理论错误,就是他"对马克思的国家学说所作的机会主义歪曲"①。

考茨基极力贬低无产阶级专政学说的伟大意义,认为马克思并没有明确地说明"专政"一词的本义,甚至把马克思关于无产阶级专政的科学概念说成是偶尔说出的一个"词"或一个"词儿",把马克思主义的普遍适用的原理,缩小成个别的命题,以便为取消无产阶级专政寻找借口。

列宁对考茨基的谬论予以痛斥,指出马克思在《哥达纲领批判》一文中关于"在资本主义社会和共产主义社会之间,有一个从前者变为后者的革命转变时期。同这个时期相适应的也有一个政治上的过渡时期,这个时期的国家只能是**无产阶级的革命专政**"②的论述,是概括了马克思全部学说的著名论断。无产阶级专政是一个科学的概念,是马克思主义的精髓。因而把它称为一个"词",甚至称为一个"词儿","这简直是侮辱马克思主义,完全背弃马克思主义"③。无产阶级专政是马克思和恩格斯的一贯的最根本的思想,他们在总结法国1848年革命和1871年革命经验的过程中,特别是在1852年致魏德迈的信和《哥达纲领批判》,直到1891年的《〈法兰西内战〉导言》等一系列著作中,一再明确而详尽地阐述、发展了无产阶级专政理论。两位经典作家在革命斗争中屡次提出无产阶级"打碎"资产阶级国家机器的任务,"'无产阶级专政'这个公式不过是在历史上更具体、在科学上更确切地说明"④这个任务而已。

考茨基在《无产阶级专政》中,还把无产阶级专政的学说荒谬地解释为多数人的民主的"统治状态",杜撰无产阶级专政的"定义"。所谓"统治状态"就是无产阶级要在

---

① 《列宁全集》第35卷,第231页。
② 《马克思恩格斯全集》第19卷,第31页。
③ 《列宁全集》第35卷,第234页。
④ 同上书,第234页。

资产阶级议会民主制的范围内,用争取多数选票的办法去掌握政权,即无产阶级革命要"使用和平的经济、法律以及道德手段,而不是暴力来实现"①,进而再运用这个政权去"保护少数"即保护失掉政权的剥削阶级,"和平"地过渡到社会主义。为反对革命暴力,他把当年马克思关于英美可能和平变革的结论搬出来作论证。考茨基这样做的目的显然是为了隐瞒专政"这个概念的基本标志,即革命**暴力**"②。"这样一来,**革命暴力就消失了,暴力革命**就消失了。"③问题的实质正在于此。

列宁针对考茨基反对革命暴力、鼓吹和平过渡的论调,明确阐发了专政的实质和暴力革命的必要性。他强调指出:"专政的前提和意思是一个阶级对另一个阶级采用叛徒们所不喜欢的**革命暴力**的'状态',这是隐瞒不了的,正像'口袋里藏不住锥子'一样。"④专政是国家的职能或类型即国体问题,而不是什么抽象的"状态"或"管理形式"。"不用暴力破坏资产阶级的国家机器并用**新的**国家机器代替它,无产阶级革命是不可能的。"⑤马克思主义一向认为,唯有运用革命暴力打碎资产阶级国家机器才是无产阶级革命的普遍规律。的确,马克思在特殊场合如 1871 年 4 月 14 日给库格曼的信和 1872 年 9 月 8 日在荷兰阿姆斯特丹群众大会上的演说中,曾提到过欧洲大陆以外的国家(英美)和荷兰可能有革命发展的"例外"。因为,一方面,当时这几个国家在一定程度上还没有军阀官僚制度。例如,英国 1853 年军队只有 13 万人,而且大部分驻扎在国外;美国 1872 年尚无正规军,只有资产阶级的地方性的民兵,到 1900 年军队也不过13.6 万人,其中常备军 2.7 万人。另一方面,"垄断前的资本主义……由于它的根本的**经济**属性……其特征是比较说来最爱和平,最爱自由"⑥。就是说,在资本的原始积累以后,在 19 世纪的一段时期内,西方各资本主义国家间需要暂时地协调相互关系和经济竞争,开展和平的、自由的**经济**竞争。但即便如此,马克思依然明确表示在这几个国家中革命的和平发展也只能说是一种"理想"、"想象"或"可能",绝非注定的、现实的东西。况且,这种例外现象到帝国主义时代已消失了,原因在于"帝国主义,即只是在20 世纪才完全成熟的垄断资本主义,由于它的根本的**经济属性**,其特征则是最不爱和平,最不爱自由,最大限度地到处发展军阀机构"⑦。考茨基在谈论和平变革或暴力变革具有多大的典型性或可能性时,竟然不顾这一明显的事实,这意味着他堕落为资产阶级最庸俗的奴仆了。

关于无产阶级革命的问题,马克思主义和机会主义的根本分歧,就在于主张暴力

① [德]考茨基:《无产阶级专政》,第 22 页。
② 《列宁全集》第 35 卷,第 239 页。
③ 同上书,第 237 页。
④ 同上书,第 238 页。
⑤ 同上书,第 238 页。
⑥ 同上书,第 240 页。
⑦ 同上书,第 240 页。

变革还是坚持和平变革。列宁特别指出,"无产阶级的革命专政是对付资产阶级的**暴力**;这种暴力之所以必要,**特别是**因为存在着**军阀和官僚**"①。他十分重视军队在国家政权中的重要地位,认为任何取得胜利的革命的第一个信条就是打碎旧军队,解散旧军队,用新军队代替它;无产阶级"不逐渐建立起、在艰苦的内战中建立起新阶级的新军队、新纪律、新军事组织,它无论过去和现在都不能取得也不能巩固这种统治地位"②。总之,暴力夺取政权和维持政权是无产阶级专政的基本标志,暴力是无产阶级专政的中心环节,是无产阶级专政的一个最本质的特征。

二、无产阶级的革命专政,是不受任何法律约束的政权

考茨基根本不懂得专政的实质,错误地提出:"就字义来讲,专政就是消灭民主。就本义来讲,它还表明不受任何法律限制的个人独裁。"③考茨基立意来谈论专政,却在小册子中讲了一大堆明显的谎话,根本没有给专政下一个定义,而且其说"专政意味着个人独裁"既不符合语法逻辑,也根本不符合历史真相。但同时也偶然地发现了一个正确的思想,即专政是不受任何法律约束的政权④。

什么是无产阶级专政呢?列宁根据马克思主义的原理并总结了十月革命的经验,给无产阶级专政下了一个明确的定义:"专政是直接凭借暴力而不受任何法律约束的政权。""无产阶级的革命专政是由无产阶级对资产阶级采用暴力手段来获得和维持的政权,是不受任何法律约束的政权。"⑤这是马克思主义国家和法律学说中的重要结论。

"无产阶级的革命专政是不受任何法律约束的政权"。这具有两方面的含义:一方面,针对剥削阶级的统治而言,即对于统治阶级所制定的法律,革命政权绝不受其约束;革命的利益高于一切,凡妨碍革命利益的法律,均应予以废除。这是列宁早先提出的一个思想。社会主义革命不承认资产阶级法制,而恰恰要破坏资产阶级法制,因为否定剥削的新社会制度绝不能以肯定、保护和巩固对劳动人民剥削的旧法律为依据进行活动。列宁在《两个世界》一文中就曾指出,资产阶级法制具有很大的历史局限性,社会主义不可以装在资产阶级法制的框子里,无产阶级革命将摧毁资产阶级社会的全部法制⑥。这一理论对十月革命胜利后苏维埃政权的法制创建具有重要的指导意义。另一方面,针对革命政权自己制定的法律,如果它已不能适应革命发展的需要,也要通过一定的手续加以废除或修改。"我们根据经验知道,修改法令是必要的,因为遇到了

---

① 《列宁全集》第 35 卷,第 239 页。

② 同上书,第 286 页。

③ [德]考茨基:《无产阶级专政》,第 24 页。

④ 参见《列宁全集》第 35 卷,第 236 页。

⑤ 同上书,第 237 页。

⑥ 参见《列宁全集》,中文 2 版,第 20 卷,第 11、16 页,北京,人民出版社,1989。

新的困难,是新的困难不断促使我们进行修改。"①列宁说:"在尖锐的斗争时刻不敢修改法律的革命者不是好的革命者。"②

必须明确,在上述这种而且也只有在这种严格的意义上,无产阶级专政才是不受法律的约束的。但这并不意味着法律对于革命政权来说是可有可无的东西,恰好相反,革命政权自己制定的法律,正是维护社会秩序、保障社会主义制度不受破坏的不可缺少的手段。当无产阶级国家通过它所颁布的法律文件来巩固新社会关系的时候,这些法律规范就成为必须执行的了。有鉴于此,列宁在 1918 年上半年就强调,苏维埃政权"目前的主要任务,就是要集中全力,认真地切实**实现**那些已经成为法令(可是还没有成为事实)的改造原则"③。在《关于严格遵守法律的决议提纲》草稿中,又重申应当切实遵守法制,"因为俄罗斯联邦法律的基本原则已经确定"④。考虑到国内战争的环境,他认为为了对付反革命暴乱,可以采取战争所引起的、超出现有法律规定范围的特别紧急措施,但附有一个必要的条件,即把这种情况如实地、正式地报告给有关机关和负责人并立即报告人民委员会,也就是说采取这种措施是一种例外。列宁写道,必须"教会人们**靠文化素养**为法制而斗争,同时丝毫不忘记法制在革命中的界限。现在的祸患不在于此,而在于有**大量**违法行为"⑤。国内战争结束后,列宁则又十分严肃地提出需要遵守严格的革命法制,绝对遵守苏维埃政权的法律和命令的要求,并告诫布尔什维克牢记,"极小的违法行为,极小的破坏苏维埃秩序的行为,都是劳动者的敌人立刻可以利用的**漏洞**"⑥。

三、无产阶级民主比任何资产阶级民主要民主百万倍

考茨基在反对无产阶级斗争的同时,还竭力回避和抹煞民主的阶级性,宣扬"纯粹民主"或"一般民主"这种超阶级的民主观,认为资产阶级民主制度不仅比封建社会制度进步,而且比苏维埃社会主义民主也要进步,因为资产阶级议会共和国是排斥专政的"全民的"政权,而苏维埃政权则"消灭民主",以此美化资产阶级民主,反对无产阶级专政。

列宁针锋相对,深刻地揭示民主的阶级实质,无情地揭露资产阶级民主的虚伪性。他说,世界上只要有不同的阶级存在,就不能说"纯粹民主",而只能说阶级的民主。考茨基如此热衷于"纯粹民主",这不仅是既不了解阶级斗争也不了解国家实质的无知之

---

① 《列宁全集》第 34 卷,第 469 页。
② 同上书,第 471 页。
③ 同上书,第 164 页。
④ 《列宁全集》第 35 卷,第 130 页。
⑤ 《列宁全集》,中文 2 版,第 42 卷,第 498 页,北京,人民出版社,1987。
⑥ 《列宁全集》第 37 卷,149 页。

谈，而且是十足的空谈。原因在于"纯粹民主"是自由主义者愚弄工人的谎话，同时民主在共产主义社会中将演变为习惯而最终消亡。资产阶级民主制同封建专制或等级特权制相比较，的确是一种进步，应该承认它在历史上、在资产阶级共和国建立初期起过某种进步作用。但资产阶级民主制毕竟一开始就具有两面性，即"始终是而且在资本主义制度下不能不是狭隘的、残缺不全的、虚伪的、骗人的民主，对富人是天堂，对被剥削者、对穷人是陷阱和骗局"①。考茨基不理解这个马克思主义学说的最重要的组成部分，无视资产阶级民主制的历史局限性或有条件性而大讲其进步性，这是背朝着20世纪，面朝着18世纪，把资产阶级所乐于接受的东西放在第一位，这表明他并非一个真正的"马克思主义者"，恰是资产阶级的代言人。

列宁进一步指出，民主和专政是资本主义社会的双生子，缺一不可。民主和专政是有矛盾的，这个矛盾就是资本主义社会阶级矛盾的反映；同时，民主和专政又是统一的，都为同一个社会服务。正因为如此，资产阶级的国家就并非全民的国家，而是一个阶级的国家。马克思主义认为，不仅仅在古代的、封建的国家，而且在现代的代议制国家，也是资本剥削雇佣劳动的工具，是一个阶级镇压另一个阶级的机器。但资产阶级议会民主比古代、封建民主制更具有虚伪性和欺骗性，资产阶级为维护少数人对多数人的统治不得不用"民主"作为资产阶级专政的掩饰物，从现代国家的根本法、管理制度、集会自由或出版自由、"公民在法律上一律平等"，就可明显看出这一点。而且，"任何一个国家，即使是最民主的国家，在宪法上总是留下许多后路或保留条件，以保证资产阶级'在有人破坏秩序时'，实际上就是在被剥削阶级'破坏'自己的奴隶地位和试图不像奴隶那样俯首听命时，有可能调动军队来镇压工人，实行戒严等等"②。资产阶级民主的发展根本不像考茨基所鼓吹的那样，"愈有民主的统治，……那么政治革命愈有可能是个和平的革命"，"国家愈是民主，执行机构甚至于军事机构所握有的力量便愈是依赖于舆论"③。恰恰相反，**民主愈发达，在发生危及资产阶级的任何深刻的政治分歧时，大暴行或内战也就愈容易发生**④。这是资产阶级民主的发展规律。在发达的资产阶级民主共和制的条件下，阶级关系较为明确，同时资产阶级的统治也较灵活。因而，当无产阶级和人民进行反抗时，这种政权就能做出迅速的、强烈的反应。这就是为什么在最民主的资产阶级国家中，被压迫群众随时随地都可以碰到惊人的矛盾：一方面是资本家"民主"所标榜的形式上的平等，一方面是使无产者成为雇佣奴隶的千百种事实上的限制和诡计。正是这个矛盾决定了无产阶级对于资产阶级民主制的基本态度：在准备、酝酿、发动革命时，要积极地利用资产阶级民主，参加议会斗争，以便不断揭露资产阶级民主制的阶级实质，训练和组织无产阶级大军。因为资产阶级民主制对

① 《列宁全集》第35卷，第244页。
② 同上书，第245页。
③ ［德］考茨基：《无产阶级专政》，第5页。
④ 《列宁全集》第35卷，第246—247页。

于无产阶级是较为有利的形式,它易使阶级斗争"扩大、展开、明朗化和尖锐化"。但到了应该进行"决战"的时候,革命的纪元已经开始的时候,无产阶级就要发动群众、举行武装起义来反对和推翻资产阶级议会共和国,用无产阶级民主代替资产阶级民主。此时,如果还把无产阶级限制在资产阶级民主国家的范围内,"那就是背叛无产阶级事业,成了叛徒"①。

在揭露资产阶级民主的阶级实质的同时,列宁将无产阶级民主同资产阶级民主进行了对比。①就对外政策而言。在任何一个最民主的资产阶级国家中,对外政策从来都是不公开的,都是欺骗群众的。在所谓"民主"的法国、瑞士、美国和英国,这种欺骗更广泛百倍、巧妙百倍。苏维埃政权却用革命手段向人民揭露本国帝国主义政府对外政策的黑幕②。②就国家机构而言。在资产阶级民主制度下,资产阶级议会绝非劳动群众的机构,而是资产阶级压迫无产者的工具;资本家千方百计地排斥群众,使他们不能参加管理,不能享受集会自由、出版自由等等。这是由资产阶级国家机构、国家机器的阶级实质决定的。而苏维埃政权则是世界上第一个吸引被剥削群众参加管理的政权。所以,"无产阶级民主……在世界上史无前例地发展和扩大了的,正是对大多数居民即对被剥削劳动者的民主"③。列宁认为,苏维埃政权作为无产阶级民主的一种形式,是被剥削劳动群众自己的直接的组织,便于群众自己用一切可能的办法来建设国家、管理国家。主要表现在:①在苏维埃政权下,旧的资产阶级机构即官吏、财富特权、资产阶级教育和联系等特权正在消失,建立起工农更容易参加的代表机关,用工农苏维埃代替官吏或监督官吏,由工农苏维埃选举法官。②出版自由不再是假的,劳动群众享有利用最大的印刷所和最好的纸库来发表自己意见、维护自己利益的自由。③劳动群众已享有在最好的建筑物(宫殿、公馆等)里开会的自由,享有推选能够代表自己意志的人去管理国家、"建设"国家的自由。④非地方性的间接选举使苏维埃代表大会易于举行,使整个机构开支小而灵活,在生活沸腾、要求特别迅速地召回或派遣出席全国苏维埃代表大会的地方代表的时期,使工农更便于参加。单是这些"简单"的事实,就足以说明一个重要的本质性的问题,即"无产阶级民主比任何资产阶级民主要民主百万倍;苏维埃政权比最民主的资产阶级共和国要民主百万倍"④。这样,列宁证明了无产阶级民主比资产阶级民主具有无可争议的优越性,痛斥了考茨基无产阶级专政和无产阶级民主的诽谤和攻击。

---

① 《列宁全集》第 35 卷,第 263 页。
② 参见上书,第 248 页。
③ 同上书,第 247—248 页。
④ 同上书,第 249 页。

四、无产阶级专政的国家绝非"全民的国家"，剥削者不能同被剥削者平等

考茨基在《无产阶级专政》中以"剥削者总是占人口的极少数"为理由，提出不需要对资产阶级实行专政。他从"超阶级"的国家观出发，认为被剥削阶级与剥削阶级之间的关系只是单纯的多数与少数的关系，即数量关系，少数服从多数是人的天然本性。一旦多数人掌握了政权，少数人是没有理由不乖乖服从的。不仅如此，"民主的意思就是多数的统治，但也是保护少数"，而且"保护少数乃是民主发展的一个不可缺少的条件，其重要并不亚于多数的统治"①。考茨基这样对马克思主义国家学说进行严重歪曲，其得出的结论必然是：无产阶级政权应该是全民的国家，对剥削者也要实行民主，不能把剥削者排除于"民主"之外，过渡时期的无产阶级专政国家是不必要的。

对此，列宁从两个方面严厉驳斥了考茨基的谬论。首先，考茨基抹煞了阶级关系的实质。被剥削者与剥削者之间的关系不是简单的数量关系，而是利害根本冲突的阶级关系。因此，少数人（剥削者）是不会自动地服从多数人（被剥削者）的意志的，就是说他们的阶级本性是不能改变的。民主集中制只适用于人民内部，反映着这部分人民同那部分人民的关系，而不能适用于阶级之间。其次，考茨基也抹煞了国家的实质。剥削者是少数，这是事实，但所涉及的却不是简单的多数和少数问题，而是国家的阶级本质问题。考茨基的"无产阶级政权应该是全民的国家"的观点，不是什么新东西，而是拉萨尔的"自由人民国家"的另一种说法。列宁明确指出，在过渡时期的国家只能是一个阶级的国家，无产阶级在拥有多数时之所以还要专政，目的就在于"粉碎资产阶级的反抗"，"使反动派恐惧"，"维持对付资产阶级的武装人民这个权威"，"使无产阶级能够对敌人实行暴力镇压"②。因此，"剥削者不可能同被剥削者平等"。"这个真理不管考茨基多么不喜欢，却是社会主义的最重要的内容。"③

列宁进一步指出，"在一个阶级剥削另一个阶级的一切可能性没有完全消灭以前，决不可能有真正的事实上的平等"④。并在此基础上发展了马克思关于从资本主义向共产主义过渡时期的阶级斗争和无产阶级专政的历史必然性的学说。列宁根据苏维埃政权存在一年多的实践经验，认为武装起义可以一下子打倒剥削者，但一般情况下是不能在整体上一下子完全消灭他们的。即使革命政权依靠法律行为或政治行为对地主和资本家的财产及政治权利予以剥夺，然而在俄国这样一个大国远远不能解决问题，"因为需要的是在事实上**铲除**地主和资本家，在事实上用另一种由工人对工厂和田

---

① ［德］考茨基：《无产阶级专政》，第19—20页。
② 《列宁全集》第35卷，第253页。
③ 同上书，第254页。
④ 同上书，第254页。

庄的管理来**代替**他们"①。由于剥削者世世代代受教育,有富裕的生活条件并有各种技能,而无产阶级处在闭塞、无知、愚昧、胆怯和分散的境况中,因而剥削者与被剥削者之间不可能有平等。这就决定了在革命以后的长时期内,资产阶级在人数上是少数而在事实上还存在着很大的优势:①有较强的经济势力和其他势力。他们还有货币,有某些动产,有种种联系,有组织和管理的技能,知道一切管理"秘诀",有较高的教育程度,同高级技术人员接近,有无比高超的军事技能,等等。②剥削者一定会联合反抗。因为,资本是一种国际势力,国内资本必然得到国际资本的支持。再加之一国革命胜利是典型现象,而几国同时胜利是罕见的例外,即一个或几个国家的社会主义革命取得胜利后,必然立即处于帝国主义包围之中。③剥削者有自己的同盟者。小商品经济是产生资本主义的天然土壤,在政治上,最不开化的中农和手工业者等群众组成的阶级常常随着形势的变化而动摇于无产阶级和资产阶级之间;在某种情况下,他们是跟着并且会跟着剥削者走的,这已被以往的革命实践所证明。历史真理告诉人们:"在任何深刻的革命中,多年内对被剥削者还保持着巨大的事实上的优势的剥削者,**照例要进行长期的、顽强的、拼命的反抗**。""从资本主义过渡到共产主义是一整个历史时代,只要这个时代没有结束,剥削者就必然存着复辟**希望**,并把这种**希望**变为复辟**尝试**。被推翻的剥削者不曾料到自己会被推翻,他们不相信这一点,不愿想到这一点,所以他们在遭到第一次严重失败以后,就以十倍的努力、疯狂的热情、百倍的仇恨投入战斗,为恢复他们被夺去的'天堂'、为他们的家庭而斗争"②。在这种情况下,在进行拼命的激烈战争的时代,竟谈论什么多数和少数、纯粹民主、专政没有必要、剥削者同被剥削者平等,是多么愚蠢和庸俗。问题很明显,过渡时期的国家不可能是全民的国家,对剥削者的少数不能实行民主而要实行专政。"专政的必要标志和必需条件,就是**用暴力镇压剥削者阶级**,因而也就是**破坏对**这个**阶级**的'纯粹民主'即平等和自由。"③一句话,被剥削者的国家就是对被剥削者的民主,就是对剥削者的镇压,而镇压一个阶级就是对它不讲平等,把它排除于"民主"之外。

当苏维埃代替资产阶级立宪会议后,在苏维埃中是否允许资产阶级有选举权? 是否要有资产阶级代表? 对这一问题,列宁在十月革命前关于未来国家的设想中并没有作出回答。苏维埃政权建立后,为镇压资产阶级反对革命的活动,布尔什维克党根据苏维埃宪法剥夺了资产阶级的选举权,不允许其代表参加苏维埃。考茨基指责这一做法是"专横的",认为"资本家是不可能被剥夺掉权利的",因为"就法律上的意义而言,资本家是所有者";"根据苏维埃共和国的宪法,把一个人贴上资本家的标签,剥夺掉他的选举权是多么轻而易举"④。列宁针锋相对地予以驳斥并指出,在资产阶级痛恨苏维

---

① 《列宁全集》第35卷,第254页。
② 同上书,第255页。
③ 同上书,第257页。
④ [德]考茨基:《无产阶级专政》,第42、47页。

埃这种被压迫者的国家组织、肆无忌惮和卑鄙无耻地反对无产阶级政权、公开参加科尔尼洛夫叛乱这一特殊条件下,苏维埃政权必须剥夺资产阶级的选举权。但他同时又强调,限制选举权的问题是专政在某一民族中的特殊问题,而不是专政的一般问题。无产阶级对资产阶级采用怎样的具体政策,对他们的民主做多大程度的限制,给不给以及给其中哪些人以选举权等等,可视具体情况而定,并无固定的、一律的模式,剥夺剥削者的选举权不具有普遍意义,因为这些都是在无产阶级对资产阶级暴力镇压的前提下进行的。因此,"剥夺资产阶级的选举权,并不是无产阶级专政的必需的和必要的标志"①。用无产阶级国家机器代替资产阶级国家机器,才是普遍真理和普遍规律,才是无产阶级专政的必要的标志和条件。处于特殊情况下的俄国苏维埃政权剥夺剥削者的选举权,这不但无损苏维埃政权的性质,反而恰恰表明,它真正是被压迫群众的组织,而不是卖身给资产阶级的社会帝国主义者和社会和平主义者的组织;它是真正革命的无产阶级同剥削者做你死我活斗争的机关,而不是同资产阶级和资本家妥协、进行议会空谈的机关。

---

① 《列宁全集》第 35 卷,第 273 页。

第十二章 列宁致德·伊·库尔斯基关于社会主义法制的信①

【写作的历史背景】

列宁给库尔斯基的信,写于 1919 年至 1922 年期间。

在晚年,列宁科学地分析了当时世界革命的形势。一方面,就当时西欧资本主义国家来说,由于在第一次世界大战中获得胜利而能够利用他们的这种胜利向本国被压迫阶级作一些不大的让步,而这些让步毕竟推迟了这些国家的革命运动,造成某种类似"社会和平"的局面。另一方面,东方许多国家,如中国和印度,则已经卷入了不能不引起整个世界资本主义发展的漩涡。在这种国际形势下,列宁认为,要使一个经济上遭到严重破坏、生产极端落后的苏维埃俄国能够坚持下去,坚持到西欧资本主义国家革命形势的重新到来,必须进一步巩固工农联盟、加强对无产阶级国家机关等方面的建设。为此,他在通过《怎样改组工农检查院》《宁肯少些,但要好些》等论文深刻阐明其重要性的同时,还用大量的书信、电报和便条对苏维埃政权建设和社会主义法制实践予以及时的、具体的指导。在这其中,列宁给司法人民委员库尔斯基的信具有重要的地位。

德米特里·伊万诺维奇·库尔斯基,1900 年毕业于莫斯科大学法律系,曾积极参加 1905 年的莫斯科十二月武装起义,是全俄苏维埃第一次代表大会代表。1917 年 10 月任敖萨德军事革命委员会委员。1918 年至 1928 年任俄罗斯联邦司法人民委员、苏联第一任总检察长,在他的具体领导下制定了苏俄的民法典和刑法典。1921 年起曾任全俄中央执行委员会主席团委员,1923 年起任苏联中央执行委员会主席团委员。1924 年至 1927 年任党的中央检查委员会委员。1927 年党的十五大被选为苏共中央监察委员会委员。1928 年至 1932 年任苏联驻意大利全权代表等。

在给库尔斯基的书信中,列宁提出了俄罗斯民法典、刑法典制定需要贯彻、体现的基本原则和精神,阐明了司法机关在新经济政策条件下的任务及完成任务的措施,同时对如何运用法律手段改善国家机关的工作制度和作风、反对官僚主义和拖拉作风进行了论述。信中所包含的法律思想具有很强的实践性,既是对列宁经典著作的直接补

---

① 载于《列宁全集》,中文 2 版,第 42、43、48、49、51、52 卷。

充,又是对马克思主义国家和法的学说的丰富和发展。它显示出,列宁为社会主义法制建设的开拓进行了坚决的、不可调和的斗争。

【主要法学论点】

一、立法、司法要为新经济政策的实施服务

1920年底,新生的苏维埃政权终于战胜了外国武装干涉和俄国的白卫分子,而取得了独立生存的权利。列宁认为,这对苏维埃政权来说,不仅有了喘息的机会,而且有了比较长期地进行经济建设的机会。为恢复被战争极度破坏的国民经济,及时把经济建设再次提到首位,1918年至1920年实行的"战时共产主义"政策由一种"新经济政策"所取代,便成为必然。

新经济政策是从1921年春开始实施的。它是由资本主义向社会主义过渡时期实行的经济政策,其主要措施有:用粮食税代替余粮收集制,发展商业,在工人阶级掌握经济命脉的条件下容许私营商业存在,在一定程度上准许私人资本活动,实行租赁制和租让制,发展国家资本主义。这个政策的实质和目的在于,利用市场、商业和货币流通来巩固工农联盟,使农民从经济上关心农业的恢复和发展;在此基础上把国营工业向前推进,使它和农业紧密结合起来,排除私人资本;在积累了足够的资本后,建立强大的社会主义工业,按社会主义原则改造农业,坚决消灭资本主义。在俄国当时的具体条件下,新经济政策贯彻实施的好坏,对于能否最大限度地提高生产力和改善工人、农民的生活状况,利用私人资本主义并把它纳入国家资本主义轨道,巩固和发展社会主义国家政权,关系重大。

在新经济政策的基础上开始的大规模经济建设要求制定出相应的法律。列宁认为,立法必须适应新经济政策并为之服务,他亲自领导苏俄刑法典、民法典的起草工作。在《关于司法人民委员部在新经济政策条件下的任务》一信和其他给库尔斯基的信中,列宁就当时的苏维埃立法提出两个重要的基本原则:①对敌人实行镇压。在新经济政策的条件下,在资本主义成分有某种活跃的条件下,孟什维克所谓在俄国仅仅成熟了资产阶级革命、布尔什维克现在向资本主义倒退了的宣传是非常有害的,也是不能容忍的。因此,刑法的主要任务是对敌人实行镇压。这就要求刑法应"公开地提出原则性的和符合政治真实的(而不只是狭隘的法律上的)论点,说明恐怖手段的**实质和理由**它的必要性和范围"①。同时,刑法典中要明确宣布,"凡以宣传、或者鼓动、或者参加、或者协助一种组织等行动……帮助那一部分不承认正在取代资本主义的共产主义所有制的平等地位,并图谋通过武装干涉、或者封锁、或者间谍活动、或者资助报刊

---

① 《列宁全集》,中文2版,第43卷,第187页,北京,人民出版社,1987。

以及其他类似手段以暴力推翻共产主义所有制的国际资产阶级者","处以极刑,情节较轻者,以剥夺自由或驱逐出境代之"①。②扩大国家对"民事"关系的干预。苏维埃应当制定新的民法,不要因袭陈旧的、资产阶级的民法概念,而要创造新的;不应当去适应资本主义欧洲的法律制度,而要同迎合欧洲的行动方式作斗争,制定新的民法,确定对"私人"契约的态度。"我们不承认任何'私人'性质的东西,在我们看来,经济领域中的**一切**都属于**公法范畴**,而不是什么私人性质的东西。"②苏维埃容许的资本主义只是国家资本主义,因而必须"对'私法'关系更广泛地运用国家干预;扩大国家废除'私人'契约的权力;不是把罗马法典,而是把**我们的革命的法律意识**运用到'民事法律关系'上去"③。列宁清醒地认识到,要在加强对"私法关系"和民事案件的干预方面有所突破,苏维埃政权面临的危险"是在这方面**做得不够**,而不是做'过了头'"④。为此,他建议在俄罗斯联邦民法典中规定,对一切私营企业无例外地都进行监督,并废除一切与法律条文和工农劳动群众利益相抵触的合同和私人契约,以便充分保障无产阶级国家的利益。在强调"不要盲目抄袭资产阶级民法,而要按我们的法律的精神对它作一系列的限制"⑤的同时,他又提出在制定民法典时要借鉴外国有益的经验,"西欧各国文献中和经验中所有**保护**劳动人民利益的东西一定要吸收进来"⑥。上述思想,对于苏俄刑法典、民法典的创制具有重要的指导意义。

考虑到无产阶级国家的一个主要任务在于确保国家对于资本主义的发展进行严格的管理和监督,列宁强调司法机关要适应新经济政策并完成如下任务。

1. 狠狠地惩办任何超越国家资本主义范围的资本主义。

苏维埃俄国的国家资本主义是无产阶级国家容许其存在的资本主义,是无产阶级国家领导并使之为自己服务的资本主义。这种资本主义在存在时间上、实施范围上、采用的条件上、活动的方式上,都要以无产阶级的利益为准,都要从向社会主义过渡的角度来衡量。因此,国家资本主义无法超出也不能超出无产阶级所限定的范围,不能超出对无产阶级有利的条件。这就决定了司法机关对待新资本主义分子的方针,即:允许他们做生意,允许他们发财,同时应当加倍严格地要求他们做老实人,呈送准确的表报,严格遵守苏维埃政权的法律,不得有一丝一毫违背,以便使无产阶级国家里的资本主义成为"训练有素的""循规蹈矩"的资本主义⑦。列宁指示司法机关应"加紧惩治苏维埃政权的政治敌人和资产阶级代理人(**特别是**孟什维克和社会革命党人)"⑧,并

① 《列宁全集》第43卷,第188页。
② 《列宁全集》第42卷,第427页。
③ 同上书,第427页。
④ 同上书,第444页。
⑤ 同上书,第430—431页。
⑥ 同上书,第444页。
⑦ 参见《列宁全集》第42卷,第428页。
⑧ 同上书,第424—425页。

对它们提出具体的要求:①司法人民委员部应当成为一个同经济领域中利用新经济政策进行违法活动的坏蛋作斗争的战斗机关,坚决"限制、制止、监督、当场抓住犯罪行为","狠狠地惩办**任何超越国家资本主义范围的资本主义**"①,还要"督促、推动、整顿人民法院的工作","教会它们**无情地(直至枪决)和迅速地惩办**滥用新经济政策的人"②。②革命法庭和人民法院应当采取最迅速、最符合革命要求的方式从严惩治利用新经济政策的违法行为,"法院不应该取消恐怖手段;答应这样做是自欺欺人"③。③明确工农检查院在检查私营企业方面的权利,同时"把工农检查院的检查权和质询权扩大到各种各样的(不论是私营的、合作社的还是租让的等等)机构和企业"④。

2. 进行若干有声势的、有教育意义的示范性审判。

列宁指出,"审判的教育意义是巨大的"⑤,无产阶级应关心这件事,考虑它的实际效果,这是整个司法工作的起码常识。他批评说,司法人民委员部的工作尚未完全适应新经济政策,没有进行过惩办滥用新经济政策的坏蛋的示范性审判,"忘记了"自己应当做的事情。司法人民委员部必须肩负起保障新经济政策实现这一战斗性特别强、责任特别重大的任务,"在莫斯科、彼得格勒、哈尔科夫和其他一些最重要的中心城市必须安排一**批示范性**审判(在从速从严惩治方面,在法院和报刊向人民群众**说明**这些审判的意义方面做出示范)"⑥。在列宁看来,"如果司法人民委员部不能用一批示范性审判证明它**善于**抓住违反以上规定的行为,并且不是用罚款一两亿这样一种蠢得丢人的'共产党的愚笨'办法,而是**用判处枪决的办法来进行**惩办。那么,司法人民委员部就毫不中用,那时我就认为自己有责任要求中央撤换司法人民委员部的负责工作人员"⑦。

3. 对犯罪的共产党员要加倍严厉地惩办。

列宁历来主张对触犯刑律的共产党员要加重判刑。1921 年 6 月,俄共(布)中央的一个通告的第 4 条和第 5 条规定:司法机关必须将待审的共产党员交由党委委托的人员保释;党委会就案件的实质作出的决定是党对法庭的指示并预先决定审判的结果。列宁认为,"**第 4 条和第 5 条**,依我看是**有害的**"⑧。并建议,"对共产党员更要追究**法律**责任"⑨。根据列宁的建议,中央政治局责成司法人民委员部按照党员因一般刑事案件交法庭审判时应加重判刑和"消除任何利用执政党地位得以从轻处理的可能性"的精

---

① 参见《列宁全集》第 42 卷,第 425 页。
② 同上书,第 425—426 页。
③ 《列宁全集》第 43 卷,第 187 页。
④ 《列宁全集》,中文 2 版,第 52 卷,第 278 页,北京,人民出版社,1988。
⑤ 《列宁全集》第 42 卷,第 426 页。
⑥ 同上书,第 425 页。
⑦ 同上书,第 428 页。
⑧ 同上书,第 267 页。
⑨ 同上书,第 268 页。

神,对通告进行了全面的修改。1922 年 2 月 20 日,列宁在《关于司法人民委员部在新经济政策条件下的任务》(给库尔斯基的信)中重申了这一观点,强调:"对共产党员的惩办应比对非党人民加倍严厉,这同样是起码常识,而司法人民委员部对此同样漠不关心。"①他要求司法人民委员部在对每一部务委员和工作人员进行鉴定时,应当把"在你监禁的共产党员中有几个判刑比犯同样过失的非党人员更重"作为一个重要方面②。

在指示司法委员部完成上述三项任务的同时,列宁在信中还要求库尔斯基加强对租让、租赁制的研究,并就这两种政策的实践提出应遵循的原则。租让政策是新经济政策的一个重要方面,如不进行对外商品的交换,共和国的经济复兴是不可能的。实行租让制不仅可以利用外国资金和技术,而且在实际上能打破西方资本主义国家的经济封锁,有利于苏维埃俄国的外交斗争。列宁竭力促使同资本主义国家的租让谈判取得实际结果,自始至终参与了同美国的百万富翁哈默租让事宜的谈判,并指出必须使哈默答允的事情"具有合同或**租让合同**这种确切的法律形式"③。在同瑞典滚珠轴承公司的谈判中,又正确地提出租让必须以保证社会主义的根本利益为前提条件。1921年 8 月 11 日,列宁致信库尔斯基说:"对瑞典滚珠轴承公司我非常怀疑。法律方面的问题是否充分讲清楚了,也就是说,我们的利益是否得到了维护。"④"这种利益要求我们丝毫不削弱我们是一切国有企业和仓库的产权人这条原则。只有正式向我们购买,这些企业和仓库才能转归过去的产权人。……我们在任何时候都不能放弃自己的产权。"⑤后来,当因该公司拒绝承认苏俄对已国有化的滚珠轴承仓库的所有权而使谈判陷入僵局时,列宁又提出一定条件下也可以让步的方针。1921 年 10 月 22 日,他再致信库尔斯基:"想办法采取签订**两项**合同的形式(合适的、方便的形式):一项是瑞典滚珠轴承公司向我们**购买**整个仓库(承认所有权**属于我们**这是问题的实质)。另一项是我们用合同规定的款额买他们的产品。"⑥除此之外,其他办法不能保证苏维埃国家的利益。库尔斯基根据列宁的建议,起草了补充合同草案。11 月 1 日,人民委员会决定在承认俄罗斯联邦对仓库的所有权的原则下,恢复谈判,并在库尔斯基提出的合同草案的基础上签订合同。1923 年 4 月,双方签订了合同。

关于租赁问题,苏维埃第二次代表大会通过的《土地法令》《土地社会化法令》禁止对土地租赁。由于过渡到新经济政策和需要采取措施发展、加强农业,遂提出了允许部分土地租赁的问题。列宁在苏维埃第九次代表大会筹备期间,于 1921 年 10 月 25 日

---

① 《列宁全集》第 42 卷,第 426 页。

② 参见上书,第 428 页。

③ 《列宁全集》,中文 2 版,第 51 卷,第 472 页,北京,人民出版社,1988。

④ 《列宁全集》第 51 卷,第 197—198 页。

⑤ 同上书,第 198 页。

⑥ 同上书,第 495 页。

写信给库尔斯基,指示"应该研究农业中的**租赁**和**租让**问题",在这方面"过去研究得不够";"原则上不允许租赁是有意义的。谁耕种,就归谁占有"。但对于国营农场或"未耕种的土地"的租赁应另当别论,它是一种特殊的形式。"**这里**也是谁耕种,就归谁占有。国家是所有者,国营农场的租赁者则耕种。这实际上不是租赁者,也不是原来意义上的租赁。"①"这不如说是**管理权**的转移。"②列宁的这一意见,被苏维埃第九次代表大会所采纳,并就这一问题通过了相应的决定。不仅如此,1922 年 10 月第九届全俄中央执行委员会第四次会议通过的《俄罗斯土地法典》也吸收了列宁的上述精神,规定"允许劳动者短期租赁土地";"对于农业中允许租让的问题,由专门的法令予以规定"。

二、改善国家机关,反对官僚主义和拖拉作风

俄国苏维埃政权是人类历史上第一个社会主义国家。它一方面具有无限的生命力,但另一方面也存在着严重的缺点。列宁认为,苏维埃国家机关,除了外交人民委员部,在很大程度上是旧事物的残余,极少有重大的改变。"这些机关仅仅在表面上稍微粉饰了一下,而从其他方面来看,仍然是一些最典型的旧式国家机关"③。而且,受历史原因、经济文化条件的限制,苏维埃虽然在纲领上是通过劳动群众来实行管理的国家,而实际上却是通过无产阶级先进阶层(一部分人作为代表)来为群众实行管理,不是通过劳动群众(全体人民)来实行管理的机关。这便不可避免地会产生种种弊端。特别是官僚主义弊病。1918 年 8 月,中央和莫斯科市的国家机关共有工作人员 23.1 万人,机构臃肿,层次重叠,人浮于事,办事拖拉,官僚主义严重,工作效率低下。面对这样一个"带有官僚主义毛病的工人国家",列宁十分忧虑。他指出:如果不进行有步骤的和顽强的斗争来改善机构,那我们一定会在社会主义的基础还没有建成以前灭亡。改善国家机关工作成为列宁晚年最操心的问题之一。

在给库尔斯基的信中,列宁认为国家管理机关必须法制化,主张用法律监督国家机关,制裁官僚主义和拖拉作风。

1. 必须建立严格的个人负责制和检查制。

列宁反复强调在各个部门、各项工作中都要建立个人负责制,追究玩忽职守和领导不力的个人责任,消除无人负责的现象。他对司法人民委员部在建立责任制方面所采取的拖拉态度提出批评,指示库尔斯基组织全体部务委员分工负责国家法和政治法,特别是新的民法和刑法的各个部分的制定工作,专人负责在中心城市安排和进行有声势的、有教育意义的示范性审判,并落实人民法院和革命法庭进行切实有效的而不是有名无实的监督方面的措施。同时,列宁还要求库尔斯基尽快汇报司法人民委员

---

① 《列宁全集》第 51 卷,第 506 页。
② 同上书,第 507 页。
③ 《列宁全集》第 43 卷,第 373 页。

部全体部务委员按上述分工的情况,以便使自己"能十分准确地知道(除人民委员负责**全盘**的工作外)究竟是谁负责**民法**(其次是刑法等等)的某某部分,谁负责进行示范性审判(每一个部务委员都应当通过安排和进行**若干**示范性审判来显显**身手**),谁负责切实监督某个省或莫斯科某个区的革命法庭和人民法院以及法院侦查人员等等的工作"①。总之,"要使每一个参加部务委员会的**共产党员**都亲自负责某一项生动的革命工作——这就是人民委员应当做到而且应当证明他能够做到的事"②。

在强调建立个人责任制的同时,列宁认为国家机关卓有成效地工作的另一个极其重要的条件是经常检查已通过的决议、分工负责的执行情况,政府机关领导人员的主要任务是检查执行情况,检查工作的实际效果。他提醒库尔斯基:"特别重要的是要实地检查一下:**实际上**做了些什么? 实际上得到了什么结果? 人民法院和革命法庭的成绩如何? 对此如何估计和检查?""滥用**新经济政策**的案件审判了多少?""有罪判决有多少? 判了什么刑罚……"③对司法人民委员部的每一个部务委员和工作人员进行鉴定,应当依据其履历,先问问他:"在你监禁的共产党员中有几个判刑比犯同样过失的非党人员更重? 你监禁了多少个犯有官僚主义和拖拉作风罪过的官僚主义者? 你把多少个滥用新经济政策的商人判处了枪决,或者处以其他并非儿戏的……惩罚? 你无法回答这个问题吗? ——那就是说你是个不干正事的人,这种人由于'共产党员的空谈'和'共产党员的狂妄自大'应当驱逐出党。"④在信中,列宁有时还要求库尔斯基亲自检查有关情况,对那些"最不像话的、无所事事、游手好闲的人",也就是"那些老老实实任人愚弄的'老老实实'的共产党员"⑤采取最严厉的态度,予以无情地惩办。

2. 改进会议制度和汇报制度。

列宁针对当时苏维埃机关里无休止地开会的"很糟的状态",拟定了一套新的会议制度,严格控制会议人员、会议次数、会议时间、发言时间,如规定每星期召开人民委员会和劳动国防委员会会议各一次,每次两小时。1919 年 4 月,列宁写信给库尔斯基说:"是建立人民委员会**一般**议事规程的时候了。"⑥并提出如下建议:①给报告人的时间是 10 分钟;②给发言人的时间,第一次 5 分钟,第二次 3 分钟;③发言不得多于两次;④对议程赞成和反对的表决,各占 1 分钟;⑤例外情况按人民委员会特殊决定处理⑦。这些建议均被库尔斯基写进《人民委员会议议事规程》,该规程于 1919 年 5 月 4 日被人民委员会批准通过。

---

① 《列宁全集》第 42 卷,第 428 页。
② 同上书,第 429 页。
③ 同上书,第 443 页。
④ 同上书,第 426 页。
⑤ 《列宁全集》第 52 卷,第 351 页。
⑥ 《列宁全集》,中文 2 版,第 48 卷,第 540 页,北京,人民出版社,1987。
⑦ 参见上书,第 541 页。

列宁对许多苏维埃机关“滥发文件、空谈法令、乱写指示……淹没在这浩如烟海的公文中”的状况，大为不满，多次严厉批评，认为这简直是不自觉地往绞索里钻。他要求认真改善文牍制度，搜集并研究德国、美国等国家有关文牍规范化的资料，制定出自己的文牍工作规范，全面推广。在《关于司法人民委员部在新经济政策条件下的任务》一信中，列宁对改进汇报制度作出具体指示：“汇报要简明扼要，用电报文体，但要实事求是，准确无误，并且一定要用统计数字说明司法人民委员部怎样惩办和怎样学习惩办在我们队伍中占多数的、只会讲空话和摆架子而不会工作的‘共产主义’坏蛋”①。

由上可以看出，通过改进工作制度和工作作风，扫除苏维埃国家机关中的懒散怠惰、因循僵化的“奥勃洛摩夫习气”②，使得工作生气勃勃、有条不紊、精确而迅速，这是列宁晚年的一大心愿。

3. 对拖拉行为要追究责任。

列宁不能容忍拖拉作风，强调如果容忍拖拉作风，那就不要搞经济建设了。他在致库尔斯基的信中指出，拖拉作风在莫斯科各机关和中央机关屡见不鲜，应注意同这种现象作斗争，“对拖拉行为要追究法律责任”③。1921 年，沃尔霍夫河水电站所用涡轮机订货手段办得太慢而造成“尼特维斯和霍尔姆”工厂窝工，国家建筑工程总委员会和发电站建筑工程局负有不可推卸的责任。事件发生后，列宁立即指出：“在这方面我们有严重缺点！这太不像话，太丢脸！”“一定要**找到**罪魁祸首，好让我们在监狱里好好收拾这些坏蛋。”④1921 年 9 月 3 日，列宁就此事专门给库尔斯基写信，批评司法人民委员部对这个问题所采取的形式主义的态度，同时提出要求：①把这件事提交法庭处理；②对失职人员既要在报刊上申斥，又要严加惩办；③通过中央委员会督促法官严惩拖拉作风；④举行莫斯科人民审判员、法庭陪审员等等的会议，以制定反对拖拉作风的有效措施；⑤在 1921 年秋和跨 1921 年—1922 年的冬季，务必将莫斯科有关拖拉问题的 4 起—6 起案件提交莫斯科法院审理，要选择“比较引人注目的”的事件，使每次审判都成为有政治影响的事件；⑥从共产党员中间物色一些处理拖拉问题有经验的精明的“专家”，两三个也行，但必须是比较严厉、办事比较果断的人参加，以便学会整治拖拉作风；⑦发表一封关于反对拖拉作风的写得好、道理讲得透彻、非官样文章的信，作为司法人民委员部的通告⑤。列宁还责成库尔斯基及其副手亲自负责完成上述极其重要的任务，并将执行情况定期汇报。11 月 4 日，列宁提醒库尔斯基不要忘了这封信，要他

---

① 《列宁全集》第 42 卷，第 425 页。

② 列宁对存在于当时苏维埃机关的那种因循守旧、懒散无为的风气的讽刺。奥勃洛摩夫是俄国作家伊·亚·冈察洛夫的长篇小说《奥勃洛摩夫》的主人公，他是一个怠惰成性、害怕变动、终日耽于幻想、对生活抱消极态度的地主。

③ 《列宁全集》，中文 2 版，第 49 卷，第 437 页，北京，人民出版社，1988。

④ 《列宁全集》第 51 卷，第 273 页。

⑤ 参见上书，第 275—276 页。

汇报任务的执行情况。

为答复此信,库尔斯基于 11 月 4 日把司法人民委员部侦查处处理的 1921 年上半年内 18 起拖拉作风案件的材料送交列宁,并在报告中写道:大部分案件的处理结果是对失职人员给予纪律处分,一部分案件被撤销,只有个别案件作为例外可移送法院。原因在于"拖拉现象不过是个别人造成的,并不是我们机构设置不当的客观后果"①。对此回复,列宁很不满意,于 1922 年 1 月 17 日再次致信库尔斯基,明确指出:"采取这种态度同拖拉作风作斗争自然不会有任何结果。应该学会找出并严加惩办的正是对造成这些'组织上的缺陷'负有罪责的人员,而不是其他什么人。您要从拖拉作风案件中抓获怠工分子是永远抓不到的。"②鉴于俄国的拖拉作风十分普遍、严重,而司法人民委员部对反拖拉作风这项工作又毫无进展,列宁建议"切实地、按照军事学术的一切规则来组织同拖拉作风的斗争"③。在列宁的坚持要求、督促下,司法人民委员部对"沃尔霍夫水电站工程"事件进行了调查,证实国家建筑工程总委员会和发电站建筑工程局的一些工作人员在该事件中,犯有过失,并将此案件交由最高法庭处理。

列宁还要求司法机关对拖拉作风案件进行实质性审判,把犯罪人员揭露出来并予以惩办。1922 年 3 月,莫斯科肃反委员会受列宁委托,对科学技术局和发明事务委员会两单位的玩忽职守、拖拉作风、不负责任等犯罪行为进行调查,后送交莫斯科革命法庭审理。莫斯科革命法庭不但没有认真对待,反而竭力包庇被告,甚至在原告缺席的情况下进行审判,最后认定控告证据不足,宣布所有犯罪人员无罪。列宁得知后,指示库尔斯基:"亲自了解此案,格外认真对待,并要竭力同工农检查院一起搜集有关这两个单位活动情况的补充材料,……派一个检查组——不是由官僚和懦夫组成,而是由确实能做好检查工作、搞到必要材料并把犯罪人员查出来的人组成。必须在革命法庭上提起政治诉讼,……把这个'科学'泥潭好好整治一下。"④与此同时,列宁对莫斯科革命法庭姑息养奸,对案件采取走过场的、官僚主义的态度给予严厉警告。

4. 公开审判官僚主义和拖拉作风案件。

列宁清醒地认识到公开审理具有特殊意义。他认为,不要怕法庭和公开性,而要把官僚主义和拖拉作风拿出来公开审判,只有这样,才能治好这种病。在当时,许多苏维埃负责人特别是高级领导人抱有一种错误的逻辑,即"被告对没有排除拖拉作风和领导不力负有罪责,但考虑到许多证人充分证明他们对苏维埃政权无限忠诚,又充分证明他们办事非常认真,工作极其努力……故免予任何惩处,深信被告人……将从中认真吸取教训"。对此,列宁指出,如果以此逻辑而作出判决,是绝无好处的。"它的社会影响,与不公之于众而由党中央少数人私下了结可恶的拖拉作风的可恶案件的愚蠢

---

① 转引自《列宁全集》第 52 卷,第 202 页。
② 同上书,第 202 页。
③ 同上书,第 202 页。
④ 同上书,第 372 页。

做法相比,不是要大一千倍吗?"①即使被告都是非常好的、忠心耿耿的、难能可贵的人员,也"不应留在官僚机关内部处理,而有必要交付法庭公开审理。这不仅仅是为了严厉惩罚(也许只要警告就够了),而主要是为了公之于众,打破那种广为流行的以为失职人员可以不受惩处的观念"②。在列宁看来,法庭审判人员应当具备正确的认识,并据此作出大致如下的判决:"本庭认为公开审理拖拉作风案件具有特殊意义;鉴于被告们异常忠诚,这次判决从轻,但同时提出警告,今后对**圣洁而无能的傻瓜**(法庭大概会说得客气些)办事拖拉也将予以惩处,因为我们俄罗斯联邦需要的不是圣洁,而是办事的**才能**。"③为改变司法人民委员部不善于对拖拉作风进行公开审判的局面,列宁指示库尔斯基专门负责为拖拉作风案件"找到确实**精明的**起诉人**和精明的**审判员",还要"亲自负责①尽可能快地进行审理和②向我提供有关该案情况的**速记记录**",好让自己以此判断苏维埃俄国软弱无力的司法人民委员部是否终于开始学习管理并公开审理拖拉作风案件。因为"该是开始学习的时候了"④。

从致库尔斯基的几封信中能够看出,列宁晚年虽然领导和参加社会主义实践的时间不长,但他关于社会主义民主和法制的理论和实践是非常丰富的。列宁的法律思想不仅对当时的苏维埃政权的巩固和发展具有重要的价值,而且对其他社会主义国家也有着深远的意义。

---

① 《列宁全集》第 52 卷,第 149 页。
② 同上书,第 126 页。
③ 同上书,第 150 页。
④ 同上书,第 150 页。

第三编

毛泽东、邓小平著作

第十三章　毛泽东《新民主主义的宪政》①

【写作的历史背景】

　　自 19 世纪 70 年代一些留学欧美的学生引进"宪政"一词以来,中国开始了一个又一个起伏跌宕的宪政运动高潮。早期改良派、君主立宪派、资产阶级革命派、宪政运动救国派等诸多派别纷纷登场,演出了一场中国宪政运动的大合唱。这其中,以孙中山为代表的资产阶级革命派,对中国宪政运动发展的推动力最为巨大。孙中山先生带领中国人民推翻清朝专制统治以后,力主实行共和,推行民主宪政。特别是孙中山推出的"五权宪法"学说,赢得各派政治势力的广泛赞同。孙中山去世以后,各种政治势力均自称是孙中山事业的忠实继承者,这里面包括以戴季陶为首的戴季陶主义分子,以邹鲁为代表的西山会议派,以廖仲恺为代表的国民党左派,以毛泽东为代表的中国共产党人等,尤其是以蒋介石为代表的国民党实力派,因其最终取得了政权,更是自我标榜为孙中山宪政学说的正宗继承人。但是,由于孙中山宪政学说的内在缺陷,即他把中国实行宪政的程序划分为军政、训政和宪政三个步骤,使得国民党统治集团每每以军政、训政之名,拒绝实行宪政,而行国民党一党专政之实。对此,以中国共产党人为代表的各民主党派利用 1938 年国民党政府成立的国民参政会等一切合法讲坛,为真正实现宪政,同国民党进行了坚决的斗争。1939 年 9 月,在中国共产党的倡导下,国民参政会第一届第四次会议通过了中国共产党和其他民主党派提出的《关于请政府定期召开国民大会、制定宪法、实行宪政案》。迫于形势的压力,同年 12 月国民党五届六中全会通过决议,宣布于 1940 年 11 月 12 日召开国民大会,制定宪法,开始实行宪政。在此之后,国民党开动一切宣传机器,大肆宣传说"国民党一贯主张宪政",从而使得社会上一些善良的人以为宪政时代即将到来,产生了对国民党宪政兑现的不切实际的幻想。

　　正是在这一大的历史背景之下,中国共产党为了揭露国民党的欺骗宣传,启发人民用宪政的口号同国民党作斗争,同时也为了宣传中国共产党人的宪政主张,便于 1940 年 2 月 20 日在延安成立了"各界宪政促进会"。会上,宣布《延安各界宪政促进会宣言》,毛泽东主席也发表了《新民主主义的宪政》这篇著名演说。毛泽东比较系统地阐发了宪政与宪法的关系,总结了中国宪政运动的历史发展,既揭露了国民党玩弄宪

---

　　①　载于《毛泽东选集》,2 版,第 2 卷,北京,人民出版社,1991。

政的阴谋,又号召人民利用宪政,争取民主自由和新民主主义宪政的实现,表现出毛泽东高超的政治斗争策略。

【主要法学论点】

一、宪政就是民主政治

"宪政"一词是从外国引入的。中国古代虽然也有宪、宪法、宪政等词语,但与近代意义上的概念完全不是一种含义。近代中国人为了救国图存,引入"宪政"概念后,一直没能深入、细致地研究宪政一词的本来含义,特别是它与近代宪政观念和近代宪政制度的关系。这是一个随着国家政治形势的发展和社会的进步,需要不断深入解决的问题。

关于宪政的概念,毛泽东的解释是相当明确和精练的。他说:"宪政是什么呢? 就是民主的政治。"①这是一个典型的民主主义的宪政概念。在毛泽东看来,要实行宪政,"中国缺少的东西固然很多,但是主要的就是少了两件东西:一件是独立,一件是民主。这两件东西少了一件,中国的事情就办不好"②。这里,毛泽东谈到宪政时,首先将其同民主政治相联系。而且,他还从世界宪政运动史的角度论证这一点:"世界上历来的宪政,不论是英国、法国、美国,或者是苏联,都是在革命成功有了民主事实之后,颁布一个根本大法,去承认它,这就是宪法。中国则不然。中国是革命尚未成功,国内除我们边区等地而外,尚无民主政治的事实。中国现在的事实是半殖民地半封建的政治,即使颁布一种好宪法,也必然被封建势力所阻挠,被顽固分子所障碍,要想顺畅实行,是不可能的。所以现在的宪政运动是争取尚未取得的民主,不是承认已经民主化的事实。"③毛泽东所说的宪政概念,主要是指一场宪政运动,或者是一场民主政治运动。他关注的重点在"政"而不在"宪",因为在毛泽东看来,如果政治不是民主政治,那么宪法必然是伪宪法。所以,人们要争取宪政,首先要争取民主政治的实现。

宪政是民主政治,但只是这样泛泛的解释还远远不够。毛泽东继续说:"我们现在要的民主政治,是什么民主政治呢? 是新民主主义的政治,是新民主主义的宪政。它不是旧的、过了时的、欧美式的、资产阶级专政的所谓民主政治;同时,也还不是苏联式的、无产阶级专政的民主政治。"④为什么这样呢? 他认为有两点原因:

第一,"那种旧式的民主,在外国行过,现在已经没落,变成反动的东西了。这种反

---

① 《毛泽东选集》第 2 卷,第 732 页。
② 同上书,第 731 页。
③ 同上书,第 735 页。
④ 同上书,第 732 页。

动的东西,我们万万不能要"①。这种对西方民主宪政的态度,是自孙中山以来,几乎所有政治派别的代表人物所共有的。虽然各自的政治目的不尽相同,但无论如何,近代以来的这些仁人志士都程度不同地看到了西方宪政存在的问题。所以,他们力图超越西方宪政,以求民族中兴。这是问题的一个方面。另一方面,近代以来中国救国图存任务的紧迫,迫使各种政治势力要想取得政治运动的领导权,就必须以更加"激进"的面目出现。这在一定程度上妨碍或延缓了中国人对宪政的本质含义及其内在机制的深入理解和追求。毛泽东以高度的政治敏感,一针见血地指出:"中国的顽固派所说的宪政,就是外国的旧式的资产阶级的民主政治。他们口里说要这种宪政,并不是真正要这种宪政,而是借此欺骗人民。他们实际上要的是法西斯主义的一党专政。中国的民族资产阶级则确实想要这种宪政,想要在中国实行资产阶级的专政,但是他们是要不来的。因为中国人民大家不要这种东西,中国人民不欢迎资产阶级一个阶级来专政。中国的事情是一定要由中国的大多数人作主,资产阶级一个阶级来包办政治,是断乎不许可的。"②这里,毛泽东清晰地向人们指明了中国的宪政运动方向,指明中国宪政运动的领导权问题,即中国的宪政运动不能再由资产阶级领导,而应掀起一个新的民主宪政运动,也就是新民主主义的宪政运动。

第二,社会主义的民主政治现在还行不通。毛泽东说:"社会主义的民主怎么样呢? 这自然是很好的,全世界将来都要实行社会主义的民主。但是这种民主,在现在的中国,还行不通,因此我们也只得暂时不要它。到了将来,有了一定的条件之后,才能实行社会主义的民主。"③资产阶级民主不应当要,社会主义的民主暂时还不能要,因此,中国只能实行一个新民主主义的民主政治。结论就是:"目前准备实行的宪政,应该是新民主主义的宪政。"④

二、新民主主义宪政的内容

实行新民主主义的宪政,在毛泽东看来是历史的选择、人民的选择。那么,什么是新民主主义的宪政呢? 毛泽东说:"就是几个革命阶级联合起来对于汉奸反动派的专政。"⑤毛泽东的这一新民主主义宪政的定义,可以从以下几个方面理解:

第一,关于"几个革命阶级联合起来"。毛泽东谈论的宪政,是从阶级角度出发的。他对宪政理解的思路是:要实行宪政,必须实行民主政治;而作为当时处在"在野"地位的共产党,所主张的民主政治是"几个革命阶级联合起来"的民主政治。这一方面是指

---

① 《毛泽东选集》第 2 卷,第 732 页。
② 同上书,第 732 页。
③ 同上书,第 732—733 页。
④ 同上书,第 733 页。
⑤ 同上书,第 733 页。

要由几个(一个不行)革命的阶级联合起来,坚决地反对"法西斯主义的一党专政"①。之所以要这样,主要是为了对抗国民党的统治,共产党在当时必须寻找自己的同盟军,这是一种政治斗争的策略。另一方面,还必须是**革命**的阶级联合起来。"革命"与"反革命"这是一种政治术语,至于哪个阶级是革命的,哪个阶级是反革命的,这要根据政治斗争形势的实际情况而定。

第二,关于"专政"。毛泽东认为,这是宪政实现的唯一手段。宪政是个国家概念,即民主的国家,所以离开专政(国家)谈宪政是侈谈。当然,这里有一个专政主体和专政对象问题。专政的主体就是"几个革命的阶级",也就是"人民";专政的对象则是"汉奸反动派"。由于当时是抗日战争时期,因而把汉奸当作专政的对象是理所当然的。同时,官僚买办阶级和封建阶级中那些反对人民、破坏抗日的人们也是逆历史潮流而动的反动派,也必须对他们实行专政。

毛泽东的这一新民主主义的宪政理论,同旧民主主义的宪政理论有着本质的区别。旧民主主义宪政理论脱离中国的阶级关系,忽视在中国实行宪政的社会阶级基础。旧民主主义的思想家从理论上将民主政治同阶级专政完全分离开来。毛泽东的新民主主义宪政理论,在一定意义上也就是新民主主义的专政理论,其首要特点在于它注重宪政的阶级实质和阶级内容。然而,专政与民主是国家本质的相辅相成的两个方面。多数革命阶级对少数阶级敌人的专政,就是民主政治。在毛泽东看来,专政和宪政是不分的,任何一种宪政都应看作是统治阶级的专政。这就将宪政同中国特定的阶级状况联系起来,具有更为深刻的现实政治内容。新民主主义的宪政理论,是以马克思主义阶级分析观点为指导的。

三、新民主主义宪政体制下的国体与政体

毛泽东认为,新民主主义的宪政,应该包括国体与政体两个方面,但二者并非处于同等重要的地位。毛泽东指出,宪政问题首要的是一个国体问题,而非政体问题。亦即,宪政主要是国家的阶级构成问题,而不是国家政治体制的运作方式问题。

毛泽东说,所谓国体就是"各革命阶级联合专政"②。又说:"这个国体问题,从前清末年起,闹了几十年还没有闹清楚。其实,它只是指的一个问题,就是社会各阶级在国家中的地位。"③"从前有人说过一句话,说是'有饭大家吃'。我想这可以比喻新民主主义。既然有饭大家吃,就不能由一党一派一阶级来专政。讲得最好的是孙中山先生在《中国国民党第一次全国代表大会宣言》里的话。那个宣言说:'近世各国所谓民权制度,往往为资产阶级所专有,适成为压迫平民之工具。若国民党之民权主义,则为

---

① 《毛泽东选集》第 2 卷,第 732 页。
② 同上书,第 677 页。
③ 同上书,第 676 页。

一般平民所共有,非少数人所得而私也.'同志们,我们研究宪政,各种书都要看,但尤其要看的,是这篇宣言,这篇宣言中的上述几句话,应该熟读而牢记之.'为一般平民所共有,非少数人所得而私',就是我们所说的新民主主义宪政的具体内容,就是几个革命阶级联合起来对于汉奸反动派的民主专政,就是我们今天所要的宪政."①毛泽东在这里把国体同新民主主义宪政的具体内容视为同义语,目的就是要建立新民主主义的国家来取代资产阶级的国家.毛泽东说:"资产阶级总是隐瞒这种阶级地位,而用'国民'的名词达到其一阶级专政的实际.这种隐瞒,对于革命的人民,毫无益处,应该为之清楚地指明.'国民'这个名词是可用的,但是国民不包括反革命分子,不包括汉奸.一切革命的阶级对于反革命汉奸们的专政,这就是我们现在所要的国家."②这个宪政的"政"首先是专政的"政",其次才是"政体"的"政".

关于政体,毛泽东认为,国体是决定政体的.他说:"至于还有所谓'政体'问题,那是指的政权构成的形式问题,指的一定的社会阶级取何种形式去组织那反对敌人保护自己的政权机关.没有适当形式的政权机关,就不能代表国家.中国现在可以采取全国人民代表大会、省人民代表大会、县人民代表大会、区人民代表大会直到乡人民代表大会的系统,并由各级代表大会选举政府.但必须实行无男女、信仰、财产、教育等差别的真正普遍平等的选举制,才能适合于各革命阶级在国家中的地位,适合于表现民意和指挥革命斗争,适合于新民主主义的精神.这种制度即是民主集中制.只有民主集中制的政府,才能充分地发挥一切革命人民的意志,也才能最有力量地去反对革命的敌人.'非少数人所得而私'的精神,必须表现在政府和军队的组成中,如果没有真正的民主制度,就不能达到这个目的,就叫做政体和国体不相适应."③

总之,"国体——各革命阶级联合专政.政体——民主集中制.这就是新民主主义的政治,这就是新民主主义的共和国,这就是抗日统一战线的共和国,这就是三大政策的新三民主义的共和国,这就是名副其实的中华民国"④.在毛泽东看来,新民主主义的国家建立之日,也就是民主宪政实现之时.

四、宪政要经过艰苦的斗争才能获得

毛泽东将新民主主义宪政视为全国人民应该追求的目标.同时,他又清醒地认识到,宪政不是唾手可得的.他真诚地告诫人们:"真正的宪政决不是容易到手的,是要经过艰苦斗争才能取得的.因此,你们决不可相信,我们的会一开,电报一拍,文章一写,宪政就有了.你们也决不可相信,国民参政会做了决议案,国民政府发了命令,十

① 《毛泽东选集》第2卷,第733页.
② 同上书,第676页.
③ 同上书,第677页.
④ 同上书,第677页.

一月十二日召集了国民大会,颁布了宪法,甚至选举了大总统,就是百事大吉,天下太平了。这是没有的事,不要把你们的脑筋闹昏了。这种情形,还要对老百姓讲清楚,不要把他们弄糊涂了。事情决不是这么容易的。"①

毛泽东对中国实行宪政困难的认识,主要是基于以下两点原因:①从中国宪政史上看,自宪政运动发生以来,真真假假的宪政主张把人们搞得太糊涂了,人们上当受骗的次数太多了,以至于人们不得不分析一下各种宪政主张的真假。"宪法,中国已有过了,曹锟不是颁布过宪法吗?但是民主自由在何处呢?大总统,那就更多,第一个是孙中山,他是好的,但被袁世凯取消了。第二个是袁世凯,第三个是黎元洪,第四个是冯国璋,第五个是徐世昌,可谓多矣,但是他们和专制皇帝有什么分别呢?他们的宪法也好,总统也好,都是假东西。"②②从现实来看,蒋介石国民党统治集团也在搞假宪政:"现在有些历来反对宪政的人,也在口谈宪政了。他们为什么谈宪政呢?因为被抗日的人民逼得没有办法,只好应付一下。而且他们还提高嗓子在叫:'我们是一贯主张宪政的呀!'吹吹打打,好不热闹。多年以前,我们就听到过宪政的名词,但是至今不见宪政的影子。他们是嘴里一套,手里又是一套,这个叫做宪政的两面派。这种两面派,就是所谓'一贯主张'的真面目。现在的顽固分子,就是这种两面派。他们的宪政,是骗人的东西。"③毛泽东进而指出:"中国现在的顽固派,正是这样。他们口里的宪政,不过是'挂羊头卖狗肉'。他们是在挂宪政的羊头,卖一党专政的狗肉。我并不是随便骂他们,我的话是有根据的,这根据就在于他们一面谈宪政,一面却不给人民以丝毫的自由。"④

正由于中国政客们长期玩弄"宪政"的把戏,因而使正直的人们缺乏信心。他们感到,"这样讲来,岂不是'鸣呼哀哉'了吗?事情是这样的困难,宪政是没有希望的了"⑤。毛泽东回答说:"那也不然。宪政仍然是有希望的,而且大有希望,中国一定要变为新民主主义的国家。为什么?宪政的困难,就是因为顽固分子作怪;但是顽固分子是不能永远地顽固下去的,所以我们还是大有希望。"⑥

怎样才能把中国宪政的希望变成现实呢?毛泽东认为,有两个办法可以实现这一目标。第一个是"促"的办法。"为什么要'促进'呢?如果大家都在进,就用不着促了。我们辛辛苦苦地来开会,是为了什么呢?就是因为有些人,他们不进,躺着不动,不肯进步。他们不但不进,而且要向后倒退。你叫他进,他就死也不肯进,这些人叫做

① 《毛泽东选集》第 2 卷,第 736—737 页。
② 同上书,第 736 页。
③ 同上书,第 735—736 页。
④ 同上书,第 736 页。
⑤ 同上书,第 737 页。
⑥ 同上书,第 737 页。

顽固分子。顽固到没有办法,所以我们就要开大会,'促'他一番。"①"因为不进,就要促。因为进得慢,就要促。于是乎我们就大开促进会。青年宪政促进会呀,妇女宪政促进会呀,工人宪政促进会呀,各机关各学校各部队的宪政促进会呀,蓬蓬勃勃,办得很好。今天我们再开一个总促进会,群起而促之,为的是要使宪政快些实行,为的是要快些实行孙先生的遗教。"②

把宪政希望转化为现实的第二个办法,就是"斗"。在毛泽东看来,"斗"是最有效的办法,对于一些顽固分子就要采用这一办法。他说:"你们以为会一开,电报一打,顽固分子就不得了了吗? 他们就向前进步了吗? 他们就服从我们的命令了吗? 不,他们不会那么容易听话的。有很多的顽固分子,他们是顽固专门学校毕业的。他们今天顽固,明天顽固,后天还是顽固。什么叫顽固? 固者硬也,顽者,今天、明天、后天都不进步之谓也。这样的人,就叫做顽固分子。"③对于这样的顽固分子,"我们就开了几次斗争会,七斗八斗"④。"还要写文章,发通电,并且要在五台山、太行山、华北、华中、全国各地,到处去开这样的会。这样地做下去,做他几年,也就差不多了。……所以我说,事情虽然困难,却是大有希望。"⑤毛泽东的结论是:"一定要实行新民主主义的宪政。"⑥

---

① 《毛泽东选集》第 2 卷,第 733 页。
② 同上书,第 734 页。
③ 同上书,第 735 页。
④ 同上书,第 737 页。
⑤ 同上书,第 739 页。
⑥ 同上书,第 739 页。

第十四章　毛泽东《论人民民主专政》①

【写作的历史背景】

《论人民民主专政》是毛泽东同志为纪念中国共产党诞生 28 周年所写的一部著作。

在人民革命战争即将取得全国胜利的形势下,为了迅速夺取全国胜利,制定党在全国胜利后的方针政策,不失时机地实现革命的转变,中共中央于 1949 年 3 月 5 日—13 日召开第七届中央委员会第二次全体会议。毛泽东同志在会上作了重要报告,及时完满地解决了夺取民主革命彻底胜利、实现党的工作重心转移以及进一步实现由新民主主义到社会主义的转变这种历史性进程的一系列重大问题。

1949 年 3 月 25 日,中共中央和人民解放军总部迁到北平,各民主党派人士和其他民主人士也纷纷到达这里,准备参加即将召开的新的政治协商会议。建立人民当家作主的新中国,是中国共产党长期的奋斗目标,也是全国人民的共同愿望。早在 1948 年 5 月 1 日,中共中央在庆祝五一劳动节的口号中,就提出了"召开新的没有反动分子参加的政治协商会议,讨论成立民主联合政府"的提议。党的这个主张得到了广大人民的拥护。5 月 5 日前后,各民主党派和各阶层的民主人士都发出通电,表示拥护召开新政协。从 8 月起,各民主党派和各阶层的民主人士陆续进入解放区。11 月 25 日,中共中央代表与到达东北哈尔滨的民主人士代表,就成立新的政治协商会议筹备会以及新政协的性质、任务等问题进行商谈,并达成了一致的协议。

1949 年 6 月 15 日,新政治协商会议筹备会在北平召开。会议通过了中国人民政治协商会议组织法、中国人民政治协商会议共同纲领、中华人民共和国中央人民政府组织法等草案。建立新中国的各项准备工作已完全就绪,新中国即将诞生。中国正处在一个重要的历史转折关头。

在推翻了帝国主义、封建主义和官僚资本主义的反动统治以后,即将诞生的新中国是一个什么样的国家,各个阶级在国家政权中的地位、作用及相互关系如何,这个国家奉行什么样的基本的对内、对外政策,它承担的历史任务是什么,它的前途怎样等等,这些都是全国人民极为关心、但又一时搞不太清楚的问题。当时,对将要诞生的新

---

① 载于《毛泽东选集》,2 版,第 4 卷,北京,人民出版社,1991。

政权心怀仇恨和恐惧的国内外的敌人,大肆污蔑和攻击中国共产党"独裁""不仁",咒骂中国共产党领导的人民政府是"极权政府"。有些民族资产阶级的代表人物想走资产阶级共和国的道路,害怕刺激帝国主义,主张对反动派施"仁政",并幻想英美帝国主义的援助。在这种情况下,中国共产党有必要阐明自己在新建立的国家政权问题上的主要观点和基本纲领,以回击敌人的攻击,批判想走资产阶级共和国道路的错误观点和澄清各种糊涂观念,统一全党和全国人民对建立新的国家政权的认识,从政治上、思想上、理论上为新中国的诞生作准备。

为此,毛泽东于1949年6月30日,在纪念中国共产党诞生28周年前夕,发表了《论人民民主专政》这篇具有重大历史意义的论文。它根据中国社会发展的客观规律,总结中国革命的历史经验,指出建立人民民主专政国家的必然性;把马克思列宁主义的国家学说,特别是无产阶级专政学说,正确运用于中国革命的实践中,全面地论述即将诞生的中华人民共和国的国体、政体、基本的内外政策、历史使命以及它的前景。它是建立中华人民共和国的伟大纲领。

《论人民民主专政》是一篇著名的马克思主义法学著作。人民民主专政(无产阶级专政)的学说,是整个马克思列宁主义、毛泽东思想体系的精髓,因而是马克思列宁主义、毛泽东思想法学理论的基石。无产阶级在推翻资产阶级统治以后,必须建立无产阶级专政的国家政权。但是,每个国家将建立什么具体式样的无产阶级专政的政权,则要从各自的实际国情出发。在新中国成立之初,毛泽东同志和中国共产党人根据中国社会的具体特点所提出的人民民主专政的著名公式,具有鲜明的中国特色。例如,在关于政权的阶级构成和它的专政对象,民族资产阶级在国家政权和国家政治生活中的地位,保存民主党派和建立统一战线等问题上,都创造性地运用和发展了马克思列宁主义的国家学说,体现了人民民主专政是一种适合我国国情的无产阶级专政的新形式。

40多年来,在毛泽东同志人民民主专政理论的指导下,我们的国家对人民实行真实和广泛的民主,对敌对阶级和敌对分子以及严重刑事犯罪分子实行专政,保护社会主义的生产资料公有制和社会主义的经济体系,促进社会生产力向前发展。同时,也有力地捍卫了革命胜利成果,巩固了人民民主制度。因此,人民民主专政是坚持和发展社会主义事业的最基本的手段和最重要的保障。在今天,我们仍然要清醒地认识到,没有人民民主专政,就没有中国特色的社会主义,就没有人民的一切。

【主要法学论点】

一、建立人民民主专政的国家政权是中国社会发展的必由之路

在《论人民民主专政》一文中,针对那些幻想在革命成功以后走资产阶级共和国道

路的人们的错误思想,毛泽东同志指出,在中国建立资产阶级共和国是行不通的。"积四十年和二十八年的经验,中国人不是倒向帝国主义一边,就是倒向社会主义一边,绝无例外。骑墙是不行的,第三条道路是没有的。我们反对倒向帝国主义一边的蒋介石反动派,我们也反对第三条道路的幻想。"①一切别的东西都试过了,都失败了,唯一的道路是经过工人阶级领导的人民共和国,达到社会主义和共产主义,达到阶级的消灭和世界的大同。这个结论是由中国社会的性质和当时所处的帝国主义时代所决定的,是 100 多年来中国的历史发展反复证明了的。

毛泽东同志指出,自从 1840 年鸦片战争失败时起,先进的中国人为了救中国,历尽千辛万苦,向西方国家寻找救国救民的真理。因为那时的外国西方资本主义国家是进步的,而且日本人向西方学习获得成功,中国许多人也想向日本人学。那些求进步的中国人,只要是西方的新道理,什么书都看,中国向西方国家派遣的留学生之多,达到了惊人的程度。国内废科举,兴学校,人们认真地学习和实行西方资产阶级民主主义的文化,学习西方的现代自然科学、先进技术和资产阶级革命理论。学了这些西方"新学"的人们,都满怀信心地认为这些理论可以救中国,幻想在中国也建立一个资产阶级共和国。

但是,帝国主义的侵略打破了中国人学西方的迷梦。中国人向西方学得虽不少,但是行不通,理想总是不能实现。中国人一边学习,一边不断奋斗,但总是失败,包括辛亥革命那样全国规模的运动都失败了。国家仍然不能摆脱封建军阀的黑暗统治,而且先生总是侵略学生,西方帝国主义逼迫中国不断签订不平等条约,从政治、经济、军事上瓜分、控制、掠夺中国的财富,国家的情况一天天变坏,使人们活不下去。中国的出路究竟在哪里? 摆在人们面前的有两条路:一条是继续走资产阶级共和国的道路,这就是以蒋介石为代表的中国大资产阶级在中国走了 22 年,最后把中国拖到绝境的道路。另一条是十月革命后,俄国无产阶级所走的社会主义道路。十月革命以前的俄国社会与中国有许多相同或相似的特点,如深受封建主义的压迫,经济和文化落后,以及先进的人们为了使国家复兴,不惜艰苦奋斗,寻找革命真理等,这些都是相同的。但在那时的中国人看来,俄国是落后的,因而很少有人想学俄国。

俄国无产阶级伟大的十月革命取得成功,帮助中国的先进分子找到了马克思列宁主义这个革命的真理。毛泽东同志指出,在十月革命以前,中国人不但不知道列宁、斯大林,也不知道马克思、恩格斯。"十月革命一声炮响,给我们送来了马克思列宁主义。"②十月革命帮助全世界也帮助中国的先进分子,用无产阶级的宇宙观作为观察国家命运的工具,重新考虑自己的问题,重新寻找救国之路。他们看到,俄国人在十月革命之后,创立了第一个全新的社会主义国家。过去蕴藏在地下,为外国人所看不见的

---

① 《毛泽东选集》第 4 卷,第 1473 页。
② 同上书,第 1471 页。

伟大的俄国无产阶级和劳动人民的革命精力,在列宁、斯大林领导之下,像火山一样爆发出来,中国人和全人类对俄国人都刮目相看了。人们经过观察和思索得出的结论是:走俄国人的路,像俄国人那样建立一个全新的社会主义国家。从此,中国的先进分子找到了救国救民的正确的革命道路,找到了马克思列宁主义这个放之四海而皆准的普遍真理。在马克思列宁主义革命理论的指引下,中国革命的面貌发生了巨大的变化。在中国诞生了用马克思列宁主义理论武装的中国无产阶级的先锋队——中国共产党,以及由中国共产党领导的新型革命运动。经过28年的艰苦卓绝的英勇斗争,终于取得了革命的基本胜利。

在这样的历史事实面前,西方资产阶级的民主主义,资产阶级共和国的方案在中国人民的心目中一齐破产了。中国人民认识到,资产阶级的共和国外国有过的,中国不能有。因为,中国是受帝国主义压迫的国家;在帝国主义时代,中国的民族资产阶级和小资产阶级不可能领导任何真正的革命取得胜利,历史决定了中国这样一个落后的半封建半殖民地的国家,走资产阶级共和国的道路必然行不通。那些曾经留恋过资产阶级共和国道路的人们,有些人倒下去了,有些人觉悟过来了,有些人正在换脑筋。资产阶级的民主主义必然让位给工人阶级领导的人民民主主义,资产阶级共和国必然让位给人民共和国。中国唯一的出路在于,经过工人阶级领导的人民共和国即人民民主专政的共和国,达到社会主义和共产主义。通过对近百年来先进的中国人向西方寻找救国救民真理的历史回顾,尤其是通过总结中国共产党成立以来中国革命的历史经验,在揭示中国社会和中国革命发展的客观规律的基础上,毛泽东同志指出了在中国建立人民民主专政国家的历史必然性和必要性,指出了这条道路是中国社会发展的必由之路。

二、实现人民民主专政的基本经验

《论人民民主专政》一文进一步指出,在中国建立人民民主专政国家政权的历史必然性转化为现实性的基本条件,就是在中国共产党领导下开展的人民革命运动。中国人民在驱逐日本帝国主义之后,进行了三年的人民解放战争,取得了革命的基本胜利,使人民民主政权的建立成为可能。毛泽东同志精辟地把中国革命的基本经验概括为:"(一)在国内,唤起民众。这就是团结工人阶级、农民阶级、城市小资产阶级和民族资产阶级,在工人阶级领导之下,结成国内的统一战线,并由此发展到建立工人阶级领导的以工农联盟为基础的人民民主专政的国家。(二)在国外,联合世界上以平等待我的民族和各国人民,共同奋斗。这就是联合苏联,联合各人民民主国家,联合其他各国的无产阶级和广大人民,结成国际的统一战线。"①这两条革命经验不但为中国共产党人

---

① 《毛泽东选集》第4卷,第1472页。

所认识,而且中国革命的先行者孙中山先生也有此共识。孙中山与中国共产党人具有各不相同的宇宙观,从不同的阶级立场出发去观察和处理问题,但在20世纪20年代,在怎样和帝国主义作斗争的问题上,却得出了基本相同的结论。由此足以证明,中国革命必须按照这一规律进行,才能胜利。

但是,按照这两条经验,中国革命是否就可以自然而然地取得胜利呢? 历史证明并不是这样。孙中山先生领导中国民主革命40年,也认识到了在国内要"唤起民众"或"扶助农工",在国外要"联合世界上以平等待我之民族,共同奋斗"。而在由谁来领导去做的问题上,孙中山认为应由小资产阶级和民族资产阶级去做,去领导中国革命运动。然而,由于世界已进入帝国主义和无产阶级革命的时代,加上中国民族资产阶级和小资产阶级的软弱和动摇,使他们没有足够的勇气"唤起民众",甚至有不少人害怕民众起来革命,所以他们不能担负起领导中国革命的责任。中国共产党成立以前的历次斗争,包括孙中山40年的革命,最终都以失败告终。

中国无产阶级的先进分子,在十月革命以后学习马克思列宁主义,建立共产党,进行政治斗争,经过28年的英勇奋斗,使中国革命的理论与实践都大大地向前发展了,根本上变换了中国的面貌。党之所以能够领导人民取得中国革命的胜利,在于它运用了三件主要武器:第一,一个有纪律的,由马克思列宁主义的理论武装的,采取自我批评方法的,联系人民群众的党。第二,一个由这样的党领导的军队。第三,一个由这样的党领导的各革命阶级、各革命派别的统一战线。这三件武器,也就是我党和毛泽东同志长期以来一贯强调的中国革命的"三大法宝"。毛泽东同志指出,凡是在这三件事上犯了严重错误的时候,革命就受挫折。我们党曾和自己内部的"左"的和右的机会主义倾向作斗争,不断地从错误和挫折中吸取教训,使自己越来越聪明,从而能够把三件事办得越来越好。

一切革命的根本问题都是国家的政权问题,社会主义革命和新民主主义革命的根本问题是无产阶级专政或人民民主专政问题。几十年来党所领导的中国革命,深刻地说明了这一点。全部中国革命的经验,包括前面讲到的两点基本经验和三大法宝,其核心的东西就是人民民主专政。正如毛泽东同志所概括的:"总结我们的经验,集中到一点,就是工人阶级(经过共产党)领导的以工农联盟为基础的人民民主专政。这个专政必须和国际革命力量团结一致。这就是我们的公式,这就是我们的主要经验,这就是我们的主要纲领。"①人民民主专政是以毛泽东为主要代表的中国共产党人,把马克思主义无产阶级专政理论运用于中国革命的具体实践所创立的适合中国国情的国家政权。这是中国共产党领导中国人民浴血奋战,一点一点地摸索出来的。

中国共产党创立不久,曾采取积极步骤,与孙中山领导的中国国民党实行联合,并建立了广东革命根据地和广州革命政府。在北伐时期,以湖南为中心的一些南方省份

---

① 《毛泽东选集》第4卷,第1480页。

的农村,普遍建立起农民协会,并提出"一切权力归农会"的口号。这种农会,实质上就是无产阶级领导的农村革命政权,也就是人民民主专政的雏形。

在孙中山去世以后,以蒋介石为首的代表大地主大买办阶级利益的国民党右派很快就背叛革命,使1927年大革命惨遭失败。这有力地告诉人民,革命的根本问题是政权问题,而革命政权的领导权必须要由无产阶级政党来掌握。因此,在后来进行的中国土地革命中,中国共产党通过举行武装起义,在各农村革命根据地建立了革命政权。这就是以江西瑞金为中心的苏维埃政权,其性质是工农民主专政。它有效地把广大人民动员、组织和领导起来,推动了中国革命继续向前发展。

抗日战争时期,日本帝国主义的侵略改变了中国的阶级关系,中日之间的民族矛盾上升为主要矛盾。为了适应这一时期国内阶级矛盾和政治形势发生的重大变化,中国共产党及时提出将工农民主专政的政权改变为工人、农民和其他几个革命阶级的联合的民主专政,将过去由工人、农民和其他劳动人民结成的联盟扩大到包括非劳动人民的资产阶级。这时期中国共产党在敌后抗日根据地建立的民主政权是统一战线性质的,是一切赞成抗日又赞成民主的人们的政权。这也就是毛泽东同志所说的"三三制"政权,规定在政权中共党员占三分之一,非党的左派进步分子占三分之一,不左不右的占三分之一。在民意机构中还容许少数右派分子参加。这种新形势下的人民民主专政,其任务是在解决民族矛盾的同时实行对封建土地制度的变革,但不改变民族资产阶级的生产资料私有制和农民的个体所有制。中国共产党在抗日民主政权中占领导地位,代表和维护工农基本群众的利益,这决定了政权性质的革命性和民主性,使解放区"成为民主中国的模型"。

解放战争时期,中国共产党进一步丰富和发展了人民民主专政的思想。这个时期的人民民主专政,除了刚刚解放的地区实行军事管制委员会制度外,基本形式是人民代表会议制度。在解放区,通过各级人民代表会议产生各级人民政府,包括东北人民政府、华北人民政府这样的大行政区政府。这是实现人民代表大会制度的最后的过渡形式。

1949年9月21日在北平召开的包括各民主党派、各人民团体、各界民主人士、国内少数民族和海外华侨的代表人物的中国人民政治协商会议,临时代行全国人民代表大会的职权,宣告中华人民共和国成立。

人民民主专政的历史进程表明,它确实是适应中国具体国情的、具有伟大生命力的政权。人民民主专政不仅是我国新民主主义革命时期的依托,在这个革命的不同阶段中采取不同的形式,而且又是实现我国社会主义革命和建设的基本政治制度。新民主主义时期的人民民主专政是社会主义时期人民民主专政(实质上就是无产阶级专政)的基础,而社会主义时期的人民民主专政则是新民主主义时期人民民主专政的继续和发展。显然,这是马克思列宁主义无产阶级专政学说在中国的新发展。

三、社会各阶级在人民民主专政国家政权中的地位

毛泽东同志在《论人民民主专政》一文中,分析了中国社会各个阶级在人民民主专政的国家政权中的地位即政权的阶级结构。人民民主专政国家是人民的国家,那么,人民是什么呢? 毛泽东同志指出:"在中国,在现阶段,是工人阶级,农民阶级,城市小资产阶级和民族资产阶级。"①正是这些阶级在工人阶级和共产党的领导之下,团结起来,组成了自己的国家。但是,人民中的各部分在新政权中的地位和作用并不是相同的。首先,工人阶级是人民民主专政的领导力量。"因为只有工人阶级最有远见,大公无私,最富于革命的彻底性。整个革命历史证明,没有工人阶级的领导,革命就要失败,有了工人阶级的领导,革命就胜利了。"②反之,中国的小资产阶级和民族资产阶级曾经多次领导过革命,但都失败了。这说明在帝国主义时代,任何国家的任何别的阶级,都不能领导任何真正的革命达到胜利。而中国新的国家政权的性质,也取决于是否由工人阶级(经过共产党)来领导。

"人民民主专政的基础是工人阶级、农民阶级和城市小资产阶级的联盟,而主要是工人和农民的联盟。"③因为这两个阶级占了中国人口的百分之八十到九十,推翻帝国主义和国民党反动派,主要是依靠这两个阶级的力量,由新民主主义到社会主义,仍然要依靠这两个阶级的联盟。只有工农联盟搞好了,才能团结其他一切可以团结的力量。但是,农民的经济是分散的,对于农民要进行社会主义教育,要做长时间的和细心的工作,引导他们走社会主义道路,才能做到农业的社会化,才能与社会主义工业的发展相适应。所以,教育农民的任务是重大的。

民族资产阶级在由新民主主义向社会主义的过渡阶段是很重要的阶级力量。在人民民主专政的国家政权中,他们要有一定数量的代表参加国家权力机关和国家管理机关的工作,在政治上要有一定的地位。现在,帝国主义还在我们身旁,它们很有实力,很凶恶。相比之下,中国的经济很落后,现代工业在整个国民经济中的比重很小。为了对付帝国主义的压迫,为了尽快恢复国民经济,国家必须利用一切于国计民生有利的城乡资本主义因素,团结民族资产阶级,共同建设新中国。当前的方针应当是节制资本主义,而不是消灭资本主义。但是,民族资产阶级不能充当人民民主专政的领导者,也不应当在国家政权中占主要的地位。这是因为民族资产阶级的社会经济地位规定了他们的软弱性,他们缺乏远见,缺乏足够的革命勇气,他们当中的不少人甚至害怕民众。同时,民族资产阶级仍然属于剥削阶级;而人民民主专政的国家必须对一切剥削阶级进行改造。在这一方面,又需要将民族资产阶级与地主阶级和官僚资产阶级

---

① 《毛泽东选集》第 4 卷,第 1475 页。
② 同上书,第 1479 页。
③ 同上书,第 1478 页。

区别开来。民族资产阶级同帝国主义、封建主义和官僚资本主义有一定的矛盾,他们中的大多数人愿意接受共产党的领导。他们在历史上就曾经与共产党结成联盟,具有一定的革命性。因此,人民民主专政的国家在现阶段可以向他们中间的许多人进行适当的教育工作,等到将来实行社会主义即实行私有企业国有化的时候,再进一步对他们进行教育和改造的工作。作为一个剥削阶级,它最终是不会存在很长时间的。毛泽东同志指出,人民手里有强大的国家机器,不怕民族资产阶级造反。因此,中国共产党对民族资产阶级实行团结改造的政策,是为了争取民族资产阶级的大多数接受共产党的领导,走社会主义道路,是为了巩固人民民主专政的新政权。这一思想对马克思列宁主义无产阶级专政理论、对社会主义法制理论,是一种创造性的巨大发展。

四、人民民主专政是对人民内部民主和对反动派专政两方面的结合

除了社会各阶级在国家政权中的地位以外,人民民主专政的本质还表现在对谁民主、对谁专政及其相互关系上。《论人民民主专政》指出:"这两方面,对人民内部的民主方面和对反动派的专政方面,互相结合起来,就是人民民主专政。"①

在对反动派专政方面,就是人民群众在工人阶级和共产党的领导之下,通过国家政权和国家机器来对敌对阶级即对"地主阶级和官僚资产阶级以及代表这些阶级的国民党反动派及其帮凶们实行专政,实行独裁,压迫这些人,只许他们规规矩矩,不许他们乱说乱动。如果乱说乱动,立即取缔,予以制裁"②。毛泽东同志断然驳斥反动派咒骂我们"独裁""极权主义"等言论,指出中国人民在几十年中积累起来的一切经验,都叫我们实行人民民主专政,或曰人民民主独裁,总之是一样,就是剥夺反动派的发言权,只让人民有发言权。至于说反动阶级和反动派中的个人,在他们的政权被推翻以后,只要他们不造反,不破坏,不捣乱,也要给他们土地,给他们工作,让他们活下去,让他们在劳动中改造自己,成为新人。如果他们不愿意劳动,人民的国家就要强迫他们劳动。对于这些人也要做宣传教育工作,而且要做得很用心、很充分。不过,这种教育工作和革命人民内部的自我教育工作有本质的不同,是对于原来属于敌对阶级的人们强迫地施行的。

对人民内部的民主方面,就是人民群众在工人阶级和共产党的领导之下,团结起来,组成自己的国家,选举自己的政府,真正实行民主制度,人民享有选举、言论、集会、结社等权利。特别是选举权,为人民所独享,而不给反动派。人民的国家是保护人民的。有了人民的国家,人民才能真正当家作主,也才有可能在全国范围内和全体规模上,用民主的方法教育自己和改造自己,使自己脱离内外反动派的影响。因为在新中

①　《毛泽东选集》第4卷,第1475页。
②　同上书,第1475页。

国成立初期,内外反动派的影响是很大的,并将在长时期内存在着,不能很快地消灭。对人民内部出现的矛盾和问题,只能做耐心细致的思想工作和说服教育,引导他们向着社会主义和共产主义社会前进。专政的方法永远不适用于人民。当然,"人民犯了法,也要受处罚,也要坐班房,也有死刑,但这是若干个别的情形,和对于反动阶级当作一个阶级的专政来说,有原则的区别"①。

人民民主专政的这两个方面是互相结合、密切联系的,二者是辩证统一的关系。只讲对敌对阶级的专政,不讲对人民内部的民主,就不可避免地要犯"左"的错误,扩大专政的对象范围,使国家权力由少数领导人说了算。这种专政就会失去其群众基础,就不可能调动人民群众的积极性,发动人民群众参加国家政权的建设。而没有群众的参加与监督,也不可能对反动分子和坏分子实行有效的专政和对他们实行有效的改造。反之,只讲对人民内部实行民主而不讲对敌对阶级实行专政,按照有些人提出的那样对反动派"施仁政",那无异于在强大的国内外敌人面前解除武装。按照这种右倾观点办理,人民"就不能维持政权,他们的政权就会被内外反动派所推翻,内外反动派就会在中国复辟,革命的人民就会遭殃"②。由此可见,对人民民主专政的任何一种片面的看法和做法,都是极其危险的。

五、人民民主专政的历史任务

我国人民民主专政作为社会主义性质的国家政权,是一种手段。也就是说,它承担着与剥削类型国家根本不同的、艰巨的历史任务。

1. 抵御帝国主义和外国的反动派的侵略和颠覆活动。

由于新中国建立以后,国际上还存在帝国主义及其他反动势力,他们为了推行帝国主义战略和维护在中国的利益,随时随地都会对新中国发动侵略战争,以颠覆新生的革命政权。对此,我们不能有任何幻想。当时某些民族资产阶级的代表人物以为我们需要英美政府的援助。毛泽东同志针对这种幼稚的想法,指出:现实英美的统治者还是帝国主义者,他们不会给人民的国家以援助。人民民主专政的国家必须提高警惕,巩固国防,维护和发展人民武装力量,不允许任何帝国主义者再来侵略我们的国土。

2. 镇压国内反革命势力的破坏和复辟活动。

在现时代,人民民主专政不仅不能消灭国家权力,而且必须强化人民的国家机器。这主要是指人民的军队、人民的警察和人民的法庭,用以维护新生的革命政权和保护人民利益。毛泽东同志指出:"军队、警察、法庭等项国家机器,是阶级压迫阶级的工

---

① 《毛泽东选集》第 4 卷,第 1476 页。
② 同上书,第 1478 页。

具。对于敌对的阶级,它是压迫的工具,它是暴力,并不是什么'仁慈'的东西。"①对于反动派和反动阶级的反动行为必须坚决镇压,决不施仁政。革命的专政和反革命的专政,性质是相反的,而前者是从后者学来的。说我们实行"独裁"或"极权主义"的内外反动派,他们自己实行的正是独裁或极权主义,即实行资产阶级对无产阶级和革命人民的一个阶级的独裁制度,一个阶级的极权主义。对于革命人民而言,也必须学会善于运用国家机器,来对反动派实行系统的暴力镇压。否则,他们的统治就无法进行,更不能坚持下去。但是,镇压敌对阶级,除了个别人以外,并不是要从肉体上消灭他们,而是要通过强迫性的劳动改造,使他们成为自食其力的劳动者。毛泽东同志指出:"这种对于反动阶级的改造工作,只有共产党领导的人民民主专政的国家才能做到。这件工作做好了,中国的主要的剥削阶级——地主阶级和官僚资产阶级即垄断资产阶级,就最后地消灭了。"②

3. 进行社会主义经济建设,实现国家工业化,使中国逐步由农业国进到工业国,由新民主主义进到社会主义和共产主义社会。

面对即将开始的变生产资料私有制为社会主义公有制,组织和进行社会主义经济建设的艰巨任务,毛泽东同志指出,党的 28 年是一个长时期,我们仅仅做了一件事,这就是取得了革命战争的基本胜利。这是一个伟大的胜利。但是我们的事情还很多,过去的工作只不过是像万里长征走完了第一步。随着中国进入经济建设的新的历史时期,"严重的经济建设任务摆在我们面前。我们熟悉的东西有些快要闲起来了,我们不熟悉的东西正在强迫我们去做"③。这一巨大的困难,就是历史向人民民主专政的国家提出的基本任务。为了完成这个宏伟的历史任务,毛泽东同志号召全党,必须克服困难,学会自己不懂的东西,向一切内行的人们(不管什么人)学经济工作。帝国主义者算定我们办不好经济,他们站在一旁看,等待我们的失败。我们要学习苏联共产党人的经验,利用国际国内的有利于我们的形势,依靠人民民主专政这个武器,逐步解决国家的工业化问题,而且要把分散的个体农民引上农业社会化的道路,还要运用人民民主专政加强对民族资产阶级的教育和改造,以便将来条件成熟时,实现对私营企业的国有化。通过这种社会生产关系的改造,为生产力的发展开拓广阔的道路。

4. 进行社会主义思想文化建设。

无产阶级专政建立以后,人民必须运用国家政权展开大规模的自我思想教育,用民主的方法改造自己从旧社会带来的坏习惯和坏思想,摆脱国内外反动派的反动思想影响,不使自己走到反动派指引的错误道路上去。尤其是对农民阶级要做长时间的耐心细致的思想工作,帮助他们摆脱几千年封建社会的思想束缚,跟着工人阶级一道建设社会主义国家。对民族资产阶级也要进行思想教育和改造的工作,使他们的思想跟

① 《毛泽东选集》第 4 卷,第 1476 页。

② 同上书,第 1477 页。

③ 同上书,第 1480 页。

上工农的前进步伐,接受共产党的领导,走社会主义道路。

5. 实行无产阶级外交政策的基本原则。

毛泽东同志在《论人民民主专政》一文中为新中国制定的外交政策的原则主要有：①我们应该在平等互利和尊重领土主权的基础上与一切国家建立外交关系。②联合世界上一切以平等待我的民族和各国人民,结成国际统一战线。③划清革命派和反革命派的界限,揭露帝国主义的阴谋,坚决反对帝国主义的侵略和战争政策。④在可能的情况下争取与外国做生意。文中还阐述了对待国际援助的正确态度,指出：在帝国主义存在的时代,不要国际援助也可以胜利的想法是错误的。要想取得中国革命的胜利,必须联合国际革命力量,争取苏联等社会主义国家的人民、帝国主义国家内部的人民大众和各国被压迫人民的国际援助。

六、社会主义国家的发展远景

共产主义者比资产阶级看得远。资产阶级不敢正视国家消亡的问题,因为这意味着他们的统治将要被推翻。而共产主义者懂得事物生存和发展的规律,懂得辩证法,懂得随着社会主义事业的发展,阶级是要消灭的,从而作为阶级斗争工具的一切东西,政党和国家机器,将因其丧失作用而逐步衰亡下去,完结自己的历史使命,使社会走向共产主义大同世界。我们和资产阶级政党相反,我们公开声明要努力奋斗,创造条件,以促进国家权力、政党等阶级斗争工具的消灭。而共产党的领导和人民民主专政的国家权力,正是这样的条件。社会主义国家的发展前途,不是什么被推翻的问题,而是使自己自然地归于"消亡"。这是不可抗拒的社会历史规律。

第十五章　毛泽东《关于中华人民共和国宪法草案》[①]

【写作的历史背景】

1949 年到 1952 年间,中国共产党和中国人民解放军按照人民政协共同纲领的规定,先后完成了土地改革、镇压反革命及各种民主改革运动,恢复了国民经济。从 1953 年起,我国开始了有计划地进行社会主义改造和社会主义建设的新时期。随着各方面事业的顺利进展和阶级力量对比关系的新变化,就有必要在共同纲领的基础上制定一部比较完备的宪法。1952 年底举行的中国人民政治协商会议全国委员会第四十三次常委会,同意中国共产党提出的进行起草宪法准备工作的建议。1953 年 1 月 13 日中央人民政府委员会第二十次会议决定,成立中华人民共和国宪法起草委员会,负责宪法的起草工作。1954 年 3 月 23 日在宪法起草委员会第一次会议上,毛泽东同志代表中国共产党提出宪法草案初稿。会议决定以这个初稿为基础,开始广泛征求各方面人士对宪法草案初稿的意见。在北京、各大行政区、省、自治区和直辖市建立 75 个讨论组(团),进行两个多月的讨论,提出修改意见近 6000 条。修改后的宪法草案,由中央人民政府委员会第三十次会议通过,于 1954 年 6 月 14 日公布,交付全国人民讨论。全民讨论也进行了两个多月,参加讨论的约 1.5 亿人;在讨论中提出了 100 多万条修改意见。据此,宪法起草委员会对草案再次进行修改,然后提交全国人民代表大会审查。毛泽东同志的这篇文章,即是在中央人民政府委员会第三十次会议上的讲话。

毛泽东同志这篇论文,比较集中地阐述了宪法理论。其中也涉及社会主义法的性质、特点、基本原则、立法方法等一系列的基本问题。所以,它对于我国宪法学乃至整个法学的研究、对于社会主义法制建设,都具有很重要的意义。

【主要法学论点】

一、我国宪法的性质及特点

毛泽东同志在文章中,对我国宪法的性质作了精辟的概括。他指出,这部宪法草

---

① 载于《毛泽东著作选读》下册,北京,人民出版社,1986。

案是"社会主义宪法类型"①。它是社会主义革命和建设经验的总结,同别的社会主义国家的宪法在本质上是一致的,所依据的原则也大致相同。这部宪法主要是总结中国自身的经验,同时也结合国际经验,参考了苏联和各人民民主国家宪法中好的东西。

总结中国自身的经验,首先是总结新中国成立后几年来社会改革、经济建设、文化建设和政府工作的经验,这些经验都是从中国实际情况中得来的,充分反映了向社会主义过渡时期的特点和我国历史的特点。例如,宪法确认了国家所有制、合作社所有制、个体劳动者所有制、资本家所有制同时存在的事实;规定只剥夺封建地主和官僚资本家的政治权利,而把民族资产阶级作为人民民主统一战线的对象;在国家结构形式方面,根据中国是统一的多民族国家的历史和现实,不实行联邦制,而采取单一制的形式等等。其次,宪法草案也总结了从清朝末年以来关于宪法问题的经验,从清末的"十九信条"起,到民国元年(1912年)的《中华民国约法》,到北洋军阀政府的几个宪法和宪法草案,到蒋介石反动政府的《中华民国训政时期约法》,一直到蒋介石的伪宪法。这些宪法大多数都是反动的,但里面也有积极的和进步的因素。如《中华民国临时约法》是资产阶级宪法,有革命性和民主性。不能认为资产阶级的宪法在历史上没有地位;他们的法律文化和其中进步的革命的思想,社会主义宪法是可以借鉴的。毛泽东同志特别指出:"讲到宪法,资产阶级是先行的。英国也好,法国也好,美国也好,资产阶级都有过革命时期,宪法就是他们在那个时期开始搞起的。我们对资产阶级民主不能一笔抹杀,说他们的宪法在历史上没有地位。"②对于旧中国的法律文化和西方资产阶级法律文化采取虚无主义的态度,是错误的。

在以中国自己的经验为主的前提下,宪法草案也参考了苏联和各人民民主国家宪法中好的东西。例如,宪法的结构基本上接近于1936年苏联宪法的结构;总纲、国家机构和公民的基本权利和义务三章的某些条文,也参考了苏联和各人民民主国家的有关规定。但在有些问题上,由于缺乏经验,某些规定不够切合中国的实际,没有充分考虑中国的具体特点。如规定公民有迁徙自由,规定劳动就业完全由国家包下来等条款,是不符合中国人口众多的社会现实特点的。毛泽东同志还指出,我们的宪法根本上区别于资产阶级类型的宪法,就是比资产阶级革命时期的宪法也进步得多。不过,我们的宪法"还不是完全社会主义的宪法,它是一个过渡时期的宪法"③。制定这部宪法的目的,就是要团结全国人民,团结一切可以团结和应当团结的力量,为建设一个伟大的社会主义国家而奋斗。

毛泽东指出,这部宪法公布以后,必然会产生深远的国际影响。民主阵营的国家和资本主义国家中被压迫被剥削的人民会非常高兴。他们看到中国人民为建设社会主义有了一条清楚的、明确的和正确的道路,这条道路的经验对他们是会有帮助的。

---

① 《毛泽东著作选读》下册,第708页。
② 同上书,第708页。
③ 同上书,第712页。

"我们的宪法有我们的民族特色,但也带有国际性,是民族现象,也是国际现象的一种。"①各国人民的革命斗争是互相支援,互相联系的。相反,帝国主义和国内反动派都不会高兴。他们坚决反对中国人民走社会主义道路,反对在中国实行人民民主专政。我们对此是很熟悉的。对于帝国主义和国内反动派颠覆和破坏社会主义国家的阴谋,我们要有足够的认识。

二、宪法的基本原则

关于宪法的基本原则,毛泽东同志指出:"原则基本上是两个:民主原则和社会主义原则。"②这两条原则体现了社会主义制度的本质,也反映了社会主义社会发展的客观规律,是建立社会主义法体系的指导原则。

1. 民主原则。

毛泽东同志指出:"我们的民主不是资产阶级的民主,而是人民民主,这就是无产阶级领导的、以工农联盟为基础的人民民主专政。"③人民民主属于社会主义类型的新型民主制,与资产阶级类型的民主制有本质的区别。它包括人民整体的当家作主的权力即人民的国家政权和人民中每个成员享有的广泛自由的权利两个方面的内容。人民民主的原则贯穿于整部宪法中,宪法关于我国基本政治制度的规定,关于国家机构的设置及其相互关系的规定,关于公民的基本权利和义务的规定,都体现着社会主义民主的精神。在民主的形式方面,宪法又从我国实际情况出发,作了灵活的规定。如,选举制度采取直接选举与间接选举相结合,无记名投票与举手表决并用的办法;国家结构既是统一的多民族国家,又在"各少数民族聚居的地方实行区域自治",目的是要保证广大人民在国家中的主人翁地位。因此,这个宪法草案必然得到了全国人民的拥护。

2. 社会主义原则。

毛泽东同志指出,我国现在就有社会主义。我国正处于向社会主义过渡时期,宪法中规定,一定要逐步完成对农业、手工业和资本主义工商业的社会主义改造,实现国家的社会主义工业化。这些规定不仅确认了我国人民革命的成果和新中国成立以来在政治上、经济上的新胜利,并且反映了国家在过渡时期的根本要求和广大人民建设社会主义的共同愿望。所以,社会主义原则是贯穿整部宪法的总精神。

毛泽东同志又指出,实行社会主义原则,并不是在全国范围内一天早晨一切都实行社会主义。这样的要求形式上很革命,但是行不通。这是因为我国幅员辽阔,人口众多,经济文化发展非常落后,各地区、各民族的发展很不平衡,阶级关系也极为复杂。

---

① 《毛泽东著作选读》下册,第711页。
② 同上书,第708页。
③ 同上书,第708—709页。

因此,在中国搞社会主义,不能只讲原则性而不讲灵活性,不能采取一刀切的简单办法,而要充分考虑各方面的特点,把原则性与灵活性紧密地结合起来。宪法实际上也是这样规定的。例如,国家资本主义规定要逐步实行,并且不只是公私合营一种形式,而允许有各种形式;公民权利的物质保证,规定要随着生产的发展逐步扩大;政党制度方面,规定建立各民主阶级、各民主党派、各人民团体的广泛的人民民主统一战线,而不是实行一党制;对于少数民族问题,规定在少数民族地区,可以按照当地民族的政治、经济和文化的特点,制定自治条例和单行条例,等等。这些规定都体现了我们的宪法具有我们的民族特色,体现了中国的社会主义是逐渐建立的。只有帝国主义及国内反动派才希望我们在一天早上就搞出个社会主义,不搞统一战线,而搞"清一色",搞得天下大乱,使社会主义不攻自破。我们决不能走这条错误的道路。

我们的总目标,是为建设一个伟大的社会主义国家而奋斗。当时,毛泽东同志预期,在我们这样一个 6 亿人口的大国,要实现社会主义工业化、农业机械化,大约需要 15 年的时间打基础;而建成一个伟大的社会主义国家,大概需要 50 年。因此,社会主义原则需要逐步实现,原则性要与灵活性相结合,现在能实行的就写,不能实行的就不写。

三、宪法是国家的总章程

关于宪法在国家法律体系中的地位问题,毛泽东同志指出:"一个团体要有一个章程,一个国家也要有一个章程,宪法就是一个总章程,是根本大法。"①宪法是国家机关立法活动的法律基础。它规定国家生活中根本性的问题,规定社会和国家制度的基本原则,因此它具有最高的法律效力。毛泽东同志指出:"用宪法这样一个根本大法的形式,把人民民主和社会主义原则固定下来,使全国人民有一条清楚的轨道,使全国人民感到有一条清楚的明确的和正确的道路可走,就可以提高全国人民的积极性。"②宪法使人民有了明确的行动规范,又赋予人民以自由和民主的权利,因而就能够激发他们的革命责任感,充分发挥他们的主动性和创造性,一致地去努力实现宪法规定的任务。

四、必须保证宪法的实行

有了一部受到人民拥护的、切合实际的好宪法,是中国人民政治生活中的一件大事。但是,宪法写得再好,如果不能付诸实施,那也不过是一纸空文,即所谓"徒法不足以自行"。因此,保证新宪法的实施,维护新宪法的实施,就成为全党和全国人民所共

---

① 《毛泽东著作选读》下册,第 710—711 页。
② 同上书,第 711 页。

同关心的问题。毛泽东同志指出,这个宪法草案是完全可以实行的,是必须实行的。我们从现在起就要准备实行。等再过几个月,全国人民代表大会通过以后,就是正式的宪法了。这就意味着,"全国人民每一个人都要实行,特别是国家机关工作人员要带头实行,首先在座的各位要实行。不实行就是违反宪法"①。毛泽东同志的这段话充分体现了社会主义法制精神,其中最基本之点有二:一是法律面前人人平等的原则;二是国家干部,尤其是中央负责人模范地守法的原则。

宪法草案对监督和保证宪法的实施,作出了一些原则性的规定。由于缺乏经验,这些规定还不够具体。但对于宪法实施来说,除了法律的保证外,最有力量的保证还是党的领导和广大人民的发动。宪法是党领导人民制定出来的,宪法的内容既体现党的路线、方针、政策,又反映了人民的意志、利益和愿望。因此,党必须领导人民实施宪法,使新中国沿着宪法指明的正确道路不断前进。

五、宪法起草的方法

宪法的起草方法主要是走群众路线,听取广大群众的意见和建议。1954 年宪法的制定,历时一年零八个月,经过三次大规模的群众讨论。第一次是各方面代表人物的讨论,参加讨论的有 8000 多人,进行了两个多月;第二次是全民讨论,有 3.5 亿人参加,也进行了两个多月;第三次是全国人大代表的审议。组织这样广泛的讨论,有什么好处? 毛泽东同志指出:第一,少数领导人议出来的东西能否为广大人民所赞成? 经过讨论得到了肯定的回答,证实了宪法草案初稿的基本条文、基本原则能够得到大多数人的赞同,说明宪法草案是合用的,是可以实行的。这样就增加了我们的信心。第二,在全民性的大讨论中,收集了许多条意见,其中有不正确、不切合实际的,也有比较好、可以采用的,通过这些意见,可以了解人民对宪法有些什么想法,由此进行比较。第三,通过讨论,使中央的意见和全国人民的意见结合起来,使宪法更加得到广大群众的了解和拥护,更得人心。概括地说:"这就是领导和群众相结合,领导和广大积极分子相结合的方法。过去我们采用了这个方法,今后也要如此。一切重要的立法都要采用这个方法。这次我们采用了这个方法,就得到了比较好的、比较完全的宪法草案。"②这是我国立法工作的一条很好的经验,应当很好地坚持和发扬下去。

---

① 《毛泽东著作选读》下册,第 710 页。
② 同上书,第 707 页。

第十六章　毛泽东《关于正确处理人民内部矛盾的问题》①

【写作的历史背景】

毛泽东同志的《关于正确处理人民内部矛盾的问题》，原是在 1957 年 2 月 27 日最高国务会议上的一篇讲话稿，后来经过整理和补充，发表在同年 6 月 19 日的《人民日报》上。

1956 年的中国，生产资料私有制的社会主义改造取得了决定性的胜利。农民和手工业者等劳动群众个体的私有制，基本上转变成为劳动群众集体的公有制；资本家所有的资本主义私有制基本上转变成为全民所有的公有制。全行业公私合营以后，资本家已不再是老板，而是被接收为企业的职员，他们只是根据核定的私股资产，按固定利率（年息 5%，略高于当时银行利率）提取定息。在农村，农业合作化运动超高速发展，像海啸一样席卷中国大地。几个月的工夫，合作化就已完成了。加入合作社的农户达到全国农户总数的 96.3%，其中参加高级社的农户占全国农户总数的 87.8%。原来预计 18 年完成的农业合作化，提前了 11 年。这样一来，在国民经济中，全民所有制和劳动群众集体所有制这两种形式的社会主义公有制经济，已经居于绝对的统治地位。社会主义制度不仅在政治上，而且在经济上已经建立起来。

按一般的规律，生产关系的急剧变革往往在一个时期引起生产力的破坏。而中国的社会主义改造，由于得到农村中广大贫农、下中农的拥护以及城市中工人阶级和广大城市人民的拥护，总的说来，不但没有破坏生产力，反倒保证和促进了生产力的发展。党对农村中比较富裕的农民和城市中的民族资本家采取了团结和改造的政策，他们为形势所迫，对合作社的发展和公私合营政策也是拥护或随大流的。总之，在 1956 年到 1957 年上半年，我国的社会主义改造取得了伟大的胜利，而且第一个五年计划的各项指标都已超额完成，比较顺利地实现了社会主义的目标。

1956 年 9 月，中国共产党第八次全国代表大会胜利召开，这是党在全国执政以后召开的第一次全国代表大会。大会正确地分析了国内形势和国内主要矛盾的变化，提出了党在今后的根本任务。大会关于政治报告的决议明确指出，我们党领导人民取得

---

① 载于《毛泽东著作选读》下册。

了对农业、手工业和资本主义工商业的社会主义改造的全面的决定性的胜利。这表明,我国的无产阶级同资产阶级之间的矛盾已经基本上解决,几千年来的阶级剥削制度的历史已经基本上结束;我们国内的主要矛盾,已经是人民对于建立先进的工业国的要求同落后的农业国的现实之间的矛盾,已经是人民对于经济文化迅速发展的需要同当前经济文化不能满足人民需要的状况之间的矛盾。这一矛盾的实质,在我国社会主义制度已经建立的情况下,也就是先进的社会主义制度同落后的社会生产力之间的矛盾。党和全国人民当前的主要任务,就是要集中力量来解决这个矛盾,把我国尽快地从落后的农业国变为先进的工业国。

党的八大以后,国家经济建设进入新的高潮,随之也带来许多新的矛盾。在城市中,工商业和手工业全面改造之后不久,个体工商户、小商店、小摊贩等又明显活跃起来,甚至出现了自发经营的较大手工业个体户工场。而农业集体经济内部关系,由于一部分合作社成立比较急促而遗留许多问题,急需调整。如,过分强调集体利益和集体经营,而忽视了社员个人利益和家庭副业;在产品分配方面,多扣少分;在生产资料处理方面,不分主次一律公有等等。从而出现了一系列人民内部矛盾。

1956 年秋冬,国内出现了一些不安定的情况。东欧的波匈事件对我国的影响,以及国内社会主义改造引起的深刻变化,加上经济建设中出现的冒进倾向,使经济生活出现紧张,许多城市出现粮食、肉类和日用品短缺。少数学生、工人和复员转业军人在升学、就业和安置方面遇到不少困难,发生少数人闹事的情况。在农村,夏收后不少地区接连发生农民闹退社、闹缺粮的事件。在"百花齐放,百家争鸣"方针提出后,知识分子中思想日趋活跃,批评教条主义,发表不同意见,对党和政府工作中的缺点错误以及干部作风上的问题提出了公开批评,其中有不少尖锐意见,还有一些错误议论。这些情况说明,我国社会存在的人民内部矛盾是很复杂的。一方面,资产阶级、小资产阶级同他们的知识分子,还不能适应或还不能完全适应新的环境,需要一段很长的时间继续进行自我改造;另一方面,工人阶级、工人阶级的政党和以共产党为核心的人民政府,在领导社会主义革命和社会主义建设方面还缺乏经验,免不了要出现这样那样的错误。这些矛盾往往会和敌我矛盾混淆在一起。面对这些新出现的矛盾,许多党员和干部思想上缺乏准备,陷于被动,有些人把群众闹事和群众的尖锐批评一概视为阶级斗争的表现,主张用过去的老办法处理。因此,在这个时候,提出划分敌我和人民内部矛盾两类矛盾的界限,正确处理人民内部矛盾的问题,是十分必要的。

在国际方面,1956 年 2 月苏共召开二十大,提出一系列反马克思主义的修正主义观点,全盘否定斯大林,在国际共产主义运动中造成极大混乱。帝国主义者借此在世界范围内掀起了一个反苏反共的高潮。它们利用社会主义国家政府和人民之间的矛盾,制造匈牙利反革命事件。与此同时,国际共产主义运动中的修正主义倾向也迅速发展起来。一些人把斯大林的错误归咎于社会主义制度,把无产阶级专政视为产生官僚主义的根源。当时,在人们的思想中,对于如何理解和认识社会主义国家敌我矛盾和人民内部矛盾的问题,很不清楚。在这种情况下,正确区分两类矛盾,正确认识和解决阶级斗争、人民民主专政、社会主义民主及民主与专政的关系问题,便成为社会主义各国,特别是我国所面临的极为迫切的政治任务。

1957年2月,毛泽东同志在有1800多人出席的最高国务扩大会议上发表了《关于正确处理人民内部矛盾的问题》的重要讲话。它回答了社会主义国家在实现了工业国有化和农业集体化之后社会发展的动力是什么、社会主义社会是否还存在矛盾和阶级斗争、这些矛盾和斗争具有什么样的性质及如何加以区分,以及要不要继续进行社会主义革命等一系列根本问题,对我们观察和处理社会主义时代各种矛盾具有伟大的历史意义和指导意义。

应当指出的是,毛泽东同志的这一著作的形成,即从讲话(2月27日)到发表(6月19日),历时近四个月。此时正值全党开始进行整风,不久又转变为反右派斗争。这种复杂多变的形势,使毛泽东同志对文章十易其稿,不断进行补充、修改。1957年4月27日,中共中央正式发出《关于整风运动的指示》,指出:由于党已经在全国范围内处于执政党的地位,得到广大群众的拥护,有许多同志就容易采取单纯行政命令的办法去处理问题,而有一部分立场不坚定的分子,就容易沾染旧社会作风的残余,形成一种特权思想,甚至用打击压迫的方法对待群众。因此,有必要在全党进行一次普遍的、深入的反官僚主义、宗派主义和主观主义的整风运动。毛泽东同志还专门说明,我们的目标,是想造成一个又有集中又有民主,又有纪律又有自由,又有统一意志又有个人心情舒畅、生动活泼,那样一种政治局面。在整风运动中,各界党外人士和许多党员、人民群众积极响应党中央的号召,给党和政府的工作提批评建议,这些都是正常的。但在运动中也确有极少数右派分子,借着所谓“大鸣大放”,散布了许多极端错误的言论,并且妄图与共产党争夺领导权。

毛泽东同志对当时形成的紧张气氛密切关注并深感不安。5月15日,他写了供党内干部阅读的《事情正在起变化》一文,对形势作了重新估计,从党的整风运动转向“反右派的斗争”。他认为,几个月来,人们都在批判教条主义,却放过了修正主义。现在应当开始批判修正主义。在最近的整风中,右派表现得很猖狂。现在是党外人士帮助我们整风,过一会儿我们要帮助党外人士整风,实际上是要开展“反右派斗争”。修正主义比教条主义有更大的危险性,这表现为他们反对或者歪曲唯物论和辩证法,反对或者企图削弱人民民主专政和共产党的领导,反对或者削弱社会主义改造和社会主义建设。显然这种认识确有“过头”之处,但其中仍包含着正确的、有远见的估计。这些估计对认识社会主义社会的阶级斗争问题,特别是对防止“和平演变”来说,具有重要的预见性和现实性。因此,应当把这些论断与反右派斗争后逐步形成的在阶级斗争理论上的“左”的错误区分开来。

反右派斗争开展起来以后,1957年10月9日党的八届三中全会提出,无产阶级和资产阶级的矛盾,社会主义道路和资本主义道路的矛盾是当前我国社会的主要矛盾。

这就使我们党在阶级斗争问题上陷入了"左"的错误。关于1957年的反右派斗争,我党已有结论,即:对右派的进攻进行坚决的反击是完全正确和必要的。但是反右派斗争被严重地扩大化了①。这是我们党的历史上应当记取的一个教训。

【主要法学论点】

《关于正确处理人民内部矛盾的问题》,包含着异常丰富和深刻的思想。全书共分12个部分,涉及我国社会主义革命和社会主义建设中一系列的重大问题。同时,这也是一篇重要的法学著作,对法理学的许多重要原理有精辟的论述。

一、社会主义社会存在着两类不同性质的矛盾

对于社会主义社会是不是还存在矛盾,矛盾还是不是社会主义社会发展的动力这样的问题,存在着不同的看法。有人干脆否认社会主义社会还有矛盾,片面强调社会主义社会内部的和谐与一致,并且把这种和谐与一致看成是社会主义社会发展的动力。有的人虽然口头上承认社会主义社会还有矛盾,但却没有能力对社会主义社会的矛盾进行科学分析,不能把敌我矛盾和人民内部矛盾区别开来,因而在社会主义社会的现实矛盾面前束手无策,陷于被动。毛泽东同志在这部著作中,通过对国际国内无产阶级专政的历史经验进行科学总结,正面地、直截了当地回答了这些问题。他指出,社会主义社会仍然存在着矛盾,矛盾仍然是社会主义社会发展的动力,必须用对立统一规律来观察社会主义社会,分析和处理社会主义社会的一切问题。毛泽东同志说:"国家的统一,人民的团结,国内各民族的团结,这是我们的事业必定要胜利的基本保证。但是,这并不是说在我们的社会里已经没有任何的矛盾了。没有矛盾的想法是不符合客观实际的天真的想法。"②

社会主义社会的基本矛盾,在政治上仍然通过阶级关系和阶级斗争获得表现。社会主义社会里存在着阶级、阶级矛盾和阶级斗争,这是不以人们意志为转移的客观规律。为解决阶级矛盾进行的斗争,仍然是社会主义社会发展的动力。但是,由于社会主义社会既不同于过去的阶级社会,也不同于将来的无阶级社会,所以社会主义社会矛盾的性质以及解决矛盾的方法,也就具有不同于其他社会的特点。毛泽东同志运用唯物辩证法的对立统一规律,对社会主义社会进行了深入的观察和分析,提出了关于两类矛盾的学说。他说,在我们的面前有两类社会矛盾,这就是敌我之间的矛盾和人民内部的矛盾。这是性质完全不同的矛盾。

---

① 参见《关于建国以来党的若干历史问题的决议》(1981年6月27日),载《三中全会以来重要文献选编》(下),第754页,北京,人民出版社,1982。

② 《毛泽东著作选读》下册,第757页。

为了正确认识这两类不同的矛盾,必须首先弄清楚什么是人民,什么是敌人这个问题。毛泽东同志说:"在现阶段,在建设社会主义的时期,一切赞成、拥护和参加社会主义建设事业的阶级、阶层和社会集团,都属于人民的范围;一切反抗社会主义革命和敌视、破坏社会主义建设的社会势力和社会集团,都是人民的敌人。"①毛泽东同志提出的划分两类不同性质矛盾的标准,其内涵并不是永远固定的,而是随着社会主义社会的发展而变化的。

关于两类矛盾的性质问题,毛泽东同志指出:"敌我之间的矛盾是对抗性的矛盾。人民内部的矛盾,在劳动人民之间说来,是非对抗性的;在被剥削阶级和剥削阶级之间说来,除了对抗性的一面以外,还有非对抗性的一面。"②就是说,人民内部矛盾是在人民利益根本一致的基础上的矛盾,一般来说是非对抗性的。但是我国社会的情况十分复杂,人民内部既有劳动人民之间的矛盾,又有劳动人民同民族资产阶级之间的矛盾。因此,在劳动人民之间的矛盾是非对抗性的,而在被剥削阶级和剥削阶级之间的矛盾,既有对抗性的一面,还有非对抗性的一面。劳动人民同民族资产阶级之间的关系是剥削与被剥削的关系,这本来是对抗性的矛盾。但是,我国的民族资产阶级存在着两面性,在社会主义革命时期,这个阶级既有剥削工人阶级取得利润的一面,又有拥护宪法、愿意接受社会主义改造的一面,所以民族资产阶级仍然属于人民的范围。民族资产阶级和工人阶级"这两个阶级的对抗性的矛盾如果处理得当,可以转变为非对抗性的矛盾,可以用和平的方法解决这个矛盾。如果我们处理不当,不是对民族资产阶级采取团结、批评、教育的政策,或者民族资产阶级不接受我们的这个政策,那末工人阶级同民族资产阶级之间的矛盾就会变成敌我之间的矛盾"③。

毛泽东同志指出,两类矛盾的性质不同,解决的方法也不同。敌我矛盾采取强制的、专政的方法。人民内部矛盾采取民主的方法,或讨论的、说服教育的方法,即1942年我党整风中采取过的团结——批评——团结的方法。凡属于思想性质的问题,凡属于人民内部的争论问题,只能用民主的方法、讨论的方法、批评的方法、说服教育的方法去解决,而不能用强制的、压服的方法去解决,即使政府为了维持社会秩序的目的而发布一些行政命令,也要伴之以说服教育,单靠行政命令,在许多情况下就行不通。

敌我矛盾和人民内部矛盾有时是很容易混淆的。毛泽东同志指出,许多人对于敌我之间的和人民内部的这两类不同性质的矛盾分辨不清,就会造成这种混淆。我们在过去工作中也曾经混淆过,在肃反工作中个别地把好人当坏人。这种情形过去有过,现在也还有。这就是由于混淆两类不同性质的矛盾而导致的错误。

敌我矛盾和人民内部矛盾在一定条件下还会发生转化。毛泽东同志指出:"在一般情况下,人民内部的矛盾不是对抗性的。但是如果处理得不适当,或者失去警觉,麻

---

① 《毛泽东著作选读》下册,第757—758页。
② 同上书,第758页。
③ 同上书,第759页。

痹大意,也可能发生对抗。"①社会主义国家内部的反动派同帝国主义者互相勾结,利用人民内部的矛盾,挑拨离间,兴风作浪,企图实现他们的阴谋,这就为分清两类矛盾增加了不少困难。两类矛盾的转化有两种不同情况。一种情况是,由于社会的进步与发展,某些阶级和阶层发生转化。如,随着我国社会主义革命的深入和社会主义建设新时期的到来,剥削阶级作为阶级已经消灭,原来的地主阶级、资产阶级的成员经过几十年的改造,已经基本成为劳动人民的一员,成为拥护社会主义的自食其力的劳动者。另一种情况是,某一阶级或阶层中个别的人发生转化。如,少数人民内部的人堕落成为反革命分子、坏分子、严重的刑事犯罪分子,而同时又有不少敌对分子被改造成为新人。我们应当充分认识这种两类矛盾互相转化的可能性,从而在矛盾转化以后,能够正确地及时地认识这种转化,并相应地改变处理的方法。

二、社会主义时期的阶级斗争是长期的、曲折的、有时是很激烈的

在社会主义社会里,特别是在基本上完成了经济战线上的社会主义革命之后,还有没有阶级和阶级斗争? 这是国际共产主义运动中长期没有解决的问题。我国国内有些同志曾经把生产资料社会主义改造的基本完成同阶级的消灭混为一谈,以为在实现工业国有化和农业集体化之后阶级已经不存在,阶级斗争熄灭了。甚至有人认为,社会主义社会内部"精神上和政治上的一致"成为社会发展的根本动力。他们不懂得,在无产阶级夺取政权后的长时期内,对资产阶级思想的斗争仍然是无产阶级专政的一项重要任务。苏联共产党的二十大提出阶级斗争已经在苏联社会消灭了的观点,在国际共产主义运动中造成了极大混乱。

对于这样一个带有根本性的问题,毛泽东同志在文中做了极其精辟的分析。他指出:"在我国,虽然社会主义改造,在所有制方面说来,已经基本完成,革命时期的大规模的急风暴雨式的群众阶级斗争已经基本结束,但是,被推翻的地主买办阶级的残余还是存在,资产阶级还是存在,小资产阶级刚刚在改造。阶级斗争并没有结束。无产阶级和资产阶级之间的阶级斗争,各派政治力量之间的阶级斗争,无产阶级和资产阶级之间在意识形态方面的阶级斗争,还是长时期的,曲折的,有时甚至是很激烈的。无产阶级要按照自己的世界观改造世界,资产阶级也要按照自己的世界观改造世界。在这一方面,社会主义和资本主义之间谁胜谁负的问题还没有真正解决。"②"如果对于这种形势认识不足,或者根本不认识,那就要犯绝大的错误"③。由于资本主义制度在世界大部分范围内居于统治地位,新生的社会主义制度比较弱小。因此,防止国内外敌对势力的颠覆活动,必然成为社会主义国家始终不能放松的一项根本性任务。实践

---

① 《毛泽东著作选读》下册,第 764 页。
② 同上书,第 784—785 页。
③ 同上书,第 785—786 页。

证明，社会主义国家内部的阶级斗争，总是同国际上的阶级斗争互相联系、互相呼应的。帝国主义"和平演变"战略，就是国际阶级斗争的重要形式。

毛泽东同志非常重视社会主义国家在意识形态方面的阶级斗争的问题。他认为，我国社会主义和资本主义之间在意识形态方面的谁胜谁负的斗争，还需要一个相当长的时间才能解决。这是因为资产阶级和从旧社会来的知识分子的影响还要在我国长期存在，作为阶级的意识形态，还要在我国长期存在。资产阶级、小资产阶级的思想意识是一定要反映出来的，一定要在政治问题和思想问题上，用各种办法顽强地表现自己。如果对这种形势缺乏认识，就会忽视必要的思想斗争。我国后来的历史实践进一步证明了毛泽东同志这一思想的正确性。在新形势下，人民的敌人，往往都是首先制造舆论、占领思想舆论阵地，作为实现他们夺权阴谋的准备。帝国主义对社会主义国家搞和平演变的第一步，也侧重于从思想文化方面进行渗透。在谈到意识形态领域内阶级斗争的时候，毛泽东同志尖锐地指出了现代修正主义的危害。他说，修正主义或者右倾机会主义，是一种资产阶级思潮。他们口头上挂着马克思主义，也在那里攻击"教条主义"，但是他们所攻击的正是马克思主义的最根本的东西。他们反对或歪曲唯物辩证法，反对或企图削弱人民民主专政或共产党的领导，因此，现代修正主义比教条主义具有更大的危险性。反对修正主义的斗争，应该成为意识形态领域内阶级斗争的一项重要任务。

不过，思想领域的斗争与其他的斗争不同，它不能采取粗暴的强制方法，而只能用细致的讲理方法。不让发表错误意见，结果错误意见还是存在着，要这些错误意见不反映不表现是不可能的。应当让他们表现，同时在他们表现的时候和他们辩论，进行适当的批评。我们应当批评各种各样的错误思想。不加批评，看着错误思想到处泛滥，任凭他们去占领市场，是不行的。有错误就得批判，有"毒草"就得进行斗争。但是，这种批评不应当是教条主义的，不应当用形而上学方法，应当力求用辩证方法。要有科学的分析，要有充分的说服力。教条主义的批评，不能解决问题。

毛泽东同志认为，"百花齐放，百家争鸣"的方针是促进艺术发展和科学进步的方针，是促进我国社会主义文化繁荣的方针。因此，要把学术理论问题与政治问题分开。学术理论问题和政治问题既有联系又有区别。学术上的不同形式和风格可以自由发展，科学上不同的学派可以自由争论，艺术、学术和科学中的是非问题，应当通过学术界的自由讨论去解决，通过实践去解决，而不能用简单的行政命令的方法去强行解决。但与此同时，如果看不到某些学术性理论问题涉及了社会主义和马克思主义理论的基础，如果看不到有些看来是学术理论的问题，而实质上是资产阶级思潮，并任其泛滥，那就会对广大人民和社会主义制度起腐蚀作用。对待"百家争鸣"的方针，有两种截然相反的态度：一种是通过百家争鸣，发展马克思主义，巩固和扩大马克思主义的思想阵地；另一种是以"百家争鸣"为旗帜，宣传资产阶级意识形态，攻击和否定马克思主义。如同毛泽东同志所说，"百花齐放，百家争鸣"这个口号，就字面看，是没有阶级性的，无产阶级可以利用它,资产阶级也可以利用它,其他的人们也可以利用它。所谓香花和毒草,各个阶级、阶层和社会集团也有各自的看法。但是,我们主张,社会主义的百花齐放,丝毫不意味着给反马克思主义和反社会主义的舆论开绿灯。

为了解决好阶级斗争问题,以便顺利地进行社会主义事业,毛泽东同志提出应当坚持六条政治标准,来判断人们的言论和行动的是非。他指出,根据我国宪法的原则,根据我国最大多数人民的意志和我国各党派历次宣布的共同的政治主张,这种标准可以大致规定如下:①有利于团结全国人民,而不是分裂人民;②有利于社会主义改造和社会主义建设,而不是不利于社会主义改造和社会主义建设;③有利于巩固人民民主专政,而不是破坏或者削弱这个专政;④有利于巩固民主集中制,而不是破坏或者削弱这个制度;⑤有利于巩固共产党的领导,而不是摆脱或者削弱这种领导;⑥)有利于社会主义的国际团结和全世界爱好和平人民的国际团结,而不是有损于这些团结。这六条标准中,最重要的是社会主义道路和党的领导两条。毛泽东同志提出的六条政治标准,对广大人民和理论工作者分清思想领域中的政治是非起了巨大的指导作用。在今天,这些标准,特别是坚持社会主义道路和坚持党的领导这两条,仍然是判断我们言论和行动是否正确的标准。但是我们不能说,这六条标准就是区分两类不同性质的矛盾的标准。提出六条标准是为了使批评沿着正确的方向发展,是为了帮助人民开展对各种问题的自由讨论,而不能以为违反六条标准的言行就一定是敌我矛盾的问题。

毛泽东同志在社会主义社会阶级和阶级斗争问题上,后来犯了错误,主要是对国内阶级斗争的形势估计得过分严重,把阶级斗争扩大化;在剥削阶级作为阶级已经消灭以后,仍然把阶级斗争和两条道路的斗争看作是社会主义社会整个历史阶段的主要矛盾,以至于提出了"以阶级斗争为纲"和"无产阶级专政下继续革命"的错误理论,把一些学术文化问题当作政治斗争并使之尖锐化,从而混淆了两类不同性质的矛盾。1957 年反右派斗争的扩大化,1959 年的反右倾运动,特别是从 1966 年起的十年"文化大革命",极左思想愈演愈烈,造成十分严重的后果。这些都是应当汲取的严重教训。1978 年 12 月党的十一届三中全会以后,批判和纠正了"以阶级斗争为纲"的错误,把党的工作重心转移到经济建设上来,确立了党在新的历史时期的"一个中心、两个基本点"的基本路线,对此必须毫不动摇地坚持下去。根据历史的经验,在认识和对待社会主义社会的阶级和阶级斗争问题上,要进行两条战线的斗争:既反对把阶级斗争扩大化,将阶级斗争作为社会主义新时期主要矛盾的错误理论,又应当反对阶级斗争熄灭论,认识到在社会主义社会确实还存在一定范围的阶级斗争,这种斗争在一定条件下甚至可以激化为你死我活的阶级搏斗。

三、社会主义国家必须对敌实行专政

无产阶级专政的理论是马克思主义的精髓。我们提出正确处理两类不同性质的

矛盾的问题,是为了巩固和加强无产阶级专政。《关于正确处理人民内部矛盾的问题》进一步发展了关于建立和加强人民民主专政(无产阶级专政)的学说,指出,人民民主专政就是"由工人阶级团结全体有公民权的人民,首先是农民,向着反动阶级、反动派和反抗社会主义改造和社会主义建设的分子实行专政"①。社会主义国家的专政作用表现在两个方面。第一,压迫国家内部的反动阶级、反动派和反抗社会主义革命的剥削者以及社会主义建设的破坏者,这就是解决敌我之间的矛盾。例如,逮捕某些反革命分子并将他们判罪,在一个时期内不给地主阶级分子和官僚资产阶级分子以选举权,不给他们发表言论的自由权利,这都属于专政的范围。除了反革命分子以外,对于那些盗窃犯、诈骗犯、杀人放火犯、流氓集团和少数破坏社会秩序的坏分子,也必须实行专政,以维护社会正常的生产、生活和学习的秩序,保卫广大人民的利益。第二,防御国家外部敌人的颠覆活动和可能发生的侵略。在这种情况出现的时候,专政就担负起对外解决敌我矛盾的任务。

肃清反革命分子的问题,属于敌我矛盾的斗争问题。我国的肃反工作取得了很大的成功,成为我们国家得以巩固的重要原因之一。解放以后,我们将一些有严重罪行的反革命分子处以死刑,这是完全必要的。这是为了解放长期被反革命分子和各种恶霸分子压迫的广大群众,也就是为了解放生产力。从1956年以后,在全国范围内反革命分子的主要力量已经肃清,对形势的正确估计应当是"还有反革命,但是不多了"②。认为反革命已经没有了,是不符合事实的。不仅存在没有肃清的暗藏的反革命分子,还存在新生的反革命分子。对此,如果丧失警惕性,那就会上大当,吃大亏。不管什么地方出现反革命分子捣乱,就应当坚决消灭。相反,认为还有很多反革命分子的意见也是错误的。我们在全国范围内的肃反斗争已经取得了决定性的胜利。当然,肃反工作中也有错误,过火的、漏掉的都有。我们的方针是"有反必肃,有错必纠"。凡是已经发现了的错误,都已采取或正在采取纠正的步骤。没发现的,一经发现也准备纠正。这是我们党一贯的实事求是作风,也是执法部门的一条基本原则。

在我国,谁来行使专政呢?人民民主专政的主体,当然是工人阶级和在它领导下的人民。人民群众为了保卫革命斗争的胜利成果,保卫自己的根本利益,必然是拥护对敌对分子实行专政,而且能够积极协助社会主义国家的专政机关实现对敌专政。因此,我国的执法机关必须全心全意地依靠广大人民群众,贯彻群众路线,在完成执法工作中争取群众的支持和协助。无产阶级专政是广大人民对少数敌对分子和严重的犯罪分子实行的专政。这就表明,专政的制度不适用于人民内部。毛泽东同志专门说明:"人民中间的犯法分子也要受到法律的制裁。但是,这和压迫人民的敌人的专政是有原则区别的。"③区别就在于,它们属于不同性质的两类矛盾。

① 《毛泽东著作选读》下册,第760页。
② 同上书,第773页。
③ 同上书,第760页。

最后，毛泽东同志明确地指出："专政的目的是为了保卫全体人民进行和平劳动，将我国建设成为一个具有现代工业、现代农业和现代科学文化的社会主义国家。"①特别值得注意的是，在《关于正确处理人民内部矛盾的问题》一文中，毛泽东同志已经认识到，我国社会的主要矛盾已发生变化，国家工作的重心应当转移到经济建设上来。他说："在这个时候，我们提出划分敌我和人民内部两类矛盾的界线，提出正确处理人民内部矛盾的问题，以便团结全国各族人民进行一场新的战争——向自然界开战，发展我们的经济，发展我们的文化，使全体人民比较顺利地走过目前的过渡时期，巩固我们的新制度，建设我们的新国家，就是十分必要的了。"②"我们的根本任务已经由解放生产力变为在新的生产关系下面保护和发展生产力。"③因为，人民民主专政作为国家政权属于社会主义社会的上层建筑，归根到底是为社会主义经济基础服务的。不过，毛泽东同志对新时期的社会主要矛盾和国家工作中心任务的认识缺乏坚决性和彻底性，因而没有见诸实践，造成了不应有的损失。

四、社会主义民主优越于资产阶级民主

社会主义国家是人民当家作主的国家，在人民内部实行民主制度，或者叫民主集中制。这主要表现在：公民享有宪法规定的各种民主权利和自由；一切国家机关必须依靠人民群众，全心全意为人民服务。因此，从本质上说，社会主义民主是任何资产阶级国家所不可能有的"最广大的民主"。

但是，社会主义民主和自由是有集中的民主和有领导的自由，而不是无政府状态。在人民内部，民主是对集中而言，自由是对纪律而言的，民主与集中、自由与纪律相互间都是统一体的两个矛盾着的侧面，不能将其中一个侧面绝对化，片面地强调某一个侧面而否定另一个侧面。毛泽东同志指出："在人民内部，不可以没有自由，也不可以没有纪律；不可以没有民主，也不可以没有集中。这种民主和集中的统一，自由和纪律的统一，就是我们的民主集中制。在这个制度下，人民享受着广泛的民主和自由；同时又必须用社会主义的纪律约束自己。"④要求绝对的民主和绝对的自由，必然导致无政府状态。无政府状态是不符合人民的利益和愿望的。

社会主义民主的建设应当纳入法治的轨道。人民为了有效地进行生产、学习和有秩序地生活，就要求自己的政府、生产的领导者、文化教育机关的领导者发布各种适当的带强制性的行政命令。没有这种行政命令，社会秩序就无法维持。这同用说服教育的方法去解决人民内部矛盾是相辅相成的。总之，我们的目标是要造成一个又有集中

① 《毛泽东著作选读》下册，第760页。
② 同上书，第770页。
③ 同上书，第771—772页。
④ 同上书，第762页。

又有民主,又有自由又有纪律,既有统一意志又有个人心情舒畅、生动活泼,那样一种政治局面。

　　根据马克思主义观点,民主和自由属于上层建筑,归根结底是为经济基础服务的。从这个意义上说,民主和自由只是手段,而不是目的。民主和自由都是相对的,不是绝对的,都是在历史上发生和发展的。永恒的、抽象的民主和自由从来没有过,而且也不可能有。毛泽东同志指出:"在阶级斗争的社会里,有了剥削阶级剥削劳动人民的自由,就没有劳动人民不受剥削的自由。有了资产阶级的民主,就没有无产阶级和劳动人民的民主。"①举例说,有些资本主义国家容许共产党合法存在,但以不危害资产阶级的根本利益为限度,超过这个限度就不容许了。有些人对西方的民主制度的实质认识不清,认为在人民民主制度下自由太少了,不如西方议会民主制度自由多。他们要求实行西方的两党制,各政党轮流执政。实际上西方的资产阶级议会制、两党制或多党制,只不过是维护资产阶级专政的一种方法,不论哪个党上台,都是资产阶级的政治代表,维护资产阶级的民主自由,而绝不能保障劳动人民的民主和自由权利。这种民主制度对于劳动人民来说是虚伪的,我们绝不能对资产阶级民主自由的理论和制度,抱有天真的幻想。

　　社会主义民主与资本主义民主相比,具有很大的优越性。但是,由于社会主义制度建立的历史比较短,社会主义民主制度不可能一下子就十分完善,还需要一个不断建设和完善的过程。广大群众一面欢迎新制度,一面还感到不大习惯,政府工作人员对一些具体政策问题还缺乏经验,需要不断探索和考察。因此,社会主义的各项制度都还需要有一个继续建立、巩固和完善的过程,人民群众对于这个新制度还需要有一个习惯的过程,国家工作人员也需要一个学习和取得经验的过程。在这种情况下,在部分群众中表现出某些不满情绪,甚至发生少数人闹事,是难免的。

　　对于少数人闹事的原因,要作具体分析,不能一概认为是社会主义制度有问题。这些人闹事的直接原因,一方面是有些人的某些物质上的要求没有得到满足,另一方面是我们领导上存在官僚主义的错误,引起了群众的不满。还有一个重要原因是对工人、学生缺乏思想政治教育。不少青年人由于缺少政治经验和社会生活经验,不善于把旧中国和新中国加以比较,不容易深切了解:我国人民是经历了千辛万苦的斗争才摆脱了帝国主义和国民党反动派的压迫,而建立一个美好的社会主义社会要经过长时间的艰苦劳动。把这些道理讲清楚,广大人民群众是能够理解和拥护我们的。在我们这样的大国里,有少数人闹事并不值得大惊小怪,倒是可以帮助我们接受教训,克服官僚主义,教育干部和群众。从这一点上说,坏事也可以变成好事。

　　当然,我们并不赞成闹事。社会主义国家内部对人民实行民主制度,人民内部的矛盾可以用"团结——批评——团结"的方法去解决,闹事总是要造成一些损失,不利

---

　　① 《毛泽东著作选读》下册,第761页。

于社会主义事业的发展。为了从根本上消灭发生闹事的原因，必须坚决克服官僚主义，加强思想政治教育，恰当地处理各种矛盾，把闹事的群众引向正确的道路，利用闹事来作为改善工作、教育干部和群众的特殊手段，解决平日所应当而又可能解决，但却没有解决的问题。对于少数不顾公共利益、蛮不讲理、行凶犯法、煽动群众闹事、造谣生事、破坏社会秩序的人，我们也不赞成放纵他们。相反，必须给以必要的法律制裁。惩治这种人是广大人民群众的意愿，是为了保护人民群众的根本利益。近些年来社会主义国家的实践证明，毛泽东同志关于解决少数人闹事问题的论述是正确的和重要的。

毛泽东同志《关于正确处理人民内部矛盾的问题》是一篇划时代的文献。它是对无产阶级革命和无产阶级专政学说的重大发展。这部著作提出了关于正确处理人民内部矛盾的学说，揭示了社会主义社会矛盾的性质、根源、发展规律和解决方法，阐明了社会主义社会的发展动力，为解决在我国如何进行社会主义革命和社会主义建设的问题，提供了科学的理论和方法。这部著作在理论上和实践上给予我们的巨大启示主要有如下两个方面。

1. 这部著作提出了社会主义建设时期正确处理人民内部矛盾的总题目。

怎样处理好社会主义社会的敌我矛盾和人民内部矛盾，这关系到在社会主义社会如何进行阶级斗争的重大理论和实践问题。在无产阶级夺取政权以后到进入社会主义社会以前有一个政治上的过渡时期，这个时期在我国就是从中华人民共和国成立到三大改造基本完成，它相当于苏联十月革命后到 30 年代初。这个过渡时期是衰亡的资本主义、封建主义与生长着的社会主义彼此斗争的时期，这时期的阶级斗争必将是十分尖锐、激烈、残酷的。

但是，在生产资料所有制的社会主义改造基本完成之后，社会主义国家内的阶级和阶级斗争情况已经发生了重大变化。例如，因为消灭了资本主义、封建主义的所有制，也就消灭了剥削阶级赖以存在的经济基础，剥削阶级作为阶级已不存在，阶级力量对比大大有利于无产阶级，敌人越来越少。再如，由于所有制改造的基本完成，阶级斗争的内容已经是主要转移到意识形态领域；阶级斗争的性质，由主要是敌我性质转变为一部分是敌我性质，大量的为人民内部矛盾性质；大规模的、急风暴雨式的、群众性的阶级斗争已不再适合于新形势，但阶级斗争并没有结束，这种斗争将是长期的、曲折的、波浪起伏的，但并不总是处于尖锐激烈的状态。无产阶级为了巩固社会主义制度，彻底消灭阶级，必须进行社会主义建设。因为，阶级和阶级斗争存在的根源，是物质资料的生产方式。毛泽东同志提出的我们的根本任务已经由解放生产力变为在新的生产关系下保护和发展生产力的思想是十分正确的。社会主义经济建设，也是阶级斗争，是同资本主义制度进行斗争的更高形式。

在社会主义建设的新时期，阶级斗争应该通过法律程序去解决。因为国内政治生活的重点，应该是巩固和发展社会主义民主、健全社会主义法制，进一步采取国家管理工作和企业管理工作的民主方法,加强人民对国家机关的民主监督。同时,要注意克服官僚主义倾向,密切党政领导与群众的关系,搞好廉政建设。

对形势的估计,是我们党制定路线、方针、政策的基础。在现今,一方面要始终记住阶级敌人还有,阶级斗争还存在,任何松懈麻痹、丧失警惕的情绪都是错误的。但是,另一方面也不可忘记,经过几十年的社会主义革命,敌人确实不多了,任何时候都不能忘记经济建设这个中心工作。为此,应保持国内安定团结的政治局面。

2. 这部著作教导我们要用多种方法综合地解决人民内部矛盾。

人民内部矛盾是一个复杂的矛盾系统,其中既有是与非的矛盾,又有物质利益上的矛盾,还有学术领域中不同派别、不同风格的矛盾;还包括人民政府同人民群众之间的矛盾,如在国家利益、集体利益同个人利益之间的矛盾,民主同集中的矛盾,领导同被领导之间的矛盾,等等。毛泽东同志在《关于正确处理人民内部矛盾的问题》中,对解决这些人民内部矛盾提出了多种不同的方法。首先是用民主的方法、讨论的方法即团结——批评——团结的方法,解决人民内部的是非问题、思想问题。同时,也应当记住,在我国,由于一定范围内还存在着阶级斗争,所以阶级分析的方法并没有过时。运用阶级分析方法的目的,不仅是要直接解决阶级立场的问题,也是要分清大量的不属于阶级斗争范围的各种社会矛盾,以便采取不同于阶级斗争的方法来正确地加以解决。其次,在改革开放和大力发展社会主义市场经济的条件下,必须善于用经济的方法正确处理人民内部的物质利益矛盾。广大人民的物质利益从根本上说是一致的,但局部上仍然存在不可忽视的矛盾,如不同所有制之间的差别,分配不平等造成的差别等。对于这些物质利益的矛盾,应当强调适应价值规律、按劳分配规律的要求,用经济的方法正确处理,而不能一概套用团结——批评——团结的公式。否则,不仅不能解决人民内部的矛盾,而且还会给发展社会主义经济造成阻力。最后,用法律的方法解决人民内部违法和犯罪的问题。对于人民内部而言,社会主义法律是一个积极的自我教育和自我调整的手段。应当看到,在众多的人民内部矛盾中,有相当一部分是必须要借助国家的法律来进行调整和解决的。这不仅包括刑事法律关系方面的问题,还包括由行政法、经济法、民法、婚姻法所调整的社会关系方面所产生的问题。在这方面,要克服中国传统的忌讼观念和"私了"的做法,增强法治观念,依法办事。如果忽视了运用法律的方法解决人民内部矛盾的问题,只强调说服教育,便会导致法律虚无主义,不利于把解决人民内部矛盾纳入正常的社会调整的轨道。

第十七章　邓小平著作(一)①

第一节　《解放思想,实事求是,团结一致向前看》

【写作的历史背景】

1956 年,三大改造基本完成之后,党的第八次全国代表大会及时提出,全国人民的主要任务是集中力量全面开展社会主义建设,实现国家的工业化,逐步满足人民日益增长的物质和文化需要。遗憾的是,"八大"的正确决策,后来没有能够坚决贯彻下去。在 1957 年八届三中全会以后,就被"两个阶级、两条道路的矛盾是主要矛盾"的错误论断所代替。直到"文化大革命"中,这个论断更被提升成为"党在整个社会主义历史阶段的基本路线"。由于"左"的思想长期占上风,坚持"以阶级斗争为纲",使党始终不能把工作重心集中到经济建设上来,使国家的社会主义建设事业没有取得本来应该取得的成就。

1975 年,周恩来同志病重,邓小平同志在毛泽东同志支持下主持中央日常工作。他在复杂困难的形势下,以极大的勇气和毅力,着手对各方面的工作进行整顿,一步一步纠正"文化大革命"的错误,使形势在短时期取得明显的好转。与此同时,他也招致了"四人帮"的痛恨和攻击。1975 年 9 月,"四人帮"利用毛泽东同志一篇对古典小说《水浒》的评论,大造反对邓小平同志的舆论,发动"批邓反击右倾翻案风"运动。"四人帮"的倒行逆施,使正在进行的各方面的整顿工作中断了,全国再度陷入混乱。但是,失败与挫折不论多么严重,终究是暂时的。粉碎"四人帮"以后,邓小平同志在 1977 年又重新担任了中央的领导工作。

粉碎"四人帮"以后,形势起了根本的变化,国家进入了一个新的历史发展时期。但是,在党的十一届三中全会以前,党的政治路线、思想路线问题并没有解决。当时主持中央工作的同志在指导思想上继续犯了"左"的错误,推行"两个凡是"的错误方针,反对撤销 1976 年以中共中央名义发布的所谓"反击右倾翻案风"运动的错误文件。这种错误路线遭到党内外同志越来越强烈的反对,纷纷要求纠正"文化大革命"的错误。

---

① 本章的著作均载于《邓小平文选》,2 版,第 2 卷,北京,人民出版社,1994。

1977 年到 1978 年,邓小平同志坚决反对"两个凡是",为系统纠正"文化大革命"中的错误,进行坚决的斗争。首先,他强调要完整准确地理解毛泽东思想,而不能割裂、歪曲、损害毛泽东思想,这就使全面拨乱反正迈出了第一步。不久,他又支持在全国范围内开展真理标准问题的讨论,旗帜鲜明地提出实事求是,一切从实际出发,理论和实践相结合,以及打破精神枷锁,思想来个大解放等问题,这使人们的思想从长期处于被个人崇拜和教条主义束缚的状态中解放出来。与此同时,他还亲自抓了几个在重大问题上清算"左"的流毒的工作。他在中国工会第九次全国代表大会上提出,中国工人阶级新的历史使命是"在本世纪内把我国建设成为现代化的伟大的社会主义强国"。这些,都为重新确立马克思主义的思想路线、政治路线和组织路线扫除了思想障碍。经过两年卓有成效的思想准备,1978 年 12 月召开了党的历史上具有重要意义的第十一届三中全会,会上作出了将全党、全国工作的重心转移到经济工作上来的战略决策。这是新中国成立以来我们党历史上的伟大转折点。在全会召开前的中央工作会议上,邓小平同志作了《解放思想,实事求是,团结一致向前看》的讲话,它成为后来召开的十一届三中全会的指导方针和主题报告。

【主要法学论点】

一、以往的教训

邓小平同志在文章中从几个方面总结了以往的经验教训。《解放思想,实事求是,团结一致向前看》一文的第二部分主要论述民主与法制问题。他指出,要解放思想,一个重要的条件就是要真正实行无产阶级的民主集中制,必须有充分的民主,才能做到正确的集中。然而,在过去一个相当长的时间里,民主集中制并没有真正实行,离开民主讲集中,民主太少。这样做的后果是,许多人不敢讲真话,好的意见不敢讲,对坏人坏事不那么敢反对。不允许群众提意见,一听到群众有一点议论,尤其是尖锐一点的议论,就要追查"政治背景",就要立案,进行打击压制,这种恶劣作风必须坚决制止。这种状况实际是软弱的表现。一个革命政党,就怕听不到人民的声音,最可怕的是鸦雀无声。党内外小道消息广泛传播,就是对长期缺乏政治民主的一种惩罚。这种状况不改变,就不可能使人民解放思想,不可能调动人民的积极性去建设四个现代化。

对于人民群众提出的意见也要分析,其中有对的,也有不对的。党的领导就是要善于集中人民群众的正确意见,对不正确的意见给以适当解释。对于思想问题,无论如何不能用压服的办法解决。群众提意见应该允许,即使有个别心怀不满的人想利用民主闹一点事,也没有什么可怕的,只要处理得当,相信绝大多数群众是有判断是非的能力的。当前这个时期,特别需要提倡民主,并且,要创造民主的条件,重申"三不"主义,即不抓辫子、不扣帽子、不打棍子。在党内和人民内部的政治生活中,只能采取民主手段,不能采取压制、打击的手段。

当然,我们的国家还有极少数的反革命分子,对他们切不可丧失警惕。

二、为了保障人民民主,必须加强法制

为了保障人民民主,必须加强法制,这是邓小平同志总结历史的教训得出的结论。他指出,宪法规定的公民权利要坚决保障,任何人不得侵犯。要切实保障工人、农民个人的民主权利,包括民主选举、民主管理和民主监督的权利。同时,还必须切实保障企业和农村生产队的自主权,在物质分配上既要讲革命精神,又要讲多劳多得。广大群众的物质利益也必须由法律加以保障,这样才能使他们千方百计地发挥主动创造精神,为国家创造更多的财富。

要想切实保障人民的各项民主权利,加强社会主义法制是必由之路,法律是调整社会主义商品经济的最好的手段。邓小平同志指出:"必须使民主制度化、法律化,使这种制度和法律不因领导人的改变而改变,不因领导人的看法和注意力的改变而改变。"①现在的问题是,往往把领导人的话当作"法",不赞成领导人的话就叫"违法",领导人的话改变了,"法"也就跟着改变。这是必须纠正的现象。

三、加强立法和司法工作

如何加强社会主义法制?邓小平同志指出,必须做到有法可依,有法必依,执法必严,违法必究。国家和企业、企业和企业、企业和个人等之间的关系,要用法律形式固定下来,并通过法律来解决他们之间的矛盾。现在的问题是,法律很不完备,很多法律还没有制定出来,所以往往把领导人的话当作"法"。要大力加强立法工作,这是社会主义法制建立的前提和基础性工作。目前应集中力量制定刑法、民法、诉讼法和各种必要的法律,如工厂企业法、森林法、草原法、环境保护法、劳动法、外国人投资法等。这些法律要经过一定的民主程序讨论通过。过去近30年,我国主要的法律除宪法以外均未制定出来,这种情况再也不能继续下去了,这是我国社会主义法制建设不健全的一个十分重要的因素。现在立法的工作量很大,人力很不够,因此法律条文开始可以粗一点,以后通过总结实践经验逐步完善。有的法规地方可以先试搞,然后经过总结提高,再制定成全国通行的法律。修改补充法律,成熟一条就修改补充一条,不要等待"成套设备"。总之,法律"有比没有好,快搞比慢搞好"②。对于国际法,也要大力加强研究,以适应将要开展的国际关系的需要。

---

① 《邓小平文选》第 2 卷,第 146 页。
② 同上书,第 147 页。

有了初步的立法体系的同时,还要加强检察机关及其他司法机关的建设,以保证国家的法律能够得到切实的实施。对于如何保障法律的实施,邓小平同志指出,最关键的是加强党的领导。国要有国法,党要有党规党法,"没有党规党法,国法就很难保障"①。

邓小平同志提出发展社会主义民主,健全社会主义法制,反映了历史的规律,总结了历史的经验,对于社会主义民主法制建设具有深远的政治意义。

第二节 《目前的形势和任务》

【写作的历史背景】

1978 年 12 月召开的党的十一届三中全会,是新中国成立以来我党历史上具有深远意义的伟大转折。全会结束了粉碎"四人帮"以来党和国家的各项工作在徘徊中前进的局面,重新确定了党的思想路线和工作重心转移的重大决策,并全面地开始认真纠正"文化大革命"以及"左"倾错误。三中全会以后,邓小平同志在党和国家的各项工作中,发挥了突出的决策作用。他亲自主持和领导了《关于建国以来党的若干历史问题的决议》的起草工作,正确地总结了历史经验,统一了全党思想。在 1979 年春召开的党的理论工作务虚会上,他针对当时社会上出现的干扰破坏现代化建设的错误思想和活动,提出必须坚持四项基本原则,系统地纠正了关于社会主义社会阶级斗争、无产阶级专政、党的领导等问题上的混乱认识,从理论上阐发了建设中国式的社会主义的问题及具体的方针政策,使全党工作重新走上正轨。三中全会以后一年多的时间里,党在政治思想、经济、外交各方面的工作取得很大的成绩。在进入 80 年代第一年的重要时刻,党中央召开干部会议,研究今后的工作。邓小平同志在这次会议上发表了本篇重要讲话。这个讲话共讲了三部分问题:第一是 80 年代我们要做的三件大事和进入 80 年代的国内外形势;第二是实现四个现代化必须解决的四个问题;第三是坚持党的领导和改善党的领导。

邓小平同志在讲话中提出许多重要的法学问题,是我们进行法学理论研究和进行社会主义法制建设的指导思想。

【主要法学论点】

一、依靠社会主义法制保障社会有一个安定团结的政治局面,保障经济建设的顺利进行

搞社会主义现代化建设,没有一个安定团结的政治局面是不行的。这个政治局面

① 《邓小平文选》第 2 卷,第 147 页。

我们现在已经基本上形成,这来之不易。但现在还很不牢固,还存在来自各方面的不安定因素,这是值得注意的问题。要安定团结并不是不要生动活泼,生动活泼是随着安定团结发展起来的。在我们的社会主义制度下,这两者从根本上说是统一的,不应该有矛盾。但是,在某些时候、某些问题上二者发生了矛盾怎么办?那就一定要在不妨碍安定团结的条件下实现生动活泼。在我国目前的情况下,可以说,没有安定团结就没有一切,包括民主、"双百方针"等,统统都谈不上。过去我们已经吃了十来年的苦头,搞这个运动、那个运动,伤害了不少人,耽误了不少事。若再乱,人民吃不消,人民也不答应。反之,我们在社会主义安定团结的基础上,就一定能够有计划、有步骤地实现我们的目标。发挥社会主义优越性,归根到底是要大幅度发展社会生产力,逐步改善、提高人民的物质生活和精神生活水平。如果没有一个安定团结的政治局面,这一切都不可能实现。因此,安定团结是全国人民的最大利益之所在。

真正要巩固安定团结,当然要依靠发展经济、发展教育,同时也要依靠完备法制。经济搞好了,教育搞好了,同时法制完备起来,司法工作完善起来,可以在很大程度上保障整个社会有秩序地前进。社会主义法制现在还很不完备,要在执行中逐步完备,但是不能等,现在就要开展工作。对于破坏安定团结的人,都要甄别情况,严肃处理。

二、正确认识阶级斗争的新形势和新特点,揭露所谓"民主派"的真面目

邓小平同志在深刻分析我国社会阶级已经发生根本变化的状况后,反复指出,我们反对"以阶级斗争为纲"的理论,不认为党内有一个资产阶级,也不认为在社会主义制度下,在确已消灭了剥削阶级和剥削条件之后,还会产生一个资产阶级或其他剥削阶级。但是并不是说在我国已不存在阶级斗争了,社会主义社会的阶级斗争还将在一定范围内长期存在。剥削阶级作为阶级已经被消灭了,但还存在阶级斗争,这两方面的现象都是客观事实。我们必须看到,在社会主义社会,仍然有反革命分子,有敌特分子,有各种破坏社会主义秩序的刑事犯罪分子,以及有贪污、盗窃、投机倒把的新剥削分子。我们同他们的斗争,虽然不都是阶级斗争,但是包含阶级斗争。这种斗争不同于过去历史上的阶级对阶级的阶级斗争,因为他们不可能形成一个公开的完整的阶级,但仍然是一种特殊形式的阶级斗争,或者说是历史上的阶级斗争在社会主义条件下的特殊形式的遗留。社会主义社会中的阶级斗争是客观存在的,不应该缩小,也不应该夸大。对此要有正确的认识。

没有民主就没有社会主义,就没有社会主义的现代化。当然,民主是社会主义民主,不是资产阶级民主。民主化和现代化一样,要一步一步地前进。发展社会主义民主,决不是搞无政府主义。我们绝不允许宣传什么包括反革命分子在内的言论出版自由、集会结社自由。那些公然反对社会主义制度和共产党领导的所谓"民主派"以及那些别有用心的人,他们的旗帜是相当鲜明的。他们打着"民主"的旗号,表面上号称拥

护共产党,拥护毛主席,但其真实思想就是认为社会主义不如资本主义。他们的实质是要反对党的领导,反对社会主义。我们对这些"民主派"的总的倾向和真正的目的,一定要认识清楚,而不能太天真了。这些人与那些破坏社会秩序的无政府主义分子和极端个人主义分子,以及外国势力和在地下活动的反革命分子、刑事犯罪分子等,在一定情况下完全可以纠合起来,成为一股破坏势力,造成不小的动乱和损失。这种情况过去就发生过,今后还可能发生。这些都是不安定因素,都需要我们认真对待。

当然,上述这几种人的性质有所不同,不少人是误入歧途的,他们也不真正了解什么是资本主义,因此对他们要注重教育挽救。我们必须坚决划清两类不同性质的矛盾,对于绝大多数破坏社会秩序的人应该采取教育的办法,凡能教育的都要教育。

三、要学会使用和用好法律武器

邓小平同志指出:我们要学会使用和用好法律武器。对于那些不能教育和教育不好的敌对分子、"四人帮"残余分子、反革命分子和其他刑事犯罪分子,要坚决采取法律措施,决不能"手软"。只有对各种犯罪分子坚决打击,才能保障和巩固健全的、安定的社会秩序。如果对违法犯罪分子手软,容忍这些人,只能是危害大多数人民的利益,危害现代化建设的大局。

邓小平同志说,我们从没说过要容忍反革命分子和各种破坏分子的活动,没有说过要取消无产阶级专政。对于破坏社会主义建设的行为,国家不管是不行的。国家要运用法律的武器从严治理,这样才可以教育过来一批青年。现在我们严肃处理一批人,不但对绝大多数犯罪分子是一种教育,对全党、全国人民也是一种教育,既是政治教育,也是法制教育。总之,在运用法律武器对反革命分子、破坏分子和各种犯罪分子作斗争的问题上,我们的态度要十分坚定,不能有任何含糊、犹豫的表现。

四、坚持发展社会主义民主和法制

管理国家不能靠人治,而要讲法治,真正使人人懂得法律,使越来越多的人不仅不犯法,而且能积极维护法律。法制是社会主义民主的保障,我们要发展社会主义民主,就要对广大群众进行民主和法制的教育,讲清社会主义民主与资产阶级民主的区别,使人民认识到社会主义民主与法制建设的重要性。我们严肃处理那些反革命分子和其他各种刑事犯罪分子,不但是对绝大多数犯罪分子的一种教育和改造,对全党、全国人民也是一种教育,是一种生动的法制教育。邓小平同志说:"我们要在全国坚决实行这样一些原则:有法必依,执法必严,违法必究,在法律面前人人平等。"[1]

---

[1] 《邓小平文选》第2卷,第254页。

　　坚持和发展社会主义民主和法制，普及法律知识，这是我们党坚定不移的方针。但是民主和法制的实现，如同建设四个现代化一样，不能用大跃进的做法，不能用"大鸣大放"的做法。"四大"即大鸣、大放、大字报、大辩论的做法，从历史的经验来看，作为一个整体从来没有产生过积极的作用。这种做法只能助长动乱，动乱就会妨碍四个现代化，也必然妨碍社会主义的民主法制建设。民主法制建设必须有步骤有领导地进行。应该让群众有充分的权利和机会，表达他们对领导的负责任的批评和积极的建议。要研究实现这一目的更好的方法，但是"大鸣大放"的做法显然不适宜于达到这个目的。现在"四大"还是载于宪法上的条文，根据大多数干部和群众的意见和长期的实践经验教训，党中央准备提请人大常委会和全国人大审议，把这些规定取消。相信这一建议一定会受到饱受十年动乱之苦的全国人民和干部的拥护。

　　目前，国内和党内的民主生活和国家的法制建设已经开始走上了轨道。民主制度一年比一年健全，民主生活一年比一年扩大。尽管许多重要问题还需要深入研究，还要努力兴利除弊，但是要看到主流和实质。法制建设也有进步，新中国成立近30年，反反复复搞了三十几稿，竟没有制定出一部刑法典。现在，刑法和刑事诉讼法等几部主要的法律都通过和公布了，开始实行了。这就是不小的进步，使全国人民都看到了严格实行社会主义法制的希望。同时也应看到，法制与经济、教育等具有相互依存的关系，不能顾此失彼，现代化建设这个各个方面需要综合平衡。但是归根结底，经济建设是中心。离开了经济建设的中心，就有丧失物质基础的危险。因此，其他一切任务都要服从这个中心，围绕这个中心，决不能干扰和冲击它。总之，只要我们坚决地按照中央制定的政治路线走下去，可以充满信心地说，我们是很有希望的。

第三节　《党和国家领导制度的改革》

【写作的历史背景】

　　要发挥社会主义的优越性，必须改革过去长期存在的领导制度、组织制度中的弊端。这些弊端是导致"文化大革命"的一个重要原因，也不利于选拔和使用四个现代化建设所急需的人才。1979年底，邓小平同志在中央党、政、军机关副部长以上干部会议上所作的报告中，提出选拔接班人，培养人才和进行人事制度、领导制度改革的问题。1980年初，在我们党的思想路线、政治路线、组织路线和领导班子都得到解决以后，邓小平同志又明确提出要改善党的领导和改革党和国家领导制度的问题。同时，组织全党广泛讨论了《关于党内政治生活的准则》《关于建国以来党的若干历史问题的决议》以及《中国共产党章程》（修改草案）等文件，对改革党的领导制度和组织制度进行全党规模的酝酿和准备。

　　1980年下半年，在筹备召开五届人大第三次会议期间，中央政治局召开扩大会议，重点讨论党和国家领导制度改革问题。8 月 18 日,邓小平同志在会议上发表了重要讲话。讲话经过会议讨论、补充、修改,于 8 月 31 日由政治局讨论通过,发至全党,这就是《党和国家领导制度的改革》一文。这是指导改革的一个纲领性文件,它提出了改革的重要性、迫切性和它的深远意义,提出了改革的任务和要求,针对现行制度中存在的弊病,提出了对一些重要制度改革的设想和实施步骤及应当注意的问题。讲话的内容十分丰富,思想极为深刻。它的基本原则和指导思想对于各方面的改革,包括法学和法律制度的建设,都具有重大的指导意义。

【主要法学论点】

一、检验党和国家各种制度的标尺

随着党的十一届三中全会决策的实施,经济建设成为全国各项工作的中心任务。搞好经济建设,是社会主义制度得以巩固和发展的根本保证。然而,这一宏伟任务是否能顺利完成,决定于党和国家领导的状况。因为在社会主义国家进行经济建设,是由党和国家统一领导进行的,这是社会主义与任何私有制社会经济发展的不同特点。因此,党和国家的领导是否坚强有力,领导制度是否健全、科学,是否适应社会主义现代化建设的要求,这对于社会主义各项事业,尤其是经济建设的发展方向和发展速度,是至关重要的。

30 多年来,我国社会主义制度经过各种考验,已经牢牢地扎下了根,发挥了巨大的优越性。但是,这种优越性还发挥得很不够,离社会主义制度所能发挥的优越性和人民的要求还有很大的距离。党在领导社会主义革命过程中也犯了一些严重的错误,影响了社会主义建设事业的发展。这些大大小小的错误,"固然与某些领导人的思想、作风有关,但是组织制度、工作制度方面的问题更重要。这些方面的制度好,可以使坏人无法任意横行;制度不好,可以使好人无法充分做好事,甚至会走向反面。即使像毛泽东同志这样伟大的人物,也受到一些不好的制度的严重影响,以至对党对国家对他个人都造成了很大的不幸"①。如果我们党内和国家的社会的民主生活制度化、法律化了,集体领导和民主集中制健全了,领导职务终身制废除了,虽然还不能保证绝对不犯错误,但像"文化大革命"那样的内乱,是完全可以避免的。因此,"领导制度、组织制度问题更带有根本性、全局性、稳定性和长期性。这种制度问题,关系到党和国家是否改变颜色,必须引起全党的高度重视"②。

改革党和国家的领导制度及其他制度,根本目的是为了充分发挥社会主义制度的

---

① 《邓小平文选》第 2 卷,第 333 页。
② 同上书,第 333 页。

优越性,把马克思主义的普遍真理与中国革命的具体实际相结合,建设有中国特色的社会主义。邓小平同志根据马克思主义关于社会主义学说的基本原理,结合我国30多年来社会主义建设的经验教训以及目前面临的任务,提出了检验党和国家各种制度是否完善,是否正确、科学的标准。这就是:第一,是否有利于在经济上赶上和超过发达的资本主义国家;第二,是否有利于在政治上创造比资本主义国家的民主更高更切实的民主;第三,是否能够造就比资本主义国家更多更优秀的人才。他指出,要达到上述三个要求,时间有的可以短些,有的要长些,但是作为一个社会主义大国,我们能够也必须达到。

首先,党和国家的领导制度应当有利于在经济上尽快赶上发达的资本主义国家。新中国成立以来,在党的领导下,经过全国人民的共同努力,我国的社会主义建设取得了伟大成就,社会主义的优越性已经得到了证明。社会主义制度优越性的根本表现就是,能够允许社会生产力以旧社会所没有的速度迅速发展,使人民不断增长的物质文化生活需要逐步得到满足。但是,由于我国的社会主义建设走了不少弯路,社会生产力的发展出现过大的起伏,从而使本来可以达到的更迅速的发展而没有达到,人民没有从社会生产力的发展中得到更多的实惠。这就是说,社会主义制度的优越性没有得到应有的发挥。总结经验,一是党和国家的工作重心一直没有转到经济建设上来;二是在具体经济制度上存在许多弊端,不适应现代化大生产的需要;三是在怎样建立社会主义的具体经济制度上尚缺乏实践经验。因此,我们从现在起必须认真地探索一条建设社会主义的比较好的道路;在进行党和国家领导制度和经济体制改革的实践中建立的各种制度,必须有利于社会生产力的迅速发展;在实践中对社会主义经济制度的本质作进一步认识,坚持和发展在实践中被证明是正确的理论和制度,抛弃那些被实践证明是错误的或过时的制度。

其次,在政治上要创造比资本主义国家的民主更高更切实的民主。资本主义建立了几百年,逐步实行了一整套比较成熟的资产阶级民主制度,为维护资产阶级专政起了重要的作用。要发挥社会主义制度的优越性,就必须从国家制度上创造一整套比资本主义国家的民主更高更切实的民主和法制,充分"保证全体人民真正享有通过各种有效形式管理国家、特别是管理基层地方政权和各项企业事业的权力,享有各项公民权利,健全革命法制,正确处理人民内部矛盾"①,从政治上调动人民群众的社会主义积极性,使社会主义的各项制度成为能够自我完善的充满活力的制度,焕发出社会主义制度的优越性。为了达到这个目标,就必须经常向人民,尤其是青年进行民主问题的宣传教育,使人民能够分清资产阶级民主与法制和社会主义民主与法制的界限。我们所要建立的民主制度是社会主义的人民民主,而不是资产阶级个人主义的民主。民主制度首先是一种国家形态、一种国家制度,归根结底是经济关系和经济利益的反映。

---

① 《邓小平文选》第2卷,第322页。

社会主义经济利益的特点,是个人利益、集体利益和国家利益的根本一致,局部利益和整体利益是统一的,暂时利益和长远利益是统一的。社会主义制度能够按照统筹兼顾的原则来调节各种利益的相互关系。在此经济基础上建立的社会主义民主制度,必然是实行民主集中制。"民主和集中的关系,权利和义务的关系,归根结底,就是以上所说的各种利益的相互关系在政治上和法律上的表现。"①因此,在宣传民主、实行民主和完善民主制度的时候,一定要把对人民的民主和对敌人的专政结合起来,把民主和集中、民主和法制、民主和纪律、民主和党的领导结合起来。我们建立高度民主的政治制度的标志,就是产生一种"又有集中又有民主,又有纪律又有自由,又有统一意志又有个人心情舒畅、生动活泼,那样一种政治局面"②。这是我们今天和今后所要努力实现的政治局面。

第三,造就比资本主义国家更多更优秀的人才。也就是从组织上发挥社会主义制度的优越性,自觉地更新各级党政领导机关,逐步地实现领导人员年轻化、专业化、知识化。"选干部,要注意德才兼备。所谓德,最主要的,就是坚持社会主义道路和党的领导。在这个前提下,干部队伍要年轻化、知识化、专业化,并且要把对于这种干部的提拔使用制度化。"③建设社会主义,实现共产主义的社会制度是一项伟大而艰巨的创造性工程,需要多少代人坚持不懈的奋斗。因此,造就比资本主义国家更多更优秀的人才,是从组织上保持党和政府正确领导的连续性、稳定性,成就社会主义现代化建设大业,把共产主义事业不断推向前进的一个战略问题。邓小平认为,解决这个问题并非易事,苏联的党和国家没有解决好,毛泽东同志由于各种原因也未能解决这个复杂而困难的任务。但是这个任务必须解决。从长远看,社会主义就是要造就一代胜过一代的人才,组成结构合理、能担当领导现代化建设重任的领导核心。这就要求各级人事干部管理部门坚决解放思想,打破老框框,勇于改革不合时宜的组织制度、人事制度,大力培养、发现和破格使用优秀人才,坚决同一切压制和摧残人才的现象作斗争,建立有利于提拔年轻干部的新制度。"只要经过周密的调查研究,广泛听取群众意见,就完全有把握把大批优秀的中青年干部提拔起来,保证我们的事业后继有人,后来居上。"④

邓小平同志提出的这三条标准,为我们检验党和国家各种制度改革的成就如何,是否建立了具有中国特色的社会主义具体制度,提供了科学的理论依据。

---

① 《邓小平文选》第 2 卷,第 176 页。
② 同上书,第 176 页。
③ 同上书,第 326 页。
④ 同上书,第 326 页。

二、现行的某些具体制度的弊端

在党和国家现行的一些具体制度中，还存在着不少的弊端，妨碍着社会主义优越性的发挥。从党和国家的领导制度、干部制度方面来说，主要弊端就表现为官僚主义现象、权力过分集中现象、家长制现象、干部领导职务终身制现象和形形色色的特权现象。

（1）官僚主义。主要表现是：高高在上，滥用权力，脱离实际，脱离群众，好摆门面，好说空话，思想僵化，墨守成规，机构臃肿，人浮于事，办事拖拉，不讲效率，不负责任，不守信用，公文旅行，互相推诿，以至官气十足，动辄训人，打击报复，压制民主，徇私行贿，贪赃枉法，等等。根源在于，相当一个时期以来，我国存在权力过分集中的领导体制，全国各级都不同程度地存在这个问题。权力过分集中于个人或少数人手里，多数办事的人无权决定，少数有权的人负担过重，必然造成官僚主义，必然要犯各种错误。这也同我们党政机构以及各种企业、事业领导机构中，长期缺少严格的从上而下的行政法规和个人负责制，缺少对每个机关及至每个人的职责权限的严格明确的规定，以至事无大小、往往无章可循有关。同时，它也同干部缺少正常的录用、奖惩、退职、淘汰、轮换制度有密切关系。这造成了事无巨细、全凭领导人的意志办事，工作好坏一个样，能上不能下，能进不能出等现象，结果是机构臃肿、层次繁杂、部门林立、互相绊腿、互相牵涉，使一些作风不正的人甚至搞任人唯亲、排挤压制年轻有为者的人有隙可乘。其结果挫伤了大多数人的积极性，使行政效率不高的现象愈加严重。由于多年来，我们没有一套严格的、配套成文的干部选拔和退休制度，往往因人设事、因级别设职务甚至设机构，使副职闲职越来越多，并且造成了事实上存在的领导干部职务终身制。根据长期以来某些不成文的惯例或制度，干部年龄尽管老化，但只要他没有倒下，就仍然要在领导位置上处理许多力不从心的繁重行政事务，这就难免使年高体弱者的活动范围受到限制。领导干部因精力体力不济，无力进行深入细致的调查研究，致使发生种种工作上的失误，形成恶性循环，又容易造成或影响其他人犯思想僵化、脱离实际、主观主义的错误。凡此种种，都是滋生官僚主义的原因。

如何才能有效地反对和克服官僚主义？邓小平同志的回答是：克服官僚主义必须从健全各项制度入手。过去我们多次反对官僚主义，成效之所以不大，其原因就是没有从制度上解"疙瘩"。不坚决改革现行制度中的弊端，过去出现的一些严重问题，今后就有可能重新出现。官僚主义还有思想作风问题的一面，但制度问题不解决，思想作风问题也解决不了。只有从改革入手，才能有效地促进领导作风、思想作风的根本转变，有效地克服和防止官僚主义现象发生。

（2）权力过分集中的现象。邓小平同志在文章中指出，权力过分集中的现象，就是在加强党的一元化领导的口号下，不适当地、不加分析地把一切权力集中于党委，党委的权力又往往集中于几个书记,特别是集中于第一书记,从而形成什么事都要第一书记挂帅、拍板。党的一元化领导,往往变成了个人领导。权力过分集中于个人或少数人手里,多数办事的人无权决定。这必然要犯各种错误,必然要损害各级党和政府的民主生活、集体领导、民主集中制、个人分工负责制。之所以会产生这种现象,从理论根源上,与我们长期以来一直认为在社会主义制度下,实行计划经济就要对经济、政治、文化、社会实行中央集权的管理体制有关。在国际根源上,受外国模式的影响,这主要是指苏联30年代形成、50年代巩固的政治体制的模式。这种模式的主要特点是,中央过分集权,用行政命令统筹、统揽一切。党的内部,权力加速集中到党中央,形成中央高度集权,党内民主大大削弱,以党代政,党政不分。在历史根源上,我国有几千年漫长的封建专制历史,在老百姓头脑中,封建大一统观念的残余一直存在着,尊王、尊皇帝的残余思想一直存在着。权力过分集中的现象同我国的封建大一统观念很合拍,很容易生存下去,很合乎人们的传统的封建政治思想和文化思想。解决权力过分集中的问题,要在发展社会主义生产力的同时加强社会主义民主政治的建设,加强党内民主制度的建设,这是一个长期而艰巨的任务。

（3）革命队伍中的家长制现象。这种现象除了使个人高度集权以外,还使个人凌驾于组织之上,组织成了个人的工具,这在党的历史上产生过很大的危害。从1958年的批评"反冒进",1959年的"反右倾"以来,党和国家的民主生活逐渐不正常,一言堂、个人决定重大问题、个人崇拜、个人凌驾于组织之上的现象滋长。邓小平同志指出:"不少地方和单位,都有家长式的人物,他们的权力不受限制,别人都要唯命是从,甚至形成对他们的人身依附关系。"①这同封建主义的"君君、臣臣、父父、子子"的封建制度和封建伦理的影响有关。不彻底消灭这种家长制作风,就根本谈不上什么党内民主、社会主义民主。

（4）干部领导职务终身制的形成。这同封建主义的影响有一定的关系,同我们党一直没有妥善的退休、解职办法也有关系,应当承认在当时的具体历史条件下,这个问题也无法解决或无法完全解决。废除干部领导职务终身制,关键要健全干部的选举、招考、任免、考核、弹劾、轮换制度。对各级各类领导干部职务的任期以及离休、退休,要按不同情况,作出适当的、明确的规定。任何领导干部的任职都不能是无限期的。

（5）形形色色的特权。即政治上、经济上的在法律和制度之外的权利。干部不把自己看作是人民的公仆,而看作是人民的主人,这是旧中国封建专制传统比较多、民主法制传统比较少的遗留物。

三、法律平等

公民在法律和制度面前人人平等,享有法律规定的平等的权利和义务。法律对每

---

① 《邓小平文选》第2卷,第331页。

一个公民都有强制的约束力,不允许任何人有超越法律之外的权利,任何人都不能逍遥法外。但在现实生活中总有那么一些人,想尽一切办法,企图不受法律约束,于是就出现了一些凌驾于法律之上的"特殊公民"。这是一种封建特权,必然引起群众的强烈不满,严重损害了党的威信。克服特权现象要解决思想问题,也要解决制度问题。所谓解决思想问题,就是要提高认识,要了解"公民在法律和制度面前人人平等,党员在党章和党纪面前人人平等"①的含义和意义。人人有依法规定的平等权利和义务,谁也不能占便宜,谁也不能犯法。所谓解决制度问题,就是要制定各种行为规范。只有确定制度并严格执行,才能把解决特权问题落到实处,不然就是空的。制度问题更带有根本性、全局性、稳定性和长期性。在制度问题中,特别"要有群众监督制度,让群众和党员监督干部,特别是领导干部。凡是搞特权、特殊化,经过批评教育而又不改的,人民就有权依法进行检举、控告、弹劾、撤换、罢免,要求他们在经济上退赔,并使他们受到法律、纪律处分。……最重要的是要有专门的机构进行铁面无私的监督检查"②。解决干部搞特权、特殊化问题,就抓住了在法律面前人人平等、人人必须守法中的主要矛盾。中国共产党是执政党,许多共产党员都担负一定的领导职务。他们如果模范地遵守法律,就会影响一大片群众增强守法观念;他们如果认为自己是特殊公民,不遵守法律,就会使法律在群众中失掉威严,使共产党在群众中失掉威信。自己不守法,只让群众守法,自己说话不硬气,群众心里也不服气。所以,一定要实行在法律面前人人平等的原则。

第四节　《贯彻调整方针,保证安定团结》

【写作的历史背景】

党的十一届三中全会后,陈云同志提出了调整的方针,党中央作出了相应的决定。1980 年 12 月 25 日党中央再次召开工作会议,讨论两年来全国贯彻执行调整方针的基本情况。由于党的各级领导大多对经济形势的严重性认识不足,一些地方没有认真贯彻调整方针,存在的问题仍不少。例如大量财政赤字,货币发行过多,物价继续上升等。1979 年和 1980 年未能使基本建设总规模按必要的程度压缩下来。如再不认真调整,使财政收支平衡,经济就不能稳步前进。调整经济首先要摆脱多年来"左"的错误指导思想的束缚,摸清理顺我国的国情和经济活动中各种因素的相互关系,下决心去掉不切实际的设想,去掉主观主义的高指标。会议还决定加强党的思想政治工作,加强建设社会主义的精神文明,加强社会主义民主法制,批判违反四项基本原则的错误

---

① 《邓小平文选》第 2 卷,第 332 页。
② 同上书,第 332 页。

思想,打击破坏社会主义事业的反革命活动,以进一步加强政治上的安定团结。这是三中全会以来的各项方针、政策的继续和发展。所以,调整是为了更好地前进,引导我国的整个经济转上健康发展的轨道。本文是邓小平同志在这次会议上的重要讲话。

【主要法学论点】

一、全面理解实行人民民主专政的问题

讲话阐述了经济上进一步实行调整与加强人民民主专政的关系。邓小平同志重申毛泽东同志提出的"对人民内部的民主方面和对反动派的专政方面互相结合,就是人民民主专政"的观点,并且进一步指出,人民民主专政"实质上也就是无产阶级专政,但是人民民主专政的提法更适合于我们的国情"①。首先,我国人民民主具有广泛的群众基础和阶级基础。随着社会主义革命和建设的发展,过去的剥削阶级中的大多数人已经成为自食其力的劳动者,人民的范围不断扩大,只有极少数人是人民民主专政的对象。这一提法正确反映了我国阶级关系所发生的深刻变化。其次,人民民主专政的完整的含义,既包括实行人民民主,保障人民当家作主的地位,又包括对少数敌对分子实行专政。几十年来,这一概念已经为广大群众接受和理解。第三,"文化大革命"时期,由于"四人帮"的干扰破坏,把无产阶级专政宣传为"打倒一切""全面专政",扩大专政的范围,混淆人民内部矛盾和敌我矛盾的界限,用对付敌对势力的办法来解决人民内部矛盾问题,从而带来的后果是对人民民主权利的漠视和践踏。粉碎"四人帮"以后,特别是党的十一届三中全会以后,我们的党和国家一直在努力发扬民主,各种政治制度和经济制度的改革,其"总方向,都是为了发扬和保证党内民主,发扬和保证人民民主"②。

要加强人民民主专政,必须加强人民民主专政的国家机器,坚决打击和分化瓦解各种破坏安定团结的势力,打击和防范、制止各种刑事犯罪活动,决不对他们心慈手软。因为如果不这样做,不但经济调整和改革事业难以顺利进行,而且人民的民主权利甚至生存权利都要遭受危害。"如果故纵他们,让他们泛滥开来,到处制造混乱,……大多数人民的民主权利,又会像在'文化大革命'中那样,重新受到践踏;全国安定团结、生动活泼的局面就不可能维持,更谈不上巩固和发展;我们现在已经形成的开国以来少有的很好的政治形势和经济形势,就又会受到挫折;人民生活已经得到的改善,又会重新丧失。"③对此我们决不能容忍。对于个别单位、个别地方的反党反社会主义

---

① 《邓小平文选》第 2 卷,第 372 页。
② 同上书,第 372—373 页。
③ 同上书,第 373 页。

分子和刑事犯罪分子的捣乱，我们要运用人民民主专政的国家机器坚决打击。

邓小平同志指出："马克思主义理论和实际生活反复教育我们，只有绝大多数人民享有高度的民主，才能够对极少数敌人实行有效的专政；只有对极少数敌人实行专政，才能够充分保障绝大多数人民的民主权利。所以，在当前条件下，使用国家的镇压力量，来打击和瓦解各种反革命破坏分子、各种反党反社会主义分子、各种严重刑事犯罪分子，以便维护社会安定，是完全符合人民群众的要求的，是完全符合社会主义现代化建设的要求的。"①加强人民民主专政一般说是国内斗争，有些同时也是国际斗争，两者实际上是不可分的。因此，在阶级斗争存在的条件下，在帝国主义、霸权主义存在的条件下，不可能设想国家专政职能的消亡，不可能设想军队、公安机关、法庭、监狱等国家机器的消亡。对于一些严重的破坏行为，不仅要打击一次，而且要多次打击，以使各种违法犯罪行为得到震慑和遏制。在改革的过程中不可避免地会出现各种经济领域的犯罪行为。到本世纪末的20年内抓紧打击经济领域和其他领域内破坏社会主义的犯罪活动，是我们坚持社会主义道路，集中力量进行现代化建设的最重要的保证。保持强有力的人民民主专政的国家机器的重要意义还在于，一旦发现偏离社会主义方向的情况，国家机器就会出面干预，纠正过来，以保证改革在前进过程中不致偏离社会主义道路。

二、继续发扬社会主义民主，健全社会主义法制

在实行改革开放，贯彻经济调整方针时，邓小平同志反复强调："要继续发展社会主义民主，健全社会主义法制。这是三中全会以来中央坚定不移的基本方针，今后也决不允许有任何动摇。我们的民主制度还有不完善的地方，要制定一系列的法律、法令和条例，使民主制度化、法律化。"②自从中国共产党领导中国人民取得中国革命的胜利，建立社会主义国家政权以后，中国人民就已经初步建立了社会主义民主制度。经过30多年的社会主义革命和建设，使社会主义民主制度不断巩固和完善。但由于生产力发展水平比较落后，使社会主义民主和法制建设受到了很大限制。我们之所以要进行改革和经济调整，这也是重要原因之一。在进行改革和经济调整的同时，也要对社会主义民主和法制建设给予充分的重视，使经济制度方面的改革和上层建筑的改革与完善同步进行。过去，我们对加强社会主义民主建设宣传不够，理解不全面，实行民主的制度也有很多不完善的地方。因此，要从制度上加强民主建设，使民主制度化、法律化。要颁布实施一系列加强政权的民主建设、保障人民民主权利的法律、法令和条例，使国家民主制度的运行和人民民主权利的行使得到法律保障，而建设高度社会主

---

① 《邓小平文选》第2卷，第373—374页。
② 同上书，第359页。

义民主和健全的社会主义法制的国家,是我们改革的成功标志之一。

邓小平同志指出:"社会主义民主和社会主义法制是不可分的。不要社会主义法制的民主,不要党的领导的民主,不要纪律和秩序的民主,决不是社会主义民主。"①中国人民今天所需要的民主,只能是社会主义民主或称人民民主。它从国体上体现为无产阶级领导下的广大人民群众掌握政权,成为国家的主人翁;它从政体上体现为实行人民代表大会制度,在民主集中制原则下由人民代表大会代表人民行使国家最高权力。社会主义民主与社会主义法制有极为密切的联系。社会主义民主是社会主义法制建立的前提和基础,而社会主义法制是社会主义民主的确认和保障。人民民主专政的社会主义国家应主要依靠法制来实行对国家的管理。不要法制的民主,只能使国家陷入无政府状态,使国家更难民主化,使经济更难发展,人民生活更难改善。在这方面我们是有沉痛教训的。在"文化大革命"期间,林彪、"四人帮"从"左"的方面割裂社会主义民主和社会主义法制的辩证统一关系,打着"巩固和加强人民民主专政"的旗号,肆意践踏人民的民主权利,砸烂"公、检、法",将社会主义法制破坏殆尽,从而把人民民主专政变成了林彪、"四人帮"的封建法西斯专政。在粉碎"四人帮"以后,有人又趁改革开放之机,宣扬资产阶级民主,宣扬无政府主义,从而割裂了社会主义民主与社会主义法制的统一。对于这些错误的思想观点,我们必须认清其危害性,坚决反对。

我国是一个社会主义国家,它的阶级性质决定了必须发展社会主义民主,健全社会主义法制。新中国成立以来,我们在建设社会主义民主与法制方面做了大量工作,取得了很大成绩。但是由于我们长期对社会主义民主与法制建设的重大意义认识不足,没有自觉地、系统地建立保障人民民主的各项制度;又由于我国有几千年封建社会的历史,缺乏实行民主和法制的传统,导致经常发生社会主义民主不能依法实现,社会主义法制缺乏民主基础的现象,损害了我们国家的机体,不能充分调动广大人民群众建设社会主义的积极性。邓小平同志认为,我们进行的民主与法制建设必须符合中国国情,要想使国家这种缺乏民主与法制的状况得到根本改变,还需要很长时间。我们不仅要看到这一问题的重要性,还要看到实现这一目标的复杂性和艰巨性。因此,在发展民主、健全法制的过程中,要慎重稳妥、切合实际地进行。邓小平同志坚持主张,社会主义民主与法制要在四项基本原则指导下逐步建立起来,脱离四项基本原则的民主与法制,就不是中国人民所需要的民主与法制,就不利于中国的社会主义建设。"社会主义道路,人民民主专政即无产阶级专政,党的领导,马列主义、毛泽东思想,对于这四项基本原则,必须坚持绝不允许任何人加以动摇,并且要用适当的法律形式加以确定。"②如果脱离四项基本原则,我们就难于同形形色色破坏社会主义民主和法制的现象和行为作坚决的斗争,更难于保持党的团结和国家的安定。根据邓小平同志的这一

---

① 《邓小平文选》第 2 卷,第 359 页。
② 同上书,第 358 页。

思想,我国 1982 年宪法明确规定,四项基本原则是我国宪法的根本指导思想,从法律上确定了四项基本原则在我国民主与法制建设中的重要地位,具有巨大的现实意义和深远的历史意义。

三、真正实行民主集中制和集体领导

邓小平同志指出:"在党内生活和国家政治生活中,要真正实行民主集中制和集体领导。一言堂、个人说了算,集体做了决定少数人不执行等毛病,都要坚决纠正。"①中国共产党是根据党的纲领和章程,依照民主集中制原则组织起来的统一的整体。党员在党的纲领和纪律面前是平等的,党员享有党章规定的各种民主权利。而党内生活又必须是集中的,每个党员都必须严格遵守党的章程,遵守党的纪律。"在目前情况下,尤其需要重申和强调个人服从组织、少数服从多数、下级服从上级、全党服从中央的原则。"②实行集体领导是民主集中制的一个重要内容。对于一切关系到党、国家和群众利益的重大问题,都应由党的委员会集体讨论,充分发扬民主,敞开思想,各抒己见,畅所欲言。在高度民主的基础上统一思想和集中意见,作出决定,由党员去贯彻执行。由于我们党在整个国家中处于执政党的地位,所以,实行民主集中制和集体领导,就不仅是我们党内生活的根本原则,而且也是党所领导的国家政治生活中的根本原则。我们国家根据民主集中制原则与"议行合一"原则组建了无产阶级专政的国家机构,以此与资产阶级"三权分立"的国家机构组织原则相区别。实践证明,实行民主集中制原则是无产阶级专政和无产阶级政党的重要标志。

坚持民主集中制原则,真正实行民主集中制原则,是贯彻执行党的正确路线的重要保障。这一原则一旦受到破坏,不仅领导者个人难免犯错误,而且也会使党的路线发生偏差,给党、国家和人民带来莫大的损失和不幸。在新的历史条件下,要坚持和改善党的领导,必须重视改进党的工作方法。邓小平同志认为,不允许权力过分集中的原则,应当在宪法上表现出来,"建立从国务院到地方各级政府从上到下的强有力的工作系统"③。要改善各级人民代表大会制度,修改宪法,使宪法更加完备、周密、准确,能够切实保证人民真正享有管理国家各级组织和各种企业事业的权力。

加强民主和法制建设,其目的不是削弱党的领导,涣散党的纪律,而正是为了坚持和加强党的领导,坚持和加强党的纪律。邓小平同志反复强调,"在党内、军内和政府系统,要坚决反对一切不遵守党纪、军纪、政纪的现象","对一切无纪律、无政府、违反法制的现象,都必须坚决反对和纠正"。"合理的纪律同社会主义民主不但不是互相对

---

① 《邓小平文选》第 2 卷,第 360 页。
② 同上书,第 360 页。
③ 同上书,第 339 页。

立的,而且是互相保证的。"①经过十一届三中全会以来的努力,我们党内和国家的政治生活,已经由过去长期的不正常状态逐步回到了马克思主义的正确轨道上来,地方党和政府组织的政治生活也有明显改进。但是,不能令人满意的现象也严重存在。有些领导干部凌驾于组织之上,个人说了算,称王称霸,集体领导徒有其名。有的党员干部则无视党的组织原则和组织纪律,以派性代替党性,结帮营私。不少党组织的组织生活很不健全,不能开展批评和自我批评,不能严格执行党的纪律,软弱涣散,甚至处于瘫痪状态,丧失了战斗堡垒作用。这些严重问题的存在表明,应该在整党的同时,特别强调党的纪律,不能对这些腐败现象视而不见,姑息迁就。要通过严明党的纪律来保证党的统一和党组织的战斗力。邓小平同志特别要求:"各级组织、每个党员都要按照党章的规定,一切行动服从上级组织的决定,尤其是必须同党中央保持政治上的一致。这一点在现在特别重要。"②

四、善于按照法律办事

邓小平同志总结了过去搞"文化大革命"的惨痛教训,为了防止过去对敌专政扩大化的错误,指出:"同各种破坏安定团结的势力进行有效的斗争。……不能采取过去搞政治运动的办法,而要遵循社会主义法制的原则。""这场斗争是政治斗争,但是一定要在法律范围内进行"③。我们的社会主义法制是党领导人民制定的,是进行人民民主专政建设的主要武器。不论是对人民内部实行民主,还是对敌对分子实行专政,都应当在法律的范围内依法实施。"全党同志和全体干部都要按照宪法、法律、法令办事,学会使用法律武器(包括罚款、重税一类经济武器)同反党反社会主义的势力和各种刑事犯罪分子进行斗争。这是现在和今后发展社会主义民主、健全社会主义法制的过程中要求我们必须尽快学会处理的新课题。"④

邓小平同志主张"依法治国"。首先,要制定完备的法律,在与破坏安定团结的反动势力作斗争时,"建议国家机关通过适当的法律法令",运用必要的法律设施,加上全党的思想政治工作、报刊宣传和学校教育的配合,就可以形成全党全军全民的共同行动准则。其次,要加强政法、公安部门的建设和工作,提高这些部门人员的政治素质和业务素质。要扩大和加强政法公安干警队伍。第三,要在党政机关、军队、企业、学校和全体人民中加强法制教育,让亿万人民掌握法律武器。法制教育的重点在于党员干部,尤其是党员领导干部。国家宪法和法律能否得到遵守,关键要看党员、干部能否切实遵守法律和依法办事。同时,还要特别重视对青少年一代和军队干部、战士的法制

---

① 《邓小平文选》第 2 卷,第 360 页。
② 同上书,第 366 页。
③ 同上书,第 371 页。
④ 同上书,第 371 页。

教育,这是国家长治久安的战略措施,是巩固人民民主专政、保证国家的社会主义性质永不改变的历史任务。

第五节 《坚决打击经济犯罪活动》

【写作的历史背景】

　　这篇文章是邓小平同志1982年4月10日在中央政治局讨论《中共中央、国务院关于打击经济领域里严重犯罪活动的决定》的会议上的讲话。

　　自从国家实行对外开放和对内搞活经济的政策以来,有相当多的干部被金钱腐蚀,个别领导干部走上了犯罪道路。他们利用党和人民赋予的权力,索贿受贿,敲诈勒索,贪婪无比,进行权与利的肮脏交易,严重损害了党和国家的形象。同时,随着改革开放的进行,一些社会上的犯罪分子打着改革的旗号,趁开放、搞活之机大肆进行刑事犯罪活动。一些罪犯是有前科的人,犯罪胆子大,作案手段狡猾;有的人以"能人"的面目出现,博得某些领导干部的"赏识",犯罪事实触目惊心,给国家带来巨大破坏。另外,党政军机关、国营和集体企业参与严重经济犯罪活动的也为数不少,使经济犯罪活动与党内作风不纯互相交叉、相互利用,从而掩护、支持、纵容了经济犯罪。经济犯罪不仅利用不正之风,而且进一步败坏党风。这些案件涉及面广,影响大,处理起来难度大,出现了各种干扰和阻力。

　　邓小平同志在1980年8月就曾敏锐地指出,由于近年国际交往增多,受到外国资产阶级腐朽思想作风、生活方式影响而产生的崇洋媚外的现象已经出现,今后还会增多;在国内经济工作中,歪曲现行经济政策,利用经济管理工作中的漏洞进行各种违法活动的个人、小集团也有所增加。对于这种违法活动和犯罪分子,也必须严重警惕,坚决斗争。然而,面对触目惊心的经济犯罪活动,邓小平同志的告诫并未得到应有的重视,有些地区、部门没有采取有力措施贯彻执行。为此,1982年1月党中央发出紧急通知,部署开展打击经济领域的严重犯罪活动的斗争。1982年3月8日,全国人大常委会作出《关于严惩严重破坏经济的罪犯的决定》,紧接着党中央、国务院又发布《关于打击经济领域严重犯罪活动的决定》,在全国范围内开展了打击严重经济犯罪的斗争。1983年9月2日全国人大通过《关于严惩严重危害社会治安的犯罪分子的决定》和《关于迅速审判严重危害社会治安的犯罪分子的程序的决定》。全国各级政法机关振奋精神,坚定不移地实施依法从重从快的方针,使一度乌烟瘴气、人心不安的状况大为改观,社会治安逐步趋向好转,刑事发案率有所下降。

【主要法学论点】

一、坚持"两手"

实现四个现代化事业需要有一个社会治安状况良好的国内环境。我们始终要牢牢把握以经济建设为中心，通过改革和对外开放坚定不移地发展社会主义市场经济。邓小平同志认为，实现四个现代化过程中，"我们要有两手，一手就是坚持对外开放和对内搞活经济的政策，一手就是坚决打击经济犯罪活动"①。这两手都要硬。现在经济建设这一手我们搞得相当有成绩，形势喜人，但各种经济犯罪活动，党和政府机关的腐败现象越来越严重。如此下去，即使经济搞成功，国家也会变质。邓小平同志说："没有打击经济犯罪活动这一手，不但对外开放政策肯定要失败，对内搞活经济的政策也肯定要失败。有了打击经济犯罪活动这一手，对外开放、对内搞活经济就可以沿着正确的方向走。"②因此，对于打击经济犯罪斗争的认识，应该提得更高一点，看得更深一点。

党的十一届三中全会以来的实践证明，党的"以经济建设为中心，坚持对外开放对内搞活，坚持四项基本原则"的基本路线是完全正确的，尽管在经济领域出现了严重的犯罪现象，我们也不应动摇实行基本路线的决心。我们打击经济领域犯罪活动的目的，正是为了坚持党的基本路线。"打击经济犯罪活动的斗争，是我们坚持社会主义道路和实现四个现代化的一个保证。……否则，社会主义道路怎么坚持呀？如果不搞这个斗争，四个现代化建设，对外开放和对内搞活经济的政策，就要失败。"③因此，在整个四化建设的过程中，要始终坚持这"两手"政策，任何将打击经济犯罪与改革开放搞活政策对立起来的想法都是错误的。只有坚持两手抓、两手硬，我们的现代化建设才能取得更大的胜利。

二、打击经济犯罪是经常的斗争

邓小平同志认为："打击经济犯罪活动，我们说不搞运动，但是我们一定要说，这是一个长期的经常性的斗争。我看，至少是伴随到实现四个现代化那一天。如果到本世纪末，还有十八年，每一天都会在斗争。"④随着社会主义市场经济的发展，会出现很多

---

① 《邓小平文选》第 2 卷，第 404 页。
② 同上书，第 404 页。
③ 同上书，第 404 页。
④ 同上书，第 403 页。

在过去计划经济条件下没有出现的现象。在搞活经济的同时,也会使许多意志薄弱者、法制观念薄弱者认为有机可乘,从而增加刑事犯罪。那些以推翻人民民主专政政权和社会主义制度为目的、敌视和破坏社会安定团结的"四人帮"残余势力及其他敌对分子也会经常兴风作浪,搞不好还会制造大的动乱,直接破坏建设四个现代化的稳定的社会环境。因此,与各种犯罪行为作斗争,不是一个权宜之计,而是伴随四化建设全过程的长期斗争。正如邓小平同志所说:"打击经济犯罪活动,不仅是今年一年的事情,现在是开个头。"①

中国共产党是我国四化建设的领导者,从战略角度来看,伴随整个四化建设进程必须做好四个方面的工作,邓小平同志说:"这四个方面的工作,或者叫坚持社会主义道路的四项必要保证,即:第一,体制改革;第二,建设社会主义精神文明;第三,打击经济犯罪活动;第四,整顿党的作风和党的组织,包括坚持党的领导,改善党的领导。"②这四个方面的工作是同等重要的,不进行体制改革,墨守过去旧的经济体制和一些过时的政治体制,社会主义建设就会失去活力,失去人民群众的支持,体现不出优越性。不建设社会主义精神文明,只搞经济建设,人们的生活水平提高了,但道德水平下降了,社会风气腐败了,最终还会断送社会主义。在搞经济建设的同时,不坚决打击经济犯罪活动,势必危害国家和人民群众的生命财产安全,危害社会正常的经济秩序和安定团结的政治局面。同样,在整个四化建设过程中,还必须不断整顿党的组织和党的作风,反腐倡廉,坚持和改善党的领导。这是四化建设坚持社会主义方向的根本保证。我国的四化建设是在一个复杂的国际环境中进行的,国内外形形色色的敌对分子必然要从政治上、经济上、思想文化上和社会生活各个方面进行破坏活动,阶级斗争还将在我国社会的一定范围内长期存在。这就决定了打击经济犯罪活动和其他严重破坏社会治安的刑事犯罪活动是一场持久的经常性的工作,对此决不可掉以轻心。

三、刹经济犯罪这股风要从快从严从重

在相当一段时间里,有些领导干部只注意抓经济建设,对打击经济领域的犯罪活动不够重视。有的司法部门在查处经济犯罪案件中,也确实存在徘徊观望,无所作为的态度。邓小平指出,"现在对这个问题,我们的思想并没有完全统一。有一部分同志遇事手软,下不了手。为什么下不了手?思想上没有认识这个问题的严重性。"③针对全国对严重经济犯罪打击不力的现象,邓小平同志提醒说:"要足够估计到这样的形势。这股风来得很猛。如果我们党不严重注意,不坚决刹住这股风。那么,我们的党

---

① 《邓小平文选》第 2 卷,第 404 页。
② 同上书,第 403—404 页。
③ 同上书,第 403 页。

和国家确实要发生会不会'改变面貌'的问题。"①

关于打击经济领域严重犯罪活动斗争的方针,邓小平同志主张,"一定要从快从严从重","盗窃国家财产,贪污受贿……对有一些情节特别严重的犯罪分子,必须给以最严厉的法律制裁。刹这股风,没有一点气势不行啊!这个问题要认真地搞,而且在近期要抓紧,处理要及时,一般地要严,不能松松垮垮,不能处理太轻了"②。依法从重从快打击危害重大的犯罪分子,符合人民的利益和愿望,受到了广大人民群众的拥护。对敌人的仁慈就是对人民的残忍。对严重的刑事犯罪分子若不依法从重从快地予以严惩,便不足以平民愤、安民心,便不能维护社会治安,保障社会主义现代化建设的顺利进行,党和政府就会严重地脱离群众。如果对经济犯罪姑息迁就,拖拖拉拉,下不了手,不但国家和人民的生命财产要继续遭受危害,而且还会有一大批人铤而走险,以身试法,其中包括一些老干部。因此,对经济犯罪和其他刑事犯罪实行"严打"的方针,不但可以维护社会秩序、巩固和加强人民民主专政,而且可以挽救一大批人,使他们不致走上犯罪的道路。这对国家对社会对个人都是十分必要的。

社会主义法制的根本作用就在于保护人民,打击敌人,惩办犯罪,巩固人民民主专政。对严重的刑事犯罪的任何姑息放纵,都是对社会主义法制的破坏,都是违背人民的愿望和利益的。只有严惩严重的刑事犯罪分子,方能做到"真正使人人懂得法律,使越来越多的人不仅不犯法,而且能积极维护法律。现在我们严肃处理这样一批人,不但对绝大多数犯罪分子是一种教育,对全党、全国人民也是一种教育"③。

从重从快从严打击严重经济犯罪和其他刑事犯罪,必须坚持"依法"进行。邓小平同志反复强调,要"按照法律"对反革命分子和坏分子进行严肃处理;"坚决采取法律措施",打击那些"触犯刑律"的经济犯罪分子、刑事犯罪分子。要杀一些人,也不能乱开杀戒。"使国家损失几百万、上千万的国家工作人员,为什么不可以按刑法规定判死刑?"④在依法进行的前提下从重从快打击经济犯罪分子和其他严重刑事犯罪分子,符合我国宪法和刑事立法的要求,符合社会主义法制原则,合法又合理。在犯罪分子气焰极为嚣张的情况下,加快办案速度,提高工作效率,可以及时起到法律的威慑作用,实践证明是正确的。

四、打击经济犯罪,促进党风好转

邓小平同志将打击经济犯罪与党风问题联系起来,认为严肃处理党员犯罪就是整党的组成部分。在刑事犯罪案件中,党员犯罪的比例是较高的,邓小平同志对此深恶

---

① 《邓小平文选》第2卷,第402—403页。
② 同上书,第403页。
③ 同上书,第254页。
④ 《邓小平文选》第3卷,第153页,北京,人民出版社,1993。

痛绝。他认为,对构成犯罪的党员、干部的处理是否及时,是否从严,直接体现党风能否得到端正的原则问题。许多事实说明,一些案件之所以迟迟不能按党纪国法公开、及时地处理,根本原因是党风不正在作怪。只有严肃处理党员犯罪,才有助于教育全党,使人民对党树立信心。邓小平同志指出,对在打击经济犯罪中揭发出来的"有严重问题的党员,开除党籍,开除公职,不就是整党吗? 贪污分子,贪污数量很大的,就是坦白从宽,再宽大,党籍总要开除吧;如果在军队,军籍总要开除吧。再宽,也不能宽到连党籍、军籍也保留,甚至于还升一级吧"①。通过打击经济领域犯罪的斗争,清除党内的腐败分子,纯洁党的队伍,教育广大党员和干部,以端正党风,是整党工作的重要内容。

综上所述,邓小平同志这篇讲话,以深刻的洞察力分析了在新的历史条件下反腐倡廉,巩固和加强人民民主专政斗争的严重性和长期性,提出了坚持社会主义道路的四项保证,指出建设四化要坚持"两手"政策。这无论是在理论上和实践上都具有十分重要的意义。

---

① 《邓小平文选》第 2 卷,第 404 页。

第十八章　邓小平著作(二)①

第一节　《在中央政治局常委会上的讲话》

【写作的历史背景】

继中国共产党召开第十一届三中全会之后,中国社会进入一个全面的改革开放时代。中国的改革首先在广大的农村取得成功,进而在城市的各个领域广泛展开,取得了越来越引人瞩目的成就。但是,随着改革开放的深入发展,也出现了一些新的矛盾和问题。到 1985 年底至 1986 年初,在中国经济日益走向繁荣的背后,隐藏着社会风气恶化、党风建设松懈、精神文明建设滞后的倾向。特别是经济犯罪和各种犯罪活动增加,犯罪分子破坏社会主义经济秩序、社会秩序,大搞偷税漏税、走私贩私、贪污盗窃、倒卖文物、制黄贩黄以及拐卖妇女儿童等不法活动。在党和国家机关一些部门的党员干部中,滋生出种种腐败现象,腐败分子和各种犯罪分子勾结在一起,使各种犯罪和社会丑恶现象屡禁不绝,而且有日益严重的趋势;一些领导干部,甚至一些执法机关也参与了犯罪活动;个别高干子弟泄露经济情报,卷入情报网,出卖消息,出卖文件。

上述现象在全国来说,虽然是少数,但它严重腐蚀着我们的党、政府和军队的肌体,污染着社会风气,破坏着社会主义精神文明的建设,严重影响着四化建设和改革开放的历史进程,对建立具有中国特色社会主义事业的前途危害极大。邓小平以战略家的远见卓识,及时地洞察并着手解决这些问题。他于 1986 年 1 月 17 日发表《在中央政治局常委会上的讲话》,比较全面系统地论述了抓精神文明建设、抓党风、抓社会风气好转以及抓建设与抓法制的辩证关系等问题。这篇著作更多地从法制角度论述问题,极大地丰富了建设具有中国特色社会主义理论的内涵。它不仅对解决当时的社会问题具有极强的现实指导意义,而且对于中国整个现代化建设进程中的法制建设,也具有深远的指导作用。

---

① 本章的著作均载于《邓小平文选》第 3 卷。

【主要法学论点】

一、死刑不能废除

死刑是剥夺犯罪分子生命的刑罚方法。它是历史上最古老的刑罚之一。无论在东方，还是在西方，死刑在中世纪以前都是非常残酷的。西方资本主义上升时期，反映自由资产阶级思想的学者如贝卡利亚等人提出废除死刑的主张，某些资本主义国家曾先后废除过死刑。而另外一些著名的资产阶级学者如孟德斯鸠、卢梭等人，则反对废除死刑。实际上，迄今为止，世界上大多数国家并未废除死刑。但死刑存废却成了法学家、政治家争论的一个重要问题。这种争论一直持续到今天。

邓小平同志根据我国的现实情况，明确指出："死刑不能废除，有些罪犯就是要判死刑。"[1]其原因包括如下几个方面：

第一，死刑是震慑犯罪分子的有力手段。邓小平同志多次谈到，刑事案件、恶性案件大幅度增加，这种情况很不得人心。这股风一直没能压下去，原因是下不了手，对犯罪分子打击不力、不快，判得很轻，对于依法该适用死刑的没有适用死刑。这样，犯罪分子气焰更加嚣张。"屡教屡犯的多得很，劳改几年放出来以后继续犯罪，而且更熟练、更会对付公安司法机关了。对这样的累犯为什么不依法杀一些？还有贩卖妇女、儿童，搞反动会道门活动，屡教不改的，为什么不依法从重判处？"[2]杀一儆百，杀一些可以挽救一大批干部。"现在一般只是杀那些犯杀人罪的人，其他的严重犯罪活动呢？广东卖淫罪犯那么猖獗，为什么不严惩几个最恶劣的？老鸨，抓了几次不改，一律依法从重判处。经济犯罪特别严重的，使国家损失几百万、上千万的国家工作人员，为什么不可以按刑法规定判刑？一九五二年杀了两个人，一个刘青山，一个张子善，起了很大的作用。现在只杀两个起不了那么大作用了，要多杀几个，这才能真正表现我们的决心。"[3]因此，对于严重刑事犯罪分子，包括杀人犯、抢劫犯、流氓犯罪团伙分子、教唆犯、在劳改劳教中继续传授犯罪技术的惯犯，以及人贩子、老鸨儿等，必须坚决予以逮捕、判刑、进行劳动改造，给予严厉的法律制裁，必须依法杀一批，有些要长期关起来。"必须依法从重从快集中打击，严才能治住。"[4]充分有效地运用死刑的威力，才能震慑住犯罪分子。

第二，从一定意义上说，运用死刑是人道主义的体现。早期废除死刑论者的一个

---

[1]　《邓小平文选》第 3 卷，第 152 页。
[2]　同上书，第 152—153 页。
[3]　同上书，第 153 页。
[4]　同上书，第 34 页。

重要观点,就是死刑是残酷的、非人道的刑罚方法,当今世界上一些学者或国家攻击死刑制度的一个重要论据也是死刑的非人道性。因此,邓小平针锋相对地指出,在一定情况下,运用死刑不但不是反人道的,而且恰恰是最大的人道主义。这是因为:其一,运用死刑,除了起到震慑犯罪分子的作用外,"判死刑也是一种必不可少的教育手段"①。死刑的运用,可以使一大批人避免走上犯罪的道路,"这本身对人民是教育,同时能挽救很多人,挽救很多青年"②。这应该说是更大的人道主义。其二,运用死刑,符合人民的利益和愿望。对于罪该判处死刑的犯罪分子,若不从重从快予以严惩,便不足以平民愤、安民心,便不能维护社会治安,巩固和加强人民民主专政,保障社会主义现代化建设的顺利进行。我们的党和政府就会严重地脱离群众。在中国目前情况下,适用死刑来打击和瓦解各种反革命分子、刑事犯罪分子,以维护社会安定,是完全符合人民群众要求的。因此,邓小平指出:"要讲人道主义,我们保护最大多数人的安全,这就是最大的人道主义!严厉打击刑事犯罪活动是一件大快人心的事。"③其三,运用死刑,要依法进行,不能乱判死刑。这与封建社会统治者肆意杀害无辜,用严刑峻法残害人民有着本质的区别。邓小平在谈到死刑不能废除问题时,都是强调以"依法"为前提条件。如对反革命分子、坏分子进行严肃处理时,要按照法律办;对各种刑事犯罪分子不能手软,前提是"坚决采取法律措施"。对于严重的经济犯罪、刑事犯罪,要杀人也不是乱开杀戒。"使国家损失几百万、上千万的国家工作人员,为什么不可以按刑法规定判死刑?"④因此,在现今中国社会条件下,判死刑必须依法进行,这是社会主义法制原则的要求,是"有法必依、执法必严、违法必究"的具体体现。只要严格从法制原则出发,判死刑不但不是反人道的,而且恰恰是依法维护人道主义、保障广大人民安居乐业的必要手段。

二、反腐倡廉是社会主义法制的客观要求

"在整个改革开放过程中都要反对腐败。对干部和共产党员来说,廉政建设要作为大事来抓。"⑤《在中央政治局常委会上的讲话》这篇著作中,邓小平同志意味深长地论证了廉政,特别是高干及其子弟廉政与加强社会主义法制之间的辩证关系。他说:"高级干部及其子女绝大多数是好的。但是现在确有个别干部子弟泄露经济情报,卷入了情报网,出卖消息,出卖文件。越是高级干部子弟,越是高级干部,越是名人,他们的违法事件越要抓紧查处,因为这些人影响大,犯罪危害大。抓住典型,处理了,效果

---

① 《邓小平文选》第 3 卷,第 153 页。
② 同上书,第 33 页。
③ 同上书,第 34 页。
④ 同上书,第 153 页。
⑤ 同上书,第 379 页。

也大,表明我们下决心克服一切阻力抓法制建设和精神文明建设。那些小萝卜头漏掉一点关系不大,当然不是说就可以放松。我看,真正抓紧大有希望,不抓紧就没有希望。高级干部在对待家属、子女违法犯罪的问题上必须有坚决、明确、毫不含糊的态度,坚决支持查办部门。不管牵涉到谁,都要按照党纪、国法查处。要真正抓紧实干,不能手软。"①邓小平同志关于端正党风、加强廉政建设、反对腐败与加强社会主义法制关系的论述内容相当丰富。这里将其概括为如下两个方面。

1.反腐倡廉是建设有中国特色社会主义的客观要求和重要保障。

邓小平同志从社会主义现代化建设全局出发,以高屋建瓴的气魄,深刻地阐明了加强廉政建设与反对腐败的重大意义和作用,科学地分析了腐败现象产生的原因,具体提出了反腐败斗争的根本方针。

第一,反腐倡廉是贯彻党的基本路线的客观要求。改革开放以来,我们党通过不断的摸索,逐渐形成"一个中心、两个基本点"的基本路线。邓小平同志指出:"我们一手抓改革开放,一手抓惩治腐败,这两件事结合起来,对照起来,就可以使我们的政策更加明朗,更能获得人心。"②并说:"讲这点,可能对我们以后制定方针政策有好处。"③这表明,邓小平同志将反腐倡廉这个问题提到了党的方针、路线这样的高度来认识。这一思想在党的十三大和十四大报告中都得到了明确的体现。如十三大报告指出,对于那些败坏党和人民事业的腐败分子,必须采取坚决清除的方针,有多少清除多少,决不能姑息养奸。十四大报告又指出,在改革开放的整个过程中都要反腐败,把端正党风和加强廉政建设作为一件大事,下决心抓出成效,取信于民。要全面地贯彻党的基本路线,就要坚定不移地端正党风,反腐倡廉。这是历史赋予中国共产党的神圣使命。

第二,反腐倡廉是中国特色社会主义的必然要求。中国要进行的是一场伟大的历史性的社会变革,我们要建设的是具有中国特色的社会主义。建设中国的社会主义,不仅经济要上去,社会风气、社会秩序都要搞上去。如果只是经济赶上了发达国家,"但风气如果坏下去,经济搞成功又有什么意义? 会在另一方面变质,反过来影响整个经济变质,发展下去会形成贪污、盗窃、贿赂横行的世界"④。这样的社会主义不是我们党和人民所要追求的社会主义。

第三,反腐倡廉是中国共产党自身建设的迫切要求。在中国现今社会,共产党是执政党。中国经济建设到底能否搞成功,社会主义前途究竟如何,同这个党自身建设的情况息息相关。反腐倡廉,端正党风,对党的自身建设尤为重要。改革开放以来,党的主流是好的,绝大多数党员干部能够廉洁奉公,勤勤恳恳为人民服务。但也有一些人经不起改革开放的考验。偷税漏税、走私贩私、执法犯法、违反外事纪律及道德败坏

---

① 《邓小平文选》第3卷,第152页。
② 同上书,第314页。
③ 同上书,第306页。
④ 同上书,第154页。

等现象,在某些共产党员中屡有发生。对此,邓小平告诫全党,要足够估计到这样的形势,这股风来得很猛,如果我们党不严加注意,不坚决刹住这股风,那么,我们的国家确实会发生"改变不改变面貌"的问题。这不是危言耸听。反腐倡廉是关系到党和国家生死存亡的问题。因此,"对我们来说,要整好我们的党,实现我们的战略目标,不惩治腐败,特别是党内的高层的腐败现象,确实有失败的危险"①。

2.反腐倡廉必须依靠法制。

反腐倡廉,关键是要真抓实干。邓小平指出:"在整个改革开放过程中都要反对腐败。对干部和共产党员来说,廉政建设要作为大事来抓。还是要靠法制,搞法制靠得住些。"②又说,对待反腐倡廉,"主要通过两个手段来解决,一个是教育,一个是法律"③。在改革开放过程中,坚持反腐倡廉之所以要依靠法制,原因在于:其一,反腐倡廉是一个长期的战略任务,就人与法的关系而言,人治在一定条件下固然可以发挥奇效,但法作为治理国家的一种必要手段,更具有确立后长期发挥作用的特点,可以有效地防止反腐倡廉流于形式,或者防止基于国家政治气候而产生一阵松一阵紧的弊端。其二,邓小平的法治观念,继承了中国历史上的"法是治国之具"的科学思维模式。他认为法是治理国家必不可少的手段;而且,这种手段比其他手段如行政手段等具有更大的强制性。法是反腐倡廉工作的最强有力的武器。其三,通过法制反腐倡廉,能够有效地维护社会秩序,使绝大多数党员、干部增强反腐倡廉的自我约束能力,有章可循,有法可依,可以较好地起到防范的作用。

正是基于反腐倡廉要依靠法制的思想,邓小平提出,要加大打击力度,集中力量抓好一批大案要案。他说:"惩治腐败,至少抓一二十件大案,透明度要高,处理不能迟。"④由于大案要案涉及面广,影响大,常常直接影响经济建设和社会稳定。这类案件既是社会关注的焦点,也是人民群众衡量反腐败斗争是否动了真格的重要标志之一。认真查处一批大案要案,可以充分发挥法的威力,震慑犯罪分子,表明党和政府惩贪倡廉的决心和勇气,从而取信于民。所以,邓小平说:"要扎扎实实做几件事情,体现出我们是真正反对腐败,不是假的。""腐败的事情,一抓就能抓到重要的案件,就是我们往往下不了手。这就会丧失人心,使人们以为我们在包庇腐败。这个关我们必须过,要兑现。是一就是一,是二就是二,该怎么处理就怎么处理,一定要取信于民。腐败、贪污、受贿,抓个一二十件,有的是省里的,有的是全国范围的。要雷厉风行地抓,要公布于众,要按照法律办事。该受惩罚的,不管是谁,一律受惩罚。"⑤

反腐倡廉,利用法制是重要手段,但不是唯一的手段。要真正把反腐倡廉落到实

---

① 《邓小平文选》第3卷,第313页。
② 同上书,第379页。
③ 同上书,第148页。
④ 同上书,第313页。
⑤ 同上书,第297页。

处，还要求全党上下，特别是党的各级领导干部必须从根本上端正对反腐倡廉工作重要性和迫切性的认识，提高反腐倡廉工作的自觉性，把反腐败斗争作为一项重大政治任务抓好。克服把反腐倡廉同经济工作对立起来的错误认识，克服"经济要上，纪检要让"，"哪里反腐败，哪里就吃亏"，"先致富，后反腐"等错误观念。要从领导干部做起，廉洁自律。抓紧本地区、本部门、本单位的突出问题，一抓到底。同时，要大力加强思想政治教育工作。邓小平说："艰苦奋斗是我们的传统，艰苦朴素的教育今后要抓紧，一直要抓六十至七十年。我们的国家越发展，越要抓艰苦创业。提倡艰苦创业精神，也有助于克服腐败现象。新中国成立以来我们一直在讲艰苦创业，后来日子稍微好一点，就提倡高消费，于是，各方面的浪费现象蔓延，加上思想政治工作薄弱、法制不健全，什么违法乱纪和腐败现象等等，都出来了。我对外国人讲，十年最大的失误是教育，这里我主要是讲思想政治教育，不单纯是对学校、青年学生，是泛指对人民的教育。对于艰苦创业，对于中国是个什么样的国家，将要变成一个什么样的国家，这种教育都很少，这是我们很大的失误。"①因此，加强思想政治教育，使广大党员干部和人民群众从思想上牢固地树立起一道防止腐败的钢铁长城，这是反腐倡廉工作的一项长期的和根本的任务。

总之，反腐倡廉既要依靠法制，又要依靠教育，需要标本兼治，综合治理，全党动手，持之以恒。邓小平同志反复指出，端正党风，反对腐败是一项长期的任务，它贯穿于改革开放的整个过程当中。改革开放政策延续多久，端正党风，惩治腐败的工作就要干多久，打击犯罪，惩治违法分子的工作就要干多久。这样，才能保障中国改革开放事业的正常进行，保持社会的稳定，从而为经济的发展创造必要的前提条件。

第二节 《在全体人民中树立法制观念》

【写作的历史背景】

邓小平同志多次指出，中国社会的改革，就其性质来说，实质上是一场革命。这场革命将要摧毁一切束缚生产力发展的因素，包括一系列传统的观念。而在我们这个具有 5000 年文明史的泱泱大国，一些固有的、传统的、落后的观念根深蒂固，严重制约和束缚着改革开放大业的顺利进行。其中人民大众的法制观念不强则是一个突出的问题。本来，法制是一定民主政治的法律化，是依法行使国家权力，不准任何人享有法律之上特权的一种原则和制度。这种意义的法制首先强调的不是被统治者遵守法律，而是以法律适用上一律平等、反对任何人享有法外特权为基本要求。对法定的权利，平等地予以保护，对法定的义务，平等地要求履行，对违反法律者不论任何人都要予以制

---

① 《邓小平文选》第 3 卷，第 306 页。

裁。然而在我们国家,由于几千年封建社会制度的延续,非常缺乏这种法制传统。在党领导人民取得革命胜利、掌握政权以后,加强法制的问题又被历史地提上日程。应该说,健全社会主义法制,是马克思主义关于国家与法的理论中的一个十分重要的问题,也是工人阶级革命政党取得革命胜利后一项必须解决的历史任务。但作为无产阶级执政党必须坚持的一条基本方针,在马克思主义经典作家的论述中却找不到现成的答案。列宁和斯大林虽然亲自参加了社会主义法制建设的实践,但他们在理论和实践中的回答都不够全面和具体,"斯大林严重破坏社会主义法制"①。这使得中国共产党人在建立社会主义法制方面无现成经验可循,必须闯出一条自己的正确道路。

重视法制建设,作为中国共产党的根本方针,确切地说,早在1956年党的第八次代表大会上就已经确定了。八大的文件曾明确地指出,为了巩固我们人民民主专政,为了保卫社会主义建设的秩序和保障人民的民主权利,为惩治反革命分子和其他犯罪分子,我们目前在国家工作中的迫切任务之一,是着手于系统地制定比较完备的法律,健全我们国家的法制。然而,党的八大提出的这一重要思想没有在实践中坚持下去。特别是经过"文革"的严重破坏,砸烂公检法,社会主义法制不但无从谈起,广大人民群众本来就不很健全的法制观念更加扭曲。整个民族和公民个人(包括领导干部)的法制观念淡薄,社会中存在着为数众多的"法盲",他们不了解社会生活中各个领域的基本准则,不懂得什么是合法行为、什么是非法行为,也不懂得自己的行为在法律上的严重后果;更有少数人在社会上胡作非为,甚至不惜以身试法。正是在这种情况下,邓小平同志提出了加强法制的重要问题。1980年1月16日,他在中央召集的干部会议上,第一次明确提出:"我们坚持发展民主和法制,这是我们党的坚定不移的方针。"②同年12月,他在中央工作会议上的讲话中,再次着重指出:"要继续发展社会主义民主,健全社会主义法制。这是三中全会以来中央坚定不移的基本方针,今后也绝不允许有任何动摇。"③邓小平在《答意大利记者奥琳埃娜·法拉奇问》中,当记者问到如何才能避免类似"文化大革命"那样的错误时,邓小平深有感触地答道:"我们这个国家有几千年封建社会的历史,缺乏社会主义的民主和社会主义的法制。现在我们要认真建立社会主义的民主制度和社会主义法制。只有这样,才能解决问题。"④正是基于对历史经验教训的总结,和适应建立社会主义法制的客观要求,邓小平于1986年6月28日,在中央政治局常委会上发表了《在全体人民中树立法制观念》一文,比较全面、系统地论述了加强社会主义法制问题,特别是论述了为达此目的在人民群众中树立法制观念的一系列理论问题。它对指导我国改革开放时期的法制建设,有着重大的现实意义,为中国走入现代文明的法制社会,奠定了思想理论基础。

---

① 《邓小平文选》第2卷,第333页。
② 同上书,第256—257页。
③ 同上书,第359页。
④ 同上书,第348页。

【主要法学论点】

一、改善党的领导是树立法制观念的重要条件

邓小平《在全体人民中树立法制观念》一文，开宗明义地指出："纠正不正之风、打击犯罪活动中属于法律范围的问题，要用法制来解决，由党直接管不合适。党要管党内纪律的问题，法律范围的问题应该由国家和政府管。党干预太多，不利于在全体人民中树立法制观念。"①这里邓小平同志明确提出了在全体人民中树立法制观念必须改善党的领导的问题。这同他一贯倡导的加强和改善党的领导以及重视社会主义法制建设的思想是一致的。

早在1980年1月，他就十分明确地提出："必须努力改善党的领导。"②又说："关于改善党的领导，现在需要解决的问题很多。"③"我们要改善党的领导，除了改善党的组织状况以外，还要改善党的领导工作状况，改善党的领导制度。"④"如果这个问题解决得不好，可能损害党的领导，削弱党的领导，而不是加强党的领导。"⑤这之后，邓小平同志在多次讲话中，将改善党的领导同加强社会主义法制、同在人民群众中树立法制观念联系起来，要求全党直至中央都要自觉地将自己的一切活动纳入宪法和法律的范围内，任何党员，包括党员干部，都要遵守"法律面前人人平等"的原则。党员不能凌驾于宪法和法律之上，党必须在宪法和法律的范围内活动。

邓小平在解释在人民中树立法制观念必须改善党的领导的原因时谈到，我们国家有一个不好的传统，就是人治的传统，我们要着手解决人治与法治的问题，我们主张"以法治国"，就必须反对"以党治国"，以党治国的国民党遗毒是麻痹党、破坏党、使党脱离群众的最有效的办法⑥。所谓"以党治国"，就是党政不分，以党代政。其表现在两个方面：其一，用党组织来代替其他组织，把本来属于国家权力机关、行政机关和司法机关以及其他群众组织的权力，不适当地集中于党组织，把党凌驾于宪法和法律之上。其二，将党的政策法律化，以党的决议、文件、通知、号召等代替国家法律。"以党治国"的后果必然是："我们的各级领导机关，都管了很多不该管、管不好、管不了的事，这些事只要有一定的规章，放在下面，放在企业、事业、社会单位，让他们真正按民主集中制自行处理，本来可以很好办，但是统统拿到党政领导机关、拿到中央部门来，就很难办。

---

① 《邓小平文选》第3卷，第163页。
② 《邓小平文选》第2卷，第268页。
③ 同上书，第270页。
④ 同上书，第269页。
⑤ 同上书，第270页。
⑥ 参见中共中央北方局：《党的生活》，1941(15)。

谁也没有这样的神通，能够办这么繁重而生疏的事情。"①事实上，以党代政，以言代法，以政策代替法律，大小事情都由党的领导人说了算，往往把领导人的言语当成法，不但严重影响了社会主义民主的发扬，不利于在全体人民中树立法制观念，而且也会严重地削弱党的领导。

因此，邓小平指出："党政分开，从十一届三中全会以后就提出了这个问题。我们坚持党的领导，问题是党善于不善于领导。党要善于领导，不能干预太多，应该从中央开始。这样提不会削弱党的领导。干预太多，搞不好倒会削弱党的领导，恐怕是这样一个道理。"②又说："中央一部分主要领导同志不兼任政府职务，可以集中精力管党，管路线、方针、政策。这样做，有利于加强和改善中央的统一领导，有利于建立各级政府自上而下的强有力的工作系统，管好政府职权范围的工作。"③

邓小平同志专门强调，党要在宪法和法律范围内活动。其依据是：社会主义法律是党的路线、方针、政策的具体化、条文化、定型化，是党的主张和人民意志的统一。党通过领导国家的立法机关、行政机关和司法机关，制定、贯彻和执行法律，把人民的意志上升为国家意志，这本身就是为了巩固和加强党的领导，而绝不是降低和削弱党的领导作用。

不仅如此，中国共产党作为执政党，党的各级组织和党的行为在广大人民群众中间有着巨大的影响。党既是人民的领导者，也应该是人民的表率，应发挥自己的先锋模范作用。毫无疑问，宪法和法律只有得到执政党的遵守，才能进而得到整个社会的遵守。宪法和法律的权威必须首先在执政党中树立起来，才能在其他党派、进而在整个社会中树立起来。执政党对自己领导人民通过立法机关正式颁布的宪法和法律的态度，直接关系到整个社会人们的法制观念能否树立起来。党员的一举一动、一言一行如果背离宪法和法律，广大人民群众都会看得清清楚楚。一旦党员干部破坏法制的问题得不到及时处理，或者本应由司法机关追究刑事责任的，却由党的机关以党纪处理了事，都会妨碍在全体人民中树立法制观念。所以，要健全社会主义法制，培养全民族的法制意识，不仅要求党领导人民制定完备的法律制度，而且要求执政党带头遵守宪法和法律。中国共产党作为执政党，党组织作为社会组织之一种，共产党员作为人民群众的普通一员，在法律面前都是平等的。共产党从诞生之日起就反对为一己的利益谋求任何特权。如果党的各级组织和党员，尤其是党的各级领导干部，把自己摆在特殊地位，使自己的活动超越宪法和法律的限度，那么，必然违背人民的意志，损害人民的利益，社会主义法制的权威便无从得以维护。为此，邓小平指出："为了保障人民民主，必须加强法制。必须使民主制度化、法律化，使这种制度和法律不因领导人的改变而改变，不因领导人的看法和注意力的改变而改变。现在的问题是法律很不完备，

① 《邓小平文选》第2卷，第328页。
② 《邓小平文选》第3卷，第163—164页。
③ 《邓小平文选》第2卷，第321页。

很多法律还没有制定出来。往往把领导人说的话当做'法',不赞成领导人说的话就叫做'违法',领导人的话改变了,'法'也就跟着改变。"①所以,要在人民中树立起法制观念,还特别要求党的组织和党员模范守法。为了做到党员模范守法,除了党员自觉之外,还要有党纪党法的约束:"国要有国法,党要有党规党法。党章是最根本的党规党法。没有党规党法,国法就很难保障。各级纪律检查委员会和组织部门的任务不只是处理案件,更重要的是维护党规党法,切实把我们的党风搞好。"②全民的法制意识在党的领导下,在党员以身作则的影响下,一定会全面地树立起来。

二、法制观念要靠法制教育和法制宣传来树立

近代以来,中国人为实现法治梦想,曾掀起过两次大的立法高潮,一是清末以沈家本为首的立法修律运动,另一次就是改革开放以来中国大规模的立法活动。应该说,十几年来,中国的法律立得不少了。然而却远不能认为,真正的法治社会已经实现了。有法律是法治存在的前提条件,但"徒法不足以自行",法律还必须被普遍遵守,也就是要得到正确的实施或实现。为了做到这一点,邓小平《在全体人民中树立法制观念》一文比较系统地提出了树立全民法制观念、使法律得以实现,必须进行法制教育和法制宣传的思想。邓小平指出:"现在从党的工作来说,重点是端正党风,但从全局来说,是加强法制。我们国家缺少执法和守法的传统,从党的十一届三中全会以后就开始抓法制,没有法制不行。法制观念与人们的文化素质有关。现在这么多青年人犯罪,无法无天,没有顾忌,一个原因是文化素质太低。所以,加强法制重要的是要进行教育,根本问题是教育人。法制教育要从娃娃开始,小学、中学都要进行这个教育,社会上也要进行这个教育。纠正不正之风中属于法律范围、社会范围的问题,应当靠加强法制和社会教育来解决。"③邓小平这一关于法制教育的思想,至少包括如下内容:

1.法制教育的目的和标准。

邓小平提出,加强法制重要的是进行教育,根本问题是教育人。这里明确地提出了法制教育的目的问题,即法制教育的根本目的在于人的法律素质的提高,在于公民法律意识的提高,在于全民法制观念的形成,也就是要用法律武装干部和群众的头脑,把法律交给人民。如果说现代化首先是人的现代化,那么,这里就包含着人们法制观念的现代化,即使人变成一个法制社会的人。这是实现社会主义法制的前提条件。

为什么说"加强法制的根本问题是教育人"呢? 第一,我们要实现社会主义法制的目标,除了立法之外,就是要保证各种法律得到严格的执行和遵守,做到人人依法办事。这就要求人人都要了解法律,增强法制观念。知法才能守法,守法才能护法。因

①　《邓小平文选》第 2 卷,第 146 页。
②　同上书,第 147 页。
③　《邓小平文选》第 3 卷,第 163 页。

此,只有对全体公民进行法制宣传教育,才能为法律的实施奠定最广泛的、最坚实的群众基础,才能使法制的要求落到实处。第二,就社会主义法律创制的本身来说,我们国家历来坚持群众路线,从群众中来,到群众中去。这是为了更好地体现社会主义法的人民性。保障人民当家作主,就要使人民群众直接或间接地参与国家法律的创制活动。如果广大人民群众不具备必要的法律知识和法制观念,法制民主化就不可能真正实现,人民大众参与创制法律就会成为一句空话。第三,法律监督也需要进行法制教育。历史和现实世界各国的经验表明,法律必须有完备的监督体系,才能保障其顺利地贯彻和执行。按照邓小平同志的主张,在我们国家,要建立一个卓有成效的法律监督体系,除了要有专门的机构进行铁面无私的监督检查外,还"要有群众监督制度,让群众和党员监督干部,特别是领导干部。凡是搞特权、特殊化,经过批评教育而又不改的,人民就有权依法进行检举、控告、弹劾、撤换、罢免,要求他们在经济上退赔,并使他们受到法律、纪律处分"①。并且,"要切实保障工人农民个人的民主权利,包括民主选举、民主管理和民主监督"②。为此,我国宪法对公民有权监督法律的实施作了明文规定。但是,如果公民个人连基本法律知识都不了解、不掌握,没有极强的法律意识和法制观念,那么,就无法充分有效地行使自己监督法律实施的权利。

那么,法制教育到什么程度才算成功呢?或者说,法制教育成功的标准是什么呢?邓小平说:"要讲法制,真正使人人懂得法律,使越来越多的人不仅不犯法,而且能积极维护法律。"③这里邓小平提出了法制教育的低标准和高标准的问题。所谓低标准,就是指公民能真正掌握法律的基本精神,能用法律自觉地约束自己,抑制自己的犯罪动机和行为,保证自己不犯法。也就是说,达到使每个公民个人都能守法的境界,这是法制教育的一般标准或要求。所谓法制教育的高标准,是指不仅要达到每个公民都能自觉地守法,而且要使公民学会敢于和善于运用法律这一武器同一切违法犯罪行为作斗争。其中包括检举、揭发、控告一切违法犯罪行为,维护国家法律的尊严。这个高标准说到底,还是作为一个现代化的人的法律素养问题。

2. 法制教育的重点对象。

按照邓小平的看法,当前法制教育的重点对象包括两类人,一是党员干部,特别是各级领导干部;二是青少年一代。

邓小平在不同场合的多次讲话中,都反复强调要在党员干部,特别是领导干部中加强纪律教育和法制教育。因为国家的宪法和法律能否得到遵守,关键要看党员干部,特别是各级领导干部能否遵守法律和依法办事。由于长期的封建传统的影响和"文革"的破坏,在现实生活中,的确有些党员干部,或不了解国家法律,或无视国家法律,有些领导干部习惯于"以言代法""以权压法",任意干涉和干扰司法机关依法进行

---

① 《邓小平文选》第 2 卷,第 332 页。
② 同上书,第 146 页。
③ 同上书,第 154 页。

司法活动。这在某种程度上损害了法制的尊严,削弱了法制的作用。因此,抓紧对党员干部的法制教育,是在全民中树立法制观念的关键。正因为如此,我们国家在进行"一五"和"二五"普法时,都把县、团级以上领导干部列为重点对象。

普法教育的另一个重点对象就是青少年一代。邓小平同志说,"法制教育要从娃娃开始,小学、中学都要进行这个教育"①。现在有些青年人犯罪没有顾忌,娃娃犯罪无法无天。邓小平的话针对性极强。近些年来,社会治安一直不甚理想,其中重要原因是青少年犯罪的比例居高不下。据有关部门统计,在近几年我国的刑事犯罪中,青少年犯罪占整个犯罪的 60%—70%,有的年份竟然高达 80%! 这是一个触目惊心的数字。青少年一代是国家的未来,他们尚未成人,很多人可塑性很强。因此,抓紧对青少年进行法制教育,是非常必要的。为落实邓小平关于"法制教育要从娃娃抓起"的精神,全国在中、小学普遍开设了法制教育课。目前,各大学也根据国家安排,普遍开设法律基础课。通过这些正规教育,以及各种各样的法制宣传、影视教育等,广大青少年的法律意识必将有一个大的提高。

3.法制教育的方法及必须注意的几个问题。

邓小平同志重视法制教育和法制宣传,不仅从理论上论证了法制教育对树立全民法制观念的作用及意义,而且,就法制教育的方式、方法,以及法制教育过程中应注意的问题提出了重要见解。

第一,法制教育必须结合公民的职业特点进行。在党政机关、军队、学校、企事业单位和全体人民中树立法制观念,进行法制教育时,都必须结合本单位、本系统、本部门的实际情况和职业特点进行,即"学习和服从各自所必须遵守的纪律"。这主要是因为,我国法律法规很多,要求人们全部掌握既无必要,也不现实。所以,应该从本部门实际出发,结合职业特点,有重点地学习一些常用和重要的法律法规,学习一些与本部门本行业相关的法律法规。这样,不但有利于增强学习功效,而且还能促进本单位、本部门的规章制度建设。

第二,法制教育要同提高人们的文化素养相结合。邓小平说:"法制观念与人们的文化素质有关。"②这完全符合事实。我国当前发生的一些刑事案件、治安案件、民事纠纷,有相当一部分同当事人的无知、愚昧、野蛮有关。在青少年犯罪中,有相当多的文盲和半文盲。新中国成立以后,党和国家非常重视扫盲工作,但我国文盲和半文盲比例还相当高,绝对数很大。因此,要在全民中树立法制观念,必须把法制教育同提高整个民族的文化素质结合起来。只有如此,才能从根本上解决问题。

第三,法制教育要经常化、系统化和制度化。法制教育是一个复杂的系统工程,必须长期坚持。尽管我们国家成功地组织了"一五"和"二五"普法教育,但法制教育、在

---

① 《邓小平文选》第 3 卷,第 163 页。
② 同上书,第 163 页。

全民中树立法制观念的历史任务并没有最终完成,还必须制定法制教育经常性的措施,教育内容要系统化,使法制教育制度化。

4.市场经济条件下进行法制宣传教育的必要性。

邓小平同志指出:"市场经济不等于资本主义,社会主义也有市场。计划和市场都是经济手段。"①"社会主义和市场经济之间不存在根本矛盾。"②党的十四大进而明确提出要在中国建立社会主义市场经济。市场经济的建立,是经济体制的根本性变革,涉及经济基础和上层建筑的许多领域,必然要求有相应的社会主义法制作保证,有法律来引导、规范和约束,法制建设必须与市场经济体制建设同步。从一定意义上说,市场经济就是法制经济。在市场经济条件下,还要继续进行法制教育和法制宣传,而且要加大教育和宣传的力度。这是因为:第一,明确各类市场主体的权利义务,需要广泛开展法制宣传教育;第二,规范市场行为,维护公平竞争的市场秩序,需要广泛开展法制宣传教育;第三,国家对经济宏观调控的有效实现,需要广泛开展法制宣传教育;第四,转变政府职能,搞好机构改革,需要广泛进行法制宣传和教育;第五,为市场经济体制的建立和发展创造良好的外部环境,需要开展广泛的法制宣传和教育。总之,在社会主义市场经济条件下,从市场经济各个领域的客观需要看,整个法制宣传教育工作的任务更加繁重,地位、作用更加重要,对工作本身的要求更高。应当按照邓小平同志关于在全民中树立法制观念,必须进行法制教育的一贯思想,把在亿万公民中普及市场经济法律知识,树立市场经济法制观念,作为我国建立市场经济体制的必要条件来抓,作为新时期法制宣传教育的重要内容来抓。切实做到这一点,法制教育工作将会大有作为。

第三节 《关于政治体制改革问题》

【写作的历史背景】

早在 1978 年 10 月,邓小平同志就指出,社会主义四个现代化的建设是一场革命,必然要多方面地改变生产关系和上层建筑,如果不实行改革,我们的现代化事业就会被葬送。这里所说的改革,当然包括政治体制改革在内。但是,由于当时国家面临的最重要的问题是经济问题,需要最先着手解决的是经济体制改革的问题,所以,当时尚未明确使用"政治体制改革"这一概念。1980 年 8 月 18 日,邓小平在中央政治局扩大会议上作了《关于党和国家领导制度的改革》的讲话,对我国政治体制改革的核心即党和国家的领导制度进行了全面的分析,尖锐地指出了其中存在的问题及其产生的根

---

① 《邓小平文选》第 3 卷,第 373 页。
② 同上书,第 148 页。

源,并对改革党和国家领导制度的必要性,改革的目的、内容、要求及其实施步骤,作了系统的论述。这是指导我国政治体制改革的纲领性文件,但其中仍然没有使用"政治体制改革"这一概念。

随着经济体制改革的深入发展,特别是改革重点由农村转入城市以后,社会发展与旧的政治体制不相适应的矛盾日益显现出来。与此同时,经济体制改革也为政治体制改革的展开创造了一定的前提条件,加之几年的理论准备,学术界关于政治体制改革的探讨和研究逐步走向深入。正是在这种背景情况下,邓小平自 1986 年 6 月以后,多次强调要把政治体制改革"提到日程上来",并于 1986 年 6 月 10 日在听取中央领导同志汇报经济情况时的谈话中明确使用了"政治体制"的概念。收录于《邓小平文选》第 3 卷的《关于政治体制改革问题》一文,是邓小平同志 1986 年 9 月至 11 月的四次谈话中有关政治体制改革问题的内容节录。这四次谈话分别是:1986 年 9 月 3 日会见日本公明党委员长竹入义胜时的谈话;1986 年 9 月 13 日听取中央财经领导小组汇报时的谈话;1986 年 9 月 29 日会见波兰统一工人党中央第一书记、国务委员会主席雅鲁泽尔斯基时的谈话;1986 年 11 月 9 日会见日本首相中曾根康弘时的谈话。邓小平这几次谈话对政治体制改革的必要性、目标、任务、内容、步骤等进行了全面的阐述,规划了我国政治体制改革的宏伟蓝图。它是指导我国进行政治体制改革,加强社会主义民主和法制建设的纲领性文献。

【主要法学论点】

一、政治体制改革的必要性与基本原则

邓小平首先论证了政治体制改革的必要性和迫切性。他认为,中国之所以必须把政治体制改革问题急迫地提上日程,是因为:第一,政治体制改革是中国社会主义现代化建设的需要。邓小平在会见竹入义胜的谈话中指出:"不改革政治体制,就不能保障经济体制改革的成果,不能使经济体制改革继续前进,就会阻碍生产力的发展,阻碍四个现代化的实现。"[①]第二,政治体制改革是深化经济体制改革,发展社会生产力的迫切需要。邓小平说:"政治体制改革同经济体制改革应该相互依赖,相互配合。只搞经济体制改革,不搞政治体制改革,经济体制改革也搞不通,因为首先遇到人的障碍。事情要人来做,你提倡放权,他那里收权,你有什么办法? 从这个角度来讲,我们所有的改革最终能不能成功,还是决定于政治体制的改革。"[②]为此,邓小平颇有感触地说:"现在

---

① 《邓小平文选》第 3 卷,第 176 页。
② 同上书,第 164 页。

经济体制改革每前进一步,都深深感到政治体制改革的必要性。"①这也是当时许多中国人的深切感受。邓小平关于政治体制与经济体制配套改革的思想,十分深刻。只有改革政治体制,才能进一步推进经济体制改革,反之亦然。第三,政治体制改革是使国家能否长治久安、发扬社会主义民主、建立新型民主政治的需要。十年"文革",留给中国人的一个惨痛教训就是如何才能避免这样大的政治动乱,怎样才能使国家长治久安。这是一个严肃的问题,也是许多中国人苦苦思索的问题。邓小平同志明确指出,具体的政治制度的好坏和完善与否,是决定国家能否长治久安的根本因素。只有改革权力过分集中的政治体制,才能保障国家和社会的长治久安。只有进行政治体制改革,实现中国政治的民主化和法治化,才能建设真正民主、富强的国家。

政治体制改革应当如何进行呢?邓小平指出,政治体制改革必须从中国的国情出发,这是我国政治体制改革的基本原则。改革是根据社会主义伟大实践中出现的种种弊端而进行的一场革命,是社会主义制度的自我完善。因此,政治体制改革要成功,最根本的一条就是要从社会主义国家本身的国情出发。1986年邓小平会见波兰统一工人党中央第一书记雅鲁泽尔斯基时说:"我们两国原来的政治体制都是从苏联模式来的。看来这个模式在苏联也不是很成功的。即使在苏联是百分之百的成功,但是它能够符合中国的实际情况吗?能够符合波兰的实际情况吗?各国的实际情况是不相同的。我们现在提出政治体制改革,是根据我国的实际情况决定的。"②政治体制改革必须从实际情况出发,这是我国政治体制改革应该遵循的基本原则。

在1989年的政治风波以后,邓小平更加强调政治体制改革必须从中国的国情出发。他从如下三个方面进行了论述:

第一,"我们的政治体制改革是有前提的,即必须坚持四项基本原则"③。其核心是,中国的政治体制改革不能离开社会主义道路,不能脱离共产党的领导。"改革党和国家的领导制度,不是要削弱党的领导,涣散党的纪律,而正是为了坚持和加强党的领导,坚持和加强党的纪律。"④"中国没有共产党的领导、不搞社会主义是没有前途的。"⑤因为在中国这样一个大国,要把十几亿人民的思想和力量统一起来建设社会主义,没有一个具有高度觉悟性、纪律性和自我牺牲精神的党,没有这样一个党的统一领导,是不可想象的。历史早已雄辩地证明,中国搞资本主义是行不通的,只能搞社会主义。"道理很简单,中国十亿人口,现在还处于落后状态,如果走资本主义道路,可能在某些局部地区少数人更快地富起来,形成一个新的资产阶级,产生一批百万富翁,但顶多也不会达到人口的百分之一,而大量的人仍然摆脱不了贫穷,甚至连温饱问题都不

---

① 《邓小平文选》第3卷,第176页。
② 同上书,第178页。
③ 同上书,第332页。
④ 《邓小平文选》第2卷,第341页。
⑤ 《邓小平文选》第3卷,第195页。

可能解决。只有社会主义制度才能从根本上解决摆脱贫穷的问题。"①

第二,政治体制改革不能照搬西方的一套办法。邓小平指出:"我们必须进行政治体制改革,而这种改革又不能搬用西方那一套所谓的民主,不能搬用他们的三权鼎立,不能搬用他们的资本主义制度,而要搞社会主义民主。我们要根据社会主义国家自己的实践、自己的情况来决定改革的内容和步骤。"②

第三,政治体制改革必须在安定团结的局势下有秩序地进行。邓小平反复强调,我们要进行政治体制改革,必须有一个稳定的政治环境。"没有安定团结的政治局面,不可能搞建设,更不可能实行改革开放政策,这些都搞不成。开放不简单,比开放更难的是改革,必须有秩序地进行。所谓有秩序,就是既大胆又慎重,要及时总结经验,稳步前进。如果没有秩序,遇到这样那样的干扰,把我们的精力都消耗在那上面,改革就搞不成了。"③这是因为,政治体制改革说到底是一项利益再分配的改革。"每项改革涉及的人和事都很广泛,很深刻,触及许多人的利益,会遇到很多的障碍,需要审慎从事。我们首先要确定政治体制改革的范围,弄清从哪里着手。要先从一两件事上着手,不能一下子大干,那样就乱了。国家这么大,情况太复杂,改革不容易,因此决策一定要慎重,看到成功的可能性较大以后再下决心。"④

总之,邓小平对我国政治体制改革必要性与迫切性的论述及关于政治体制改革基本原则的思想论断,是中国党和政府进行政治体制改革的理由和依据,起着定位和定向的作用。

二、政治体制改革的目标

邓小平在谈论政治体制改革问题时,重点说明了政治体制改革的目标,从而为政治体制改革指明了方向。具体说,邓小平把政治体制改革的目标划分为长远目标和近期目标。

1. 政治体制改革的长远目标。

政治体制改革的长远目标,又称总目标。邓小平指出:"我们政治体制改革总的目标是三条:第一,巩固社会主义制度;第二,发展社会主义社会的生产力;第三,发扬社会主义民主,调动广大人民的积极性。"⑤总的说来,政治体制改革的长远目标包含如下三个方面的内容。

第一,发展社会主义民主是政治体制改革的总目标之一。邓小平指出,没有民主

① 《邓小平文选》第 3 卷,第 207—208 页。
② 同上书,第 240—241 页。
③ 同上书,第 199 页。
④ 同上书,第 176—177 页。
⑤ 同上书,第 178 页。

就没有社会主义,就没有社会主义的现代化,社会主义民主政治是与社会主义市场经济相适应的上层建筑。然而,民主政治并不会一蹴而就。建立人民群众真正当家作主的民主制度,是我国社会主义制度的本质要求,也是党的根本目标和根本任务。我们在近期内可以通过政治体制改革发展民主,但还不能实现高度的民主,因为高度民主的建设是一个长期的过程。把建设高度民主作为我国政治体制改革的长远目标,既符合社会主义的发展进程,又与我国尚处于社会主义初级阶段的状况相适应。

第二,建立起完备的法制体系,使中国走向高度文明的法治社会。邓小平认为,民主与法制不可分,在社会主义条件下,民主是法制的前提,法制是民主的保障。然而,旧中国留给我们的,封建专制传统比较多,民主法制传统比较少。新中国成立后,由于主客观两方面的原因,我们一直没有能自觉地建立起保障人民民主权利的完备制度,法制很不健全,没有得到应有的重视。因此,政治体制改革的主要目标之一,就是建立起完备的法制体系,使国家经济生活、政治生活、社会生活都纳入法制轨道,依法决策、依法管理、依法办一切事业,确立法律和制度的绝对权威,任何人触犯法律都要受到制裁,使整个社会在一种法治的状态下良性运行。这是政治体制改革的又一长远目标。

第三,建立起充满生机和活力的政治体制。一个高度文明的现代化国家,需要有一套完整的、高效化的政治体制作保障。现代社会组织越来越复杂,社会生活空前广泛,对政治体制高效化以及运转的灵敏化、民主化都提出了越来越高的要求。而要真正建立起充满生机和活力的政治体制,则是一个长期的积累过程,需要我们通过不懈的努力,逐步完成现有政治体制的改革才能做到。

2.政治体制改革的近期目标。

在实现政治体制改革的长远目标的过程中,要经过若干阶段,每个阶段都要有具体的、可操作性的近期目标。邓小平指出,虽然政治体制改革的近期目标"还没有完全理出头绪",但至少应该向下面三个方向进行。

第一,"第一个目标是始终保持党和国家的活力。这里说的活力,主要是指领导层干部的年轻化"①。我们党在改革开放初期,就提出了干部队伍要"四化",即革命化、年轻化、知识化、专业化。这些年在这方面做了一些事情,但只是开始。邓小平又说:"领导层干部年轻化的目标,并不是三五年就能够实现的,十五年内实现就很好了。……这不是我们这样年纪的人完成得了的。但是制定一个目标十分重要。哪一天中国出现一大批三四十岁的优秀的政治家、经济管理家、军事家、外交家就好了。同样,我们也希望中国出现一大批三四十岁优秀的科学家、教育家、文学家和其他各种专家。"②的确,干部队伍老化是我国政治体制中的一大问题。尤其是中央领导层的老化更妨碍了我国政治生活中活力的增强。针对这一现象,邓小平反复强调干部年轻化的

① 《邓小平文选》第3卷,第179页。
② 同上书,第179页。

重大意义。他认为,使干部队伍年轻化,增强政治体制的活力,是我们进行政治体制改革最迫切的现实的近期目标。

第二,政治体制改革的"第二个目标是克服官僚主义,提高工作效率"。邓小平说,"效率不高同机构臃肿、人浮于事、作风拖拉有关,但更主要的是涉及党政不分,在很多事情上党代替了政府工作"①。特别是官僚主义现象是我们党和国家政治生活中广泛存在的一个大问题。无论在我们的内部事务中,或是在国际交往中,都已达到令人无法容忍的地步。官僚主义严重地降低了我国政治体制的工作效率。官僚主义的主要根源是党政不分、以党代政、高度集中的政治体制。只有解决了这些问题,才能抓住政治体制改革的关键之处,克服官僚主义,提高工作效率。

第三,政治体制改革的"第三个目标是调动基层和工人、农民、知识分子的积极性"②。政治体制改革同整个改革大业一样,说到底还是要依靠广大的工人、农民和知识分子的广泛参与。没有这些广大基层民众的参加,政治体制改革的成功是不可想象的。因为,改革的动力来自于人民,改革的利益还原于人民。只有调动广大人民和基层的积极性,才能使政治体制改革拥有深厚广泛的群众基础。几十年来的实践证明,我国的政治体制存在的种种弊端,在一定程度上压抑了广大人民群众的积极性。为了使整个改革大业获得成功,必须把人民被压抑的积极性调动起来,人民的能量一旦聚集,改革的前途就会一片光明。

三、政治体制改革的主要内容

1. 党政分开。

邓小平说:"改革的内容,首先是党政要分开,解决党如何善于领导的问题。这是关键,要放在第一位。"又说:"党要善于领导,党政需要分开,这个问题要提上议事日程。""党政要分开,这涉及政治体制改革。党委如何领导?应该只管大事,不能管小事。党委不要设经济管理部门,那些部门的工作应该由政府去管,现在实际上没有做到。"③事实上,邓小平在谈论政治体制改革问题时,始终贯穿着党政分开的思想。1978年,他提出要克服党包办一切、干预一切、党政不分、以党代政的倾向;1980年又进而提出党同政府、经济组织、群众团体之间要划分职权。邓小平在1989年以前党政分开思想是一贯的。然而,如何做到党政分开,这又是一个现实的问题。按照邓小平的解释,党政分开不是削弱党的领导,而是为了加强党的领导。在中国这样一个大国,没有共产党的领导,必然四分五裂,一事无成。党的十一届三中全会以来,我们制定的一系列路线、方针、政策,在建设具有中国特色社会主义的进程中发挥了举世瞩目的成就。这

---

① 《邓小平文选》第3卷,第179页。
② 同上书,第180页。
③ 同上书,第177页。

些政策只有在中国共产党的领导下才能制定出来。所以,邓小平说,"共产党的领导就是我们的优越性","不能放弃"①。

2. 权力下放。

政治体制改革的"第二个内容是权力要下放,解决中央和地方的关系,同时地方各级也都有一个权力下放问题"②。我们国家的政治体制,是从原苏联模式而来的集权体制。为了调动地方的积极性,必须解决好中央和地方的关系。其中重要的一点就是权力下放问题。权力下放是解决我国政治体制问题的一个重要内容。同时,邓小平同志又强调,我们一方面要"真正下放权力,扩大社会主义民主,把人民群众和基层组织的积极性调动起来"③。同时,中央要有权威,"改革要成功,就必须有领导有秩序地进行。没有这一条,就是乱哄哄,各行其是,怎么行呢? 不能搞'你有政策我有对策',不能搞违背中央政策的对策"④。这是说权力下放首先要处理好中央和地方的关系。同时,地方也存在权力下放的问题:"权力不下放,企业没有自主权,也就没有责任,搞得好坏都是上面负责。全部由上面包起来,怎么能搞好工作,调动积极性?"⑤地方权力下放还要注意一个问题,即"你提倡放权,他那里收权"⑥。要解决好互相扯皮的问题。不然的话,"互相扯皮,你这边往下放权,他那边往上收权,必然会阻碍经济体制改革,拖经济发展的后腿"⑦。

3. 精简机构与改革干部人事制度。

干部人事制度改革,是政治体制改革的重要一环。邓小平把它作为衡量社会主义政治制度好坏的标准之一。他一再提出要建立有利于提拔年轻干部的制度,使年轻的政治家、企业家、军事家能够脱颖而出。政治体制改革必须进行机构改革,精简机构。政治体制改革的"第三个内容是精简机构,这和权力下放有关"⑧。"现在机构不是减少了,而是增加了。设立许多公司,实际是官办机构,用公司的形式把放给下面的权又收了上来。机构多、人多,就找事情干,就抓住权不放,下边搞不活,企业没有积极性了。"⑨因此改革干部人事制度,必须首先精简机构,解决人浮于事的问题。

4. 坚持和完善人民代表大会制度。

邓小平认为,中国的政治体制改革,只能限制在坚持和完善人民代表大会制度的范围之内。"我们必须进行政治体制改革,而这种改革又不能搬用西方那一套所谓的

① 《邓小平文选》第 3 卷,第 256、257 页。
② 同上书,第 177 页。
③ 同上书,第 160 页。
④ 同上书,第 277 页。
⑤ 同上书,第 160 页。
⑥ 同上书,第 164 页。
⑦ 同上书,第 160 页。
⑧ 同上书,第 177 页。
⑨ 同上书,第 160 页。

民主,不能搬用他们的三权鼎立,不能搬用他们的资本主义制度。"①1987 年 6 月 29 日,邓小平在会见美国前总统卡特时谈到:"政治体制改革包括民主和法制。我们的民主同法制是相关联的。人们往往把民主同美国联系起来,认为美国的制度是最理想的民主制度。我们不能搬你们的。我相信你会理解这一点。中国如果照搬你们的多党竞选、三权鼎立那一套,肯定是动乱局面。"②邓小平又说,"资本主义社会讲的民主是资产阶级的民主,实际上是垄断资本的民主,无非是多党竞选、三权鼎立、两院制。我们的制度是人民代表大会制度"③。中国的人民代表大会制度要比西方的议会制度优越,其中最大的优越性就是干一件事情,一下决心,一作出决议,就立即执行。我们决定建立经济特区就可以立即执行,不受牵扯。我们说搞经济体制改革,全国就能立即执行,没有那么多牵扯,不会议而不决,决而不行。就这个范围说,我们的效率是高的。这正是我们人民代表大会制度的优势。

总之,邓小平得出结论:"说我们只搞经济体制改革,不搞政治体制改革,这不对。我们的政治体制改革是有前提的,即必须坚持四项基本原则。"④这就是邓小平为中国进行政治体制改革所建构的基本框架。

第四节 《在武昌、深圳、珠海、上海等地的谈话要点》

【写作的历史背景】

在中国,开放不容易,改革更难。中国改革的历史进程向世人昭示,每一次改革的深入发展和向前推进,都是以一种空前的思想解放运动为其前提条件的。1978 年前后开始的思想大解放浪潮,批判并抛弃了从本本出发,简单地在马克思主义书本中寻求社会主义建设道路的"两个凡是"的思想路线,坚持并发展了从中国实际出发,在具体实践中寻求社会主义建设道路的解放思想、实事求是的思想路线。"根据这条思想路线来探索中国怎样建设社会主义。"⑤从而实现了全面的拨乱反正,使改革首先在农村和经济特区取得了成功,长期停滞的生产力得到了发展。1982 年,邓小平进一步提出"走自己的路,建设有中国特色的社会主义",标志着中国又一次思想大解放高潮的到来。1984 年,邓小平南巡深圳,建立特区,打开窗口,将中国的改革开放进一步向前推进。随着全面改革开放和现代化建设的发展,思想解放接触到社会主义模式和概念的深层次问题,如商品经济问题,社会主义本质问题。为此,十三大在理论上阐述了什么

---

① 《邓小平文选》第 3 卷,第 240—241 页。
② 同上书,第 244 页。
③ 同上书,第 240 页。
④ 同上书,第 332 页。
⑤ 同上书,第 254 页。

是社会主义,说明了改革开放是社会主义的自我完善,首次提出了社会主义初级阶段的理论,确定了我党在社会主义建设新时期的"一个中心、两个基本点"的基本路线。然而,改革的进程并非一帆风顺。1989 年发生的政治风波,使中国的改革进程受挫。面对国际上某些发达国家的封锁与制裁,中国在经济上实行三年治理整顿。中国向何处去?改革还要不要进行?中国共产党以前阐发的一系列政治理论是对还是错?还要不要进一步发展?等等。各种各样关于中国发展前途的理论问题有待回答。正是在这一背景之下,邓小平以其战略家的远见卓识,于 1992 年初开始了他的具有重大现实意义和深远历史意义的南巡。此间,他所发表的一系列的讲话,收录于《邓小平文选》第 3 卷的最后一篇著作《在武昌、深圳、珠海、上海等地的谈话要点》中。

这篇著作全面阐发了中国特色社会主义理论中的若干重大问题,提出一系列的新思想、新观点、新观念。例如,关于社会主义的本质和根本任务;关于我国社会主义初级阶段;关于"三个有利于"的判断标准;关于分三步走的经济发展战略;关于贫穷不是社会主义,发展太慢也不是社会主义;关于改革是中国的第二次革命;关于中国的发展离不开世界,反对自我封闭和孤立;关于科学技术是第一生产力;关于教育要面向现代化、面向世界、面向未来;关于抓住有利时机加快发展,争取国民经济几年上一个新台阶;关于社会主义和市场经济不存在根本矛盾;关于政治体制改革必须与经济体制改革相适应;关于社会主义精神文明建设;关于一国两制;关于要警惕右,主要是防止"左";关于坚持党的"一个中心、两个基本点"一百年不动摇;关于一系列的"两手抓,两手都要硬"的方针;关于廉政建设与反腐败等等。这一系列思想和观点,都是从大局出发,确定了中国社会主义现代化建设过程中改革开放的大方向。这些谈话,不仅迎来了中国思想大解放的新高潮,而且,标志着我国社会主义改革开放和现代化建设进入了一个加快步伐飞速发展的历史新阶段。它在马克思主义发展史上揭开了新的篇章,也揭开了马克思主义法学史的新篇章。

【主要法学论点】

一、社会主义应大胆利用人类的一切文明成果

邓小平在《在武昌、深圳、珠海、上海等地的谈话要点》(以下简称《南巡谈话》)一文中,多次谈到要大胆利用人类一切文明成果,为建设有中国特色的社会主义服务。他指出:"社会主义要赢得与资本主义相比较的优势,就必须大胆吸收和借鉴人类社会创造的一切文明成果,吸收和借鉴当今世界各国包括资本主义发达国家的一切反映现代社会化生产规律的先进经营方式、管理方法。"①只有把建设社会主义同利用和学习

---

① 《邓小平文选》第 3 卷,第 373 页。

资本主义的先进的、有用的东西联系起来,才能使中国的现代化建设扎扎实实地开展起来。

1.利用资本主义的历史和现实必然性。

根据马克思的最初设想,社会主义是比资本主义更高的社会形态。毫无疑问,它应该是人类社会一切优秀文化遗产的合法继承者。只有批判地吸收人类社会所创造的一切积极的和肯定的东西,才能真正促进社会的进步和人类自身的解放。资本主义在人类发展史上取得了划时代的进步。马克思曾说,在资本主义建立不到100年间创造的社会财富相当于人类几千年创造的社会财富的总和。社会主义者应该具有开阔的胸怀,像对待人类一切优秀成果那样对待当代资本主义文明成果。

新中国脱胎于半封建半殖民地社会,在经济、文化,特别是在科学技术方面,与资本主义发达国家相比有很大的差距。中华民族要想自立于世界民族之林,不可能抛开资本主义世界的成功经验,而完全另起炉灶。正是基于历史的考虑和现实的选择,邓小平反复指出:"现在的世界是开放的世界。……三十几年的经验教训告诉我们,关起门来搞建设是不行的,发展不起来。"①"任何一个国家要发展,孤立起来,闭关自守是不可能的,不加强国际交往,不引进发达国家的先进经验、先进科学技术和资金,是不可能的。"②结论就是,"中国的发展离不开世界"③。为此,中国必须大胆利用资本主义,吸收、利用一切能为我所用的东西。"我们要向资本主义发达国家学习先进的科学、技术、经营管理方法以及其他一切对我们有益的知识和文化"④。

利用资本主义,说到底还是一个将对外开放引向深入的问题。实行对外开放政策,是世界经济的发展趋势,也是我国进行现代化建设的客观要求。任何国家搞建设,都要立足于本国力量,这一点是无疑的。但是,由于各国生产力发展水平和科学技术的不同步性,由于地球资源分布的不均衡性和各国建设资金的有限性,决定了我们只有通过国际间的技术经济合作与交流,互通有无,调剂余缺,取长补短,才能使本国经济走上一条较快的发展道路。在全球经济日益紧密化已经成为强大潮流的条件下,我国适应了世界的变化,实行对外开放政策。这必然要与资本主义打交道,要利用资本主义的资金、市场、先进技术和知识文化。因此,大胆利用资本主义,吸收借鉴资本主义的先进文明成果,这不仅是我国对外开放政策的当然要求,而且对中国社会的发展将产生巨大的深远影响。

2."三个有利于"是利用资本主义的基本标准。

邓小平指出,人们之所以不敢利用资本主义,改革开放迈不开步子,不敢闯,说来说去,就是怕资本主义的东西多了,走了资本主义道路。"要害是姓'资'还是姓'社'

---

① 《邓小平文选》第3卷,第64页。
② 同上书,第117页。
③ 同上书,第78页。
④ 同上书,第44页。

的问题。"①长期以来,中国人民深受假社会主义之苦,以至于"宁要社会主义的草,不要资本主义的苗"。什么事情都要问一个姓"资"还是姓"社",只要贴上社会主义标签,即使是恶的、坏的、丑的,也被当作是善的、好的、美的;相反,若被贴上资本主义标签,即使对国家和民族有益,也被束之高阁,甚至"批倒批臭"。所以,许多人一听资本主义便心有余悸。对此,邓小平告诫人们不要进行空洞的争论。他一针见血地指出,姓"资"姓"社"的判断标准,"应该主要看是否有利于发展社会主义社会的生产力,是否有利于增强社会主义国家的综合国力,是否有利于提高人民的生活水平"②。这正是我们利用资本主义的基本标准。

根据这一标准,很多问题都有了明确的判断是非的依据,如股份制、股票市场、技术市场、人才市场、劳务市场、承包制、租赁制、私营企业、引进外资、出租土地等等资本主义国家存在的、目前在我们国家出现的许许多多事物,都可以本着"三个有利于"的标准,衡量其好坏优劣。邓小平说,深圳的建设成就,明确回答了那些有这样那样担心的人,特区姓"社"不姓"资"。从深圳的情况看,公有制是主体,外商投资只占四分之一。就是外资部分,我们还可以从税收、劳务等方面获得益处。多搞点三资企业,不要怕,只要我们头脑清楚,就不怕。有的人认为,多一分外资,就多一分资本主义,三资企业多了,就是资本主义多了,就是发展了资本主义。这些人连基本常识都没有。证券、股票这些东西究竟好不好,有没有危险,是不是资本主义独有的东西,社会主义能不能用,这要坚决地试。搞一两年,对了就放开,错了就纠正,不怕。本着"三个有利于"的标准,我们就可以更加解放思想,从实践出发,正确认识和分析资本主义,从符合"三个有利于"的角度,而不是从空洞的姓"资"姓"社"的角度,最大限度地利用资本主义中对我们有益的东西,为社会主义服务。

最后,邓小平意味深长地说,在我们党的历史上,有右的东西影响我们,也有"左"的东西影响我们,但根深蒂固的还是"左"的东西。有些理论家、政治家,拿大帽子吓唬人的,不是右,而是"左","左"带有革命的色彩,好像越"左"越革命。"左"的东西在我们党的历史上很可怕,一个好好的东西,可能一下子就被它搞掉了。"右可以葬送社会主义,'左'也可以葬送社会主义。中国要警惕右,但主要是防止'左'。""把改革开放说成是引进和发展资本主义,认为和平演变的主要危险来自经济领域,这些就是'左'。"③总之,在这个问题上,必须胸怀开阔,气魄宏大,真正解放思想。只有这样,才能在高度发达的当今世界,实现中华民族的中兴,创造中华民族灿烂的未来。

---

① 《邓小平文选》第 3 卷,第 372 页。
② 同上书,第 372 页。
③ 同上书,第 375 页。

二、社会主义市场经济需要法制

1. 社会主义也可以搞市场经济。

邓小平在《南巡谈话》中明确指出："计划多一点还是市场多一点，不是社会主义与资本主义的本质区别。计划经济不等于社会主义，资本主义也有计划；市场经济不等于资本主义，社会主义也有市场。计划和市场是经济手段。"[①]把市场经济看作是方法与手段，这是相当深刻的。计划经济由国家按照国家预先制定的计划进行资源配置，而市场经济则根据市场的客观力量，由企业依照市场价格引导的方向行事。它们所要解决的都是生产什么，怎样生产的一些基本经济运作问题，即如何确定经济资源在不同产业部门和不同经济区域之间的流动问题。因而它们只反映经济资源的流程，不反映社会制度的本质，与社会经济制度不是同一层次的范畴。正因此，党的十四大明确地强调邓小平同志这个精辟的论断，说明"从根本上解除了把计划经济和市场经济看作属于社会基本制度范畴的思想束缚，使我们在计划和市场关系问题上的认识有了新的重大突破"。以此为根据，十四大第一次明确提出我国经济体制改革的目标是建立社会主义市场经济体制。

建立和完善社会主义市场经济体制是改革向深层次拓展的唯一选择，是生产力发展到一定阶段的必然要求。邓小平指出："革命是解放生产力，改革也是解放生产力。……社会主义基本制度确立以后，还要从根本上改变束缚生产力发展的经济体制，建立起充满生机和活力的社会主义经济体制，促进生产力的发展，这是改革，所以改革也是解放生产力。"[②]社会主义市场经济体制的建立，正是对固有计划体制改革的结果，它必将极大地促进社会生产力的发展。

2. 市场经济离不开法制。

从一定意义上说，市场经济就是法制经济。具体说来，至少有下列几点理由。

（1）市场经济的建立和完善需要法制来引导。

市场经济体制在世界范围内的确立和发展，已有相当长的历史。而中国社会主义市场经济新体制的建立，与以往市场经济体制的建立有相同之处，同时又有极大的差异。这种差异主要在于，它更多的不是自发的过程，而是人为的转换过程。这就决定了中国的市场经济更多地需要法律和法制的引导和规范，更多地需要法制的领航导向作用。第一，中国要建立社会主义市场经济体制，不能忽略中国的现实或不顾中国国情，而完全移植西方市场经济体制。同时，又由于市场经济共同的内在固有特性所决定，中国也不能忽视包括资本主义市场经济在内的一切国家所创造的一切有益经验。

---

① 《邓小平文选》第3卷，第373页。
② 同上书，第370页。

这必须打破空间界限,积极地、超前地借鉴世界市场经济国家的丰富经验和法律规则,建立既符合中国国情又和世界通例紧密联系的市场经济法律体系,完善法制环境,以此引导和保护我国市场经济的发育和发展。第二,我国市场经济体制着手建于20世纪90年代,比发达的市场经济国家晚了上百年。在那些国家里,一些市场经济调控的法律规则已基本上建立起来。我国要在90年代初步建立起社会主义市场经济新体制,任务重大而时间紧迫,我们没有必要去重复资本主义市场经济走过的非常曲折的路,而应尽可能地简化市场发育和发展的历史行程。这就是要在政府宏观调控之下,在总结已有经验的基础上,采取用法律、法规引导的办法,快速完成从计划经济到市场经济的转变。第三,尤其重要的是,从内容上看,社会主义市场经济体制包括市场主体、市场体系、市场运行机制、市场调控手段、市场行为约束和保障体系。这些市场要素的形成必须以法律、法规为前导。

(2)市场经济体制的建立和完善需要法制保障。

《中共中央关于建立社会主义市场经济体制若干问题的决定》指出,社会主义市场经济体制的建立和完善,必须有完备的法制来规范和保障。要高度重视法制建设,做到改革开放与法制建设的统一,学会运用法律手段管理经济。这里明确提出了市场经济的建立和完善必须依靠法制保障的问题。

首先,规范市场经济主体需要法律保障。这主要是指,法律要规定哪些人或单位能够成为市场交易的主体,以及每种主体的地位和他们之间的权利义务关系。这方面的法律制度包括企业法、公司法、合作社法、破产法等等。

其次,市场经济运行的各个环节需要法律保障。市场经济是一个资源配置、产品生产、市场交换、劳动分配、商品消费等各个环节周而复始的社会再生产过程。这一过程的每一个环节都需要相应的法律法规来保障。诸如资源法、投资法、企业法、贸易法、金融法、劳动法、税收法等将会充分发挥作用。在生产领域,法律要保护生产要素自由流动,合理配置,以销定产,自主经营。在流通领域,法律要保护商品价格随行就市,自由交易。在消费领域,消费者与生产者、销售者之间的关系也需要用产品质量法、消费者权益保障法来协调。不仅如此,市场经济在运行过程中,市场平等竞争更需要良好的法制环境。市场经济的突出特点是市场供求双方在自愿、平等的基础上形成竞争机制,竞争是市场经济的内在法则。然而,竞争必须要在公平、平等的基础上进行,才能真正做到优胜劣汰。这就需要强有力的法律约束,即需要公平竞争法、反垄断法、破产法,保证其有序地进行。

第三,对市场的宏观调控与社会产品的公平再分配需要法制保障。市场经济是自由经济,它带有很大的盲目性,这就需要在一定时期国家进行必要的宏观调控。国家对市场进行宏观调控包括行政手段和经济手段,更主要的还应转为用法律手段。如国家制定税法、市场法、票据法、会计法、审计法、计划法、成本法及价格法等经济法律法规,直接作为市场行为准绳。国家各个职能部门贯彻执行这些法律和法规,直接管理、调控以及服务于市场经济。同时,市场经济必然会造成社会财富分配的不平衡。尤其对于刚刚从"吃大锅饭"转变过来的我国广大人民群众,这种不平衡具有更大的敏感性。再说,过分的两极分化,同我国社会主义性质也是不相容的。要避免过分的社会分配不公,只能采取法制手段加以调整,即用法律手段调整社会财富的再分配。同时,还必须用法制手段加强社会保障体系和社会公益事业。

总之,法制是市场经济发展内部机制的内在需求和重要条件。法制不仅对市场经济的建立和发展有巨大的引导作用,而且对社会主义市场经济的建立和完善有着巨大的保障作用。市场经济越发展,法制建设越应深化,法制体系越应健全,从这个意义上说,市场经济就是法制经济。

3. 建立社会主义市场经济法律体系。

《中共中央关于建立社会主义市场经济体制若干问题的决定》指出,我国要在本世纪末初步建立起社会主义市场经济体制。为此,确定的法制建设的目标是:遵循宪法规定的原则,加快经济立法,进一步完善民商法律、刑事法律、有关国家机构和行政管理方面的法律,本世纪末初步建立适应社会主义市场经济的法律体系。建立社会主义市场经济法律体系,是市场经济体制的客观要求,也是中国相当一段时期内法制建设,特别是立法工作的主要任务。它要求我们的改革决策要与立法决策相结合,立法要体现改革精神,用法律引导、推进和保障改革顺利进行。要搞好立法规划,抓紧制定关于规范市场方面的法律,适时废止和修改与社会主义市场经济体制不相适应的法律法规。要加强党对立法工作的领导,完善立法体制,改进立法程序,加快立法步伐,为社会主义市场经济体制的建立提供完备的法律规范体系。

(1)树立与社会主义市场经济体制相适应的立法观念。

建立与市场经济相适应的法律体系,首先必须更新立法观念,即首先确立市场经济法律观念。这些法律观念应当包括:第一,以权利为本位的法律观念。在计划体制下,企业和生产者的任务就是完成计划,这就必然产生义务为本位的机制和观念。而在市场经济体制下,市场主体要自主经营,按照市场需求决定生产和销售,这就决定了必然要以权利为本位。在立法指导思想上首先要树立这一观念。第二,树立平等自主的法律观念。市场经济是以当事人平等和意志自主为其主要依据的,也就是横向法律关系为主的经济机制。对市场进行管理是必要的,但不能代替市场主体的自主行为,过多的干预会严重阻碍市场经济的发育。第三,树立公平和公开的法律观念。公正、公开是市场经济平等竞争的必然要求,因此立法、执法也必须与这种市场经济本身的内在要求相协调。

(2)以改革的精神加快经济立法的步伐。

市场经济法律体系,是与市场经济相适应的一系列法律、法规的有机整体。而在这个体系当中,经济立法无疑占有相当重要的地位。《南巡谈话》和十四大报告所确立的市场经济体制目标,迫切要求加快立法,特别是经济立法。随着市场经济体制不断得到确立,市场经济方面立法的任务将会更加繁重。只有与市场经济相适应的经济立法基本完成,才可以大体上形成社会主义市场经济法律体系的框架,再在此基础上健全其他方面的法律制度,以便使我国改革开放和现代化建设完全纳入法制轨道。

建立社会主义市场经济法律体系,对我们来说是一个崭新的课题。尤其是加快经济立法,必须熟悉社会主义市场经济的基本知识,掌握社会主义市场经济的本质特征、运行机制、发展规律和管理方式。这就要求立法者要进一步解放思想,更新观念,开阔视野,大胆探索,勇于创新,以改革的精神加快经济立法的步伐。在优先安排有关社会主义市场经济方面的立法项目时,不仅要把实践证明是正确的做法用法律的形式及时地肯定下来,以巩固改革开放的成果,而且还要使改革决策和立法决策紧密结合起来。一些应兴应改的事情,尽可能先立法后行动,用法律引导和推进社会主义市场经济的建立和发展。对于过去已经出台的法律、法规,也要根据市场经济的要求,适时进行补充、修改和废止。这样才能及时反映改革的要求,尽快完善市场经济法律体系。

(3)建立社会主义市场经济法律体系要立足国情,同时要大胆吸收和借鉴国外的立法成果和经验。

《南巡谈话》中的关于大胆利用人类一切文明成果,当然包括立法经验在内。事实上,在立法中互相吸收和借鉴,已成为当今世界各国的通行做法。对有关的外国法律,特别是市场经济方面的法律,应当加以研究、分析,对于其中反映社会化大生产规律性的东西和有利于社会生产力发展、有利于市场经济建立和完善的法律、法规,应当大胆地借鉴和吸收。在市场经济立法中,我们不应该、也没有必要事事都从头做起,完全可以将其中适合我国国情、具有市场经济共性的法律移植过来,为我所用。这也是我们加快市场经济立法的一条捷径。人类社会发展到今天,各国之间包括经济联系在内的各种联系越来越密切。在日益增长的国际交往中,逐渐形成了许多国际上公认的法律规范和一些不成文的国际惯例。我们在立法中要特别注意与这些国际惯例接轨。当然,借鉴和利用国外立法,必须从我国国情出发。我们要建立的是具有中国特色的市场经济的法律体系,对于国外立法取舍的标准只能是我国社会主义市场经济的内在需求。

总之,社会主义市场经济法律体系的建立,与社会主义市场经济体制的建立必须是同步的。同时,社会主义市场经济法律体系的建立,又必将极大地促进中国市场经济体制的建立和完善,促进社会生产力的发展。

三、坚持"两手抓,两手都要硬"的方针

坚持"两手抓,两手都要硬",这是邓小平反复阐述的一贯思想。1978年以来,邓小平多次说过,为了实现四化,必须加强社会主义民主和法制,坚持两手抓。1992年初的

《南巡谈话》更明确地提出，"要坚持两手抓"，而且"这两只手都要硬"①。关于"两手抓"的具体内涵，邓小平每次谈论的重点有所不同。概括起来说，是指：一手抓改革开放，一手抓打击犯罪；一手抓经济建设，一手抓民主法制；一手抓物质文明，一手抓精神文明。完整、准确地理解邓小平有关"两手抓"的论述，不仅对当前的改革和建设具有十分重要的指导作用，而且对整个社会主义建设事业具有重大深远的意义。

1. 一手抓改革开放，一手抓打击犯罪。

邓小平认为，社会主义几十年的历史实践证明，要想发展社会生产力，必须实行对外开放，对内改革。改革开放是中国社会的唯一出路。随着改革开放的进行，党内外和社会上必然会出现一些丑恶的、腐朽的东西，各种犯罪活动必然会滋生蔓延。邓小平告诫人们，在这一大的历史环境之下，必须一手抓改革开放，一手抓打击犯罪活动。

早在 1982 年，邓小平就指出："我们要有两手，一手就是坚持对外开放和对内搞活经济的政策，一手就是坚决打击经济犯罪活动。没有打击经济犯罪活动这一手，不但对外开放政策肯定要失败，对内搞活经济的政策也肯定要失败。"②1989 年，邓小平进一步说："一手要抓改革开放，一手要抓严厉打击经济犯罪，包括抓思想政治工作。就是两点论。"③1992 年《南巡谈话》更加明确提出："一手抓改革开放，一手抓打击各种犯罪活动。"④并且，邓小平以广东为例，说明广东要 20 年赶上亚洲"四小龙"，不仅经济要上去，社会秩序、社会风气也要搞好。开放以后，一些腐朽的东西在改革开放的前沿地带也跟着进来了，中国的一些地方出现了丑恶的现象，如吸毒、嫖娼、经济犯罪等。邓小平指出，对于这些各种各样的犯罪活动，要坚决取缔和打击，决不能任其发展。

邓小平提出，一手抓改革开放，一手抓打击犯罪活动，是一个长期的战略任务。"开放、搞活政策延续多久，端正党风的工作就得干多久，纠正不正之风、打击犯罪活动就得干多久，这是一项长期的工作，要贯穿在整个改革过程之中，这样才能保证我们开放、搞活政策的正确执行。"⑤为此，必须坚持一系列的原则和办法。第一，打击各种犯罪活动是我们坚持社会主义道路和改革开放的保障；第二，打击犯罪活动要从重从快，常抓不懈；第三，在改革开放的过程中，不要忽视国家机器的作用，要敢于运用人民民主专政的力量，巩固人民政权，依靠无产阶级专政保卫社会主义制度。这样做，"没有什么输理的地方"。

2. 一手抓经济建设，一手抓民主法制。

邓小平认为，经济建设是全党工作的中心。《南巡谈话》一再告诫人们："抓住时

---

① 《邓小平文选》第 3 卷，第 378 页。
② 《邓小平文选》第 2 卷，第 404 页。
③ 《邓小平文选》第 3 卷，第 306 页。
④ 同上书，第 378 页。
⑤ 同上书，第 164 页。

机,发展自己,关键是发展经济。""我国的经济发展,总要力争隔几年上一个台阶。"①
经济建设要上去,必须充分调动和保护广大人民建设社会主义的积极性;并且,又要有
一个安定团结的局面。这就要求在抓好经济发展的同时,搞好民主和法制建设。

1986年1月,邓小平在中央政治局常委会上的讲话中,第一次明确提出了"一手抓
建设,一手抓法制"的著名论断。他说:"搞四个现代化一定要有两手,只有一手是不行
的。所谓两手,即一手抓建设,一手抓法制。"②1986年6月,邓小平在谈到端正党风和
纠正不正之风的工作时,又指出:"现在从党的工作来说,重点是端正党风,但从全局来
说,是加强法制。我们国家缺少执法和守法的传统,从党的十一届三中全会以后就开
始抓法制,没有法制不行。"③《南巡谈话》进一步强调:"还是要靠法制,搞法制靠得
住些。"④

邓小平指出,民主法制在搞好经济管理、促进经济发展中起着重要作用。他多次
强调要让地方、企业、农民有更多的经营自主权,通过体制改革、权力下放来调动工人、
农民和知识分子的积极性,让他们参与管理,实现管理民主化。他还多次强调,运用法
律手段规范人们的经济活动,对于企业、个人之间的经济关系,也要用法律的形式予以
确定,对于各种经济纠纷,经济犯罪及经济领导部门的失职、渎职行为,都要依法处理。
总之,我们党的各级领导和各级国家机关都要始终如一地处理好抓经济建设与抓法制
建设二者的关系,不能偏废。

3. 一手抓物质文明,一手抓精神文明。

邓小平认为,物质文明和精神文明建设一起抓是建设有中国特色社会主义的本质
要求,也是社会主义现代化建设的必由之路。物质文明和精神文明,都是社会主义文
明的组成部分。社会主义不仅要创造更高的劳动生产率,而且要在社会的精神生产和
精神生活方面,在教育、科学、文化的发展和人们的思想、政治、道德水平的提高方面取
得辉煌的成果。因此,必须把两个文明建设纳入社会主义现代化建设的总体布局一起
抓紧抓好。

早在1979年,邓小平就提出我们要在建设高度物质文明的同时,提高全民族的科
学文化水平,发展高尚的丰富多彩的文化生活,建设高度的社会主义精神文明。《南巡
谈话》针对亚洲"四小龙"取得的经济成就,进一步指出,我国"两个文明建设都要超过
他们,这才是有中国特色的社会主义"⑤。

关于精神文明建设,要着眼于党风和社会风气的根本好转。党是整个社会的表
率,中国共产党作为执政党,其本身风气如何,对社会影响极大。克服腐败现象、加强

---

① 《邓小平文选》第3卷,第375页。
② 同上书,第154页。
③ 同上书,第163页。
④ 同上书,第379页。
⑤ 同上书,第378页。

廉政建设,是关系到党和国家前途的大事。因此,必须一手抓改革开放,一手抓惩治腐败。同时,"要建设社会主义的精神文明,最根本的是要使广大人民有共产主义的理想,有道德,有文化,守纪律"①。所谓精神文明,不但是指教育、科学、文化(这是完全必要的),而且是指共产主义的思想、理想、信念、道德、纪律、革命的立场和原则及人与人的同志式关系等等。

　　总之,坚持"两手抓"是一个整体的方针。既要重视改革开放,又要重视打击各种犯罪活动;既要重视经济建设,又要重视民主法制建设;既要重视物质文明,又要重视精神文明。也就是两手一起抓,不能一手硬,一手软。党的十一届三中全会以来,邓小平多次批评了在实际工作中一手硬一手软的倾向。他说:"今天回头来看,出现了明显的不足,一手比较硬,一手比较软。一硬一软不相称,配合得不好。"②为此,在《南巡谈话》中,邓小平以坚定的口吻指出,"这两只手都要硬"③。也就是要在以经济建设为中心,坚持改革开放,抓好物质文明的同时,必须注意打击各种犯罪活动,加强民主法制建设,加强社会主义精神文明建设。只要我们真正坚持"两手抓,两手都要硬"的指导方针,坚决地干,大胆地试,中国的现代化建设事业一定会成功,一个繁荣、稳定、富强的现代化中国将巍然屹立于世界民族之林。

---

① 《邓小平文选》第3卷,第28页。
② 同上书,第306页。
③ 同上书,第378页。